石家庄统计年鉴

SHIJIAZHUANG STATISTICAL YEARBOOK

2009

石家庄市统计局
国家统计局石家庄调查队 编

（京）新登字 041 号

图书在版编目（CIP）数据

石家庄统计年鉴. 2009/石家庄市统计局，国家统计局石家庄调查队编. —北京：中国统计出版社，2010. 12

ISBN 978 - 7 - 5037 - 6163 - 8

Ⅰ. ①石… Ⅱ. ①石… ②国… Ⅲ. ①统计资料—石家庄市—2009—年鉴 Ⅳ. ①C832. 221 - 54

中国版本图书馆 CIP 数据核字（2010）第 237846 号

石家庄统计年鉴—2009

作　　者/ 石家庄市统计局　国家统计局石家庄调查队
责任编辑/ 佘竞雄　熊　威
E-mail：yearbook@ stats. gov. cn
封面设计/ 赵海明
责任校对/ 刘德忠　赵进军
出版发行/ 中国统计出版社
通信地址/ 北京市西城区月坛南街 57 号
邮　　编/ 100826
办公地址/ 北京市丰台区西三环南路甲 6 号
电　　话/（010）63376898、63376907
印　　刷/ 河北天普润印刷厂
经　　销/ 新华书店
开　　本/ 890 × 1240mm　1/16
字　　数/ 90 万字
印　　张/ 33. 5
印　　数/ 1—500 册
版　　别/ 2010 年 12 月第 1 版
版　　次/ 2010 年 12 月第 1 次印刷
书　　号/ ISBN 978 - 7 - 5037 - 6163 - 8/C · 2460
定　　价/ 300. 00 元

本书附同版本 CD-ROM 一张，光盘内容以书面文字为准。
中国统计版图书，如有印装错误，本社发行部负责调换。

《石家庄统计年鉴—2009》

编委会

李耀峰　　石家庄市文化新闻出版局局长
闫纯锴　　石家庄市卫生局局长
李志宏　　石家庄市人口和计划生育委员会主任
齐惠明　　石家庄市审计局局长
张　炬　　石家庄市环境保护局局长
唐　青　　石家庄市体育局局长
杨建秋　　石家庄市林业局局长
杨惠萍　　石家庄市物价局副局长
翟立献　　石家庄市粮食局局长
王玉国　　石家庄市旅游局局长

《石家庄统计年鉴—2009》

编辑部

编辑说明

一、《石家庄统计年鉴—2009》是一部大型统计信息资料工具书，是《石家庄年鉴》创刊以来的第13卷。本书通过大量的统计数据真实记录了2008年石家庄经济、社会、科技的发展变化情况。本年鉴随着国家统计方法制度的改革，在指标口径和范围上做了相应的调整，但尽量在版本内容、指标体系等方面与前几年保持连贯性。

二、本年鉴内容包括：综合、从业人员及劳动报酬、固定资产投资及建筑业、能源消费、财政和金融、物价、居民生活、城市公用设施、农村经济、工业、贸易和外经、教育科技文化、体育卫生和民政等14部分内容。

三、本年鉴中使用的度量衡单位均采用国际统一标准计量单位。

《石家庄统计年鉴》多年来承蒙社会各界的厚爱，对此我们深表感谢，欢迎广大读者继续使用《石家庄统计年鉴》，同时欢迎对我们的编辑内容及排版提出您宝贵的意见，以利于我们进一步提高《石家庄统计年鉴》的编辑水平，更好地服务于广大读者。

《石家庄统计年鉴》编辑部

2010年10月

地区生产总值(亿元)

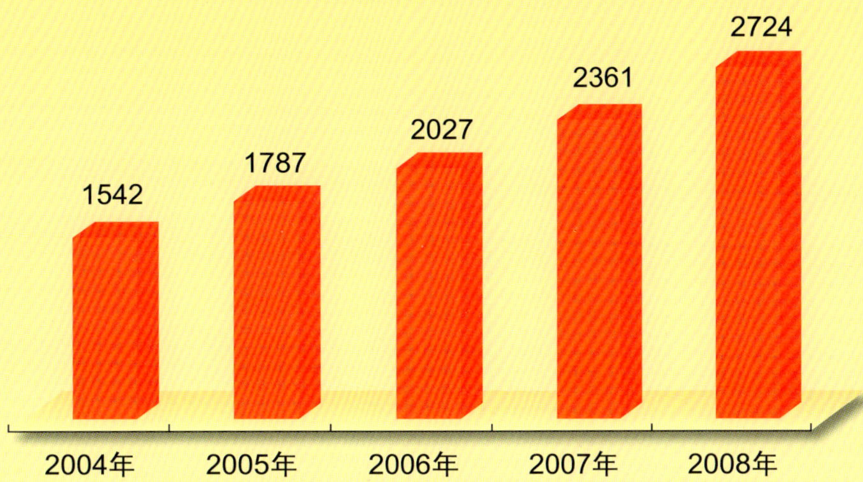

地区生产总值增长速度(%)

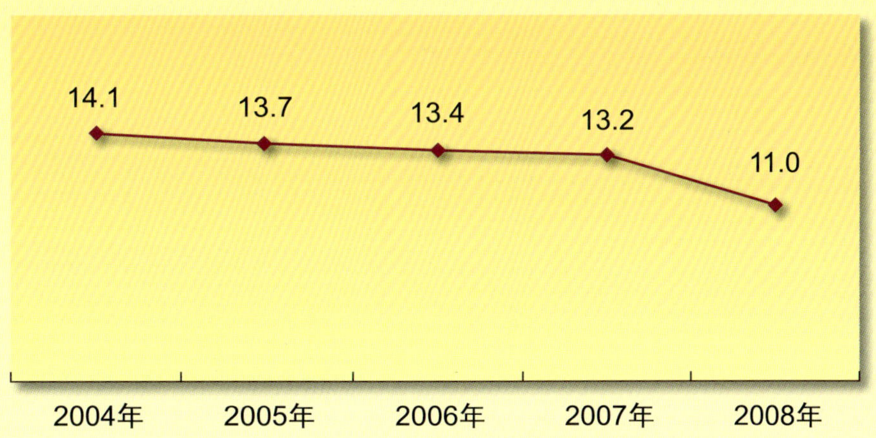

2007年三次产业构成

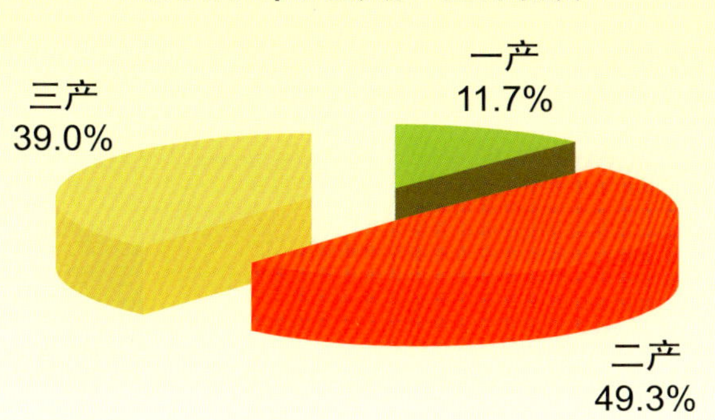

2008年三次产业构成

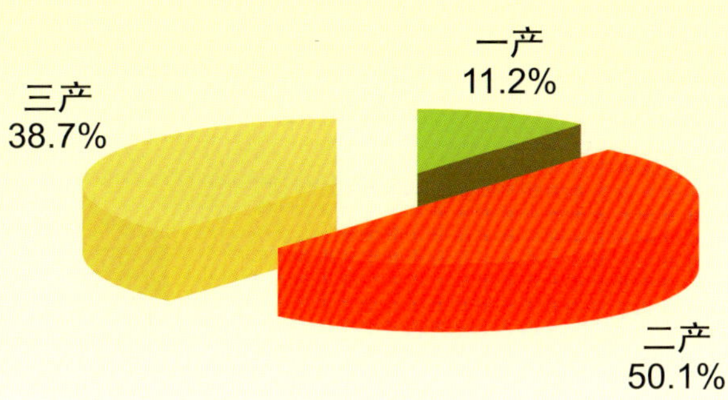

财政收入（亿元）

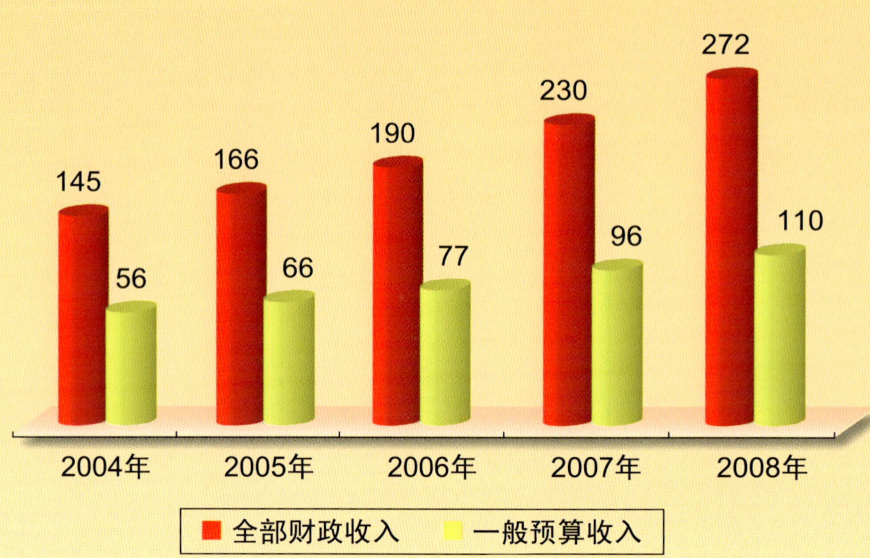

财政收入增长速度（%）

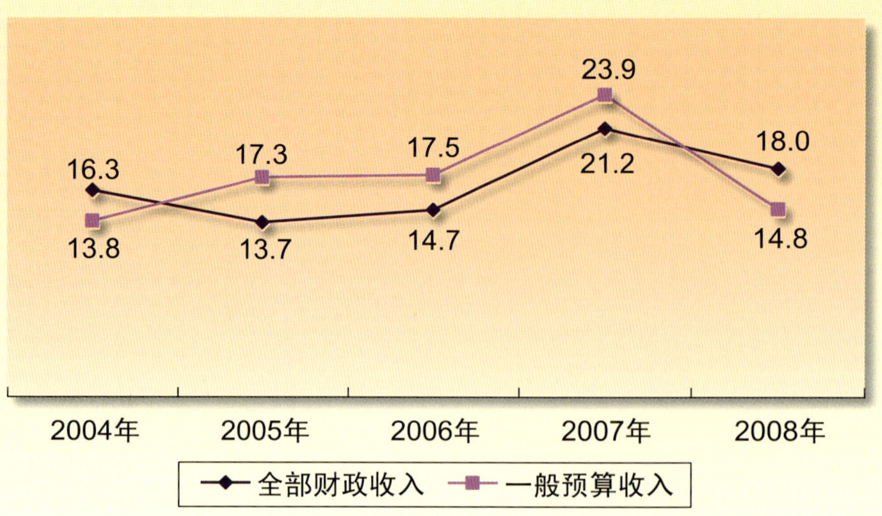

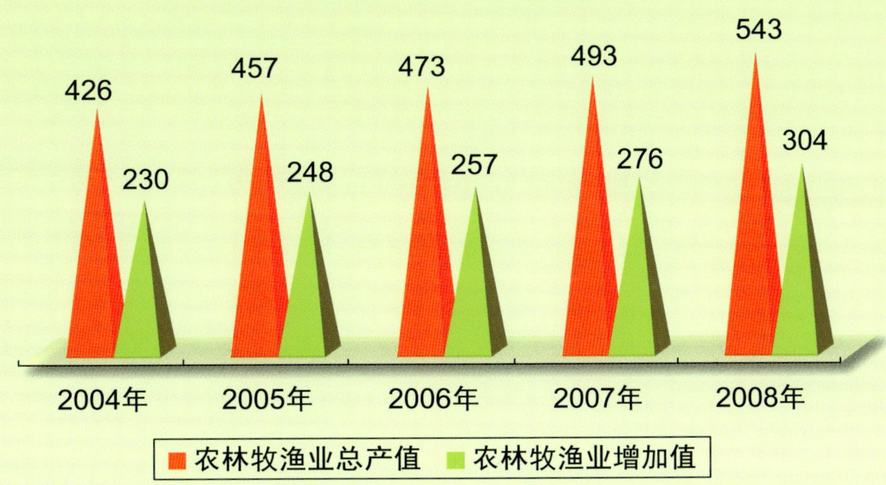
农林牧渔业总产值和增加值(亿元)
426
230
457
248
473
257
493
276
543
304
2004年
2005年
2006年
2007年
2008年
农林牧渔业总产值
农林牧渔业增加值

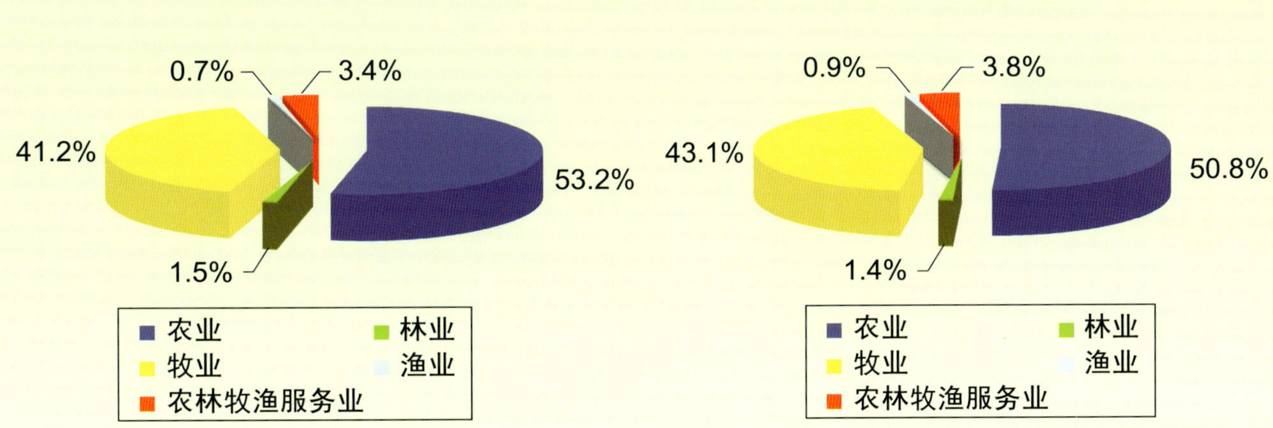
2007年农林牧渔各业构成
(按总产值计算)
0.7%
3.4%
41.2%
53.2%
1.5%
农业
林业
牧业
渔业
农林牧渔服务业
2008年农林牧渔各业构成
(按总产值计算)
0.9%
3.8%
43.1%
50.8%
1.4%
农业
林业
牧业
渔业
农林牧渔服务业

规模以上工业总产值和增加值（亿元）

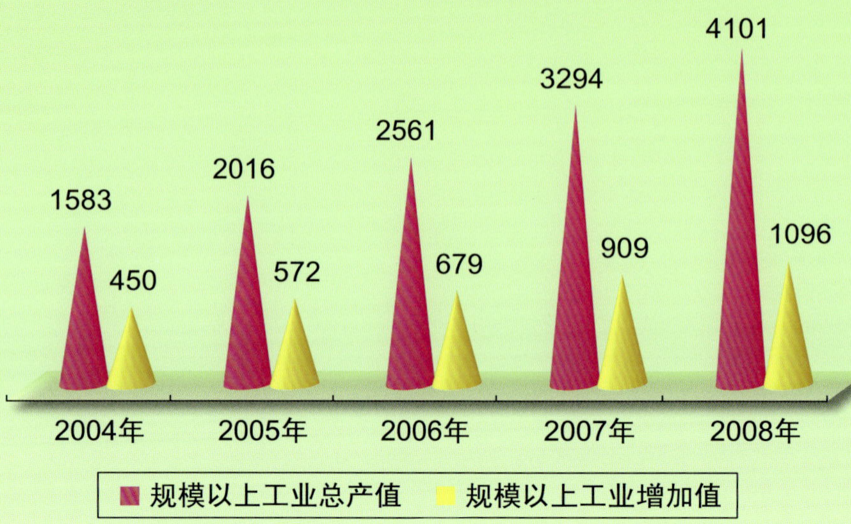

规模以上工业利税和利润（亿元）

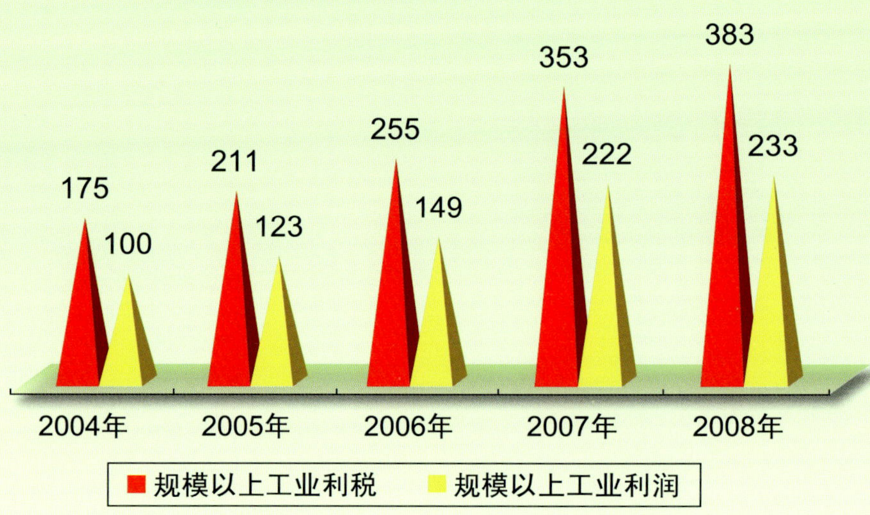

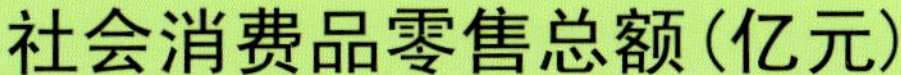
社会消费品零售总额(亿元)

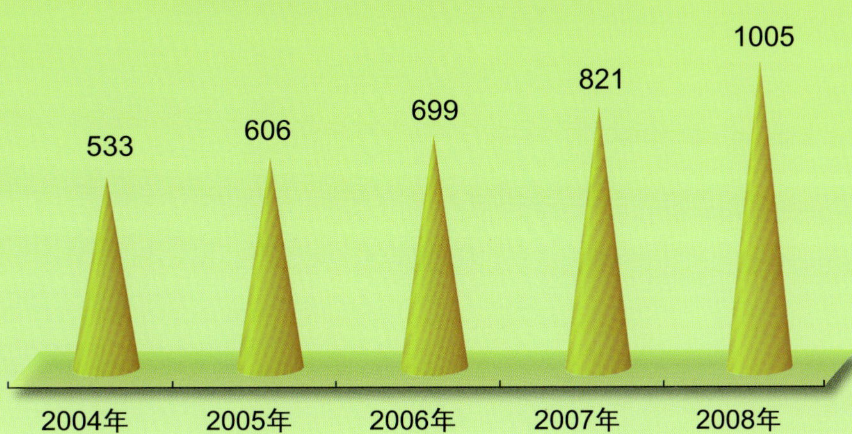

全社会固定资产投资和城镇固定资产投资(亿元)

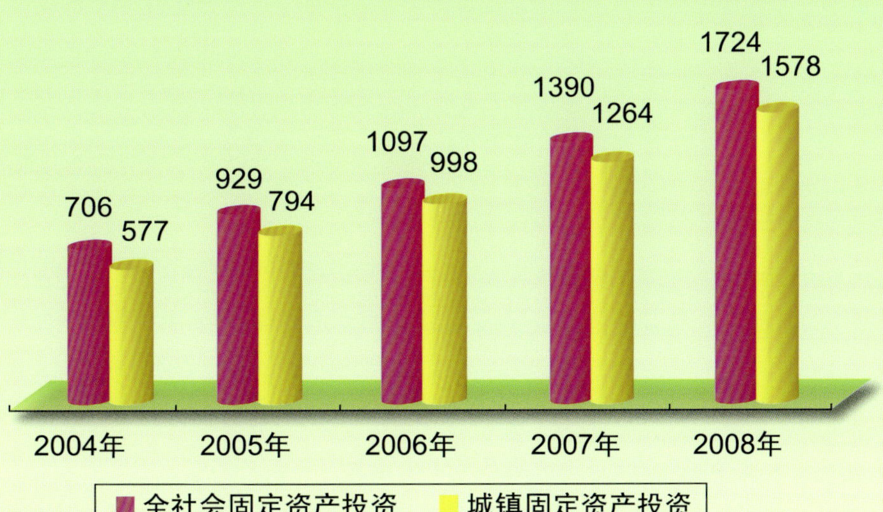

实际利用外资与直接利用外资(亿美元)

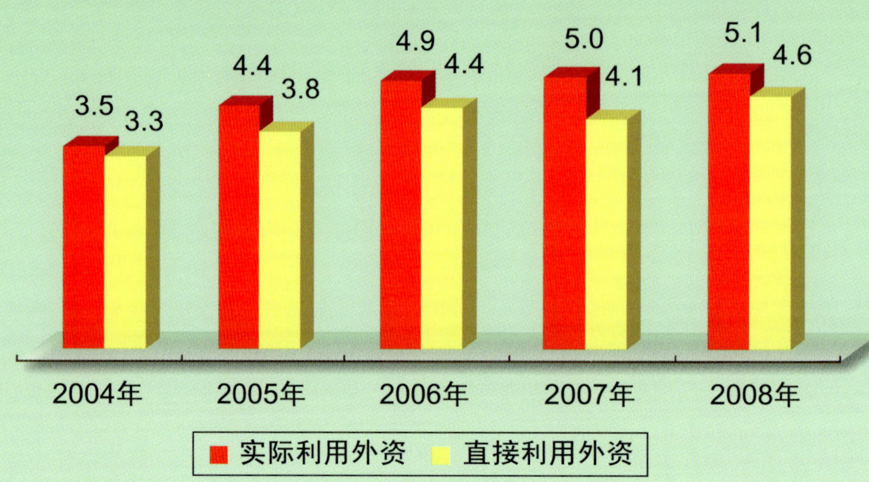

进出口总值与出口总值(亿美元)

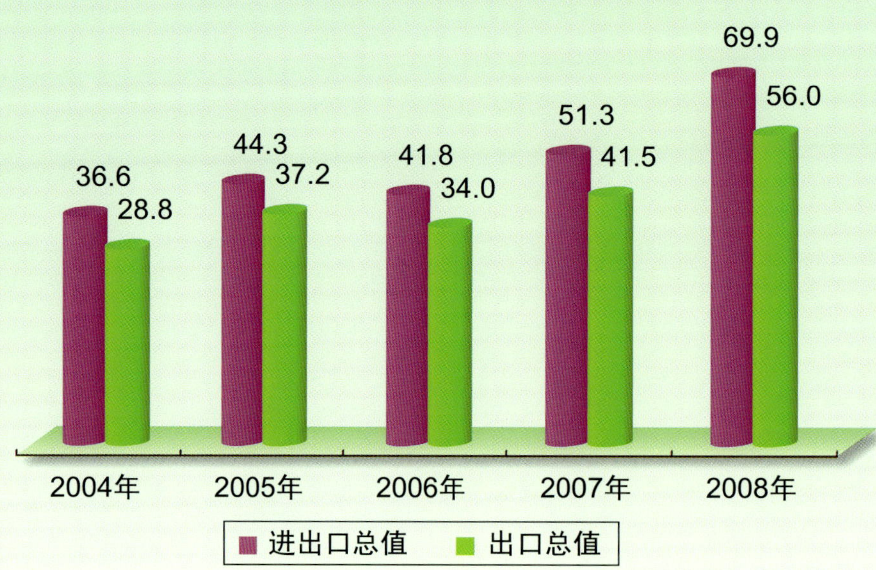

城市居民人均可支配收入、农民人均纯收入(元)

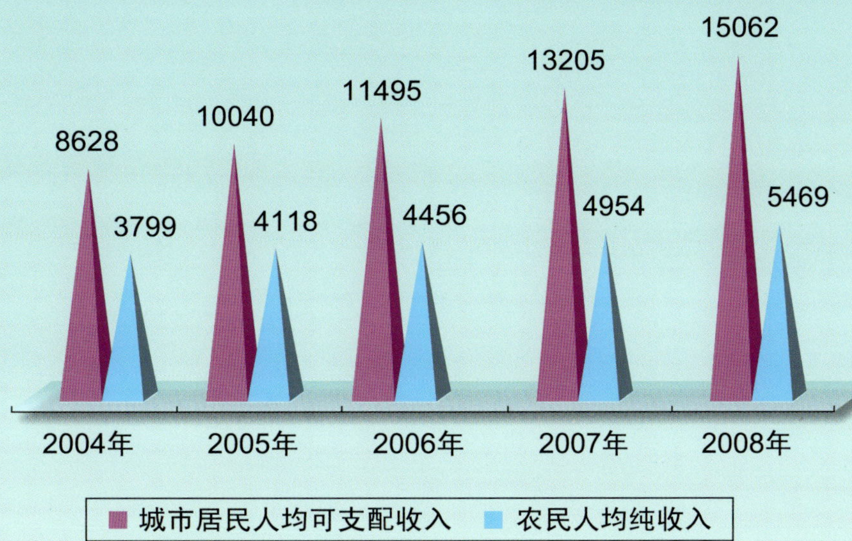

城市居民、农村居民人均消费支出(元)

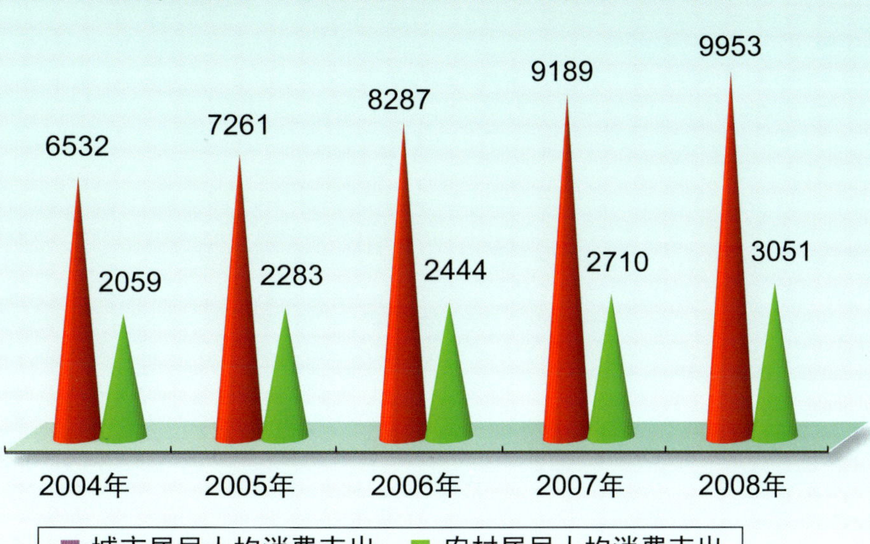

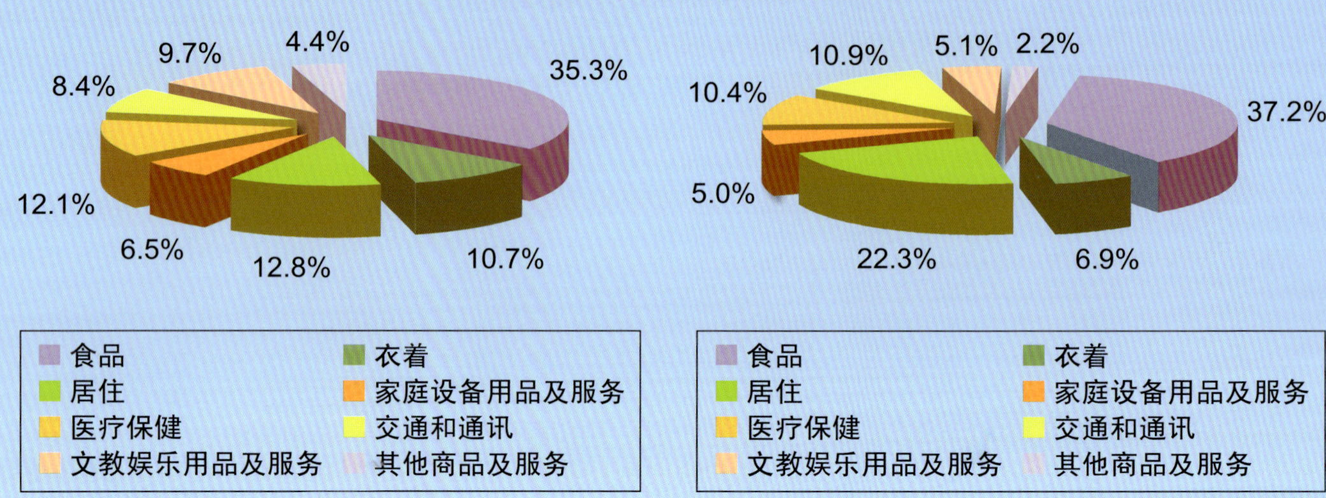
2008年城市居民消费支出构成
35.3%
10.7%
12.8%
6.5%
12.1%
8.4%
9.7%
4.4%
食品
衣着
居住
家庭设备用品及服务
医疗保健
交通和通讯
文教娱乐用品及服务
其他商品及服务
2008年农村居民消费支出构成
37.2%
6.9%
22.3%
5.0%
10.4%
10.9%
5.1%
2.2%
食品
衣着
居住
家庭设备用品及服务
医疗保健
交通和通讯
文教娱乐用品及服务
其他商品及服务

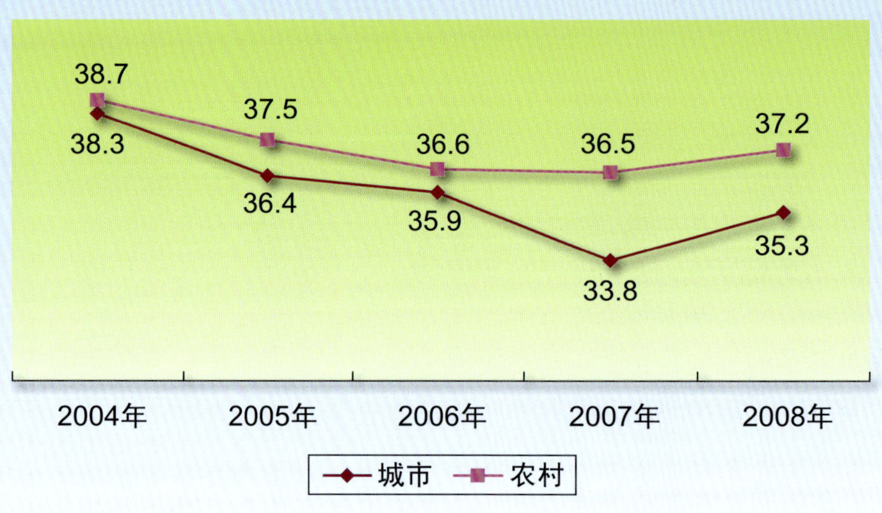
恩格尔系数(%)
38.7
37.5
36.6
36.5
37.2
38.3
36.4
35.9
33.8
35.3
2004年
2005年
2006年
2007年
2008年
城市
农村

目　　录

四、能源消费

五、财政　金融

六、物价

十、工业

十一、贸易 外经

十二、教育 科技 文化

十三、体育 卫生 民政

附录 1995—2008 年分县（市）区主要经济指标

石家庄市 2008 年
国民经济和社会发展统计公报

2009 年 3 月 2 日

2008 年，是改革开放 30 周年，也是“三年大变样”的第一年。全市人民在市委、市政府的正确领导下，坚持以邓小平理论和“三个代表”重要思想为指导，深入贯彻落实科学发展观和党中央、国务院及省委、省政府的一系列重大决策部署，经济建设和社会建设都取得了新成绩。全市国民经济保持了平稳较快发展，城乡人民生活水平和质量得到新提高，社会各项事业呈现出蓬勃发展的良好局面。

一、综　　合

全市经济持续平稳增长。2008 年实现地区生产总值 2838. 4 亿元，按可比价格计算，增长 11. 0%。第一产业稳定增长，实现增加值 309. 7 亿元，增长 4. 0%；第二产业较快增长，实现增加值 1424. 6 亿元，增长 10. 8%；第三产业实现增加值 1104. 1 亿元，增长 12. 9%。

地区生产总值(亿元)

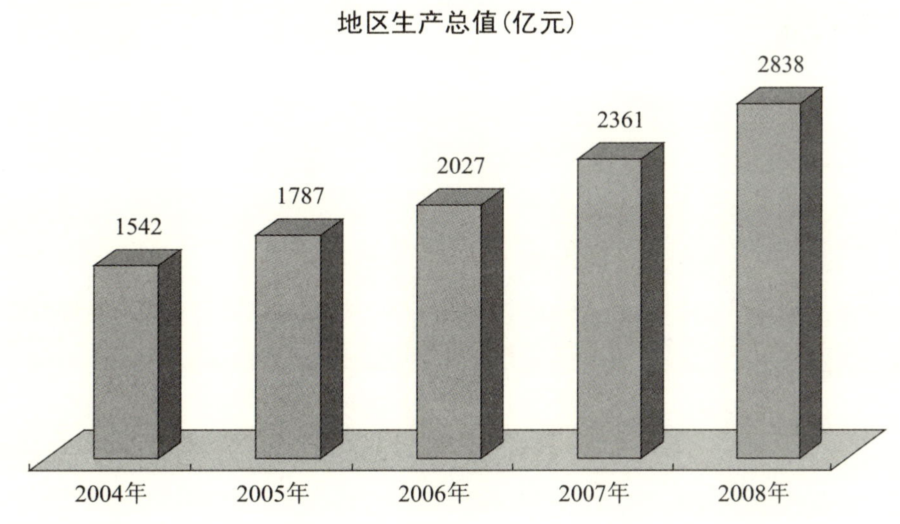

年末全市常住人口 966. 48 万人，比上年增加 11. 43 万人，其中市区 240. 72 万人，增加 3. 0 万人。全市人口出生率 14. 65‰，死亡率 6. 25‰，自然增长率 8. 4‰。(注 1)

年末全市城镇单位从业人员 84. 3 万人，比上年同期减少 2. 3%，其中在岗职工 82. 2 万人，比上年同期减少 2. 8%；全市在岗职工平均工资 23153 元，比上年同期增长 15. 8%。年末市区单位从业人员为 54. 6 万人，其中在岗职工 52. 8 万人，在岗职工平均工资 25899 元，比上年同期增长 13. 0%。

加快完善社会保障体系建设，社会保障事业稳步发展。年末全市各类企业在职职工及个体工商户共有89.0万人参加基本养老保险，比上年增加近10万人；26.1万名离退休人员参加基本养老保险社会统筹，比上年增加1.7万人；年末全市机关事业单位共有13.9万人参加基本养老保险，3.5万名离退休人员参加基本养老保险社会统筹，人数均比上年有所增加。城镇职工失业保险参保人数达88.3万人。年末全市116.0万人参加了职工医疗保险，比上年增长6.2%。城乡困难家庭、特困群体得到有效救助，年末全市共有70060人享受城镇居民最低生活保障。

2008年，全市继续加大支持和引导民营经济发展的力度，全市民营经济呈现较好的发展态势。全年民营经济实现增加值1626.8亿元，比上年增长14.3%，占全市GDP的比重达到57.3%；民营经济上缴税金150.1亿元，比上年增长34.9%，占全市财政收入的比重达到55.2%。

二、农　　业

2008年全市新农村建设扎实推进，农业综合生产能力进一步提高，农业生产保持了稳定增长势头。全市农林牧渔业总产值543.0亿元，比上年增长3.3%，其中农业产值275.9亿元，增长0.8%，牧业产值233.9亿元，增长4.8%，农林牧渔服务业产值20.8亿元，增长15.3%。全年粮食生产获得丰收，总产量达到506.7万吨，比上年增产2.5%，粮食亩产447公斤，比上年增加16公斤，再创历史新高。

积极推进农业产业结构调整，产业化经营率稳步提高。农业产业化经营率达到60.5%，比上年提高了0.4个百分点。主要农产品产量如下：

产品名称	单位	2008年	比上年（±%）
粮食	万吨	506.7	2.5
油料	万吨	22.1	-1.4
棉花	万吨	1.8	-2.0
蔬菜	万吨	1244.0	1.1
园林水果	万吨	206.8	0.8
肉类总产量	万吨	68.5	5.2
其中：猪肉	万吨	38.4	8.9
禽蛋	万吨	95.2	2.6
奶类	万吨	104.4	4.0

农业机械化继续普及，农业生产条件不断改善。年末全市农用机械总动力为1943.1万千瓦，比上年增长2.3%。农用运输车45.8万辆，增长3.3%；大中型拖拉机3.1万台，增长58.2%。当年机耕面积47.9万公顷，减少1%；机播面积65.1万公顷，增长8.6%；机收面积39.0万公顷，增长6.7%。农村用电量55.3亿千瓦时，下降11.6%。农用化肥施用量（折纯）47.8万吨，同上年基本持平。

三、工业和建筑业

2008 年全市规模以上工业生产和效益保持增长。全市规模以上工业企业实现增加值 1095. 8 亿元，比上年同期增长 13. 2% 。工业产销衔接较好，经济效益继续提高，但亏损企业亏损额也出现较大增加。全市规模以上工业产销率达 98. 2%；规模以上工业实现主营业务收入 4015. 7 亿元，比上年同期增长 26. 0%；规模以上工业实现利税 391. 7 亿元，比上年同期增长 10. 7%，增速比上年下降了 26. 2 个百分点；规模以上工业实现利润 241. 6 亿元，比上年同期增长 8. 1%，增速比上年大幅下降了 40. 9 个百分点。亏损企业亏损额大幅上升，比上年增亏 218. 7%。

规模以上工业增加值(亿元)

450
572
679
909
1096
2004年　2005年　2006年　2007年　2008年

规模以上工业实现利税和利润(亿元)

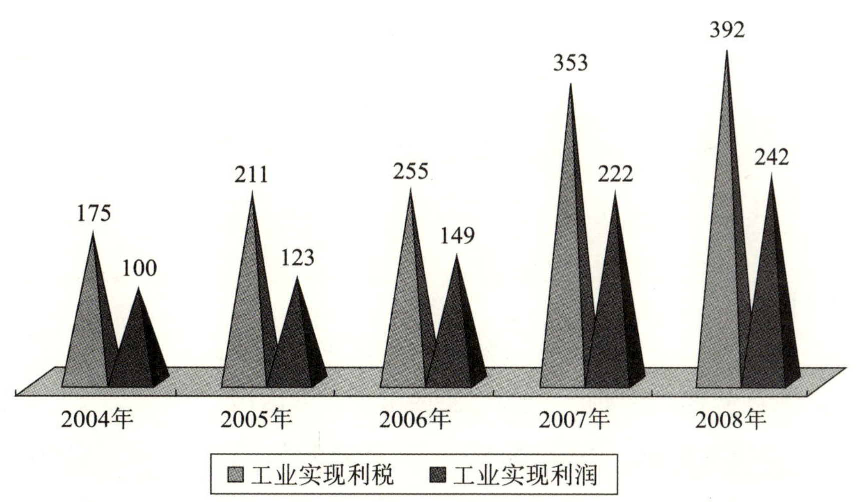

工业企业主要产品产量如下：

产品名称	单位	2008 年	比上年（±%）
发电量	亿千瓦时	281.3	-1.3
原煤	万吨	139.9	92.9
焦炭	万吨	272.6	-21.7
原油加工量	万吨	382.0	14.2
合成氨	万吨	131.8	-1.5
水泥	万吨	2870.0	3.1
生铁	万吨	717.1	16.5
钢材	万吨	634.8	5.2
机制纸及纸版	万吨	76.8	-5.7
化学原料药	万吨	25.0	-14.9
服装	万件	12275.0	35.0
纱	万吨	28.9	8.1
棉布	万米	184436.8	34.5
乳制品	万吨	77.49	-26.8
卷烟	亿支	212.5	6.1
交流电动机	万千瓦	368.5	-13.4
泵	万台	1.1	23.8
人造板	万立方米	495.1	15.4
合成洗涤剂	万吨	13.7	4.2

年末全市建筑企业个数204个，全年完成总产值307亿元，比上年增长17.9%，其中建筑工程产值222亿元，增长19.6%，竣工产值155亿元，增长4.9%。竣工面积879万平方米。

四、固定资产投资

2008年，固定资产投资平稳较快增长。全社会固定资产投资达到1727.0亿元，比上年增长24.2%，其中城镇固定资产投资1580.6亿元，增长25.0%。城镇投资中，第一产业完成投资43.4亿元，增长51.0%，第二产业完成投资706.4亿元，增长20.1%，第三产业完成投资830.8亿元，增长27.7%。

建设项目投资完成1298.9亿元，增长21.8%；新开工项目4958个，增长35.2%；施工项目个数5701个，增长18.4%，房地产开发完成投资281.8亿元，增长42.6%，施工面积和竣工面积达到1111万平方米和212万平方米，分别比上年增长13.0%和20.3%。

全社会固定资产投资与城镇固定资产投资(亿元)

706 577
929 794
1097 998
1390 1264
1727 1581
2004年 2005年 2006年 2007年 2008年
全社会固定资产投资 城镇固定资产投资

五、国内贸易和物价

消费品市场繁荣，呈现出需求旺盛的良好态势。全年实现社会消费品零售总额1005.2亿元，比上年增长22.4%。消费品市场保持较快增长，且增速为十年来最高水平。

在消费市场中，销售额增长较快的有：金银珠宝类零售额7.7亿元，增长40.3%；肉禽蛋类零售额4.0亿元，增长26.4%；体育娱乐用品类零售额1.8亿元，增长20.9%；化妆品类零售额4.9亿元，增长17.0%；粮油类零售额4.5亿元，增长12.2%。住宿餐饮业快速增长，零售额99.1亿元，增长27.4%。

我市共有商品交易市场723个，其中消费品市场657个，生产资料市场66个，全年商品交易市场成交额达1475.8亿元，比上年增长7.4%。新华商贸中心和南三条小商品市场成交额分别达到363.0亿元和354.5亿元，分别比上年增长10.0%和5.5%。

社会消费品零售总额(亿元)

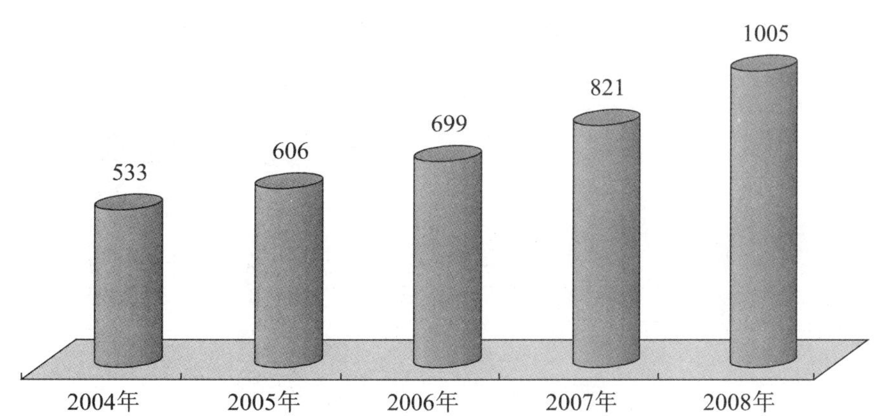

2008年市区居民消费价格保持高位运行，呈现前高后低态势。全年居民消费价格同比上涨6.7%。全市工业品出厂价格指数同比上涨11.5%，原材料、燃料动力购进价格涨幅同比上涨14.6%。各类价格指数（以上年为100）如下：

指 标	全 市	市 区
1. 居民消费价格总指数		106.7
其中：食品		116.2
烟酒及用品		103.8
衣着		100.4
家庭设备用品及维修服务		103.4
医疗保健和个人用品		103.8
交通和通讯		99.5
娱乐教育文化用品及服务		95.8
居住		106.7
2. 工业品出厂价格指数	111.5	
3. 原材料、燃料、动力购进价格指数	114.6	
4. 房地产价格指数	105.7	

六、对外开放和旅游

2008 年外贸进出口出现较快增长。全年外贸进口 13.93 亿美元，比上年增长 42.1%，比上年提高 16.7 个百分点；出口 55.96 亿美元，增长 34.9 %，比上年提高 12.9 个百分点；全年外贸进出口总值 69.89 亿美元，比上年增长 36.3%，比上年提高 13.7 个百分点。在出口中，外商投资企业出口额 17.88 亿美元，增长 55.3%；国有企业出口 8.65 亿美元，下降 13.4%；集体企业出口 4.5 亿美元，增长 109.3%；私营企业出口 24.88 亿美元，增长 39.7%。

进出口总值与出口总值(亿美元)

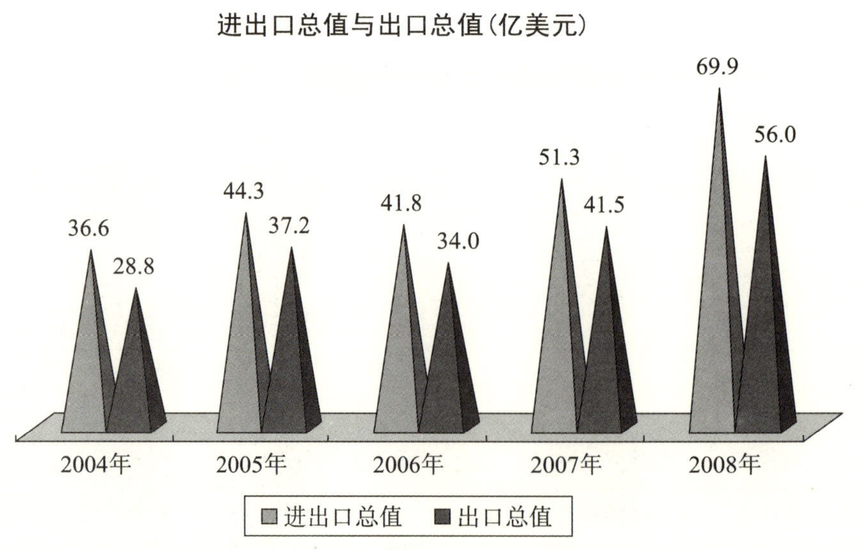

不断完善投资环境，采取多种方式招商引资，利用外资质量和水平得到提高。年内新批准设立外商投资企业 33 个，新增合同总金额 5.2 亿美元，合同外资额 1.92 亿美元。年末实有三资企业个数 610 家。全市实际利用外资 5.08 亿美元，其中直接利用外资 4.58 亿美元。

实际利用外资与直接利用外资（亿美元）

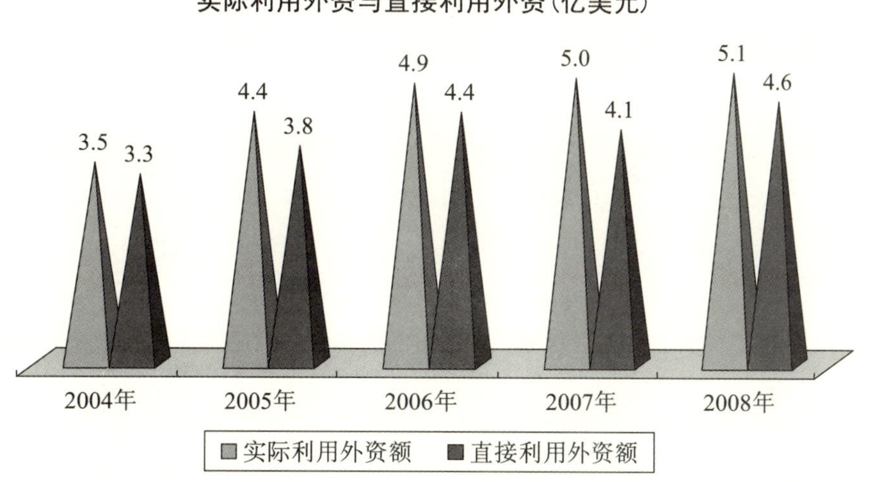

旅游业平稳发展。全年共接待入境游客人数 9.8 万人次，其中外国人 8.6 万人次。国际旅游创汇收入 3703 万美元，比上年略有增加；全年接待国内游客人数 1716 万人次，国内旅游收入 89 亿元。全年实现旅游总收入 91 亿元。

七、财政、金融

全市依法加强税费征管，克服了经济下滑及政策性减收影响，实现了财政收入稳定增长。全部财政收入完成 271.72 亿元，增长 17.96%，其中一般预算收入完成 110.04 亿元，增长 14.77%。在全部税收中，增值税完成 100.3 亿元，增长 13.2%；营业税完成 41.3 亿元，增长 10.4%；企业所得税完成 48.3 亿元，增长 47.4%。全市一般预算支出 195.17 亿元，增长 19.6%，其中环境保护支出 6.2 亿元，增长 115.8%；医疗卫生支出 14.8 亿元，增长 98.1%；教育支出 49.7 亿元，增长 23.4%；科学技术支出 3.9 亿元，增长 23.1%；社会保障和就业支出 18.2 亿元，增长 29.0%。财政支出保证和促进了社会和谐、稳定发展。

金融保持稳定，存、贷款余额出现较大增加。年末全市金融机构本币存款余额 4112 亿元，比年初增加 780 亿元，增长 23.4%。城乡居民储蓄存款余额继续增加，年末城乡居民本币储蓄存款余额 2180 亿元，比年初增加 485 亿元，增长 28.6%。金融机构本币贷款余额 2080 亿元，比年初增加 305 亿元，增长 17.2%。

财政收入（亿元）

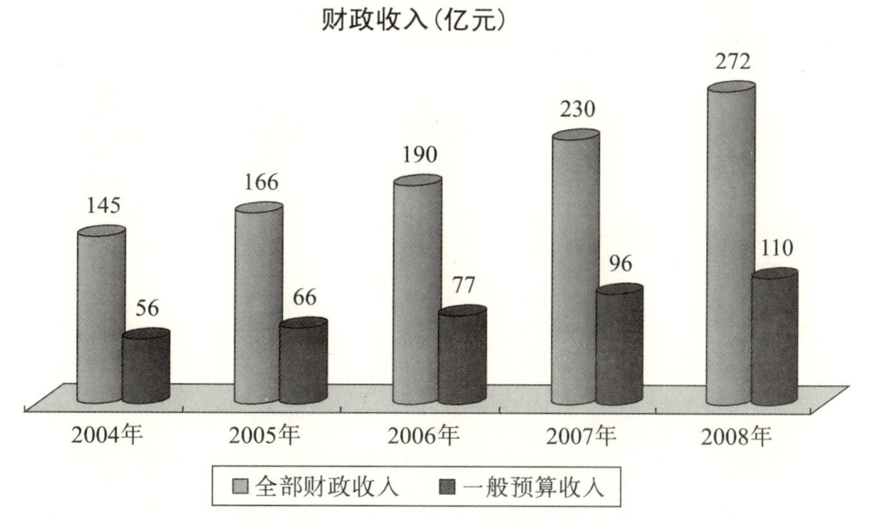

八、科学技术和教育

推进科学技术的发展，取得多项科技成果。全年取得科技成果270项，其中达到国际领先水平2项，达到国际先进水平30项，达到国内领先水平199项，国内先进水平34项，全年获省级科技进步奖17项，市级科技进步奖80项。全年申请专利1974项，授权1200项，均比上年有所增加。

高新技术产业开发区以不断赋予高新区新的生命力为主线，不断调整产业结构，不断优化发展环境，不断改革、开放、创新，通过实施高新技术产业和创新要素集聚两大战略，全年共实现生产总值199亿元，同比增长25.4%，完成营业收入822亿元，同比增长28.0%，实现利税69亿元，同比增长29.0%，出口创汇3.9亿美元，同比增长25.8%，完成固定资产投资46.5亿元，同比增长20.9%。在08年全球经济危机寒潮来袭时逆势而上，仍保持突出的增长态势。

中小学办学条件和教学质量继续提高。全市普通中学539所，招生18.9万人，在校生61.2万人，毕业生23.0万人，分别比上年减少3.1万人、6.5万人和1.2万人。中等职业学校217所，增加8所，招生10.1万人，比上年减少0.5万人；在校生25.9万人，增加0.6万人；毕业生7.7万人，增加0.4万人。小学1976所，比上年减少176所，招生12.0万人，比上年增加0.1万人；在校生64.2万人，增加0.2万人；毕业生11.7万人，减少2.9万人。全市幼儿园673所，比上年减少156所，在园人数15.6万人，比上年减少1.0万人。

九、文化、卫生和体育

文化建设进一步加强。年末共有艺术表演团体20个，比上年增加1个，艺术表演场所18个，文化馆、群艺馆24个，公共图书馆24个，比上年增加1个，市图书馆改扩建竣工使用。广播综合覆盖率99.3%，电视综合覆盖率99.4%。

卫生事业全面发展，医生、床位数继续增加。全市共有医疗卫生机构（含诊所）2176个，比上年增加21个，其中医院172个；疾病预防控制中心（防疫站）25个，妇幼保健院（所、站）25个。年末卫生机构实有床位3.31万张，其中医院拥有床位2.54万张，均比上年增加。全市拥有卫生技术人员4.61万人，其中执业医师1.7万人。

全民健身活动成效明显，体育事业健康发展。全市举办、承办市级以上运动会21项，参加运动会的运动员1300人次。我市选手在省级以上比赛中共获金牌278枚。年末全市拥有健身路径999条，比上年增加89条，方便了居民健身需要。

十、城市建设和环境保护

三年大变样成效显著，城中村改造集中启动，城市路网结构日臻完善。中华大街北延工程，北二环跨中华大街桥等桥梁竣工使用，使城市道路交通体系得到进一步优化。市政配套设施逐步完善。年末城市道路总长度691公里；道路面积1085万平方米，比上年增长17%；排水管道长度达1228

公里。我市有水厂 8 座，日产水能力 70 万立方米，管线总长度 113 公里，全年供水量 1.43 亿立方米。

城市公用事业快速发展。年内发展天然气用户 5.6 万户，总用户达到 46 万户。供热管道总长度 681 公里，比上年增加 24 公里，城市集中供热面积达 6100 万平方米，比上年增加了 700 万平方米。城市公共汽车营运线路达 116 条，比上年增加 13 条；营运车辆 2377 辆，比上年增加 262 辆；年客运总量 3.8 亿人次，比上年增加 0.5 亿人次。

继续加大环境保护力度和大气污染治理，市区优良天气继续增加。市区空气综合污染指数为 2.30。二级及二级以上优、良天气达 301 天，比上年增加 12 天。年末全市有环境监测站 24 个，城市水环境功能区水质达标率达到 100%，全市工业二氧化硫排放达标率 88.9%，全市工业烟尘排放达标率 99.6%，全市工业企业废水排放达标率 98.8%，全市工业固体废物处置利用率 96.2%。城市绿化美化净化全面提升，年末城市公园 37 个，公园面积 731 公顷；城市园林绿地面积 6587 公顷，园林绿化覆盖面积 7336 公顷，分别增加 451 公顷和 578 公顷；人均公共绿地面积 10.4 平方米，比上年增加 1.5 平方米。

十一、人民生活

2008 年，城市居民人均可支配收入和农民人均纯收入继续保持两位数增长，居民生活质量提高，消费支出较快增长。市区城市居民人均可支配收入 15062 元，增长 14.1%，增速比上年下降 0.8 个百分点，仍保持在较高水平，人均消费支出 9953 元，增长 8.3%。农民人均纯收入为 5469 元，增长 10.4%。

城市居民人均可支配收入和农民人均纯收入(元)

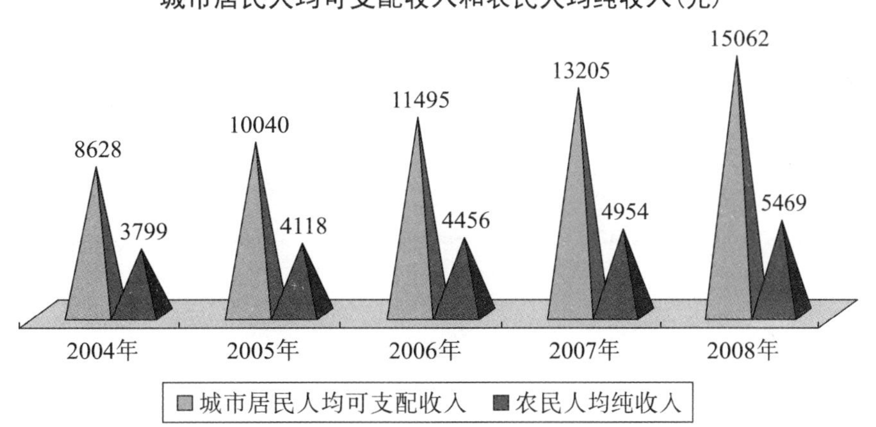

居民生活质量显著提高，家庭耐用品拥有量继续增加。居民住户抽样调查显示，截止 2008 年末，市区城市居民家庭每百户拥有家用汽车 7 辆，彩电 114 台，电冰箱、冰柜 98 台，洗衣机 97 台，空调器 109 台，钢琴 3 架，移动电话 150 部，家用电脑 60 台；农村居民百户拥有彩电 116 台，洗衣机 85 台，移动电话 110 部，电脑 10 台，空调 25 台，电冰箱 46 台，都比上年增加。

城乡居民住房条件进一步改善。城市居民人均建筑面积 26.3 平方米；农民人均住房面积 38.5 平方米，比上年增加 0.5 平方米。

注：1. 本统计公报公布的人口数据是公安部门以“户籍在本市辖区内即为本市人口”的原则统计的数据。统计部门以抽样调查方式取得的新口径人口统计数据需等省统计局核定后，才能公布。

2. 本统计公报使用的 2008 年数据都是 2008 年年快报数据。

一、综　合

行政组织机构及土地面积

1—1 (2008年)

行政单位	镇政府（个）	乡政府（个）	街道办事处（个）	居民委员会（个）	村民委员会（个）	土地面积（平方公里）
石家庄市	**123**	**99**	**53**	**536**	**4419**	**15848**
市区合计	10	4	50	405	98	456
长安区	3		8	60	33	
桥东区	1		9	66		
桥西区		1	11	80	15	
新华区	2	2	11	67	25	
裕华区	2		9	76	25	
矿 区	2	1	2	56		
井 陉 县	10	7		4	318	1381
正 定 县	4	5		14	174	470
栾 城 县	5	3		6	182	345
行 唐 县	4	11		8	330	1025
灵 寿 县	6	9		3	279	1546
高 邑 县	3	2		9	107	211
深 泽 县	2	4		3	125	286
赞 皇 县	2	9		8	212	1210
无 极 县	6	5		4	213	524
平 山 县	12	11	2	7	717	2951
元 氏 县	6	9		4	208	849
赵 县	7	4		9	281	714
辛 集 市	8	7		15	344	1100
藁 城 市	13	1		6	239	836
晋 州 市	9	1		10	224	716
新 乐 市	8	3	1	10	160	625
鹿 泉 市	8	4		11	208	603

人口及其变动情况

1—2 （2008年） 计量单位：人

行政单位	总户数（户）	年末总人口	非农业人口	年平均人口
石家庄市	**2668847**	**9664786**	**3983115**	**9607655**
市区合计	607640	2407195	2407195	2392239
长安区	113828	420889	420889	421072
桥东区	91561	364288	364288	358545
桥西区	120486	514643	514643	509729
新华区	131325	496418	496418	496374
裕华区	121631	513753	513753	509375
矿 区	28809	97204	97204	97146
井 陉 县	105374	326225	72792	325622
正 定 县	124674	452090	109555	449956
栾 城 县	90089	336477	77284	333608
行 唐 县	133073	432956	59806	429268
灵 寿 县	96711	322833	70919	320355
高 邑 县	49955	180795	50763	179282
深 泽 县	73816	252558	36249	251341
赞 皇 县	74148	243274	30998	241547
无 极 县	135650	495024	75854	493226
平 山 县	143350	471792	68735	468296
元 氏 县	94758	409500	76567	405719
赵 县	157350	574594	89160	571351
辛 集 市	191985	614281	238450	612551
藁 城 市	204509	764054	214455	760213
晋 州 市	147749	528270	91083	526335
新 乐 市	126150	477155	122768	473080
鹿 泉 市	111866	375713	90482	373669

1—2 续表 1　　（2008 年）　　计量单位：人

行政单位	总人口中：			
	男	女	18 岁以下	18—35 岁
石家庄市	**4868664**	**4796122**	**1848085**	**2949961**
市区合计	1185197	1221998	345826	899174
长安区	208050	212839	61480	132991
桥东区	186541	177747	45510	140458
桥西区	248585	266058	68973	217547
新华区	241899	254519	75333	174973
裕华区	249216	264537	79019	211072
矿　区	50906	46298	15511	22133
井 陉 县	167713	158512	70194	75849
正 定 县	223911	228179	84480	134120
栾 城 县	169894	166583	71185	99445
行 唐 县	219318	213638	97156	119469
灵 寿 县	164203	158630	71519	89225
高 邑 县	92801	87994	35274	51347
深 泽 县	128526	124032	49282	68354
赞 皇 县	126516	116758	53376	74994
无 极 县	251783	243241	101950	141264
平 山 县	242906	228886	102221	126350
元 氏 县	210132	199368	100288	114676
赵　县	297000	277594	123368	169798
辛 集 市	308420	305861	107809	158901
藁 城 市	383152	380902	152059	216510
晋 州 市	269204	259066	102258	150336
新 乐 市	241370	235785	111387	146500
鹿 泉 市	186618	189095	68453	113649

1—2 续表2 （2008年） 计量单位：人

行政单位	总人口中：（续）		年出生人口	年死亡人口
	35—60岁	60岁以上		
石家庄市	**3580021**	**1286719**	**140778**	**60071**
市区合计	845531	316664	21521	7368
长安区	159207	67211	3740	1525
桥东区	128646	49674	3249	1197
桥西区	167202	60921	4644	1316
新华区	180788	65324	4240	1353
裕华区	167839	55823	4885	1436
矿 区	41849	17711	763	541
井 陉 县	130942	49240	4031	2532
正 定 县	174291	59199	5979	3621
栾 城 县	123034	42813	5824	1984
行 唐 县	158544	57787	8981	1450
灵 寿 县	120196	41893	6321	1649
高 邑 县	70984	23190	3309	769
深 泽 县	96363	38559	3515	844
赞 皇 县	86630	28274	5451	2306
无 极 县	188722	63088	8331	5219
平 山 县	178158	65063	8514	3562
元 氏 县	146144	48392	8867	2475
赵 县	204145	77283	10645	4609
辛 集 市	246959	100612	6763	4302
藁 城 市	295985	99500	11017	5408
晋 州 市	202405	73271	6951	4931
新 乐 市	167860	51408	10168	2916
鹿 泉 市	143128	50483	4590	4126

1—2 续表 3　　(2008 年)　　计量单位：人

行政单位	人口出生率 (‰)	人口死亡率 (‰)	人口自然增长率 (‰)
石家庄市	**14.65**	**6.25**	**8.40**
市区合计	9.00	3.08	5.92
长安区	8.93	3.62	5.34
桥东区	9.06	3.34	5.72
桥西区	9.11	2.61	6.51
新华区	8.54	2.73	5.81
裕华区	9.59	2.82	6.77
矿 区	7.85	6.21	2.29
井 陉 县	12.38	7.78	4.60
正 定 县	13.29	8.05	5.24
栾 城 县	17.46	5.95	11.51
行 唐 县	20.92	3.38	17.54
灵 寿 县	19.73	5.15	14.58
高 邑 县	18.00	4.00	14.00
深 泽 县	14.00	3.40	10.60
赞 皇 县	22.56	9.54	13.02
无 极 县	16.80	10.50	6.30
平 山 县	18.20	7.60	10.60
元 氏 县	10.55	6.10	4.45
赵 县	18.63	8.07	10.56
辛 集 市	11.00	7.00	4.00
藁 城 市	14.49	7.11	7.38
晋 州 市	13.21	9.37	3.84
新 乐 市	21.49	6.16	15.33
鹿 泉 市	12.28	11.04	1.24

全市人口年龄情况

1—3 （2008 年） 计量单位：人

年 龄	人口数	#男	年 龄	人口数	#男
总 计	**9664786**	**4868664**			
不满 1 岁	87283	46162	27	182832	91903
1	110829	58850	28	145861	74023
2	107694	57033	29	133300	67475
3	107153	56429	30	124796	62914
4	108376	57297	31	111409	56902
5	76856	40908	32	112042	57001
6	99539	52848	33	107074	53495
7	91214	48630	34	122414	61330
8	92761	49438	35	133128	65961
9	81620	42987	36	155414	77557
10	81105	42680	37	168604	84807
11	80087	42418	38	184969	93658
12	86230	45479	39	160546	80835
13	97295	51025	40	175349	87615
14	110026	58044	41	139668	70549
15	130740	67903	42	160291	80490
16	143145	73858	43	170233	85552
17	156132	81936	44	167116	83972
18	196450	100497	45	213319	107663
19	222535	111750	46	144959	73164
20	243193	119940	47	76776	38253
21	268296	132515	48	108246	55446
22	230290	113672	49	115674	59227
23	199187	98957	50	139419	71482
24	177221	89001	51	144752	73826
25	172511	86487	52	145477	73395
26	200550	100144	53	142873	73266

1—3 续表　　（2008 年）　　计量单位：人

年　龄	人口数	# 男	年　龄	人口数	# 男
54	138341	69635	83	19006	7590
55	131101	66262	84	15323	6111
56	128385	64352	85	13506	5036
57	117799	58617	86	11042	4068
58	110466	55636	87	8104	2993
59	107116	55129	88	7140	2514
60	90263	44554	89	5539	2034
61	87795	43803	90	4273	1365
62	81681	40684	91	3735	1230
63	77525	38840	92	2707	846
64	61398	30226	93	2134	597
65	58531	29691	94	1732	568
66	61734	30411	95	1346	416
67	58327	28776	96	908	287
68	54354	26691	97	716	218
69	49981	24314	98	612	165
70	53282	26489	99	425	118
71	54318	26818	100	266	91
72	50003	24447	101	181	43
73	50096	23718	102	116	38
74	42506	20057	103	91	23
75	43330	20620	104	62	21
76	41471	18864	105	41	14
77	35640	16531	106	21	4
78	35845	16088	107	13	1
79	29418	12799	108	7	5
80	26819	11538	109	2	
81	23728	9889	110	3	1
82	19623	8139	111 以上		

人口分民族情况

1—4　　（2008年）　　计量单位：人

民　族	全　市	民　族	全　市
总　计	**9664786**	纳西族	216
汉族	9565358	景颇族	4
蒙古族	4817	柯尔克孜族	6
回族	54885	土族	53
藏族	350	达尔斡族	130
维吾尔族	58	仫佬族	25
苗族	954	羌族	36
彝族	502	布朗族	7
壮族	1381	撒拉族	5
布依族	305	毛难族	6
朝鲜族	956	仡佬族	58
满族	31298	锡伯族	171
侗族	318	普米族	6
瑶族	193	怒族	6
白族	432	俄罗斯族	38
土家族	1316	鄂温克族	14
哈尼族	48	德昂族	1
哈克萨族	3	保安族	1
傣族	85	裕固族	3
黎族	173	京族	9
傈僳族	366	鄂伦春族	13
佤族	11	赫哲族	8
畲族	27	门巴族	5
高山族	11	珞巴族	3
拉祜族	43	基诺族	4
水族	27	其他未识别民族	
东乡族	1	外国人加入中国籍	

计划生育基本情况

1—5　　　　(2008年)　　　　计量单位：人

行政单位	一孩人数	二孩人数	多孩人数	符合政策生育率(%)
石家庄市	**75349**	**26151**	**391**	**92.08**
市区合计	17385	923	15	99.78
长安区	2759	118	4	99.38
桥东区	2190	102	1	99.83
桥西区	3781	228	2	99.88
新华区	4074	181	3	99.93
裕华区	3889	129	3	99.80
矿　区	460	157	2	99.68
高新区	232	8		100.00
井 陉 县	1932	1580	27	91.95
正 定 县	3246	1269	24	93.46
栾 城 县	2971	1204	18	89.84
行 唐 县	3633	2042	44	88.79
灵 寿 县	2452	951	9	87.92
高 邑 县	1732	664	14	87.47
深 泽 县	1821	695	3	88.25
赞 皇 县	2121	1073	20	87.34
无 极 县	4274	2075	36	91.51
平 山 县	3514	2025	10	88.59
元 氏 县	3448	1220	8	90.98
赵　县	4609	2215	34	86.28
辛 集 市	4409	1611	44	93.06
藁 城 市	6191	2340	33	91.13
晋 州 市	4643	1704	22	93.91
新 乐 市	3811	1407	14	88.46
鹿 泉 市	3157	1153	16	94.06

结婚及领取独生子女证情况

1—6 （2008 年） 计量单位：人

行政单位	当年结婚对数	女性初婚人数	#23 周岁以上人数	男性初婚人数	#25 周岁以上人数
石家庄市	**84679**	**79025**	**40227**	**78517**	**28794**
市区合计	29553	26317	21317	25539	17868
长安区	4700	4114	3121	3945	2554
桥东区	4789	4336	3728	4203	3133
桥西区	6777	5917	5103	5746	4670
新华区	5505	4832	4024	4670	3380
裕华区	7148	6525	5029	6375	3920
矿　区	397	364	216	378	168
高新区	237	229	96	222	43
井 陉 县	1656	1569	813	1595	675
正 定 县	3590	3428	1320	3438	776
栾 城 县	2531	2494	1050	2494	529
行 唐 县	3477	3276	1730	3304	1014
灵 寿 县	2457	2278	962	2290	555
高 邑 县	1889	1827	620	1816	248
深 泽 县	1938	1865	498	1871	261
赞 皇 县	2231	2146	1076	2161	641
无 极 县	4668	4477	1297	4489	639
平 山 县	2510	2504	1099	2513	837
元 氏 县	2508	2504	910	2503	448
赵　县	4494	4240	1303	4276	772
辛 集 市	4073	3781	1120	3792	643
藁 城 市	6177	5995	1736	6013	954
晋 州 市	4987	4687	990	4737	418
新 乐 市	3389	3159	1169	3201	750
鹿 泉 市	2551	2478	1217	2485	766

1—6 续表　　　　(2008 年)　　　　计量单位：人

行政单位	晚婚率（%）		领证人数	领证率（%）
	女	男		
石家庄市	**50.90**	**36.67**	**439193**	**22.85**
市区合计	81.00	69.96	320660	63.99
长安区	75.86	64.74	60362	62.99
桥东区	85.98	74.54	49292	63.16
桥西区	86.24	81.27	67453	65.30
新华区	83.28	72.38	73163	70.05
裕华区	77.07	61.49	61321	64.06
矿　区	59.34	44.44	6757	39.42
高新区	41.92	19.37	2312	34.86
井 陉 县	51.82	42.32	5584	9.25
正 定 县	38.51	22.57	16117	17.88
栾 城 县	42.10	21.21	6386	9.56
行 唐 县	52.81	30.69	4118	5.12
灵 寿 县	42.23	24.24	2431	4.01
高 邑 县	33.94	13.66	1130	3.15
深 泽 县	26.70	13.95	4396	9.49
赞 皇 县	50.14	29.66	1666	3.42
无 极 县	28.97	14.23	5358	5.09
平 山 县	43.89	33.31	3148	3.45
元 氏 县	36.34	17.90	2090	2.64
赵　县	30.73	18.05	3563	3.30
辛 集 市	29.62	16.96	22188	18.40
藁 城 市	28.96	15.87	13949	9.14
晋 州 市	21.12	8.82	10136	9.51
新 乐 市	37.01	23.43	5370	5.56
鹿 泉 市	49.11	30.82	10903	15.23

节育措施情况

1—7　　　　(2008年)　　　　计量单位：人

行政单位	已婚育龄妇女人数	选用各种避孕方法人数	综合避孕率(%)	实行计划生育手术例数
石家庄市	**1921897**	**1742965**	**90.69**	**179697**
市区合计	501123	449503	89.70	72321
长安区	95832	85578	89.30	23211
桥东区	78044	68890	88.27	7880
桥西区	103298	93118	90.15	11461
新华区	104449	94570	90.54	11465
裕华区	95725	85862	89.70	16979
矿　区	17143	15500	90.42	980
高新区	6632	5985	90.24	345
井陉县	60380	54625	90.47	4968
正定县	90124	82438	91.47	6304
栾城县	66829	60589	90.66	5226
行唐县	80505	72912	90.57	6529
灵寿县	60572	57170	94.38	4095
高邑县	35829	32402	90.44	2828
深泽县	46340	42442	91.59	3041
赞皇县	48755	44502	91.28	5454
无极县	105243	95549	90.79	7630
平山县	91282	83934	91.95	6441
元氏县	79183	72343	91.36	7097
赵　县	107891	96005	88.98	9642
辛集市	120565	109158	90.54	6824
藁城市	152572	137637	90.21	11074
晋州市	106544	96986	91.03	7927
新乐市	96557	89146	92.32	5734
鹿泉市	71603	65624	91.65	6562

地区生产总值构成项目

1—8　　　　(2008年)　　　　计量单位：万元

行业名称	增加值	劳动者报酬	生产税净额	固定资产折旧	营业盈余
地区生产总值	**27235531**	**10235859**	**4107796**	**3160525**	**9731351**
第一产业	3041224	2409350	-30589	158742	503721
农业	1770231	1391402	-31495	92052	318272
林业	59024	44621		3070	11333
畜牧业	1083121	864331		55239	163551
渔业	27855	21839		1615	4401
农林牧渔服务业	100993	87157	906	6766	6164
第二产业	13652535	3345256	3115534	1554045	5637700
工业	12292535	2601276	2846630	1478416	5366213
采掘业	477563	74340	116416	23969	262838
制造业	11194317	2410630	2597822	1249733	4936132
电力、煤气及水的生产和供应业	620655	116306	132392	204714	167243
建筑业	1360000	743980	268904	75629	271487
房屋和土木工程建筑业	1101363	636408	238405	61617	164933
建筑安装业	204270	83655	23766	10932	85917
建筑装饰业	29532	12126	3419	1551	12436
其他建筑业	24835	11791	3314	1529	8201
第三产业	10541772	4481253	1022851	1447738	3589930
交通运输、仓储及邮政业	2361751	739814	323578	396066	902293
铁路运输业	268950	83772	70620	42058	72500
道路运输业	1741239	354009	224536	234133	928561
城市公共交通业	115519	110282	7769	32608	-35140

1—8 续表 1　　(2008 年)　　计量单位：万元

行业名称	增加值	劳动者报酬	生产税净额	固定资产折旧	营业盈余
航空运输业	76009	111810	7008	60572	-103381
装卸搬运和其他运输服务业	47175	28367	4960	3691	10157
仓储业	66420	19853	5389	12009	29169
邮政业	46439	31721	3296	10995	427
信息传输、计算机服务和软件业	439666	105137	27803	225863	80863
电信和其他信息传输服务业	403566	91977	25189	221818	64582
计算机服务业	10000	4632	1020	1885	2463
软件业	26100	8528	1594	2160	13818
批发和零售业	2035700	733663	231986	331324	738727
批发业	966385	385606	114108	222238	244433
零售业	1069315	348057	117878	109086	494294
住宿和餐饮业	430256	152844	48795	66165	162452
住宿业	84398	33676	9966	19409	21347
餐饮业	345858	119168	38829	46756	141105
金融业	907219	378982	187766	45751	294720
银行业	690899	220180	160564	35442	274713
证券业	133894	33583	10144	4539	85628
保险业	80838	124599	16889	5666	-66316
其他金融活动	1588	620	169	104	695
房地产业	833494	57956	71861	17724	685953
房地产开发经营	138800	34067	64778	10736	29219
物业管理业	23078	17087	3039	1963	989
房地产中介服务	3739	3256	658	599	-774
其他房地产活动	15092	3546	3386	4426	3734
居民自有住房服务	652785				652785
租赁和商务服务业	407188	96388	51259	58403	201138

1—8 续表 2　　（2008 年）　　计量单位：万元

行业名称	增加值	劳动者报酬	生产税净额	固定资产折　旧	营业盈余
租赁业	114900	28696	37586	16918	31700
商务服务业	292288	67692	13673	41485	169438
科学研究、技术服务和地质勘查业	324054	196293	16849	28208	82704
研究与试验发展	172954	95261	2710	12255	62728
专业技术服务业	118863	80946	11620	11256	15041
科技交流和推广服务业	13157	7329	703	3296	1829
地质勘查业	19080	12757	1816	1401	3106
水利、环境和公共设施管理业	122236	57533	3986	24924	35793
水利管理业	52650	18605	730	17881	15434
环境管理业	13887	12659	51	564	613
公共设施管理业	55699	26269	3205	6479	19746
居民服务和其他服务业	420250	122732	29438	29687	238393
居民服务业	301000	77597	19182	22327	181894
其他服务业	119250	45135	10256	7360	56499
教育	733919	620249	1221	59757	52692
卫生、社会保障和社会福利业	409169	299104	5612	63786	40667
卫生	329684	256318	3367	40568	29431
社会保障业	24533	20005		169	4359
社会福利业	54952	22781	2245	23049	6877
文化、体育和娱乐业	226614	146244	21960	41867	16543
新闻出版业	76557	45937	7628	13343	9649
广播、电视、电影和音像业	33900	16957	4446	7393	5104
文化艺术业	46227	37769	1813	3478	3167
体育	10330	7797	205	1247	1081
娱乐业	59600	37784	7868	16406	-2458
公共管理和社会组织	890256	774314	737	58213	56992

总产出、地区生产总值

1—9　　（2008 年）　　计量单位：万元、%

行业名称	总产出		地区生产总值	
	绝对值	发展速度（以上年为 100）	绝对值	发展速度（以上年为 100）
总　计	**79762283**	**113.3**	**27235531**	**111.0**
第一产业	5429731	103.3	3041224	103.9
农业	2758658	100.7	1770231	100.8
林业	73504	111.3	59024	111.4
畜牧业	2339037	104.5	1083121	107.4
渔业	50600	129.0	27855	129.4
农林牧渔服务业	207932	115.0	100993	112.8
第二产业	55621769	113.5	13652535	110.8
工业	50996894	114.3	12292535	111.5
采掘业	1190930	163.7	477563	111.4
制造业	46067078	114.1	11194317	111.5
电力、煤气及水的生产和供应业	3738886	107.7	620655	111.4
建筑业	4624875	104.0	1360000	104.4
房屋和土木工程建筑业	3671210	103.2	1101363	103.2
建筑安装业	817080	105.8	204270	105.8
建筑装饰业	65627	114.2	29532	138.6
其他建筑业	70958	117.2	24835	117.2
第三产业	18710783	115.5	10541772	112.9
交通运输、仓储及邮政业	5478025	116.2	2361751	112.1
铁路运输业	429153	102.2	268950	104.0
道路运输业	3605796	117.8	1741239	113.4
城市公共交通业	248428	131.0	115519	128.0

1—9 续表 1　　　　（2008 年）　　　　计量单位：万元、%

行业名称	总产出		地区生产总值	
	绝对值	发展速度（以上年为 100）	绝对值	发展速度（以上年为 100）
航空运输业	187307	118.4	76009	102.6
装卸搬运和其他运输服务业	160679	103.2	47175	115.0
仓储业	642982	117.1	66420	113.0
邮政业	203680	117.0	46439	117.0
信息传输、计算机服务和软件业	893756	119.9	439666	119.9
电信和其他信息传输服务业	784385	120.0	403566	120.0
计算机服务业	22080	113.0	10000	113.0
软件业	87291	121.0	26100	121.0
批发和零售业	2749567	116.0	2035700	111.5
批发业	1469563	115.1	966385	111.0
零售业	1280004	117.1	1069315	112.0
住宿和餐饮业	907425	108.8	430256	110.3
住宿业	183874	104.9	84398	104.3
餐饮业	723551	110.1	345858	112.3
金融业	1541191	117.7	907219	115.9
银行业	1047848	115.0	690899	114.5
证券业	167667	113.0	133894	113.0
保险业	322106	129.7	80838	134.3
其他金融活动	3570	101.3	1588	114.5
房地产业	1003906	113.5	833494	103.9
房地产开发经营	222659	104.9	138800	98.0
物业管理业	50061	254.2	23078	251.0
房地产中介服务	8315	101.6	3739	39.4
其他房地产活动	25344	92.6	15092	97.5
居民自有住房服务	697527	113.0	652785	105.0
租赁和商务服务业	818442	108.8	407188	107.9

1—9 续表 2　　（2008 年）　　计量单位：万元、%

行业名称	总产出		地区生产总值	
	绝对值	发展速度（以上年为 100）	绝对值	发展速度（以上年为 100）
租赁业	169990	103.3	114900	103.0
商务服务业	648452	110.3	292288	110.0
科学研究、技术服务和地质勘查业	643383	116.6	324054	116.6
研究与试验发展	318037	120.3	172954	120.0
专业技术服务业	268710	113.3	118863	113.0
科技交流和推广服务业	22858	107.8	13157	107.5
地质勘查业	33778	116.6	19080	116.3
水利、环境和公共设施管理业	157741	121.2	122236	115.9
水利管理业	66785	120.2	52650	115.0
环境管理业	18099	128.9	13887	123.2
公共设施管理业	72857	120.2	55699	115.0
居民服务和其他服务业	889685	109.7	420250	109.5
居民服务业	566743	110.3	301000	110.0
其他服务业	322942	108.6	119250	108.3
教育	1003056	111.7	733919	116.2
卫生、社会保障和社会福利业	840259	119.6	409169	117.6
卫生	726506	119.7	329684	117.6
社会保障业	34824	118.9	24533	116.0
社会福利业	78929	118.3	54952	118.3
文化、体育和娱乐业	487173	130.8	226614	132.4
新闻出版业	225939	113.0	76557	113.0
广播、电视、电影和音像业	65016	112.0	33900	112.0
文化艺术业	64039	117.9	46227	115.0
体育	14673	116.0	10330	116.0
娱乐业	117506	248.0	59600	248.0
公共管理和社会组织	1297174	115.0	890256	115.0

分县（市）地区生产总值

1—10 （2008年） 计量单位：万元、%

行政单位	地区生产总值	发展速度（以上年为100）	第一产业		第二产业	
			绝对值	发展速度（以上年为100）	绝对值	发展速度（以上年为100）
石家庄市	**27235531**	**111.0**	**3041224**	**103.9**	**13652535**	**110.8**
市 区	10022951	108.7	62248	98.2	3424626	101.0
井陉县	806323	111.4	73608	106.9	419503	107.1
正定县	1264670	113.2	218981	102.0	559005	115.0
栾城县	1020385	111.5	224029	104.6	564658	114.8
行唐县	736713	113.5	153633	105.4	436147	119.4
灵寿县	529796	114.5	94590	112.0	301384	117.2
高邑县	332031	108.3	62843	101.2	177092	109.6
深泽县	444365	113.5	82374	103.6	263195	115.4
赞皇县	412012	112.4	96668	102.0	230959	117.3
无极县	914041	106.9	174713	100.5	495796	109.2
平山县	1350971	109.3	147372	103.0	926014	107.5
元氏县	811388	110.3	143866	101.4	406161	109.4
赵 县	1000231	113.0	214842	106.2	566027	115.9
辛集市	1840135	111.2	321432	101.1	1059713	114.5
藁城市	2256309	112.0	387028	100.9	1235601	115.1
晋州市	1196769	110.8	173189	99.1	644111	114.4
新乐市	1056039	110.7	188456	100.3	588414	112.7
鹿泉市	1759162	112.4	144404	100.8	1106541	111.9

1—10 续表　　(2008年)　　计量单位：万元、%

行政单位	工业增加值		第三产业		人均地区生产总值（元）	
	绝对值	发展速度（以上年为100）	绝对值	发展速度（以上年为100）	绝对值	比上年（±元）
石家庄市	**12292535**	**111.5**	**10541772**	**112.9**	**27753**	**4454**
市　区	2852226	100.3	6536077	113.2	41898	1507
井陉县	383903	107.0	313212	119.2	30622	3348
正定县	511005	116.0	486684	114.9	30856	2752
栾城县	515058	115.0	231698	109.3	33893	3306
行唐县	417647	120.2	146933	105.6	19502	2329
灵寿县	270184	121.5	133822	109.5	18274	1739
高邑县	151092	109.6	92096	109.8	19970	1400
深泽县	221195	112.5	98796	116.7	19775	1167
赞皇县	218959	117.6	84385	110.9	18295	1234
无极县	467296	109.3	243532	106.0	20071	1606
平山县	880014	106.6	277585	117.4	29791	943
元氏县	376561	109.5	261361	116.3	21437	1437
赵　县	538227	117.6	219362	112.9	19247	1742
辛集市	1000813	115.8	458990	109.8	33523	3485
藁城市	1166401	117.5	633680	111.5	34018	4338
晋州市	613111	114.7	379469	108.9	24330	1591
新乐市	537014	113.0	279169	110.2	23225	903
鹿泉市	1050541	113.3	508217	116.7	50469	3395

历年地区生产总值指数

1—11　　　　（上年=100）　　　　计量单位：%

年　份	地区生产总值	第一产业	第二产业	第三产业
1953	122.7	98.6	194.3	101.4
1954	109.3	95.7	128.8	98.6
1955	115.9	120.2	120.4	105.1
1956	103.1	90.5	107.4	107.8
1957	108.4	116.1	106.9	104.6
1958	152.2	112.6	209.3	108.4
1959	123.9	95.8	138.2	113.9
1960	83.2	88.8	79.6	90.3
1961	70.4	86.3	63.3	77.6
1962	86.4	101.7	79.0	89.1
1963	95.5	74.0	101.9	106.8
1964	119.5	138.0	115.8	111.8
1965	125.4	128.1	130.2	111.2
1966	111.9	104.5	114.5	113.7
1967	98.9	97.4	92.3	118.0
1968	120.2	113.3	129.0	107.8
1969	111.5	99.6	115.9	111.4
1970	103.2	113.1	100.4	101.8
1971	104.3	102.3	103.9	107.5
1972	98.7	101.7	95.6	103.6
1973	109.7	111.3	111.5	103.8
1974	108.5	115.6	106.4	105.9
1975	108.0	100.2	108.1	116.9
1976	104.8	99.0	106.9	105.3
1977	109.9	97.0	109.7	122.7
1978	104.8	121.5	100.4	101.6

1—11 续表　　（上年 = 100）　　计量单位:%

年　份	地区生产总值	第一产业	第二产业	第三产业
1979	106. 7	101. 5	104. 9	115. 3
1980	108. 2	103. 5	103. 2	121. 8
1981	104. 1	106. 0	104. 8	100. 8
1982	111. 6	109. 0	115. 4	106. 9
1983	118. 9	128. 6	107. 0	133. 8
1984	111. 5	114. 0	113. 1	106. 0
1985	106. 8	102. 6	112. 0	101. 9
1986	109. 7	106. 2	109. 2	114. 7
1987	113. 5	103. 3	124. 6	102. 9
1988	115. 5	106. 4	123. 1	107. 3
1989	100. 8	105. 0	101. 9	92. 9
1990	104. 5	107. 0	101. 6	109. 7
1991	109. 8	103. 5	110. 2	116. 6
1992	119. 0	104. 5	125. 2	123. 2
1993	120. 5	105. 7	131. 7	112. 5
1994	120. 0	107. 4	126. 4	116. 6
1995	118. 0	110. 1	119. 3	121. 1
1996	115. 8	109. 1	117. 3	117. 1
1997	115. 8	111. 9	116. 4	117. 0
1998	113. 7	105. 5	115. 2	115. 5
1999	110. 7	104. 5	112. 1	111. 0
2000	110. 5	105. 0	111. 5	111. 0
2001	109. 1	104. 2	109. 5	110. 5
2002	109. 8	104. 2	111. 3	110. 1
2003	113. 2	105. 1	115. 5	110. 0
2004	114. 1	106. 5	117. 6	112. 3
2005	113. 7	105. 5	118. 3	110. 9
2006	113. 4	104. 2	114. 9	114. 7
2007	113. 2	102. 2	115. 7	113. 0
2008	111. 0	103. 9	110. 8	112. 9

二、单位从业人员和劳动报酬

全市单位从业人员和劳动报酬

2—1 （2008年） 计量单位：人、千元、个、元

行业名称	年末单位从业人员	# 女性	1. 在岗职工	2. 其他从业人员	离开本单位仍保留劳动关系的职工
总　　计	**847594**	**351845**	**819162**	**28432**	**99347**
# 国有控股	355496	132235	341724	13772	69016
一、按企业、事业、机关分组					
（一）企业	519867	201615	494666	25201	91357
（二）事业	234468	124865	232558	1910	3085
（三）机关	93259	25365	91938	1321	4905
二、按国民经济行业分组					
（一）农、林、牧、渔业	4701	1836	4696	5	220
（二）采掘业	6306	1211	6306		267
（三）制造业	247200	100287	242985	4215	46530
（四）电力、煤气及水的生产和供应业	24787	7633	24087	700	1060
（五）建筑业	49258	7914	46187	3071	8027
（六）交通运输、仓储和邮政业	57254	14505	54580	2674	6745
（七）信息传输、计算机服务和软件	7245	2736	7084	161	590
（八）批发和零售业	66711	36275	64718	1993	20499
（九）住宿和餐饮业	13818	7886	13555	263	1826
（十）金融业	40489	21306	29356	11133	3699
（十一）房地产业	3560	1173	3524	36	384
（十二）租赁和商务服务业	8678	2710	8376	302	1821
（十三）科研、技术服务和地质勘查业	21235	6555	20254	981	651
（十四）水利、环境和公共设施管理业	16358	6218	16093	265	347
（十五）居民服务和其他服务业	3084	800	3027	57	68
（十六）教育	121948	75016	121390	558	414
（十七）卫生、社会保障和社会福利业	37208	24060	36778	430	424
（十八）文化、体育和娱乐业	12327	4959	12103	224	525
（十九）公共管理和社会组织	105427	28765	104063	1364	5250

2—1 续表1　　(2008年)　　计量单位：人、千元、个、元

行业名称	单位从业人员平均人数	# 在岗职工	其他从业人员	离开本单位仍保留劳动关系的职工平均人数
总　　计	**856815**	**828611**	**28204**	**97052**
# 国有控股	364385	350763	13622	66743
一、按企业、事业、机关分组				
（一）企业	529091	504753	24338	89103
（二）事业	233848	231302	2546	3024
（三）机关	93876	92556	1320	4925
二、按国民经济行业分组				
（一）农、林、牧、渔业	4425	4352	73	222
（二）采掘业	5950	5950		269
（三）制造业	253578	249358	4220	44222
（四）电力、煤气及水的生产和供应业	24558	23933	625	1017
（五）建筑业	50484	47483	3001	8245
（六）交通运输、仓储和邮政业	57189	54494	2695	6747
（七）信息传输、计算机服务和软件	7227	6562	665	589
（八）批发和零售业	70271	68454	1817	20598
（九）住宿和餐饮业	13784	13562	222	1882
（十）金融业	39245	28624	10621	3372
（十一）房地产业	3567	3530	37	371
（十二）租赁和商务服务业	8677	8378	299	1879
（十三）科研、技术服务和地质勘查业	21062	20114	948	553
（十四）水利、环境和公共设施管理业	16373	16108	265	349
（十五）居民服务和其他服务业	2988	2931	57	66
（十六）教育	122154	121548	606	415
（十七）卫生、社会保障和社会福利业	36965	36498	467	463
（十八）文化、体育和娱乐业	12316	12092	224	514
（十九）公共管理和社会组织	106002	104640	1362	5279

2—1 续表 2 （2008 年） 计量单位：人、千元、个、元

行业名称	单位从业人员劳动报酬	在岗职工工资总额	其他从业人员劳动报酬	离开本单位仍保留劳动关系职工的生活费	单位数
总 计	**20036183**	**19443132**	**593051**	**704776**	**10287**
# 国有控股	8288251	8045692	242559	461506	1818
一、按企业、事业、机关分组					
（一）企业	10834671	10282480	552191	538871	3299
（二）事业	6468339	6440141	28198	42958	4871
（三）机关	2733173	2720511	12662	122947	2117
二、按国民经济行业分组					
（一）农、林、牧、渔业	72434	71835	599	725	174
（二）采掘业	95527	95527		1046	10
（三）制造业	4219699	4139278	80421	209865	1000
（四）电力、煤气及水的生产和供应业	778534	773421	5113	6237	49
（五）建筑业	954413	899574	54839	29304	103
（六）交通运输、仓储和邮政业	1632126	1594774	37352	76592	234
（七）信息传输、计算机服务和软件	323710	317809	5901	10144	59
（八）批发和零售业	960610	930815	29795	111767	1141
（九）住宿和餐饮业	166426	159622	6804	4393	134
（十）金融业	1542682	1235047	307635	78064	428
（十一）房地产业	95900	95205	695	6691	79
（十二）租赁和商务服务业	147496	145046	2450	9047	173
（十三）科研、技术服务和地质勘查业	775427	751107	24320	4981	268
（十四）水利、环境和公共设施管理业	343859	341798	2061	3298	229
（十五）居民服务和其他服务业	60374	59804	570	470	73
（十六）教育	3451228	3441469	9759	9353	2836
（十七）卫生、社会保障和社会福利业	1025269	1017153	8116	6397	510
（十八）文化、体育和娱乐业	338306	334936	3370	5628	277
（十九）公共管理和社会组织	3052163	3038912	13251	130774	2510

2—1 续表3　　(2008年)　　计量单位：人、千元、个、元

行业名称	职　工	# 中专及以上学历人员	单位从业人员平均报酬	# 在岗职工平均工资	其他从业人员平均报酬
总　计	**918509**	**463108**	**23384**	**23465**	**21027**
# 国有控股	410740	148280	22746	22938	17806
一、按企业、事业、机关分组					
（一）企业	586023	197527	20478	20371	22688
（二）事业	235643	189146	27660	27843	11075
（三）机关	96843	76435	29115	29393	9592
二、按国民经济行业分组					
（一）农、林、牧、渔业	4916	2816	16369	16506	8205
（二）采掘业	6573	1357	16055	16055	
（三）制造业	289515	75915	16641	16600	19057
（四）电力、煤气及水的生产和供应业	25147	13259	31702	32316	8181
（五）建筑业	54214	17638	18905	18945	18274
（六）交通运输、仓储和邮政业	61325	26280	28539	29265	13860
（七）信息传输、计算机服务和软件	7674	6031	44792	48432	8874
（八）批发和零售业	85217	26120	13670	13598	16398
（九）住宿和餐饮业	15381	6006	12074	11770	30649
（十）金融业	33055	23904	39309	43147	28965
（十一）房地产业	3908	2122	26885	26970	18784
（十二）租赁和商务服务业	10197	4617	16999	17313	8194
（十三）科研、技术服务和地质勘查业	20905	15883	36816	37342	25654
（十四）水利、环境和公共设施管理业	16440	5508	21002	21219	7777
（十五）居民服务和其他服务业	3095	1144	20205	20404	10000
（十六）教育	121804	111478	28253	28314	16104
（十七）卫生、社会保障和社会福利业	37202	29653	27736	27869	17379
（十八）文化、体育和娱乐业	12628	7819	27469	27699	15045
（十九）公共管理和社会组织	109313	85558	28793	29042	9729

全市国有单位从业人员和劳动报酬

2—2　　(2008 年)　　计量单位：人、千元、个、元

行业名称	年末单位从业人员	# 女性	1. 在岗职工	2. 其他从业人员	离开本单位仍保留劳动关系的职工
总　　计	**610724**	**251483**	**595978**	**14746**	**62612**
一、按隶属关系分组					
1. 中央	113203	30608	105897	7306	11555
2. 地方	497521	220875	490081	7440	51057
二、按企业、事业、机关分组					
（一）企业	288466	103623	276850	11616	54796
1. 中央	98920	26077	91718	7202	11226
2. 地方	189546	77546	185132	4414	43570
（二）事业	229395	122565	227586	1809	2919
1. 中央	8625	2615	8543	82	67
2. 地方	220770	119950	219043	1727	2852
（三）机关	92863	25295	91542	1321	4897
1. 中央	5658	1916	5636	22	262
2. 地方	87205	23379	85906	1299	4635
三、按国民经济行业分组					
（一）农、林、牧、渔业	4467	1786	4462	5	220
（二）采掘业	6150	1167	6150		267
（三）制造业	119357	48696	116454	2903	24389
（四）电力、煤气及水的生产和供应业	17684	5635	16987	697	699
（五）建筑业	31774	5502	29124	2650	5123
（六）交通运输、仓储和邮政业	51484	12976	49053	2431	5398
（七）信息传输、计算机服务和软件	5781	2143	5623	158	484
（八）批发和零售业	38668	19583	36997	1671	14659
（九）住宿和餐饮业	10255	5738	10167	88	1676
（十）金融业	5531	2208	5340	191	995
（十一）房地产业	3134	1032	3128	6	349
（十二）租赁和商务服务业	5573	1469	5313	260	736
（十三）科研、技术服务和地质勘查业	20959	6479	19994	965	651
（十四）水利、环境和公共设施管理业	15331	5791	15066	265	347
（十五）居民服务和其他服务业	1592	538	1562	30	64
（十六）教育	121145	74531	120705	440	414
（十七）卫生、社会保障和社会福利业	35100	22776	34702	398	406
（十八）文化、体育和娱乐业	11757	4744	11533	224	493
（十九）公共管理和社会组织	104982	28689	103618	1364	5242

2—2 续表 1　　(2008 年)　　计量单位：人、千元、个、元

行业名称	单位从业人员平均人数	# 在岗职工	其他从业人员	离开本单位仍保留劳动关系的职工平均人数
总　计	**619148**	**603753**	**15395**	**60236**
一、按隶属关系分组				
1. 中央	113477	106148	7329	11266
2. 地方	505671	497605	8066	48970
二、按企业、事业、机关分组				
（一）企业	296860	285230	11630	52452
1. 中央	99371	92167	7204	10939
2. 地方	197489	193063	4426	41513
（二）事业	228804	226359	2445	2860
1. 中央	8466	8384	82	67
2. 地方	220338	217975	2363	2793
（三）机关	93484	92164	1320	4924
1. 中央	5640	5597	43	260
2. 地方	87844	86567	1277	4664
三、按国民经济行业分组				
（一）农、林、牧、渔业	4178	4105	73	222
（二）采掘业	5794	5794		269
（三）制造业	123454	120431	3023	22116
（四）电力、煤气及水的生产和供应业	17536	16914	622	655
（五）建筑业	31867	29277	2590	5338
（六）交通运输、仓储和邮政业	51363	48889	2474	5382
（七）信息传输、计算机服务和软件	5755	5092	663	477
（八）批发和零售业	43593	41848	1745	14664
（九）住宿和餐饮业	10251	10204	47	1764
（十）金融业	5489	5325	164	645
（十一）房地产业	3138	3131	7	334
（十二）租赁和商务服务业	5565	5307	258	784
（十三）科研、技术服务和地质勘查业	20786	19854	932	553
（十四）水利、环境和公共设施管理业	15348	15083	265	349
（十五）居民服务和其他服务业	1503	1473	30	62
（十六）教育	121389	120908	481	415
（十七）卫生、社会保障和社会福利业	34859	34424	435	447
（十八）文化、体育和娱乐业	11719	11495	224	482
（十九）公共管理和社会组织	105561	104199	1362	5278

2—2 续表 2 （2008 年） 计量单位：人、千元、个、元

行业名称	单位从业人员劳动报酬	在岗职工工资总额	其他从业人员劳动报酬	离开本单位仍保留劳动关系职工的生活费	单位数
总　计	**15773834**	**15535803**	**238031**	**524945**	**8348**
一、按隶属关系分组					
1. 中央	3984547	3845823	138724	160195	274
2. 地方	11789287	11689980	99307	364750	8074
二、按企业、事业、机关分组					
（一）企业	6658832	6460229	198603	359358	1573
1. 中央	3430138	3293342	136796	151728	190
2. 地方	3228694	3166887	61807	207630	1383
（二）事业	6393082	6366316	26766	42652	4668
1. 中央	408156	407170	986	580	39
2. 地方	5984926	5959146	25780	42072	4629
（三）机关	2721920	2709258	12662	122935	2107
1. 中央	146253	145311	942	7887	45
2. 地方	2575667	2563947	11720	115048	2062
三、按国民经济行业分组					
（一）农、林、牧、渔业	70995	70396	599	725	151
（二）采掘业	94937	94937		1046	7
（三）制造业	2328950	2276930	52020	136406	449
（四）电力、煤气及水的生产和供应业	619017	613961	5056	5933	38
（五）建筑业	768663	715699	52964	23256	43
（六）交通运输、仓储和邮政业	1490237	1463711	26526	72288	179
（七）信息传输、计算机服务和软件	261523	255637	5886	9031	49
（八）批发和零售业	662674	633394	29280	85237	620
（九）住宿和餐饮业	117121	114125	2996	3838	98
（十）金融业	235959	234042	1917	14359	64
（十一）房地产业	88897	88788	109	6484	59
（十二）租赁和商务服务业	107279	105180	2099	5554	113
（十三）科研、技术服务和地质勘查业	771101	746797	24304	4981	256
（十四）水利、环境和公共设施管理业	333083	331022	2061	3298	203
（十五）居民服务和其他服务业	32230	31834	396	466	50
（十六）教育	3431234	3423441	7793	9353	2828
（十七）卫生、社会保障和社会福利业	992435	985031	7404	6304	380
（十八）文化、体育和娱乐业	327920	324550	3370	5624	263
（十九）公共管理和社会组织	3039579	3026328	13251	130762	2498

2—2 续表3　　(2008 年)　　计量单位：人、千元、个、元

行业名称	职　工	# 中专及以上学历人员	单位从业人员平均报酬	# 在岗职工平均工资	其他从业人员平均报酬
总　计	**658590**	**378712**	**25477**	**25732**	**15462**
一、按隶属关系分组					
1. 中央	117452	62642	35113	36231	18928
2. 地方	541138	316070	23314	23492	12312
二、按企业、事业、机关分组					
（一）企业	331646	116167	22431	22649	17077
1. 中央	102944	50927	34519	35732	18989
2. 地方	228702	65240	16349	16403	13965
（二）事业	230505	186408	27941	28125	10947
1. 中央	8610	6515	48211	48565	12024
2. 地方	221895	179893	27162	27339	10910
（三）机关	96439	76137	29116	29396	9592
1. 中央	5898	5200	25931	25962	21907
2. 地方	90541	70937	29321	29618	9178
三、按国民经济行业分组					
（一）农、林、牧、渔业	4682	2703	16993	17149	8205
（二）采掘业	6417	1302	16385	16385	
（三）制造业	140843	38834	18865	18907	17208
（四）电力、煤气及水的生产和供应业	17686	10279	35300	36299	8129
（五）建筑业	34247	12698	24121	24446	20449
（六）交通运输、仓储和邮政业	54451	24253	29014	29939	10722
（七）信息传输、计算机服务和软件	6107	4820	45443	50204	8878
（八）批发和零售业	51656	16744	15201	15136	16779
（九）住宿和餐饮业	11843	4423	11425	11184	63745
（十）金融业	6335	4066	42988	43952	11689
（十一）房地产业	3477	1892	28329	28358	15571
（十二）租赁和商务服务业	6049	2979	19277	19819	8136
（十三）科研、技术服务和地质勘查业	20645	15720	37097	37614	26077
（十四）水利、环境和公共设施管理业	15413	5363	21702	21947	7777
（十五）居民服务和其他服务业	1626	894	21444	21612	13200
（十六）教育	121119	110933	28266	28314	16202
（十七）卫生、社会保障和社会福利业	35108	28091	28470	28615	17021
（十八）文化、体育和娱乐业	12026	7498	27982	28234	15045
（十九）公共管理和社会组织	108860	85220	28795	29044	9729

全市城镇及集体单位从业人员和劳动报酬

2—3　　(2008 年)　　计量单位：人、千元、个、元

行业名称	年末单位从业人员	# 女性	1. 在岗职工	2. 其他从业人员	离开本单位仍保留劳动关系的职工
总　计	**63075**	**24067**	**62078**	**997**	**13426**
一、按企业、事业、机关分组					
1. 企业	58442	21738	57546	896	13252
2. 事业	4237	2259	4136	101	166
3. 机关	396	70	396		8
二、按国民经济行业分组					
（一）农、林、牧、渔业	228	49	228		
（二）采掘业					
（三）制造业	24616	10637	24143	473	6585
（四）电力、煤气及水的生产和供应业	185	63	185		
（五）建筑业	7544	679	7542	2	75
（六）交通运输、仓储和邮政业	2766	498	2718	48	1086
（七）信息传输、计算机服务和软件	70	5	70		
（八）批发和零售业	11951	5090	11670	281	4226
（九）住宿和餐饮业	1601	963	1601		105
（十）金融业	6271	2766	6216	55	352
（十一）房地产业	35	8	35		27
（十二）租赁和商务服务业	1919	763	1917	2	908
（十三）科研、技术服务和地质勘查业	74	16	74		
（十四）水利、环境和公共设施管理业	597	257	597		
（十五）居民服务和其他服务业	1442	247	1421	21	4
（十六）教育	667	453	584	83	
（十七）卫生、社会保障和社会福利业	2108	1284	2076	32	18
（十八）文化、体育和娱乐业	556	213	556		32
（十九）公共管理和社会组织	445	76	445		8

2—3 续表1　　(2008年)　　计量单位：人、千元、个、元

行业名称	单位从业人员平均人数	# 在岗职工	其他从业人员	离开本单位仍保留劳动关系的职工平均人数
总　　计	**63721**	**62976**	**745**	**13574**
一、按企业、事业、机关分组				
1. 企业	59101	58457	644	13409
2. 事业	4228	4127	101	164
3. 机关	392	392		1
二、按国民经济行业分组				
（一）农、林、牧、渔业	241	241		
（二）采掘业				
（三）制造业	24897	24426	471	6649
（四）电力、煤气及水的生产和供应业	185	185		
（五）建筑业	7794	7792	2	69
（六）交通运输、仓储和邮政业	2882	2834	48	1132
（七）信息传输、计算机服务和软件	70	70		
（八）批发和零售业	11982	11951	31	4294
（九）住宿和餐饮业	1572	1572		70
（十）金融业	6267	6212	55	357
（十一）房地产业	37	37		29
（十二）租赁和商务服务业	1937	1935	2	921
（十三）科研、技术服务和地质勘查业	74	74		
（十四）水利、环境和公共设施管理业	596	596		
（十五）居民服务和其他服务业	1435	1414	21	4
（十六）教育	622	539	83	
（十七）卫生、社会保障和社会福利业	2106	2074	32	16
（十八）文化、体育和娱乐业	583	583		32
（十九）公共管理和社会组织	441	441		1

2—3 续表2　　（2008 年）　　计量单位：人、千元、个、元

行业名称	单位从业人员劳动报酬	在岗职工工资总额	其他从业人员劳动报酬	离开本单位仍保留劳动关系职工的生活费	单位数
总　计	**829818**	**821536**	**8282**	**34326**	**1299**
一、按企业、事业、机关分组					
1. 企业	749317	742467	6850	34008	1088
2. 事业	69248	67816	1432	306	201
3. 机关	11253	11253		12	10
二、按国民经济行业分组					
（一）农、林、牧、渔业	1406	1406			22
（二）采掘业					
（三）制造业	295764	290664	5100	16838	252
（四）电力、煤气及水的生产和供应业	1577	1577			1
（五）建筑业	79538	79515	23	125	31
（六）交通运输、仓储和邮政业	34557	34226	331	2976	43
（七）信息传输、计算机服务和软件	959	959			2
（八）批发和零售业	118686	118560	126	5533	468
（九）住宿和餐饮业	16919	16919		265	25
（十）金融业	148559	147945	614	4938	186
（十一）房地产业	327	327		175	3
（十二）租赁和商务服务业	24713	24694	19	3363	52
（十三）科研、技术服务和地质勘查业	855	855			8
（十四）水利、环境和公共设施管理业	5416	5416			25
（十五）居民服务和其他服务业	27169	27008	161	4	20
（十六）教育	17633	16437	1196		6
（十七）卫生、社会保障和社会福利业	32834	32122	712	93	130
（十八）文化、体育和娱乐业	10322	10322		4	13
（十九）公共管理和社会组织	12584	12584		12	12

2—3 续表3 （2008年） 计量单位：人、千元、个、元

行业名称	职　工	#中专及以上学历人员	单位从业人员平均报酬	#在岗职工平均工资	其他从业人员平均报酬
总　计	**75504**	**20599**	**13023**	**13045**	**11117**
一、按企业、事业、机关分组					
1. 企业	70798	17719	12679	12701	10637
2. 事业	4302	2582	16378	16432	14178
3. 机关	404	298	28707	28707	
二、按国民经济行业分组					
（一）农、林、牧、渔业	228	107	5834	5834	
（二）采掘业					
（三）制造业	30728	5148	11880	11900	10828
（四）电力、煤气及水的生产和供应业	185	27	8524	8524	
（五）建筑业	7617	1241	10205	10205	11500
（六）交通运输、仓储和邮政业	3804	607	11991	12077	6896
（七）信息传输、计算机服务和软件	70	8	13700	13700	
（八）批发和零售业	15896	3789	9905	9921	4065
（九）住宿和餐饮业	1706	746	10763	10763	
（十）金融业	6568	4972	23705	23816	11164
（十一）房地产业	62	24	8838	8838	
（十二）租赁和商务服务业	2825	818	12758	12762	9500
（十三）科研、技术服务和地质勘查业	74	30	11554	11554	
（十四）水利、环境和公共设施管理业	597	125	9087	9087	
（十五）居民服务和其他服务业	1425	241	18933	19100	7667
（十六）教育	584	503	28349	30495	14410
（十七）卫生、社会保障和社会福利业	2094	1562	15591	15488	22250
（十八）文化、体育和娱乐业	588	313	17705	17705	
（十九）公共管理和社会组织	453	338	28535	28535	

市区单位从业人员和劳动报酬

2—4 (2008年) 计量单位：人、千元、个、元

行业名称	年末单位从业人员	# 女性	1. 在岗职工	2. 其他从业人员	离开本单位仍保留劳动关系的职工
总　计	**548700**	**224937**	**524402**	**24298**	**79469**
# 国有控股	294095	110014	282846	11249	59641
一、按企业、事业、机关分组					
（一）企业	393913	156662	372402	21511	76130
（二）事业	112966	56160	111338	1628	1775
（三）机关	41821	12115	40662	1159	1564
二、按国民经济行业分组					
（一）农、林、牧、渔业	2436	1055	2434	2	21
（二）采掘业	6095	1156	6095		267
（三）制造业	176211	72982	172572	3639	39308
（四）电力、煤气及水的生产和供应业	21069	6486	20465	604	1040
（五）建筑业	34172	6367	31657	2515	7877
（六）交通运输、仓储和邮政业	48833	12335	46543	2290	6241
（七）信息传输、计算机服务和软件	5842	2248	5683	159	420
（八）批发和零售业	51258	29758	49851	1407	14753
（九）住宿和餐饮业	11734	6706	11471	263	1759
（十）金融业	28579	16102	18705	9874	2450
（十一）房地产业	2793	894	2762	31	374
（十二）租赁和商务服务业	7406	2464	7349	57	1777
（十三）科研、技术服务和地质勘查业	19064	5721	18088	976	602
（十四）水利、环境和公共设施管理业	10008	3765	9765	243	96
（十五）居民服务和其他服务业	2217	572	2160	57	50
（十六）教育	44625	25879	44078	547	232
（十七）卫生、社会保障和社会福利业	19258	13388	19028	230	280
（十八）文化、体育和娱乐业	9416	3628	9204	212	344
（十九）公共管理和社会组织	47684	13431	46492	1192	1578

2—4 续表 1　　(2008 年)　　计量单位：人、千元、个、元

行业名称	单位从业人员平均人数	# 在岗职工	其他从业人员	离开本单位仍保留劳动关系的职工平均人数
总　计	**556012**	**531629**	**24383**	**77370**
# 国有控股	302110	290907	11203	57508
一、按企业、事业、机关分组				
（一）企业	401266	380282	20984	74125
（二）事业	112180	109917	2263	1655
（三）机关	42566	41430	1136	1590
二、按国民经济行业分组				
（一）农、林、牧、渔业	2096	2026	70	21
（二）采掘业	5739	5739		269
（三）制造业	180824	177099	3725	37046
（四）电力、煤气及水的生产和供应业	21029	20440	589	994
（五）建筑业	35374	32919	2455	8113
（六）交通运输、仓储和邮政业	48658	46350	2308	6226
（七）信息传输、计算机服务和软件	5835	5172	663	416
（八）批发和零售业	54613	53199	1414	15039
（九）住宿和餐饮业	11764	11542	222	1815
（十）金融业	27344	17980	9364	2132
（十一）房地产业	2796	2764	32	362
（十二）租赁和商务服务业	7436	7379	57	1836
（十三）科研、技术服务和地质勘查业	18888	17945	943	507
（十四）水利、环境和公共设施管理业	9983	9740	243	102
（十五）居民服务和其他服务业	2127	2070	57	48
（十六）教育	44620	44025	595	232
（十七）卫生、社会保障和社会福利业	19155	18889	266	271
（十八）文化、体育和娱乐业	9355	9143	212	331
（十九）公共管理和社会组织	48376	47208	1168	1610

2—4 续表2　　(2008年)　　计量单位：人、千元、个、元

行业名称	单位从业人员劳动报酬	在岗职工工资总额	其他从业人员劳动报酬	离开本单位仍保留劳动关系职工的生活费	单位数
总　计	**14538987**	**14000744**	**538243**	**531137**	**3634**
# 国有控股	7398496	7196609	201887	407304	1085
一、按企业、事业、机关分组					
（一）企业	9190968	8686582	504386	472024	1719
（二）事业	3790598	3766918	23680	21524	1299
（三）机关	1557421	1547244	10177	37589	616
二、按国民经济行业分组					
（一）农、林、牧、渔业	42694	42131	563	72	46
（二）采掘业	94438	94438		1046	4
（三）制造业	3336664	3274063	62601	183045	706
（四）电力、煤气及水的生产和供应业	733440	728745	4695	5996	17
（五）建筑业	791774	740656	51118	28684	54
（六）交通运输、仓储和邮政业	1507912	1474639	33273	72928	90
（七）信息传输、计算机服务和软件	279820	274009	5811	7332	37
（八）批发和零售业	834689	807916	26773	105905	453
（九）住宿和餐饮业	148695	141891	6804	4139	93
（十）金融业	1235884	945337	290547	50317	117
（十一）房地产业	83053	82406	647	6545	51
（十二）租赁和商务服务业	130756	130238	518	8408	130
（十三）科研、技术服务和地质勘查业	724469	700220	24249	4542	169
（十四）水利、环境和公共设施管理业	255361	253432	1929	1432	93
（十五）居民服务和其他服务业	45427	44857	570	48	46
（十六）教育	1587011	1577422	9589	4331	427
（十七）卫生、社会保障和社会福利业	682503	677744	4759	4708	137
（十八）文化、体育和娱乐业	283941	280577	3364	3598	158
（十九）公共管理和社会组织	1740456	1730023	10433	38061	806

2—4 续表 3　　（2008 年）　　计量单位：人、千元、个、元

行业名称	职　工	# 中专及以上学历人员	单位从业人员平均报酬	# 在岗职工平均工资	其他从业人员平均报酬
总　计	**603871**	**273355**	**26149**	**26336**	**22075**
# 国有控股	342487	125477	24489	24739	18021
一、按企业、事业、机关分组					
（一）企业	448532	157259	22905	22842	24037
（二）事业	113113	84186	33790	34271	10464
（三）机关	42226	31910	36588	37346	8959
二、按国民经济行业分组					
（一）农、林、牧、渔业	2455	1288	20369	20795	8043
（二）采掘业	6362	1279	16455	16455	
（三）制造业	211880	57872	18453	18487	16806
（四）电力、煤气及水的生产和供应业	21505	11998	34878	35653	7971
（五）建筑业	39534	14315	22383	22499	20822
（六）交通运输、仓储和邮政业	52784	22153	30990	31815	14416
（七）信息传输、计算机服务和软件	6103	5039	47955	52979	8765
（八）批发和零售业	64604	20418	15284	15187	18934
（九）住宿和餐饮业	13230	5493	12640	12293	30649
（十）金融业	21155	15468	45198	52577	31028
（十一）房地产业	3136	1662	29704	29814	20219
（十二）租赁和商务服务业	9126	4146	17584	17650	9088
（十三）科研、技术服务和地质勘查业	18690	14079	38356	39020	25715
（十四）水利、环境和公共设施管理业	9861	2733	25580	26020	7938
（十五）居民服务和其他服务业	2210	722	21357	21670	10000
（十六）教育	44310	37211	35567	35830	16116
（十七）卫生、社会保障和社会福利业	19308	15230	35631	35880	17891
（十八）文化、体育和娱乐业	9548	5915	30352	30688	15868
（十九）公共管理和社会组织	48070	36334	35978	36647	8932

市区国有单位从业人员和劳动报酬

2—5 （2008 年） 计量单位：人、千元、个、元

行业名称	年末单位从业人员	# 女性	1. 在岗职工	2. 其他从业人员	离开本单位仍保留劳动关系的职工
总　计	**398567**	**155476**	**385579**	**12988**	**51405**
一、按隶属关系分组					
1. 中央	104877	28035	97963	6914	10663
2. 地方	293690	127441	287616	6074	40742
二、按企业、事业、机关分组					
（一）企业	245654	88225	235360	10294	48199
1. 中央	93438	24263	86600	6838	10430
2. 地方	152216	63962	148760	3456	37769
（二）事业	111242	55169	109707	1535	1642
1. 中央	7907	2376	7831	76	50
2. 地方	103335	52793	101876	1459	1592
（三）机关	41671	12082	40512	1159	1564
1. 中央	3532	1396	3532		183
2. 地方	38139	10686	36980	1159	1381
三、按国民经济行业分组					
（一）农、林、牧、渔业	2436	1055	2434	2	21
（二）采掘业	6095	1156	6095		267
（三）制造业	98717	41389	95895	2822	22333
（四）电力、煤气及水的生产和供应业	15401	4924	14800	601	679
（五）建筑业	30404	5333	27891	2513	5081
（六）交通运输、仓储和邮政业	44717	11174	42646	2071	4972
（七）信息传输、计算机服务和软件	4431	1677	4275	156	318
（八）批发和零售业	29978	15905	28695	1283	11424
（九）住宿和餐饮业	8396	4670	8308	88	1618
（十）金融业	3018	1354	2854	164	484
（十一）房地产业	2407	768	2406	1	341
（十二）租赁和商务服务业	4380	1241	4365	15	706
（十三）科研、技术服务和地质勘查业	18853	5669	17893	960	602
（十四）水利、环境和公共设施管理业	9292	3429	9049	243	96
（十五）居民服务和其他服务业	790	327	760	30	46
（十六）教育	44203	25659	43774	429	232
（十七）卫生、社会保障和社会福利业	18525	12874	18319	206	263
（十八）文化、体育和娱乐业	8990	3474	8778	212	344
（十九）公共管理和社会组织	47534	13398	46342	1192	1578

2—5 续表 1　　(2008 年)　　计量单位：人、千元、个、元

行业名称	单位从业人员平均人数	# 在岗职工	其他从业人员	离开本单位仍保留劳动关系的职工平均人数
总　计	**406061**	**392405**	**13656**	**49237**
一、按隶属关系分组				
1. 中央	104991	98078	6913	10367
2. 地方	301070	294327	6743	38870
二、按企业、事业、机关分组				
（一）企业	253179	242829	10350	46123
1. 中央	93732	86895	6837	10128
2. 地方	159447	155934	3513	35995
（二）事业	110465	108295	2170	1524
1. 中央	7739	7663	76	50
2. 地方	102726	100632	2094	1474
（三）机关	42417	41281	1136	1590
1. 中央	3520	3520		189
2. 地方	38897	37761	1136	1401
三、按国民经济行业分组				
（一）农、林、牧、渔业	2096	2026	70	21
（二）采掘业	5739	5739		269
（三）制造业	102041	99116	2925	20118
（四）电力、煤气及水的生产和供应业	15374	14788	586	632
（五）建筑业	30492	28039	2453	5296
（六）交通运输、仓储和邮政业	44595	42484	2111	4939
（七）信息传输、计算机服务和软件	4416	3755	661	310
（八）批发和零售业	34652	33298	1354	11623
（九）住宿和餐饮业	8432	8385	47	1706
（十）金融业	2980	2841	139	159
（十一）房地产业	2409	2407	2	327
（十二）租赁和商务服务业	4407	4391	16	755
（十三）科研、技术服务和地质勘查业	18677	17750	927	507
（十四）水利、环境和公共设施管理业	9269	9026	243	102
（十五）居民服务和其他服务业	706	676	30	44
（十六）教育	44191	43721	470	232
（十七）卫生、社会保障和社会福利业	18429	18187	242	256
（十八）文化、体育和娱乐业	8929	8717	212	331
（十九）公共管理和社会组织	48227	47059	1168	1610

2—5 续表 2 （2008 年） 计量单位：人、千元、个、元

行业名称	单位从业人员劳动报酬	在岗职工工资总额	其他从业人员劳动报酬	离开本单位仍保留劳动关系职工的生活费	单位数
总　计	**11396401**	**11177465**	**218936**	**387947**	**2773**
一、按隶属关系分组					
1. 中央	3775229	3641311	133918	143008	144
2. 地方	7621172	7536154	85018	244939	2629
二、按企业、事业、机关分组					
（一）企业	6092394	5905966	186428	329135	935
1. 中央	3298287	3165207	133080	137974	103
2. 地方	2794107	2740759	53348	191161	832
（二）事业	3753864	3731533	22331	21223	1223
1. 中央	385695	384857	838	518	24
2. 地方	3368169	3346676	21493	20705	1199
（三）机关	1550143	1539966	10177	37589	615
1. 中央	91247	91247		4516	17
2. 地方	1458896	1448719	10177	33073	598
三、按国民经济行业分组					
（一）农、林、牧、渔业	42694	42131	563	72	46
（二）采掘业	94438	94438		1046	4
（三）制造业	2069778	2018970	50808	127003	373
（四）电力、煤气及水的生产和供应业	588069	583431	4638	5692	13
（五）建筑业	738605	687510	51095	23115	31
（六）交通运输、仓储和邮政业	1387913	1365191	22722	68737	68
（七）信息传输、计算机服务和软件	219433	213637	5796	6280	28
（八）批发和零售业	589923	563547	26376	80271	292
（九）住宿和餐饮业	101204	98208	2996	3584	65
（十）金融业	158011	156405	1606	4066	12
（十一）房地产业	76716	76655	61	6358	34
（十二）租赁和商务服务业	91949	91782	167	5099	75
（十三）科研、技术服务和地质勘查业	721582	697349	24233	4542	161
（十四）水利、环境和公共设施管理业	248066	246137	1929	1432	74
（十五）居民服务和其他服务业	18289	17893	396	44	26
（十六）教育	1573636	1566013	7623	4331	422
（十七）卫生、社会保障和社会福利业	667966	663836	4130	4616	93
（十八）文化、体育和娱乐业	274951	271587	3364	3598	151
（十九）公共管理和社会组织	1733178	1722745	10433	38061	805

2—5 续表3　　(2008年)　　计量单位：人、千元、个、元

行业名称	职　工	#中专及以上学历人员	单位从业人员平均报酬	#在岗职工平均工资	其他从业人员平均报酬
总　计	**436984**	**215985**	**28066**	**28485**	**16032**
一、按隶属关系分组					
1. 中央	108626	57015	35958	37127	19372
2. 地方	328358	158970	25314	25605	12608
二、按企业、事业、机关分组					
（一）企业	283559	100913	24064	24322	18012
1. 中央	97030	47719	35188	36426	19465
2. 地方	186529	53194	17524	17576	15186
（二）事业	111349	83306	33982	34457	10291
1. 中央	7881	5920	49838	50223	11026
2. 地方	103468	77386	32788	33257	10264
（三）机关	42076	31766	36545	37304	8959
1. 中央	3715	3376	25922	25922	
2. 地方	38361	28390	37507	38365	8959
三、按国民经济行业分组					
（一）农、林、牧、渔业	2455	1288	20369	20795	8043
（二）采掘业	6362	1279	16455	16455	
（三）制造业	118228	33432	20284	20370	17370
（四）电力、煤气及水的生产和供应业	15479	9492	38251	39453	7915
（五）建筑业	32972	12315	24223	24520	20830
（六）交通运输、仓储和邮政业	47618	20468	31123	32134	10764
（七）信息传输、计算机服务和软件	4593	3877	49690	56894	8769
（八）批发和零售业	40119	12953	17024	16924	19480
（九）住宿和餐饮业	9926	3979	12002	11712	63745
（十）金融业	3338	2129	53024	55053	11554
（十一）房地产业	2747	1456	31846	31847	30500
（十二）租赁和商务服务业	5071	2566	20864	20902	10438
（十三）科研、技术服务和地质勘查业	18495	13964	38635	39287	26141
（十四）水利、环境和公共设施管理业	9145	2696	26763	27270	7938
（十五）居民服务和其他服务业	806	487	25905	26469	13200
（十六）教育	44006	37011	35610	35818	16219
（十七）卫生、社会保障和社会福利业	18582	14758	36245	36501	17066
（十八）文化、体育和娱乐业	9122	5645	30793	31156	15868
（十九）公共管理和社会组织	47920	36190	35938	36608	8932

市区城镇及集体单位从业人员和劳动报酬

2—6　　(2008年)　　计量单位：人、千元、个、元

行业名称	年末单位从业人员	#女性	1. 在岗职工	2. 其他从业人员	离开本单位仍保留劳动关系的职工
总　计	**36118**	**15559**	**35429**	**689**	**10309**
一、按企业、事业、机关分组					
1. 企业	34244	14535	33648	596	10176
2. 事业	1724	991	1631	93	133
3. 机关	150	33	150		
二、按国民经济行业分组					
（一）农、林、牧、渔业					
（二）采掘业					
（三）制造业	21075	9382	20639	436	6315
（四）电力、煤气及水的生产和供应业					
（五）建筑业	377	76	375	2	38
（六）交通运输、仓储和邮政业	1409	252	1385	24	1008
（七）信息传输、计算机服务和软件	70	5	70		
（八）批发和零售业	5641	2430	5550	91	1807
（九）住宿和餐饮业	1437	876	1437		96
（十）金融业	864	477	858	6	103
（十一）房地产业	35	8	35		27
（十二）租赁和商务服务业	1840	745	1838	2	894
（十三）科研、技术服务和地质勘查业	52	11	52		
（十四）水利、环境和公共设施管理业	286	166	286		
（十五）居民服务和其他服务业	1377	230	1356	21	4
（十六）教育	346	200	263	83	
（十七）卫生、社会保障和社会福利业	733	514	709	24	17
（十八）文化、体育和娱乐业	426	154	426		
（十九）公共管理和社会组织	150	33	150		

2—6 续表1　　（2008年）　　计量单位：人、千元、个、元

行业名称	单位从业人员平均人数	# 在岗职工	其他从业人员	离开本单位仍保留劳动关系的职工平均人数
总　计	**36515**	**35895**	**620**	**10450**
一、按企业、事业、机关分组				
1. 企业	34651	34124	527	10319
2. 事业	1715	1622	93	131
3. 机关	149	149		
二、按国民经济行业分组				
（一）农、林、牧、渔业				
（二）采掘业				
（三）制造业	21403	20969	434	6377
（四）电力、煤气及水的生产和供应业				
（五）建筑业	377	375	2	32
（六）交通运输、仓储和邮政业	1416	1392	24	1054
（七）信息传输、计算机服务和软件	70	70		
（八）批发和零售业	5711	5687	24	1868
（九）住宿和餐饮业	1428	1428		61
（十）金融业	864	858	6	103
（十一）房地产业	37	37		29
（十二）租赁和商务服务业	1854	1852	2	907
（十三）科研、技术服务和地质勘查业	52	52		
（十四）水利、环境和公共设施管理业	285	285		
（十五）居民服务和其他服务业	1371	1350	21	4
（十六）教育	346	263	83	
（十七）卫生、社会保障和社会福利业	726	702	24	15
（十八）文化、体育和娱乐业	426	426		
（十九）公共管理和社会组织	149	149		

2—6 续表 2 （2008 年） 计量单位：人、千元、个、元

行业名称	单位从业人员劳动报酬	在岗职工工资总额	其他从业人员劳动报酬	离开本单位仍保留劳动关系职工的生活费	单位数
总计	**486164**	**478958**	**7206**	**28779**	**508**
一、按企业、事业、机关分组					
1. 企业	442152	436295	5857	28478	431
2. 事业	36734	35385	1349	301	76
3. 机关	7278	7278			1
二、按国民经济行业分组					
（一）农、林、牧、渔业					
（二）采掘业					
（三）制造业	264384	259393	4991	16477	192
（四）电力、煤气及水的生产和供应业					
（五）建筑业	4772	4749	23	76	10
（六）交通运输、仓储和邮政业	17260	17204	56	2863	12
（七）信息传输、计算机服务和软件	959	959			2
（八）批发和零售业	68512	68445	67	4687	123
（九）住宿和餐饮业	16105	16105		265	20
（十）金融业	19511	19447	64	961	3
（十一）房地产业	327	327		175	3
（十二）租赁和商务服务业	23303	23284	19	3179	47
（十三）科研、技术服务和地质勘查业	424	424			5
（十四）水利、环境和公共设施管理业	1935	1935			18
（十五）居民服务和其他服务业	26163	26002	161	4	17
（十六）教育	11704	10508	1196		4
（十七）卫生、社会保障和社会福利业	14537	13908	629	92	44
（十八）文化、体育和娱乐业	8990	8990			7
（十九）公共管理和社会组织	7278	7278			1

2—6 续表 3 （2008 年） 计量单位：人、千元、个、元

行业名称	职　工	# 中专及以上学历人员	单位从业人员平均报酬	# 在岗职工平均工资	其他从业人员平均报酬
总　计	**45738**	**10494**	**13314**	**13343**	**11623**
一、按企业、事业、机关分组					
1. 企业	43824	9470	12760	12786	11114
2. 事业	1764	880	21419	21816	14505
3. 机关	150	144	48846	48846	
二、按国民经济行业分组					
（一）农、林、牧、渔业					
（二）采掘业					
（三）制造业	26954	4417	12353	12370	11500
（四）电力、煤气及水的生产和供应业					
（五）建筑业	413	61	12658	12664	11500
（六）交通运输、仓储和邮政业	2393	370	12189	12359	2333
（七）信息传输、计算机服务和软件	70	8	13700	13700	
（八）批发和零售业	7357	2018	11996	12035	2792
（九）住宿和餐饮业	1533	688	11278	11278	
（十）金融业	961	823	22582	22666	10667
（十一）房地产业	62	24	8838	8838	
（十二）租赁和商务服务业	2732	760	12569	12572	9500
（十三）科研、技术服务和地质勘查业	52	13	8154	8154	
（十四）水利、环境和公共设施管理业	286	17	6789	6789	
（十五）居民服务和其他服务业	1360	226	19083	19261	7667
（十六）教育	263	183	33827	39954	14410
（十七）卫生、社会保障和社会福利业	726	472	20023	19812	26208
（十八）文化、体育和娱乐业	426	270	21103	21103	
（十九）公共管理和社会组织	150	144	48846	48846	

分县（市）区单位从业人员和劳动报酬

2—7　　（2008年）　　计量单位：人、千元、个、元

行政单位	年末单位从业人员	# 在岗职工	单位从业人员年平均人数	# 在岗职工	单位从业人员劳动报酬	# 在岗职工工资
全市总计	**847594**	**819162**	**856815**	**828611**	**20036183**	**19443132**
市区合计	548700	524402	556012	531629	14538987	14000744
# 长安区	21020	20598	21194	20771	459018	453457
桥东区	8983	8609	8982	8617	241365	237877
桥西区	11742	11400	10414	10077	262966	257066
新华区	19291	19123	19252	19074	438337	435004
裕华区	8181	7505	8095	7416	241343	237979
矿　区	6098	6057	5789	5749	104258	103516
高新区	4499	4398	5652	5538	133718	130998
井陉县	18491	18061	19729	19304	374264	368435
正定县	24618	24093	24392	23867	473637	466115
栾城县	16785	16785	16537	16537	301714	301714
行唐县	13715	13715	13731	13731	225003	225003
灵寿县	14326	14232	14180	14070	237302	235454
高邑县	9025	8997	8930	8902	128318	128084
深泽县	7351	7224	7375	7248	117454	116435
赞皇县	15058	15046	15128	15116	205438	205254
无极县	16721	16313	16723	16315	284110	277519
平山县	17529	17493	17716	17679	364861	363839
元氏县	15460	15216	15425	15181	259451	258301
赵　县	16446	16348	16521	16423	315548	302367
辛集市	27054	26301	26801	26088	527346	522510
藁城市	29736	29314	29945	29455	613099	609193
晋州市	18322	18186	18891	18752	327628	325853
新乐市	16269	16239	16307	16277	283426	282354
鹿泉市	21988	21197	22472	22037	458597	453958

2—7 续表　　(2008 年)　　计量单位：人、千元、个、元

行政单位	单位数	职　工	# 中专及以上学历人员	单位从业人员平均报酬	# 在岗职工平均工资
全市总计	**10287**	**918509**	**463108**	**23384**	**23465**
市区合计	3634	603871	273355	26149	26336
# 长安区	222	21719	7462	21658	21831
桥东区	190	8761	5168	26872	27606
桥西区	172	13237	6146	25251	25510
新华区	216	19296	9607	22768	22806
裕华区	149	8534	5647	29814	32090
矿　区	130	6140	2814	18010	18006
高新区	38	4497	3267	23659	23654
井 陉 县	272	19688	9609	18970	19086
正 定 县	405	25571	14950	19418	19530
栾 城 县	344	17405	11376	18245	18245
行 唐 县	408	14393	9454	16386	16386
灵 寿 县	432	15035	9199	16735	16734
高 邑 县	225	9525	5473	14369	14388
深 泽 县	227	7419	5911	15926	16064
赞 皇 县	313	15177	7532	13580	13579
无 极 县	440	18081	11240	16989	17010
平 山 县	475	18754	11778	20595	20580
元 氏 县	405	15943	9931	16820	17015
赵　县	384	17033	12103	19100	18411
辛 集 市	516	28971	16326	19676	20029
藁 城 市	464	30949	17345	20474	20682
晋 州 市	474	21354	12221	17343	17377
新 乐 市	379	17552	11227	17381	17347
鹿 泉 市	490	21788	14078	20407	20600

三、固定资产投资　建筑业

全市全社会固定资产投资

3—1　　(2008 年)　　计量单位：万元

指标名称	全社会固定资产投资	一、城镇固定资产投资			二、农村投资		
		合　计	建设项目投资	房地产开发	合　计	农村非农户	农村个人
投资总额	**17242334**	**15778496**	**12974517**	**2803979**	**1463838**	**1084106**	**379732**
1. 按经济类型分							
国有经济	3115482	3115482	2931799	183683			
集体经济	2712973	2254450	2243250	11200	458523	458523	
私营个体经济	5630892	4787173	3321491	1465682	843719	463987	379732
联营经济	82650	79514	79514		3136	3136	
股份制经济	4088288	4017867	3055218	962649	70421	70421	
外商投资	131387	131387		131387			
港澳台投资	151155	151155	101777	49378			
其他	1329507	1241468	1241468		88039	88039	
2. 按构成分							
建筑工程	7882315	7375316	5633217	1742099	506999	506999	
安装工程	1554009	1468243	1139070	329173	85766	85766	
设备工器具购置	4680481	4335829	4233592	102237	344652	344652	
其他费用	2745797	2599108	1968638	630470	146689	146689	
3. 本年新增固定资产	13117690	11758511	11011889	746622	1359179	979447	379732
4. 按资金来源分							
资金来源合计	18623145	17156017	13875259	3280758	1467128	1087396	379732
国家预算内资金	747425	741466	741466		5959	5959	
国内贷款	1142158	1119950	724841	395109	22208	22208	
利用外资	65743	59183	58683	500	6560	6560	
# 外商直接投资	28621	28621	28621				
自筹资金	14625182	13281713	11473884	1807829	1343469	963737	379732
其他资金来源	1585506	1496974	714510	782464	88532	88532	
5. 按三次产业分							
* 三次产业小计	16862602	15778496	12974517	2803979	1084106	1084106	
第一产业	615344	435921	435921		179423	179423	
第二产业	7650532	7108837	7108837		541695	541695	
第三产业	8596726	8233738	5429759	2803979	362988	362988	

注：* 三次产业小计不包含农村个人投资。

分县（市）区全社会固定资产投资

3—2　　（2008 年）　　计量单位：万元

指标名称	全社会固定资产投资	一、城镇固定资产投资			二、农村投资		
		合计	建设项目投资	房地产开发	合计	农村非农户	农村个人
全市总计	**17242334**	**15778496**	**12974517**	**2803979**	**1463838**	**1084106**	**379732**
市区合计	6893777	6890730	4221854	2668876	3047	1200	1847
长安区	1269342	1269342	526759	742583			
桥东区	1192978	1192978	669707	523271			
桥西区	1047342	1047342	582640	464702			
新华区	1299784	1299784	1153563	146221			
裕华区	1435136	1435136	869936	565200			
矿　区	186578	183531	183531		3047	1200	1847
高新区	462617	462617	235718	226899			
井陉县	820668	728193	728193		92475	81539	10936
正定县	694877	651851	639075	12776	43026	42859	167
栾城县	592204	503725	502225	1500	88479	71956	16523
行唐县	533417	446251	446251		87166	47148	40018
灵寿县	700542	615816	615816		84726	75893	8833
高邑县	202538	159765	159765		42773	28031	14742
深泽县	215427	178997	178997		36430	25870	10560
赞皇县	449608	336242	336242		113366	93900	19466
无极县	421306	290447	290447		130859	97128	33731
平山县	585943	393470	389312	4158	192473	137151	55322
元氏县	669532	494203	494203		175329	115633	59696
赵　县	475415	468564	465719	2845	6851	302	6549
辛集市	804367	755232	727887	27345	49135	33079	16056
藁城市	938381	889328	886708	2620	49053	40479	8574
晋州市	682029	609243	609243		72786	48140	24646
新乐市	735714	553034	484340	68694	182680	131004	51676
鹿泉市	826589	813405	798240	15165	13184	12794	390

全市及市区建设项目投资情况

3—3　　（2008 年）　　计量单位：万元

项目名称	建设项目投资	# 市区	地方建设项目投资	# 市区
本年完成投资	**14058623**	**3986160**	**13420042**	**3853766**
# 住宅	1140122	886526	1107663	854067
1. 建筑工程	6140216	2186269	5986394	2136836
2. 安装工程	1224836	292524	1129474	278730
3. 设备工器具购置	4578244	667892	4276674	602021
4. 其他费用	2115327	839475	2027500	836179
本年新增固定资产	11991336	3132213	11324528	2986813
本年施工房屋面积（平方米）	25454938	11073752	25133926	10900515
# 住宅（平方米）	7673787	5823158	7516755	5666126
本年竣工房屋面积（平方米）	13560572	4628475	13402384	4492865
# 住宅（平方米）	3373423	2049392	3254018	1929987
本年竣工房屋价值	1752275	875552	1704206	829783
# 住宅	609650	406087	568561	364998
施工项目个数（个）	7131	688	7103	667
# 本年新开工（个）	6342	484	6327	471
本年投产项目个数（个）	6261	508	6242	492
本年实际征用和购置土地面积（平方米）	6358126	1219472	6358126	1219472
本年实际征用和购置土地成交价款	183645	44000	183645	44000
本年资金来源合计	14962655	4354566	14089687	4181468
1. 上年末结余资金	161365	54426	85211	23272
2. 本年资金来源小计	14801290	4300140	14004476	4158196
（1）国家预算内资金	747425	506843	700182	489038
（2）国内贷款	747049	164200	414587	159400
（3）债券	910		910	
（4）利用外资	65243	4520	65243	4520
# 外商直接投资	28621	4520	28621	4520
（5）自筹资金	12437621	3471599	12038613	3352361
# 企事业单位自有资金	5174013	1148899	4932925	1093411
（6）其他资金来源	803042	152978	784941	152877
本年各项应付款合计	188058	182449	186824	181215

注：建设项目投资包括城镇投资和农村非农户投资。

3—3 续表 1　　　　（2008 年）　　　　计量单位：万元

项目名称	建设项目投资	# 市区	地方建设项目投资	# 市区
# 工程款	180678	176399	179444	175165
总计中按经济类型分：	14058623	3986160	13420042	3853766
国有经济	2931799	1280872	2740181	1173617
国有	2860924	1266634	2672177	1162250
国有联营	37237		37237	
国有独资公司	33638	14238	30767	11367
集体经济	2701773	1665685	2701773	1665685
集体	2604682	1625494	2604682	1625494
股份合作	84151	37391	84151	37391
集体联营	12940	2800	12940	2800
私营个体	3785478	230122	3785478	230122
私营个体	3714179	218564	3714179	218564
个体户	59729	11558	59729	11558
个人合伙	11570		11570	
联营经济	82650	15756	82650	15756
国有与集体联营	815	215	815	215
其他联营	81835	15541	81835	15541
股份制经济	3125639	731245	3008438	706106
其他有限责任公司	1624334	334381	1621334	333381
股份有限公司	1501305	396864	1387104	372725
港澳台投资	101777	9893	101777	9893
合资经营	45240	3500	45240	3500
合作经营	24815	3677	24815	3677
独资	15926	920	15926	920
股份有限	15796	1796	15796	1796
外商投资	397380	2719	67618	2719
合资经营	43923	1906	43923	1906
合作经营	2250		2250	
独资	13174		13174	
股份有限	338033	813	8271	813
其他	932127	49868	932127	49868
总计中按隶属关系分：	14058623	3986160	13420042	3853766
中央	638581	132394		

3—3 续表2　　　（2008 年）　　　计量单位：万元

项目名称	建设项目投资	# 市区	地方建设项目投资	# 市区
地方	13420042	3853766	13420042	3853766
省	554797	369156	554797	369156
市	950046	873168	950046	873168
县（县级市）	2340714	232577	2340714	232577
其他	9574485	2378865	9574485	2378865
总计中按建设性质分：	14058623	3986160	13420042	3853766
新建	7063342	2787018	6893811	2736987
扩建	3707249	253768	3368435	252716
改建	2425866	544455	2384201	504960
单纯建造生活设施	43653	18960	43653	18960
迁建	179113	31680	132358	31680
恢复	7190		7190	
单纯购置	632210	350279	590394	308463
总计中按建设阶段分：	14058623	3986160	13420042	3853766
筹建	55900	55900	55900	55900
本年正式施工	13327412	3573451	12730647	3482873
本年收尾	43101	6530	43101	6530
单纯购置	632210	350279	590394	308463
总计中按控股情况分：				
国有控股	3242075	1388414	2935256	1256020
集体控股	3133364	2008490	3133364	2008490
私人控股	7151052	573581	7149052	573581
港澳台商控股	79607	9893	79607	9893
外商控股	452525	5782	122763	5782
总计中按建设状态分：	14058623	3986160	13420042	3853766
在建	3986370	1973193	3799110	1930750
全部投产	10072253	2012967	9620932	1923016
总计中按开发区级别式分：	14058623	3986160	13420042	3853766
国务院批准的	219846		213846	
省批准的	491515		415322	
省以下批准的	3356		3356	
不属于开发区的项目	13343906	3986160	12787518	3853766
总计中按行业分：	14058623	3986160	13420042	3853766

3—3 续表 3　　(2008 年)　　计量单位：万元

项目名称	建设项目投资	# 市区	地方建设项目投资	# 市区
农、林、牧、渔业	615344	20708	615344	20708
农业	138763	1230	138763	1230
林业	129864	9460	129864	9460
畜牧业	241107	4918	241107	4918
渔业	5343		5343	
农、林、牧、渔服务业	100267	5100	100267	5100
采矿业	340653	46990	340653	46990
煤炭开采和洗选业	84510	46990	84510	46990
黑色金属矿采选业	86243		86243	
有色金属矿采选业	2585		2585	
非金属矿采选业	165915		165915	
其他采矿业	1400		1400	
制造业	6424384	565199	6295064	522242
农副食品加工业	398554	6038	398554	6038
食品制造业	181673	15415	181673	15415
饮料制造业	74943	18190	74943	18190
烟草制品业	72105	24000	25350	24000
纺织业	620616	13762	620616	13762
纺织服装、鞋、帽制造业	133613	10620	133613	10620
皮革、毛皮、羽毛（绒）及其制品业	222161	2300	219861	
木材加工及木、竹、藤、棕、草制品业	123636	8705	123636	8705
家具制造业	97926	8456	97926	8456
造纸及纸制品业	184730	10888	184730	10888
印刷业和记录媒介的复制	66410	11471	66410	11471
文教体育用品制造业	4500		4500	
石油加工、炼焦及核燃料加工业	68074	44972	43935	20833
化学原料及化学制品制造业	983942	63769	977942	63769
医药制造业	287299	41212	285299	41212
化学纤维制造业	60049		60049	
橡胶制品业	60844	4614	60844	4614
塑料制品业	208221	19345	208221	19345
非金属矿物制品业	828224	47948	828224	47948
黑色金属冶炼及压延加工业	242549	17577	242549	17577
有色金属冶炼及压延加工业	47426	1820	47426	1820

3—3 续表 4　　　　（2008 年）　　　　计量单位：万元

项目名称	建设项目投资	# 市区	地方建设项目投资	# 市区
金属制品业	356743	42036	356743	42036
通用设备制造业	391942	73651	389772	73651
专用设备制造业	267649	33488	252293	18132
交通运输设备制造业	101683	14322	100521	13160
电气机械及器材制造业	184152	19594	184152	19594
通信设备、计算机及其他电子设备制造业	112652	8806	83214	8806
仪器仪表及文化、办公用机械制造业	15940		15940	
工艺品及其他制造业	8155		8155	
废弃资源和废旧材料回收加工业	17973	2200	17973	2200
电力、燃气及水的生产和供应业	834902	57994	407890	50806
电力、热力的生产和供应业	697350	31358	270338	24170
燃气生产和供应业	34409	12377	34409	12377
水的生产和供应业	103143	14259	103143	14259
建筑业	50593	32053	49593	31053
交通运输、仓储和邮政业	894652	397137	883347	385832
交通运输业	5664	5664	2800	2800
仓储业	65795	14195	62924	11324
信息传输、计算机服务和软件业	53088	42300	40123	29335
批发和零售业	889405	387550	889405	387550
住宿和餐饮业	128111	83513	128111	83513
金融业	50869	43569	50869	43569
房地产业	1849256	1445941	1816765	1413450
租赁和商务服务业	129691	90531	126711	87551
科学研究、技术服务和地质勘查业	40907	29032	40477	28602
水利、环境和公共设施管理业	940791	311865	940791	311865
水利管理业	155275	51319	155275	51319
环境管理业	133015	46521	133015	46521
公共设施管理业	652501	214025	652501	214025
居民服务和其他服务业	27742	12282	27150	11690
教育	283839	175414	268409	159984
卫生、社会保障和社会福利业	109085	55439	104029	50383

3—3 续表 5　　（2008 年）　　计量单位：万元

项目名称	建设项目投资	# 市区	地方建设项目投资	# 市区
# 卫生	84049	48609	78993	43553
文化、体育和娱乐业	153653	62255	153653	62255
公共管理和社会组织	241658	126388	241658	126388
总计中按注册类型分：	14058623	3986160	13420042	3853766
内资	13488167	3961990	13179348	3829596
国有	2860924	1266634	2672177	1162250
集体	2604682	1625494	2604682	1625494
股份合作	84151	37391	84151	37391
联营企业	132827	18556	132827	18556
国有联营	37237		37237	
集体联营	12940	2800	12940	2800
国有与集体联营	815	215	815	215
其他联营	81835	15541	81835	15541
有限责任公司	1657972	348619	1652101	344748
国有独资公司	33638	14238	30767	11367
其他有限责任公司	1624334	334381	1621334	333381
股份有限公司	1501305	396864	1387104	372725
私营个体	3714179	218564	3714179	218564
其他	932127	49868	932127	49868
港澳台商投资	101777	9893	101777	9893
合资经营	45240	3500	45240	3500
合作经营	24815	3677	24815	3677
独资	15926	920	15926	920
股份有限	15796	1796	15796	1796
外商投资	397380	2719	67618	2719
合资经营	43923	1906	43923	1906
合作经营	2250		2250	
独资	13174		13174	
股份有限	338033	813	8271	813
个体经营	71299	11558	71299	11558
个体户	59729	11558	59729	11558
个人合伙	11570		11570	

分县（市）区城镇建设项目投资情况

3—4　　（2008年）　　计量单位：万元、平方米、个

指标名称	全　市	市　区	长安区	桥东区	桥西区
本年完成投资	**12974517**	**4221854**	**526759**	**669707**	**582640**
# 住宅	1118400	892535	171495	95250	237539
本年完成投资中：					
1. 建筑工程	5633217	2250715	238288	277581	433289
2. 安装工程	1139070	318095	47965	29212	44892
3. 设备工器具购置	4233592	727962	123869	233449	92671
本年新增固定资产	11011889	3244848	365330	649946	544785
本年施工房屋面积	24126362	11818762	1909875	570147	2730037
# 住宅	7498251	5926813	1279554	366347	1765168
本年竣工房屋面积	12410422	4821957	610387	207359	1488040
# 住宅	3219937	2068047	360966	117359	810357
本年竣工房屋价值	1660146	895731	88660	78337	297582
# 住宅	590898	407446	38854	41916	170289
施工项目个数	5688	728	116	108	137
# 本年新开工	4944	500	104	71	102
本年投产项目个数	4890	524	81	98	116
规划用地面积	48371785	23130691	3056101	761699	1454107
本年实际征用和购置土地面积	5987859	1313822			
本年实际征用和购置土地成交价款	178710	61883			
本年资金来源合计	13875259	4602735	585978	823671	578820
1. 上年末结余资金	161365	64219		2480	2119
2. 本年资金来源小计	13713894	4538516	585978	821191	576701
（1）国家预算内资金	741466	509343	92378	273487	44755
（2）国内贷款	724841	173500	31451		1262
（3）债券	510				
（4）利用外资	58683	4520			3600
（5）自筹资金	11473884	3698175	346288	537404	526044
（6）其他资金来源	714510	152978	115861	10300	1040

3—4 续表 1　　（2008 年）　　计量单位：万元、平方米、个

指标名称	新华区	裕华区	矿　区	高新区	井陉县
本年完成投资	**1153563**	**869936**	**183531**	**235718**	**728193**
# 住宅	156174	194900	31168	6009	6362
本年完成投资中：					
1. 建筑工程	634809	512472	88980	65296	146671
2. 安装工程	109680	23786	36839	25721	96646
3. 设备工器具购置	144025	41163	32715	60070	355688
本年新增固定资产	1186999	265258	118695	113835	1150159
本年施工房屋面积	2103071	3296579	464043	745010	140698
# 住宅	1052840	1072899	286350	103655	45439
本年竣工房屋面积	1567141	660698	94850	193482	79984
# 住宅	591910	87800	81000	18655	42539
本年竣工房屋价值	319803	79540	11630	20179	13096
# 住宅	136558	10570	7900	1359	6565
施工项目个数	166	86	74	41	276
# 本年新开工	95	44	67	17	265
本年投产项目个数	107	46	59	17	269
规划用地面积	8692111	5671482	2435314	1059877	5366788
本年实际征用和购置土地面积		1219472		94350	219960
本年实际征用和购置土地成交价款		44000		17883	2234
本年资金来源合计	1274966	900696	189235	249369	751173
1. 上年末结余资金	44922	4905		9793	13783
2. 本年资金来源小计	1230044	895791	189235	239576	737390
（1）国家预算内资金	73663	3260	19300	2500	6215
（2）国内贷款	69487	62000		9300	234142
（3）债券					
（4）利用外资	920				10831
（5）自筹资金	1070247	824431	165985	227776	477707
（6）其他资金来源	15727	6100	3950		8495

3—4 续表 2　　（2008 年）　　计量单位：万元、平方米、个

指标名称	正定县	栾城县	行唐县	灵寿县
本年完成投资	**639075**	**502225**	**446251**	**615816**
# 住宅	36475			20
本年完成投资中：				
1. 建筑工程	203171	170508	232162	402812
2. 安装工程	16516	74852	58690	61223
3. 设备工器具购置	340452	181754	71767	64482
本年新增固定资产	293416	290535	466964	379642
本年施工房屋面积	1368466	131660	10400	85860
# 住宅	200330			200
本年竣工房屋面积	372710	105296	10400	85360
# 住宅	12650			200
本年竣工房屋价值	38357	8605	1410	9359
# 住宅	3165			20
施工项目个数	408	179	494	392
# 本年新开工	398	154	494	392
本年投产项目个数	265	112	494	391
规划用地面积	321770	482162	1021314	57580
本年实际征用和购置土地面积	321770			54580
本年实际征用和购置土地成交价款	38485			6015
本年资金来源合计	639875	639567	456251	624606
1. 上年末结余资金		17000		3940
2. 本年资金来源小计	639875	622567	456251	620666
（1）国家预算内资金	11445			2195
（2）国内贷款	650	138000		16336
（3）债券				
（4）利用外资	1658	6000	6870	
（5）自筹资金	614402	460567	2083	593025
（6）其他资金来源	11720	18000	447298	9110

3—4 续表 3　　（2008 年）　　计量单位：万元、平方米、个

指标名称	高邑县	深泽县	赞皇县	无极县
本年完成投资	**159765**	**178997**	**336242**	**290447**
# 住宅	16124	14761	13996	
本年完成投资中：				
1. 建筑工程	55961	61148	81419	100442
2. 安装工程	3890	15095	30853	36584
3. 设备工器具购置	85977	95571	220750	140289
本年新增固定资产	151265	169786	315637	290447
本年施工房屋面积	171719	450778	412066	892738
# 住宅	80170	148953	138024	
本年竣工房屋面积	164219	448478	197620	892738
# 住宅	80170	148953	49524	
本年竣工房屋价值	38149	47481	29945	95532
# 住宅	16124	19083	13778	
施工项目个数	88	78	161	206
# 本年新开工	88	77	123	206
本年投产项目个数	87	69	127	206
规划用地面积	668889	542946	571867	
本年实际征用和购置土地面积	300333	369746		
本年实际征用和购置土地成交价款	5000	6090		
本年资金来源合计	159765	189033	346242	290447
1. 上年末结余资金				
2. 本年资金来源小计	159765	189033	346242	290447
（1）国家预算内资金	2513	6706		
（2）国内贷款	3120	26447	24200	
（3）债券			20	
（4）利用外资				
（5）自筹资金	153832	136396	321402	290447
（6）其他资金来源	300	19484	620	

3—4 续表 4　　（2008 年）　　计量单位：万元、平方米、个

指标名称	平山县	元氏县	赵　县	辛集市
本年完成投资	**389312**	**494203**	**465719**	**727887**
# 住宅	44300	42218	2053	70
本年完成投资中：				
1. 建筑工程	172696	160171	136755	368535
2. 安装工程	20415	29628	55757	75875
3. 设备工器具购置	174242	150029	220504	248859
本年新增固定资产	389312	434203	403070	683685
本年施工房屋面积	385610	660958	960467	527030
# 住宅	351300	176062	16710	8000
本年竣工房屋面积	344110	163004	826174	247330
# 住宅	307600	137294	15710	8000
本年竣工房屋价值	60616	25490	63157	636
# 住宅	59051	20190	1680	70
施工项目个数	153	281	366	400
# 本年新开工	142	258	194	389
本年投产项目个数	115	254	313	391
规划用地面积	4708953	478027	1310568	579040
本年实际征用和购置土地面积		478027	30666	460500
本年实际征用和购置土地成交价款		8204	4	10149
本年资金来源合计	389312	495303	466043	727987
1. 上年末结余资金				
2. 本年资金来源小计	389312	495303	466043	727987
（1）国家预算内资金	10099		37771	3129
（2）国内贷款	100		3456	
（3）债券				
（4）利用外资	2200		300	1985
（5）自筹资金	376393	492913	419046	722873
（6）其他资金来源	520	2390	5470	

3—4 续表 5　　（2008 年）　　计量单位：万元、平方米、个

指标名称	藁城市	晋州市	新乐市	鹿泉市
本年完成投资	**886708**	**609243**	**484340**	**798240**
# 住宅	9990	120	16346	23030
本年完成投资中：				
1. 建筑工程	384654	120171	231197	354029
2. 安装工程	69081	37454	50643	87773
3. 设备工器具购置	316302	445128	142504	251332
本年新增固定资产	623135	555989	482148	687648
本年施工房屋面积	3006741	994031	739223	1369155
# 住宅	90313	1200	165166	149571
本年竣工房屋面积	1773317	426995	703223	747507
# 住宅	80313	1200	165166	102571
本年竣工房屋价值	153431	28823	60263	90065
# 住宅	9505	120	16346	17755
施工项目个数	519	377	244	338
# 本年新开工	427	372	226	239
本年投产项目个数	438	371	234	230
规划用地面积	2696221	2279341	251204	3904424
本年实际征用和购置土地面积	1556017		251204	631234
本年实际征用和购置土地成交价款	26021		3064	11561
本年资金来源合计	1053784	611783	537736	893617
1. 上年末结余资金	62423			
2. 本年资金来源小计	991361	611783	537736	893617
（1）国家预算内资金	77595	31459		42996
（2）国内贷款	28900	2860	52390	20740
（3）债券			490	
（4）利用外资	23369			950
（5）自筹资金	832151	577464	484856	820152
（6）其他资金来源	29346			8779

分县（市）区农村非农户建设项目投资情况

3—5　　　　（2008 年）　　　　计量单位：万元、平方米、个

指标名称	全　市	市　区	矿　区	井陉县	正定县
本年完成投资	**1084106**	**1200**	**1200**	**81539**	**42859**
# 住宅	21722			4551	2700
本年完成投资中：					
1. 建筑工程	506999	850	850	43792	8228
2. 安装工程	85766	150	150	7879	1210
3. 设备工器具购置	344652			9621	31037
本年新增固定资产	979447	1200	1200	78061	22969
本年施工房屋面积	1328576			64730	74694
# 住宅	175536			34075	17450
本年竣工房屋面积	1150150			56380	49459
# 住宅	153486			27975	2000
本年竣工房屋价值	92129			7948	6336
# 住宅	18752			4147	800
施工项目个数	1443	1	1	222	34
# 本年新开工	1398	1	1	222	34
本年投产项目个数	1371	1	1	222	20
规划用地面积	4345871	3420	3420	66002	15000
本年实际征用和购置土地面积	370267			4002	15000
本年实际征用和购置土地成交价款	4935			45	264
本年资金来源合计	1087396	1200	1200	81539	42859
（1）国家预算内资金	5959			625	
（2）国内贷款	22208			840	500
（3）债券	400				
（4）利用外资	6560			1100	
（5）自筹资金	963737	1200	1200	64592	42359
（6）其他资金来源	88532			14382	

3—5 续表 1　　(2008 年)　　计量单位：万元、平方米、个

指标名称	栾城县	行唐县	灵寿县	高邑县	深泽县
本年完成投资	**71956**	**47148**	**75893**	**28031**	**25870**
# 住宅				5407	645
本年完成投资中:					
1. 建筑工程	35263	31350	53402	13361	5475
2. 安装工程	8610	4110	7320	680	2164
3. 设备工器具购置	16192	3985	6090	11216	17140
本年新增固定资产	56238	47648	47070	27961	25870
本年施工房屋面积	36752	800	7400	48400	64760
# 住宅				27035	10450
本年竣工房屋面积	25190	800	7400	48400	64760
# 住宅				27035	10450
本年竣工房屋价值	1869	90	810	9801	5750
# 住宅				5407	645
施工项目个数	52	84	88	57	21
# 本年新开工	43	84	88	57	21
本年投产项目个数	31	84	88	57	20
规划用地面积		191970	11750	52665	86490
本年实际征用和购置土地面积			10400		40390
本年实际征用和购置土地成交价款			1240		810
本年资金来源合计	74986	47148	75893	27961	25870
(1) 国家预算内资金	120				120
(2) 国内贷款			600		3370
(3) 债券					400
(4) 利用外资					1500
(5) 自筹资金	74866		73043	27961	19280
(6) 其他资金来源		47148	2250		1200

3—5 续表2　　　　（2008年）　　　　计量单位：万元、平方米、个

指标名称	赞皇县	无极县	平山县	元氏县	赵　县
本年完成投资	**93900**	**97128**	**137151**	**115633**	**302**
# 住宅	83		2200		
本年完成投资中：					
1. 建筑工程	45670	29044	89330	22719	50
2. 安装工程	7350	12726	3060	8578	70
3. 设备工器具购置	38010	44680	18256	49490	30
本年新增固定资产	76550	97133	137151	104133	302
本年施工房屋面积	42810	451125	53339	76129	200
# 住宅	650		29100		
本年竣工房屋面积	26060	451125	48249		
# 住宅	150		29100		
本年竣工房屋价值	2810	27264	4581		
# 住宅	15		2200		
施工项目个数	45	174	248	91	3
# 本年新开工	39	174	245	84	3
本年投产项目个数	34	174	232	85	3
规划用地面积			3254579	137684	
本年实际征用和购置土地面积				135684	
本年实际征用和购置土地成交价款				372	
本年资金来源合计	93900	97128	137151	115633	302
（1）国家预算内资金			5094		
（2）国内贷款			5780		
（3）债券					
（4）利用外资			3960		
（5）自筹资金	89900	97128	118427	115633	302
（6）其他资金来源	4000		3890		

3—5 续表3　　(2008 年)　　计量单位：万元、平方米、个

指标名称	辛集市	藁城市	晋州市	新乐市	鹿泉市
本年完成投资	**33079**	**40479**	**48140**	**131004**	**12794**
# 住宅				2317	3819
本年完成投资中：					
1. 建筑工程	9130	14927	21745	75648	7015
2. 安装工程	3860	3564	1865	12070	500
3. 设备工器具购置	18710	17749	24530	37647	269
本年新增固定资产	31700	33223	48140	131074	13024
本年施工房屋面积	10000	143600	32210	175417	46210
# 住宅				24766	32010
本年竣工房屋面积	10000	135600	10100	175417	41210
# 住宅				24766	32010
本年竣工房屋价值	50	9276	850	9655	5039
# 住宅				1719	3819
施工项目个数	53	41	32	172	25
# 本年新开工	50	32	31	172	18
本年投产项目个数	53	40	32	172	23
规划用地面积		167397	191500	61744	105670
本年实际征用和购置土地面积		102397		61744	650
本年实际征用和购置土地成交价款		1569		615	20
本年资金来源合计	33079	40579	48140	131074	12954
(1) 国家预算内资金					
(2) 国内贷款		1100		10018	
(3) 债券					
(4) 利用外资					
(5) 自筹资金	33079	23917	48140	120956	12954
(6) 其他资金来源		15562		100	

全市按经济类型分房地产开发完成情况

3—6　　（2008年）　　计量单位：万元、平方米、个

项目名称	总　计	国有	集体	私营	港澳台商投　资	外商投资
企业个数	474	19	4	252	11	8
本年完成投资	2803979	183683	11200	1465682	49378	131387
#土地开发投资额	222475	5577		135645	12172	
配套工程投资	99062	25500		39852	510	
建筑工程	1742099	148213	4000	859940	28000	70715
安装工程	329173	21925	3000	213120	1465	8690
设备工器具购置	102237	7225	1000	76620	400	
其他费用	630470	6320	3200	316002	19513	51982
#旧建筑物购置费	43043			2019	11904	7000
土地购置费	356469			182325		34982
住　　宅	1980845	143299	11200	1008976	36011	57899
#90平方米以下	752198	24736		379900	4	41031
140平米以上	196598	7316		103950	4007	6219
经济适用房	114877	2686	11200	39800		
别墅、高档公寓	49278			43210		
办公楼	128930	7367		105479		
商业营业用房	215877	2717		122859	423	21060
其他	478327	30300		228368	12944	52428
本年新增固定资产	746622	57164	11200	431801	23986	
本年资金来源合计	3280758	272014	11200	1692794	38085	138642
1. 上年末结余资金	294856	8621	2300	170566	1124	29319
2. 本年资金来源小计	2985902	263393	8900	1522228	36961	109323
（1）国内贷款	395109	42358	3300	235909		
#银行贷款	373851	40000	3300	218509		
非银行金融机构贷款	21258	2358		17400		
（2）利用外资	500					
（3）自筹资金	1807829	185447		919565	32961	31000
#自有资金	926658	176450		410608	400	31000

3—6 续表 1　　（2008 年）　　计量单位：万元、平方米、个

项目名称	总　计	国有	集体	私营	港澳台商投　资	外商投资
（4）其他资金来源	782464	35588	5600	366754	4000	78323
# 定金及预收款	428465	34788		153473	3640	71540
个人按揭贷款	124752			92752	360	6136
本年各项应付款合计	387222	34216		208445	12306	736
# 工程款	203876	2142		96726	4101	432
本年完成开发土地面积	3057448	9337		1854768	12095	
本年购置土地面积	3565366			1921682		281680
本年土地成交价款	341840			182325		34982
房屋施工面积	15714678	726088	76172	7834048	185555	508753
1. 住宅	12079767	579647	76172	6191910	132356	462243
# 90 平方米以下	4009961	183178		2060052	2789	367092
140 平米以上	1040765	5900		574874	86884	14273
经济适用房	956895	48830	76172	296730		
别墅、高档公寓	289302			124239		
2. 办公楼	1080019	82352		218392		
3. 商业营业用房	1742036	25089		811029	48988	20960
4. 其他	812856	39000		612717	4211	25550
# 新开工面积	4969393	377077		2631347		39000
1. 住宅	4278961	259197		2331978		6000
# 90 平方米以下	1698666	132143		1122448		6000
140 平米以上	414353	5900		232154		
经济适用房	544402	48830		169530		
别墅、高档公寓	6541					
2. 办公楼	243454	80454		145600		
3. 商业营业用房	354407	4426		132225		13800
4. 其他	92571	33000		21544		19200
房屋竣工面积	2913407	139554	76172	1584564	145555	
1. 住宅	2473111	134020	76172	1230537	92356	
# 90 平方米以下	660637	112148		298862	2789	
140 平米以上	240455			78236	86884	
经济适用房	298702		76172	82530		

3—6 续表 2　　　　(2008 年)　　　　计量单位：万元、平方米、个

项目名称	总　计	国有	集体	私营	港澳台商投　资	外商投资
2. 办公楼	168658	1898		166760		
3. 商业营业用房	261006	3636		187267	48988	
4. 其他	10632				4211	
# 不可销售面积	59085			1620	57465	
1. 商业营业用房	39620			1620	38000	
2. 其他	4211				4211	
住宅竣工套数（套）	22804	1349	760	11195	544	
# 90 平方米以下	8427	1314		4141	31	
经济适用房	3584		760	1702		
竣工房屋价值	658422	57164	11200	362852	23986	
1. 住宅	513211	56518	11200	241645	9588	
# 90 平方米以下	198101	49311		84148	674	
经济适用房	63134		11200	23934		
2. 办公楼	44228	228		44000		
3. 商业营业用房	99484	418		77207	13619	
4. 其他	1499				779	
出租房屋销售面积	44408	2500		29508	5500	
1. 办公楼	5100					
2. 商业营业用房	36808			29508	5500	
商品房销售面积	3388600	56049	63000	1813129	82459	95399
1. 住宅	3263955	56049	63000	1736201	74419	80762
# 90 平方米以下	655216	54142		329077	2789	44155
140 平米以上	284371	1907		64467	71630	15351
经济适用房	285530		63000	82530		
别墅、高档公寓	4406					
2. 办公楼	4784			2697		2087
3. 商业营业用房	116302			73462	8040	12550

3—6 续表 3　　　　（2008 年）　　　　计量单位：万元、平方米、个

项目名称	总　计	国有	集体	私营	港澳台商投　资	外商投资
# 现房销售面积	1836024	55612	63000	1060873		4151
1. 住宅	1754811	55612	63000	988083		1213
# 90 平方米以下	207503	53705		50750		801
140 平米以上	123713	1907		39864		
经济适用房	234120		63000	31120		
2. 办公楼	4131			2044		2087
3. 商业营业用房	74435			70746		851
# 期房销售面积	1552576	437		752256	82459	91248
1. 住宅	1509144	437		748118	74419	79549
# 90 平方米以下	447713	437		278327	2789	43354
140 平米以上	160658			24603	71630	15351
经济适用房	51410			51410		
别墅、高档公寓	4406					
2. 办公楼	653			653		
3. 商业营业用房	41867			2716	8040	11699
商品房销售额	884441	44226	5200	472644	25196	38589
1. 住宅	858369	44226	5200	465975	22583	31649
# 90 平方米以下	233471	43192		106212	892	16021
140 平米以上	85263	1034		23385	21654	7263
经济适用房	73202		5200	38770		
别墅、高档公寓	3345					
2. 办公楼	3071			2424		647
3. 商业营业用房	22616			4207	2613	6293
# 现房销售额	461558	44176	5200	266229		1409
1. 住宅	453655	44176	5200	260707		348
# 90 平方米以下	88471	43142		16347		244
140 平米以上	38519	1034		14749		
经济适用房	42870		5200	8438		
2. 办公楼	2647			2000		647
3. 商业营业用房	4936			3522		414

3—6 续表4　　　　（2008年）　　　　计量单位：万元、平方米、个

项目名称	总　计	国有	集体	私营	港澳台商投　资	外商投资
# 期房销售额	422883	50		206415	25196	37180
1. 住宅	404714	50		205268	22583	31301
# 90 平方米以下	145000	50		89865	892	15777
140 平米以上	46744			8636	21654	7263
经济适用房	30332			30332		
别墅、高档公寓	3345					
2. 办公楼	424			424		
3. 商业营业用房	17680			685	2613	5879
商品住宅销售套数（套）	30425	968	630	16721	525	950
# 90 平方米以下	8434	956		4259	31	601
140 平米以上	1815	12		424	487	94
经济适用房	3032		630	1280		
别墅、高档公寓	14					
# 现房销售套数（套）	16209	956	630	9049		17
# 90 平方米以下	2865	944		754		10
140 平米以上	762	12		258		
经济适用房	2251		630	499		
# 期房销售套数（套）	14216	12		7672	525	933
# 90 平方米以下	5569	12		3505	31	591
140 平米以上	1053			166	487	94
经济适用房	781			781		
别墅、高档公寓	14					
空置面积	1135505	83505	13172	789086	47842	
1. 住宅	795012	77971	13172	509350	2683	
# 90 平方米以下	311082	58006		213303		
2. 办公楼	166614	1898		164716		
3. 商业营业用房	167021	3636		115020	40948	
4. 其他	6858				4211	
# 空置1—3年（含1年）	300119			261134		
1. 住宅	219035			180050		
2. 办公楼	21760			21760		
3. 商业营业用房	59324			59324		

全市按隶属关系分房地产开发完成情况

3—7　　(2008年)　　计量单位：万元、平方米、个

项目名称	总计	省	市	县	其他
企业个数	474	20	47	20	387
本年完成投资	2803979	122056	252991	73180	2355752
# 土地开发投资额	222475	7000	5983	200	209292
配套工程投资	99062	347	200	25520	72995
建筑工程	1742099	112184	186991	56685	1386239
安装工程	329173	1500	30497	7665	289511
设备工器具购置	102237		4965	7225	90047
其他费用	630470	8372	30538	1605	589955
# 旧建筑物购置费	43043		120		42923
土地购置费	356469	7997	9355	1200	337917
住　宅	1980845	107808	212688	43452	1616897
# 90 平方米以下	752198	11010	39456	4381	697351
140 平米以上	196598	4760	15782		176056
经济适用房	114877		41609		73268
别墅、高档公寓	49278			135	49143
办公楼	128930		1985	690	126255
商业营业用房	215877	8278	12799	2318	192482
其他	478327	5970	25519	26720	420118
本年新增固定资产	746622	29600	113138	39531	564353
本年资金来源合计	3280758	167350	351996	75250	2686162
1. 上年末结余资金	294856	23367	15858	4503	251128
2. 本年资金来源小计	2985902	143983	336138	70747	2435034
（1）国内贷款	395109	13379	103514		278216
# 银行贷款	373851	13379	100656		259816
非银行金融机构贷款	21258		2858		18400
（2）利用外资	500		500		
（3）自筹资金	1807829	90975	174223	60500	1482131
# 自有资金	926658	89950	66980	50100	719628

3—7 续表1 （2008年） 计量单位：万元、平方米、个

项目名称	总 计	省	市	县	其他
（4）其他资金来源	782464	39629	57901	10247	674687
# 定金及预收款	428465	19983	50056	4967	353459
个人按揭贷款	124752		656		124096
本年各项应付款合计	387222	33197	37888	10686	305451
# 工程款	203876	22667	3851	10466	166892
本年完成开发土地面积	3057448	140292	69060	10000	2838096
本年购置土地面积	3565366	78598	144800	19987	3321981
本年土地成交价款	341840	7997	14728	1200	317915
房屋施工面积	15714678	747900	1592233	550195	12824350
1. 住宅	12079767	648965	1314414	527634	9588754
# 90平方米以下	4009961	72100	330317	89236	3518308
140平米以上	1040765	104900	43110		892755
经济适用房	956895		391951		564944
别墅、高档公寓	289302			7471	281831
2. 办公楼	1080019		10080	1898	1068041
3. 商业营业用房	1742036	9240	249276	20663	1462857
4. 其他	812856	89695	18463		704698
# 新开工面积	4969393	199750	630741	177189	3961713
1. 住宅	4278961	154923	622235	177189	3324614
# 90平方米以下	1698666	40100	137043	38201	1483322
140平米以上	414353	56900	3000		354453
经济适用房	544402		368830		175572
别墅、高档公寓	6541			6541	
2. 办公楼	243454		4080		239374
3. 商业营业用房	354407	9000	4426		340981
4. 其他	92571	35827			56744
房屋竣工面积	2913407	80000	329372	211026	2293009
1. 住宅	2473111	80000	317385	205492	1870234
# 90平方米以下	660637	32000	141221	77035	410381
经济适用房	298702		140000		158702

3—7 续表2 （2008年） 计量单位：万元、平方米、个

项目名称	总　计	省	市	县	其他
2. 办公楼	168658			1898	166760
3. 商业营业用房	261006		10860	3636	246510
4. 其他	10632		1127		9505
# 不可销售面积	59085				59085
1. 商业营业用房	39620				39620
2. 其他	4211				4211
住宅竣工套数（套）	22804	1200	3124	1724	16756
# 90 平方米以下	8427	364	1682	865	5516
经济适用房	3584		1122		2462
竣工房屋价值	658422	29600	94600	38818	495404
1. 住宅	513211	29600	91130	38172	354309
# 90 平方米以下	198101	11840	55710	19211	111340
经济适用房	63134		28000		35134
2. 办公楼	44228			228	44000
3. 商业营业用房	99484		3250	418	95816
4. 其他	1499		220		1279
出租房屋销售面积	44408		4300	3500	36608
1. 办公楼	5100				5100
2. 商业营业用房	36808		1800	3500	31508
商品房销售面积	3388600	72923	309722	222451	2783504
1. 住宅	3263955	72540	309722	222451	2659242
# 90 平方米以下	655216	22400	51112	45529	536175
140 平米以上	284371	33600	39638	1907	209226
经济适用房	285530		140000		145530
别墅、高档公寓	4406				4406
2. 办公楼	4784				4784
3. 商业营业用房	116302	240			116062

3—7 续表 3　　　　（2008 年）　　　　计量单位：万元、平方米、个

项目名称	总　计	省	市	县	其他
# 现房销售面积	1836024	64932	210898	94474	1465720
1. 住宅	1754811	64932	210898	94474	1384507
# 90 平方米以下	207503	22400	45138	36967	102998
140 平米以上	123713	33600	12000	1907	76206
经济适用房	234120		140000		94120
2. 办公楼	4131				4131
3. 商业营业用房	74435				74435
# 期房销售面积	1552576	7991	98824	127977	1317784
1. 住宅	1509144	7608	98824	127977	1274735
# 90 平方米以下	447713		5974	8562	433177
140 平米以上	160658		27638		133020
经济适用房	51410				51410
别墅、高档公寓	4406				4406
2. 办公楼	653				653
3. 商业营业用房	41867	240			41627
商品房销售额	884441	28315	94734	45540	715852
1. 住宅	858369	28248	94734	45540	689847
# 90 平方米以下	233471	8288	35464	13426	176293
140 平米以上	85263	12432	1632	1034	70165
经济适用房	73202		29232		43970
别墅、高档公寓	3345				3345
2. 办公楼	3071				3071
3. 商业营业用房	22616	40			22576
# 现房销售额	461558	24614	71086	20910	344948
1. 住宅	453655	24614	71086	20910	337045
# 90 平方米以下	88471	8288	34689	12166	33328
140 平米以上	38519	12432	1390	1034	23663
经济适用房	42870		29232		13638
2. 办公楼	2647				2647
3. 商业营业用房	4936				4936

3—7 续表 4　　(2008 年)　　计量单位：万元、平方米、个

项目名称	总　计	省	市	县	其他
# 期房销售额	422883	3701	23648	24630	370904
1. 住宅	404714	3634	23648	24630	352802
# 90 平方米以下	145000		775	1260	142965
140 平米以上	46744		242		46502
经济适用房	30332				30332
别墅、高档公寓	3345				3345
2. 办公楼	424				424
3. 商业营业用房	17680	40			17640
商品住宅销售套数（套）	30425	643	2885	1845	25052
# 90 平方米以下	8434	255	931	511	6737
140 平米以上	1815	236	217	12	1350
经济适用房	3032		1122		1910
别墅、高档公寓	14				14
# 现房销售套数（套）	16209	569	2160	838	12642
# 90 平方米以下	2865	255	853	414	1343
140 平米以上	762	236	49	12	465
经济适用房	2251		1122		1129
# 期房销售套数（套）	14216	74	725	1007	12410
# 90 平方米以下	5569		78	97	5394
140 平米以上	1053		168		885
经济适用房	781				781
别墅、高档公寓	14				14
空置面积	1135505	24000	42778	60167	1008560
1. 住宅	795012	24000	42778	54633	673601
# 90 平方米以下	311082	9600	34538	34668	232276
2. 办公楼	166614			1898	164716
3. 商业营业用房	167021			3636	163385
4. 其他	6858				6858
# 空置 1—3 年（含 1 年）	300119				300119
1. 住宅	219035				219035
2. 办公楼	21760				21760
3. 商业营业用房	59324				59324

全市按资质等级分房地产开发完成情况

3—8　　(2008年)　　计量单位：万元、平方米、个

项目名称	总　计	一级	二级	三级	四级	其他
企业个数	474	3	19	63	142	247
本年完成投资	2803979	158433	377477	787582	1012655	467832
# 土地开发投资额	222475		15565	89633	69941	47336
配套工程投资	99062		7604	40446	13823	37189
建筑工程	1742099	48061	233685	515828	687507	257018
安装工程	329173	44810	79139	75664	94545	35015
设备工器具购置	102237	30580	19295	22787	7070	22505
其他费用	630470	34982	45358	173303	223533	153294
# 旧建筑物购置费	43043			8000	33024	2019
土地购置费	356469	34982	3100	102211	110471	105705
住　　宅	1980845	116191	249099	563848	795529	256178
# 90平方米以下	752198	19023	98066	233236	310975	90898
140平米以上	196598	6219	32367	59368	50708	47936
经济适用房	114877		15400	2754	96723	
别墅、高档公寓	49278			20723	28420	135
办公楼	128930		70123	28336	22354	8117
商业营业用房	215877	7214	32173	53791	49613	73086
其他	478327	35028	26082	141607	145159	130451
本年新增固定资产	746622		178715	116550	409005	42352
本年资金来源合计	3280758	176826	440448	937223	1176346	549915
1. 上年末结余资金	294856	27177	90678	63682	76555	36764
2. 本年资金来源小计	2985902	149649	349770	873541	1099791	513151
(1) 国内贷款	395109	15500	125717	119398	132766	1728
# 银行贷款	373851	15500	125717	117040	114866	728
非银行金融机构贷款	21258			2358	17900	1000
(2) 利用外资	500				500	
(3) 自筹资金	1807829	6800	86672	514229	741494	458634
# 自有资金	926658	6800	58768	218822	361794	280474

3—8 续表1　　(2008 年)　　计量单位：万元、平方米、个

项目名称	总　计	一级	二级	三级	四级	其他
（4）其他资金来源	782464	127349	137381	239914	225031	52789
# 定金及预收款	428465	83089	60966	117002	133195	34213
个人按揭贷款	124752	39060	48069	19071	11552	7000
本年各项应付款合计	387222	130	112864	88979	141024	44225
# 工程款	203876	130	58747	65986	67358	11655
本年完成开发土地面积	3057448		447884	1082641	1201341	325582
本年购置土地面积	3565366	281680	67337	1417021	1281805	517523
本年土地成交价款	341840	34982	3100	107644	110411	85703
房屋施工面积	15714678	1441469	2962216	3413374	5195949	2701670
住　　宅	12079767	1427959	2076016	3008917	3994527	1572348
# 90 平方米以下	4009961	285452	633802	874322	1812558	403827
140 平米以上	1040765	14273	232222	427058	301388	65824
经济适用房	956895		124172	54872	777851	
别墅、高档公寓	289302			30627	251204	7471
2. 办公楼	1080019		146000	42049	781370	110600
3. 商业营业用房	1742036	7160	493395	244449	353293	643739
4. 其他	812856	6350	246805	117959	66759	374983
# 新开工面积	4969393		693849	1116435	2116537	1042572
1. 住宅	4278961		368893	1034819	2007330	867919
# 90 平方米以下	1698666		154295	466674	839526	238171
140 平米以上	414353		57479	211924	90650	54300
经济适用房	544402			54872	489530	
别墅、高档公寓	6541					6541
2. 办公楼	243454		145000	6080		92374
3. 商业营业用房	354407		179956	70399	74773	29279
4. 其他	92571			5137	34434	53000
房屋竣工面积	2913407		586390	775725	1358096	193196
1. 住宅	2473111		423203	775725	1086988	187195
# 90 平方米以下	660637		157608	102000	331495	69534
经济适用房	298702		76172		222530	
2. 办公楼	168658		145000		21760	1898

3—8 续表 2　　　　（2008 年）　　　　计量单位：万元、平方米、个

项目名称	总　计	一级	二级	三级	四级	其他
3. 商业营业用房	261006		17060		239843	4103
4. 其他	10632		1127		9505	
# 不可销售面积	59085			15254	43831	
1. 商业营业用房	39620				39620	
2. 其他	4211				4211	
住宅竣工套数（套）	22804		3692	6088	11423	1601
# 90 平方米以下	8427		1763	1142	4744	778
经济适用房	3584		760		2824	
竣工房屋价值	658422		112492	116543	390035	39352
1. 住宅	513211		83032	116543	275113	38523
# 90 平方米以下	198101		45330	24161	110996	17614
经济适用房	63134		11200		51934	
2. 办公楼	44228		24000		20000	228
3. 商业营业用房	99484		5240		93643	601
4. 其他	1499		220		1279	
出租房屋销售面积	44408			23100	10500	10808
1. 办公楼	5100			5100		
2. 商业营业用房	36808			18000	8000	10808
商品房销售面积	3388600	340912	406310	883923	1435758	321697
1. 住宅	3263955	328362	384144	880986	1351320	319143
# 90 平方米以下	655216	44155	68816	68343	431650	42252
140 平米以上	284371	15351	46456	127896	89120	5548
经济适用房	285530		63000		222530	
别墅、高档公寓	4406				4406	
2. 办公楼	4784		2044		653	2087
3. 商业营业用房	116302	12550	20122	2025	81138	467
# 现房销售面积	1836024	180103	144782	374737	912898	223504

3—8 续表 3　　（2008 年）　　计量单位：万元、平方米、个

项目名称	总　计	一级	二级	三级	四级	其他
1. 住宅	1754811	179252	140352	374737	839053	221417
#90 平方米以下	207503	801	6306	22400	146506	31490
140 平米以上	123713		39615	41755	40436	1907
经济适用房	234120		63000		171120	
2. 办公楼	4131		2044			2087
3. 商业营业用房	74435	851	2386		71198	
#期房销售面积	1552576	160809	261528	509186	522860	98193
1. 住宅	1509144	149110	243792	506249	512267	97726
#90 平方米以下	447713	43354	62510	45943	285144	10762
140 平米以上	160658	15351	6841	86141	48684	3641
经济适用房	51410				51410	
别墅、高档公寓	4406				4406	
2. 办公楼	653				653	
3. 商业营业用房	41867	11699	17736	2025	9940	467
商品房销售额	884441	122840	87416	207764	357882	108539
1. 住宅	858369	116547	76363	207070	350684	107705
#90 平方米以下	233471	16021	17481	28676	154287	17006
140 平米以上	85263	7263	15889	44642	15041	2428
经济适用房	73202		5200		68002	
别墅、高档公寓	3345				3345	
2. 办公楼	3071		2000		424	647
3. 商业营业用房	22616	6293	9053	629	6454	187
#现房销售额	461558	70480	33550	75288	197778	84462
1. 住宅	453655	70066	30584	75288	193902	83815
#90 平方米以下	88471	244	2932	8288	65091	11916
140 平米以上	38519		14708	14426	8351	1034
经济适用房	42870		5200		37670	
2. 办公楼	2647		2000			647
3. 商业营业用房	4936	414	966		3556	

3—8 续表 4　　　　(2008 年)　　　　计量单位：万元、平方米、个

项目名称	总　计					
		一级	二级	三级	四级	其他
# 期房销售额	422883	52360	53866	132476	160104	24077
1. 住宅	404714	46481	45779	131782	156782	23890
# 90 平方米以下	145000	15777	14549	20388	89196	5090
140 平米以上	46744	7263	1181	30216	6690	1394
经济适用房	30332				30332	
别墅、高档公寓	3345				3345	
2. 办公楼	424				424	
3. 商业营业用房	17680	5879	8087	629	2898	187
商品住宅销售套数（套）	30425	3158	3239	7931	13411	2686
# 90 平方米以下	8434	601	807	904	5640	482
140 平米以上	1815	94	303	879	504	35
经济适用房	3032		630		2402	
别墅、高档公寓	14				14	
# 现房销售套数（套）	16209	1594	1252	3417	8096	1850
# 90 平方米以下	2865	10	101	255	2142	357
140 平米以上	762		257	285	208	12
经济适用房	2251		630		1621	
# 期房销售套数（套）	14216	1564	1987	4514	5315	836
# 90 平方米以下	5569	591	706	649	3498	125
140 平米以上	1053	94	46	594	296	23
经济适用房	781				781	
别墅、高档公寓	14				14	
空置面积	1135505		406356	177916	365641	185592
1. 住宅	795012		257200	177916	179838	180058
# 90 平方米以下	311082		91720	64043	114875	40444
2. 办公楼	166614		142956		21760	1898
3. 商业营业用房	167021		6200		157185	3636
4. 其他	6858				6858	
# 空置 1—3 年（含 1 年）	300119		28610	10375	160098	101036
1. 住宅	219035		28610	10375	79014	101036
2. 办公楼	21760				21760	
3. 商业营业用房	59324				59324	

全市建筑业企业生产情况

3—9　　　　（2008 年）　　　　计量单位：台、千瓦、千元、平方米、人

项　目	入统企业个数	签订的合同额	建筑业总产值	# 装饰装修产值	在外省完成的产值
总　计	**290**	**52784878**	**36438811**	**1269154**	**9957681**
# 国有及国有控股企业	35	33274873	21886796	338014	8083323
一、按登记注册类型分组					
内资企业	287	52357675	36152643	1118701	9892109
国有企业	22	17268213	10986973	187950	3970703
集体企业	10	277103	280868		
股份合作企业	1	48000	48000		
有限责任公司	98	25144994	17929638	318473	4760457
股份有限公司	34	3358509	2103619	80508	700949
港、澳、台商投资企业	2	174007	169473	150453	3544
二、按国民经济行业分组					
房屋和土木工程建筑业	182	46009465	30932575	497627	8208349
建筑安装业	50	5737143	4601525	42816	1653450
建筑装饰业	48	892735	765798	728711	13888
其他建筑业	10	145535	138913		81994
三、按企业资质等级分组					
施工总承包	174	47700775	31828589	403998	8551080
特　级	2	11098548	7029650	128952	3759380
一　级	36	27779353	17966074	225147	4276519
二　级	74	6911172	5195966	43284	515181
三级及以下	62	1911702	1636899	6615	
专业承包	116	5084103	4610222	865156	1406601
一级	34	3648735	3560287	606283	1318075
二级	39	1014604	675841	114498	83740
三级及以下	43	420764	374094	144375	4786

3—9 续表 1　　（2008 年）　　计量单位：台、千瓦、千元、平方米、人

项　目	按构成分的建筑业总产值			竣工产值
	建筑工程产值	安装工程产值	其他产值	
总　计	**26292786**	**8359621**	**1786404**	**28000257**
# 国有及国有控股	15297393	5678419	910984	16822011
一、按登记注册类型分组				
内资企业	26292786	8236956	1622901	27765100
国有企业	6823313	3750912	412748	4963821
集体企业	192863	72005	16000	133833
股份合作企业	48000			48000
有限责任公司	14304158	2896538	728942	17631591
股份有限公司	1353438	569378	180803	1333259
港、澳、台商投资企业		5970	163503	169473
二、按国民经济行业分组				
房屋和土木工程建筑业	24878857	5307959	745759	24453237
建筑安装业	1125142	2937107	539276	2721647
建筑装饰业	271787	114081	379930	724329
其他建筑业	17000	474	121439	101044
三、按企业资质等级分组				
施工总承包	24211282	6512555	1104752	24559226
特　级	4836145	1865457	328048	2973866
一　级	13596941	3943044	426089	10827715
二　级	4287921	598754	309291	9603154
三级及以下	1490275	105300	41324	1154491
专业承包	2081504	1847066	681652	3441031
一　级	1419579	1616933	523775	2666515
二　级	389505	178307	108029	566888
三级及以下	272420	51826	49848	207628

3—9 续表 2　　(2008 年)　　计量单位：台、千瓦、千元、平方米、人

项　目	房屋建筑施工面积	本年新开工	实行投标承包面积	# 本年新开工	年末自有机械设备净值
总　计	**27380505**	**12180145**	**24558317**	**11612513**	**1920353**
# 国有及国有控股	8975621	3157004	8894534	3144796	887302
一、按登记注册类型分组					
内资企业	27380505	12180145	24558317	11612513	1917871
国有企业	3306782	1403820	3302416	1391612	565367
集体企业	371982	245441	343926	245441	14830
股份合作企业	88000	88000	88000	88000	565
有限责任公司	14585103	5466984	13311923	5296027	890944
股份有限公司	2212848	935768	2027285	900015	90447
港、澳、台商投资企业					2482
二、按国民经济行业分组					
房屋和土木工程建筑业	26176834	11811858	23377297	11265226	1661074
建筑安装业	1203671	368287	1181020	347287	193170
建筑装饰业					25839
其他建筑业					40270
三、按企业资质等级分组					
施工总承包	26290107	11568109	23703388	11121503	1559651
特　级	5174284	1584322	5091471	1584322	101937
一　级	10720146	4413339	9834299	4371339	810226
二　级	6713980	3865408	5213806	3516609	510179
三级及以下	3681697	1705040	3563812	1649233	137309
专业承包	1090398	612036	854929	491010	360702
一　级	286082	186612	273025	173962	247197
二　级	555183	220076	356956	132700	64590
三级及以下	249133	205348	224948	184348	48915

3—9 续表 3　　(2008 年)　　计量单位：台、千瓦、千元、平方米、人

项　　目	年末自有机械设备		劳动人员情况		
	总台数	总功率	计算劳动生产率的平均人数	期末从业人　　员	# 工程技术人员
总　　计	**72876**	**1200375**	**172145**	**160291**	**30304**
# 国有及国有控股	25676	494347	55694	48879	11227
一、按登记注册类型分组					
内资企业	72802	1193949	171519	159692	30261
国有企业	17359	327637	35023	28204	6677
集体企业	1824	12911	3491	3398	373
股份合作企业	10	165	650	650	42
有限责任公司	25641	518022	68291	64752	12128
股份有限公司	4410	47707	15399	14662	2580
港、澳、台商投资企业	74	6426	476	449	10
二、按国民经济行业分组					
房屋和土木工程建筑业	56217	947367	154138	141715	26328
建筑安装业	13835	80243	13051	13332	2671
建筑装饰业	2493	152313	3967	4241	999
其他建筑业	331	20452	989	1003	306
三、按企业资质等级分组					
施工总承包	55238	858657	146312	133700	25218
特　级	5949	66608	10315	10171	2570
一　级	24221	396210	67921	56929	11633
二　级	16410	309807	45007	44437	8114
三级及以下	8658	86032	23069	22163	2901
专业承包	17638	341718	25833	26591	5086
一　级	6102	233753	15017	15317	3067
二　级	1970	81949	5865	6117	1216
三级及以下	9566	26016	4951	5157	803

市区建筑业企业生产情况

3—10　　　　(2008年)　　　　计量单位：台、千瓦、千元、平方米、人

项　　目	入统企业个　　数	签订的合同额	建筑业总产值	#装饰装修产　　值	在外省完成的　产　值
总　　计	**177**	**46588738**	**31708949**	**1114647**	**9604369**
#国有及国有控股企业	29	33144666	21791476	338014	8083323
一、按登记注册类型分组					
内资企业	174	46161535	31422781	964194	9538797
国有企业	19	17205036	10929913	187950	3970703
集体企业	4	59505	61853		
有限责任公司	63	23181021	16535793	313873	4760457
股份有限公司	11	2414719	1382355	78908	700949
港、澳、台商投资企业	2	174007	169473	150453	3544
二、按国民经济行业分组					
房屋和土木工程建筑业	88	39959125	26331554	347467	7855037
建筑安装业	38	5614348	4492675	42816	1653450
建筑装饰业	43	882528	756281	724364	13888
其他建筑业	8	132737	128439		81994
三、按企业资质等级分组					
施工总承包	83	42424538	27812905	390283	8364427
特　级	2	11098548	7029650	128952	3759380
一　级	32	27220993	17611159	225147	4253519
二　级	39	3963190	3017130	36184	351528
三级及以下	10	141807	154966		
专业承包	94	4164200	3896044	724364	1239942
一　级	29	3390753	3342685	606283	1151416
二　级	31	515417	365454	114211	83740
三级及以下	34	258030	187905	3870	4786

3—10 续表 1　　（2008 年）　　计量单位：台、千瓦、千元、平方米、人

项　目	按构成分的建筑业总产值			竣工产值
	建筑工程产值	安装工程产值	其他产值	
总　计	**21812977**	**8177371**	**1718601**	**24071547**
# 国有及国有控股企业	15207273	5673219	910984	16732973
一、按登记注册类型分组				
内资企业	21812977	8054706	1555098	23836390
国有企业	6766253	3750912	412748	4915515
集体企业	17283	44570		1250
有限责任公司	12943832	2873019	718942	16151665
股份有限公司	689174	537178	156003	886715
港、澳、台商投资企业		5970	163503	169473
二、按国民经济行业分组				
房屋和土木工程建筑业	20428103	5203366	700085	20623939
建筑安装业	1099622	2860985	532068	2646420
建筑装饰业	268252	113020	375009	715148
其他建筑业	17000		111439	86040
三、按企业资质等级分组				
施工总承包	20382452	6380183	1050270	21146654
特　级	4836145	1865457	328048	2973866
一　级	13242026	3943044	426089	10426097
二　级	2201699	538414	277017	7668326
三级及以下	102582	33268	19116	78365
专业承包	1430525	1797188	668331	2924893
一　级	1210020	1608890	523775	2480919
二　级	102000	155544	107910	281517
三级及以下	118505	32754	36646	162457

3—10 续表 2　　(2008 年)　　计量单位：台、千瓦、千元、平方米、人

项　　目	房屋建筑施工面积	本年新开工	实行投标承包面积	# 本年新开工	年末自有机械设备净值
总　　计	**18683377**	**7627228**	**16590106**	**7348984**	**1470249**
# 国有及国有控股企业	8825543	3061653	8744456	3049445	879354
一、按登记注册类型分组					
内资企业	18683377	7627228	16590106	7348984	1467767
国有企业	3261754	1358792	3257388	1346584	558731
集体企业	26000				754
有限责任公司	10377886	4121083	9347580	4063100	730511
股份有限公司	1417473	483960	1368691	448207	53581
港、澳、台商投资企业					2482
二、按国民经济行业分组					
房屋和土木工程建筑业	17497706	7276941	15409086	7001697	1222743
建筑安装业	1185671	350287	1181020	347287	188785
建筑装饰业					24251
其他建筑业					34470
三、按企业资质等级分组					
施工总承包	18361359	7598828	16332628	7323584	1196387
特　级	5174284	1584322	5091471	1584322	101937
一　级	10028711	3999876	9142864	3957876	781825
二　级	3044390	1931110	2049652	1732745	305603
三级及以下	113974	83520	48641	48641	7022
专业承包	322018	28400	257478	25400	273862
一　级	46478		46478		208403
二　级	203355		145000		24722
三级及以下	72185	28400	66000	25400	40737

3—10 续表3　　　　（2008年）　　　　计量单位：台、千瓦、千元、平方米、人

项　　目	年末自有机械设备		劳动人员情况		
	总台数	总功率	计算劳动生产率的平均人数	期末从业人　　员	#工程技术人员
总　　计	**49356**	**916127**	**106356**	**95334**	**20757**
#国有及国有控股企业	24488	481206	54237	47468	11023
一、按登记注册类型分组					
内资企业	49282	909701	105730	94735	20714
国有企业	17266	320396	34086	27284	6575
集体企业	47	1942	511	511	77
有限责任公司	17154	413674	48189	45289	9096
股份有限公司	2291	19707	5881	5561	1160
港、澳、台商投资企业	74	6426	476	449	10
二、按国民经济行业分组					
房屋和土木工程建筑业	33041	672203	90220	78613	17097
建筑安装业	13633	75568	11593	11901	2460
建筑装饰业	2389	150354	3709	3955	917
其他建筑业	293	18002	834	865	283
三、按企业资质等级分组					
施工总承包	34646	645838	91589	79874	16833
特　级	5949	66608	10315	10171	2570
一　级	22930	378317	62376	51060	11017
二　级	4936	171970	16823	16686	2941
三级及以下	831	28943	2075	1957	305
专业承包	14710	270289	14767	15460	3924
一　级	5235	227303	10242	10565	2692
二　级	522	21539	2230	2465	640
三级及以下	8953	21447	2295	2430	592

全市建筑业企业财务状况

3—11　　　　(2008 年)　　　　计量单位：千元

项　目	流动资产小计	长期投资	无形及递延资产小计	# 无形资产	固定资产合计	# 固定资产原价
总　计	**17725061**	**643919**	**958132**	**691801**	**6781348**	**7119292**
# 国有及国有控股企业	10179601	175408	532349	288809	4143059	3736679
一、按登记注册类型分组						
内资企业	17592922	642319	957881	691801	6760276	7077489
国有企业	5386806	108269	217337	135394	1752913	2424855
集体企业	98251	2545	765	765	145879	108169
股份合作企业	5816				1089	2057
有限责任公司	7976483	295724	664100	504580	3315207	2678109
股份有限公司	1050914	27242	48392	30004	324955	382274
港、澳、台商投资企业	65577	1600	251		18145	28011
二、按国民经济行业分组						
房屋和土木工程建筑业	15566758	574596	805525	593316	6092037	6282240
建筑安装业	1488473	44816	135848	84831	492906	588674
建筑装饰业	602445	20927	6267	5643	135416	159192
其他建筑业	67385	3580	10492	8011	60989	89186
三、按企业资质等级分组						
施工总承包	15746926	571428	908011	652955	6119389	6262155
特　级	3458315	2500	162407	108248	256172	431910
一　级	9295449	268746	699371	509404	2361427	3455424
二　级	2279455	291479	36830	31101	2884430	1720838
三级及以下	713707	8703	9403	4202	617360	653983
专业承包	1978135	72491	50121	38846	661959	857137
一　级	1193130	50898	39197	31765	359939	510607
二　级	488087	17663	7552	5479	181986	218204
三级及以下	296918	3930	3372	1602	120034	128326
四、按控股情况分						
国有控股	10179601	175408	532349	288809	4143059	3736679
集体控股	1258501	98760	258067	255607	340317	372127
私人控股	5064242	280476	131234	118026	1962682	2502871
港澳台商控股	65577	1600	251		18145	28011

3—11 续表 1　　　　（2008 年）　　　　计量单位：千元

项　　目	流动负债合计	长期负债合计	负债合计	所有者权益合计	# 实收资本
总　　计	**17325542**	**461719**	**17787261**	**8489194**	**6918195**
# 国有及国有控股企业	12252881	390340	12643221	2540497	2372275
一、按登记注册类型分组					
内资企业	17237261	461210	17698471	8422922	6885535
国有企业	5738240	263703	6001943	1560030	1501688
集体企业	97698	1606	99304	148136	74300
股份合作企业	2602		2602	4303	2500
有限责任公司	8780954	172378	8953332	3341891	2730709
股份有限公司	955263	8569	963832	512815	434742
港、澳、台商投资企业	42400	509	42909	42664	22660
二、按国民经济行业分组					
房屋和土木工程建筑业	15904221	227181	16131402	7068715	5332990
建筑安装业	1056395	233439	1289834	877139	1195517
建筑装饰业	335879	1099	336978	429941	326559
其他建筑业	29047		29047	113399	63129
三、按企业资质等级分组					
施工总承包	16103100	408015	16511115	6998529	5793389
特　级	3227352	92245	3319597	559797	400000
一　级	9405630	275670	9681300	3106944	2767730
二　级	2934322	17356	2951678	2541155	2041126
三级及以下	535796	22744	558540	790633	584533
专业承包	1222442	53704	1276146	1490665	1124806
一　级	899256	29426	928682	715415	476010
二　级	221433	18100	239533	458830	367360
三级及以下	101753	6178	107931	316420	281436
四、按控股情况分					
国有控股	12252881	390340	12643221	2540497	2372275
集体控股	1395583	15681	1411264	547403	469693
私人控股	2721769	51660	2773429	4675013	3613395
港澳台商控股	42400	509	42909	42664	22660

3—11 续表 2　　(2008 年)　　计量单位：千元

项　目	所有者权益中：实收资本中：国家资本	集体资本	法人资本	个人资本	工程结算收入
总　计	**2355125**	**438435**	**1360580**	**2744430**	**32191801**
# 国有及国有控股企业	2351095		13900	7280	19266867
一、按登记注册类型分组					
内资企业	2355125	435983	1349997	2744430	31882502
国有企业	1487788		13900		10099725
集体企业		73100	1200		274680
股份合作企业		1800		700	6000
有限责任公司	787037	294114	634674	1014884	14945837
股份有限公司	80300	66969	142944	144529	2003839
港、澳、台商投资企业		2452	3083		192604
二、按国民经济行业分组					
房屋和土木工程建筑业	1649959	409997	1027996	2242538	27837276
建筑安装业	678766	10286	208603	295795	3518185
建筑装饰业	26400	12452	117210	155439	733237
其他建筑业		5700	6771	50658	103103
三、按企业资质等级分组					
施工总承包	2265137	382583	949747	2195922	28694886
特　级	300000		100000		5587365
一　级	1564226	269553	264277	669674	17312124
二　级	323539	34023	513568	1169996	4254565
三级及以下	77372	79007	71902	356252	1540832
专业承包	89988	55852	410833	548508	3496915
一　级	78371	22652	163321	196608	2572118
二　级	8000	30000	204106	122754	575324
三级及以下	3617	3200	43406	229146	349473
四、按控股情况分					
国有控股	2351095		13900	7280	19266867
集体控股		432983	3070	33640	1931350
私人控股	4030	3000	925045	2681320	8840965
港澳台商控股		2452	3083		192604

3—11 续表 3　　(2008 年)　　计量单位：千元

项　目	工程结算成本	工程结算税金及附加	工程结算利润	管理费用	# 税金
总　计	**29259094**	**1039743**	**1847789**	**1310150**	**41643**
# 国有及国有控股企业	17825221	624123	811751	771548	18165
一、按登记注册类型分组					
内资企业	28987310	1033712	1816305	1295540	41570
国有企业	9281133	329820	485949	515106	14619
集体企业	238482	11185	23847	20952	1385
股份合作企业	5328	24	600	540	30
有限责任公司	13727566	489924	719893	511223	14244
股份有限公司	1790425	62342	147128	77301	3170
港、澳、台商投资企业	168077	4871	19656	8646	14
二、按国民经济行业分组					
房屋和土木工程建筑业	25431018	903852	1463273	1101921	35558
建筑安装业	3121961	109022	284185	155050	5248
建筑装饰业	623413	22921	84248	43821	658
其他建筑业	82702	3948	16083	9358	179
三、按企业资质等级分组					
施工总承包	26220236	929396	1510960	1153558	37370
特　级	5242634	178271	166380	137715	1900
一　级	15941878	563132	801705	758971	22308
二　级	3743999	136700	354651	198072	7618
三级及以下	1291725	51293	188224	58800	5544
专业承包	3038858	110347	336829	156592	4273
一　级	2222066	84950	261601	111210	1461
二　级	507248	14688	48138	30557	2078
三级及以下	309544	10709	27090	14825	734
四、按控股情况分					
国有控股	17825221	624123	811751	771548	18165
集体控股	1790287	61259	76898	77313	4241
私人控股	7723870	285182	797652	358035	16874
港澳台商控股	168077	4871	19656	8646	14

3—11 续表 4　　（2008 年）　　计量单位：千元

项　　目	财务费用	营业利润	利润总额	# 应交所得税	应付利润
总　　计	**56412**	**545455**	**551978**	**117566**	**362069**
# 国有及国有控股企业	34121	33314	44395	15246	35260
一、按登记注册类型分组					
内资企业	55957	528452	535132	115309	352795
国有企业	14212	－32845	－5481	9064	22969
集体企业	889	1264	8734	4325	7785
股份合作企业	10	50	50	10	40
有限责任公司	20052	208911	200265	45153	126886
股份有限公司	12914	63809	50178	9101	8381
港、澳、台商投资企业	144	10867	10687	1413	9274
二、按国民经济行业分组					
房屋和土木工程建筑业	51612	370974	391556	94349	249276
建筑安装业	3848	126435	116386	14071	84353
建筑装饰业	953	41226	38128	8010	24736
其他建筑业	－1	6820	5908	1136	3704
三、按企业资质等级分组					
施工总承包	50398	367618	372124	93195	233730
特　级	8523	20964	20998	1970	1065
一　级	28530	46623	74556	37442	95157
二　级	6431	176260	175661	40260	105169
三级及以下	6914	123771	100909	13523	32339
专业承包	6014	177837	179854	24371	128339
一　级	4424	146399	137631	15645	93320
二　级	1328	17596	29596	6395	24796
三级及以下	262	13842	12627	2331	10223
四、按控股情况分					
国有控股	34121	33314	44395	15246	35260
集体控股	5447	－3576	－8821	4929	10404
私人控股	16590	455761	450997	88135	284025
港澳台商控股	144	10867	10687	1413	9274

3—11 续表 5　　　　(2008 年)　　　　计量单位：千元

项　　目	本年应付工资总　　额	# 主营业务应付工资总额	本年应付福利费总额	# 主营业务应付福利费总额
总　　计	**1979705**	**1839950**	**117798**	**98669**
# 国有及国有控股企业	900081	814561	65551	49676
一、按登记注册类型分组				
内资企业	1971947	1832519	116892	97780
国有企业	609520	584290	26894	25365
集体企业	45614	41589	1068	818
股份合作企业	3400	3400		
有限责任公司	659252	583448	55661	40438
股份有限公司	168164	159023	8813	7950
港、澳、台商投资企业	3533	3206	388	371
二、按国民经济行业分组				
房屋和土木工程建筑业	1707516	1575562	98627	80014
建筑安装业	222932	218500	16113	15829
建筑装饰业	42446	39844	2374	2266
其他建筑业	6811	6044	684	560
三、按企业资质等级分组				
施工总承包	1709750	1588325	100587	82194
特　级	210102	165752	29392	17486
一　级	787035	737424	34823	29785
二　级	527830	510386	30016	29207
三级及以下	184783	174763	6356	5716
专业承包	269955	251625	17211	16475
一　级	191984	175093	13945	13560
二　级	40996	40032	2551	2270
三级及以下	36975	36500	715	645
四、按控股情况分				
国有控股	900081	814561	65551	49676
集体控股	116563	109287	6428	5507
私人控股	814679	769375	36120	34004
港澳台商控股	3533	3206	388	371

市区建筑业企业财务状况

3—12　　(2008 年)　　计量单位：千元

项目	流动资产小计	长期投资	无形及递延资产小计	# 无形资产	固定资产合计	# 固定资产原价
总计	**15775829**	**506033**	**911306**	**656891**	**5471252**	**5556502**
# 国有及国有控股	10103921	175408	530819	287279	4100025	3677206
一、按登记注册类型分组						
内资企业	15643690	504433	911055	656891	5450180	5514699
国有企业	5346605	108269	216510	134567	1736282	2394293
集体企业	37376		17	17	25504	30756
有限责任公司	7119883	200990	644841	491367	2967615	2245473
股份有限公司	837294	21465	37476	20358	146824	166387
港、澳、台商投资企业	65577	1600	251		18145	28011
二、按国民经济行业分组						
房屋和土木工程建筑业	13731100	441279	767352	565699	4824516	4778579
建筑安装业	1384886	40467	127305	77558	465504	548481
建筑装饰业	598525	20707	6177	5643	128966	152577
其他建筑业	61318	3580	10472	7991	52266	76865
三、按企业资质等级分组						
施工总承包	14006061	452270	864060	619560	4976660	4862971
特　级	3458315	2500	162407	108248	256172	431910
一　级	9055408	242670	698875	509404	2306614	3374903
二　级	1353047	207098	2087	1908	2275719	906473
三　级	139291	2	691		138155	149685
专业承包	1769768	53763	47246	37331	494592	693531
一　级	1147734	50053	38449	31017	314716	459245
二　级	394032		5975	5262	123007	149367
三　级	228002	3710	2822	1052	56869	84919
四、按国有经济控股情况分组						
国有控股	10103921	175408	530819	287279	4100025	3677206
集体控股	962708	66129	250703	248739	116493	159308
私人控股	3759601	224416	94290	92502	957795	1271225
港澳台商控股	65577	1600	251		18145	28011

3—12 续表1　　（2008年）　　计量单位：千元

项　　目	流动负债合计	长期负债合计	负债合计	所有者权益合计	#实收资本
总　　计	**16072894**	**404957**	**16477851**	**6354562**	**5260835**
#国有及国有控股	12204774	390340	12595114	2468360	2304509
一、按登记注册类型分组					
内资企业	15984613	404448	16389061	6288290	5228175
国有企业	5700811	263703	5964514	1539800	1487599
集体企业	32192	606	32798	30099	16100
有限责任公司	8202062	129945	8332007	2645031	2177894
股份有限公司	847377	1269	848646	219557	219727
港、澳、台商投资企业	42400	509	42909	42664	22660
二、按国民经济行业分组					
房屋和土木工程建筑业	14697774	174619	14872393	5053055	3770265
建筑安装业	1016084	229339	1245423	777667	1114682
建筑装饰业	333013	999	334012	422227	320759
其他建筑业	26023		26023	101613	55129
三、按企业资质等级分组					
施工总承包	14967857	374887	15342744	5120195	4351484
特　级	3227352	92245	3319597	559797	400000
一　级	9222396	275670	9498066	2968752	2665500
二　级	2321950	6548	2328498	1510090	1209340
三　级	196159	424	196583	81556	76644
专业承包	1105037	30070	1135107	1234367	909351
一　级	882814	29186	912000	639885	415850
二　级	170053		170053	356036	278522
三　级	52170	884	53054	238446	214979
四、按国有经济控股情况分组					
国有控股	12204774	390340	12595114	2468360	2304509
集体控股	1140953	681	1141634	257421	269313
私人控股	1996232	9898	2006130	3039778	2340687
港澳台商控股	42400	509	42909	42664	22660

3—12 续表 2　　(2008 年)　　计量单位：千元

项　　目	所有者权益中：实收资本中：国家资本	集体资本	法人资本	个人资本	工程结算收入
总　　计	**2294109**	**251375**	**1040474**	**1655252**	**27812436**
# 国有及国有控股	2290609		13900		19199625
一、按登记注册类型分组					
内资企业	2294109	248923	1029891	1655252	27503137
国有企业	1473699		13900		10064733
集体企业		16100			55665
有限责任公司	770410	219198	481540	706746	13754860
股份有限公司	50000	13625	119102	37000	1390281
港、澳、台商投资企业		2452	3083		192604
二、按国民经济行业分组					
房屋和土木工程建筑业	1592560	232723	726130	1216352	23561550
建筑安装业	675149	500	193663	243303	3425918
建筑装饰业	26400	12452	116910	149939	724598
其他建筑业		5700	3771	45658	100370
三、按企业资质等级分组					
施工总承包	2207738	232723	686091	1224932	24935134
特　级	300000		100000		5587365
一　级	1564226	227223	264277	609774	16973562
二　级	321480	500	291864	595496	2127695
三　级	22032	5000	29950	19662	246512
专业承包	86371	18652	354383	430320	2877302
一　级	78371	15452	163321	143648	2358786
二　级	8000		158956	109066	343130
三　级		3200	32106	177606	175386
四、按国有经济控股情况分组					
国有控股	2290609		13900		19199625
集体控股		245923	700	22690	1295105
私人控股	3500	3000	702605	1631582	5431389
港澳台商控股		2452	3083		192604

3—12 续表 3　　　　（2008 年）　　　　计量单位：千元

项　　目	工程结算成本	工程结算税金及附加	工程结算利润	管理费用	# 税金
总　　计	**25388104**	**895847**	**1506303**	**22182**	**1149190**
# 国有及国有控股	17770098	620860	802907	5760	767781
一、按登记注册类型分组					
内资企业	25116320	889816	1474819	22182	1134580
国有企业	9255525	328145	478246	2817	512634
集体企业	46568	1915	7153	29	9423
有限责任公司	12646746	449007	652194	6913	461306
股份有限公司	1282985	44492	62296	508	47912
港、澳、台商投资企业	168077	4871	19656		8646
二、按国民经济行业分组					
房屋和土木工程建筑业	21640274	763447	1141232	16597	950526
建筑安装业	3050282	105840	267035	2761	145801
建筑装饰业	617186	22675	82255	2482	43595
其他建筑业	80362	3885	15781	342	9268
三、按企业资质等级分组					
施工总承包	22916384	806535	1196471	15744	1012736
特　级	5242634	178271	166380	80	137715
一　级	15628948	551945	787693	4976	749021
二　级	1845792	69825	204718	7360	110680
三　级	199010	6494	37680	3328	15320
专业承包	2471720	89312	309832	6438	136454
一　级	2036500	76950	243425	1911	98440
二　级	286587	7014	46602	2927	25927
三　级	148633	5348	19805	1600	12087
四、按国有经济控股情况分组					
国有控股	17770098	620860	802907	5760	767781
集体控股	1234175	41014	19792	124	47435
私人控股	4699335	173610	544107	14337	242911
港澳台商控股	168077	4871	19656		8646

3—12 续表 4　　（2008 年）　　计量单位：千元

项　　目	财务费用	营业利润	利润总额	# 应交所得税	应付利润
总　　计	**43006**	**370126**	**378469**	**87040**	**298686**
# 国有及国有控股	34097	28019	39033	15074	35259
一、按登记注册类型分组					
内资企业	42551	353123	361623	84783	289412
国有企业	14203	-38102	-10783	8892	22968
集体企业	-177	-2093	-2136	25	45
有限责任公司	19411	191338	183078	38961	119118
股份有限公司	7617	13369	15828	6574	3202
港、澳、台商投资企业	144	10867	10687	1413	9274
二、按国民经济行业分组					
房屋和土木工程建筑业	38387	204805	226967	65954	190519
建筑安装业	3712	119276	109309	12148	80767
建筑装饰业	917	39428	36488	7840	23746
其他建筑业	-10	6617	5705	1098	3654
三、按企业资质等级分组					
施工总承包	39462	195837	204077	65513	179792
特　级	8523	20964	20998	1970	1065
一　级	27802	43282	71215	35228	92641
二　级	3072	109270	105009	27601	85775
三　级	65	22321	6855	714	311
专业承包	3544	174289	174392	21527	118894
一　级	2571	143723	132543	14610	88487
二　级	864	21128	33476	4876	22947
三　级	109	9438	8373	2041	7460
四、按国有经济控股情况分组					
国有控股	34097	28019	39033	15074	35259
集体控股	1753	-26405	-23240	217	496
私人控股	6505	319091	307707	63514	232252
港澳台商控股	144	10867	10687	1413	9274

3—12 续表 5　　(2008 年)　　计量单位：千元

项　　目	本年应付工资总额	#主营业务应付工资总额	本年应付福利费总额	#主营业务应付福利费总额
总　　计	**1367180**	**1261331**	**87931**	**69664**
#国有及国有控股	890868	805598	65058	49184
一、按登记注册类型分组				
内资企业	1359422	1253900	87025	68775
国有企业	604275	579295	26881	25353
集体企业	16830	16830	258	258
有限责任公司	485654	420197	51192	36213
股份有限公司	74539	67653	1606	934
港、澳、台商投资企业	3533	3206	388	371
二、按国民经济行业分组				
房屋和土木工程建筑业	1110566	1010423	69938	51937
建筑安装业	209571	207186	15048	15009
建筑装饰业	40964	38404	2289	2185
其他建筑业	6079	5318	656	533
三、按企业资质等级分组				
施工总承包	1194559	1093393	77123	59162
特　级	210102	165752	29392	17486
一　级	757513	708549	34559	29555
二　级	206285	202315	11309	10827
三　级	20659	16777	1863	1294
专业承包	172621	167938	10808	10502
一　级	138400	134594	8135	7970
二　级	23129	22727	2100	2028
三　级	11092	10617	573	504
四、按国有经济控股情况分组				
国有控股	890868	805598	65058	49184
集体控股	52332	49081	3911	3456
私人控股	303330	287202	10603	8835
港澳台商控股	3533	3206	388	371

全市建筑业企业房屋建筑竣工面积情况

3—13 (2008年) 计量单位：平方米

项目	合计	厂房、仓库	住宅	办公用房	批发和零售用房	住宿和餐饮用房
总计	**10527328**	**1538154**	**6719114**	**826042**	**247926**	**24920**
#国有及国有控股企业	3234427	1112394	1129680	423896		7251
一、按登记注册类型分组						
内资企业	10527328	1538154	6719114	826042	247926	24920
国有企业	1384959	552295	515248	172841		7251
集体企业	174744	41392	92305	453		
股份合作企业	88000		88000			
有限责任公司	5200975	681178	3245697	397880	186552	11230
股份有限公司	1001386	52646	601832	34676	61374	6439
二、按国民经济行业分组						
房屋和土木工程建筑业	10013224	1472424	6463324	716207	247926	24920
建筑安装业	514104	65730	255790	109835		
三、按企业资质等级分组						
施工总承包	10026031	1535704	6243267	803042	247926	24920
特级	1559000	555314	487228	241952		
一级	4203524	713647	2311552	399085	245063	12739
二级	2849901	177721	2289479	110354	2863	7251
三级及以下	1413606	89022	1155008	51651		4930
专业承包	501297	2450	475847	23000		
一级	183134	2450	180684			
二级	268918		268918			
三级及以下	49245		26245	23000		

3—13 续表　　　　(2008 年)　　　　计量单位：平方米

项　　目	居民服务业用　　房	教育用房	文化、体育和娱 乐 用 房	卫生医疗用房	其他用房
总　　计	**63316**	**447240**	**265533**	**95530**	**299553**
# 国有及国有控股企业	15321	202452	254497	47247	41689
一、按登记注册类型分组					
内资企业	63316	447240	265533	95530	299553
国有企业	15321	23205	78815		19983
集体企业	7825	9828			22941
股份合作企业					
有限责任公司	24020	279952	105243	54498	214725
股份有限公司	16150	82765	81475	41032	22997
二、按国民经济行业分组					
房屋和土木工程建筑业	63316	435116	203888	95530	290573
建筑安装业		12124	61645		8980
三、按企业资质等级分组					
施工总承包	63316	447240	265533	95530	299553
特　级		133173	99317	26236	15780
一　级	7000	207553	163386	52997	90502
二　级	48491	63709	1110	3834	145089
三级及以下	7825	42805	1720	12463	48182
专业承包					
一　级					
二　级					
三级及以下					

市区建筑业企业房屋建筑竣工面积情况

3—14　　(2008 年)　　计量单位：平方米

项　目	总　计	厂房、仓库	住　宅	办公用房	批发和零售用　房	住宿和餐饮用　房
总　计	**6108538**	**1302899**	**3011601**	**706333**	**245063**	**19990**
# 国有及国有控股企业	3129263	1112394	1035530	421756		7251
一、按登记注册类型分组						
内资企业	6108538	1302899	3011601	706333	245063	19990
国有企业	1344419	552295	476848	170701		7251
有限责任公司	3457859	612166	1825999	354562	186552	10600
股份有限公司	545140	11497	255861	31076	58511	2139
二、按国民经济行业分组						
房屋和土木工程建筑业	5594434	1237169	2755811	596498	245063	19990
建筑安装业	514104	65730	255790	109835		
三、按企业资质等级分组						
施工总承包	6007488	1302899	2933551	683333	245063	19990
特　级	1559000	555314	487228	241952		
一　级	3725193	701946	1855619	399085	245063	12739
二　级	670870	44098	551820	40296		7251
三级及以下	52425	1541	38884	2000		
专业承包	101050		78050	23000		
二　级	58355		58355			
三级及以下	42695		19695	23000		

3—14 续表　　（2008 年）　　计量单位：平方米

项　　目	居民服务业用房	教育用房	文化、体育和娱乐用房	卫生医疗用房	其他用房
总　　计	**22321**	**351807**	**262703**	**79233**	**106588**
# 国有及国有控股企业	15321	199504	254497	47247	35763
一、按登记注册类型分组					
内资企业	22321	351807	262703	79233	106588
国有企业	15321	23205	78815		19983
有限责任公司	7000	238163	103523	44322	74972
股份有限公司		59147	80365	34911	11633
二、按国民经济行业分组					
房屋和土木工程建筑业	22321	339683	201058	79233	97608
建筑安装业		12124	61645		8980
三、按企业资质等级分组					
施工总承包	22321	351807	262703	79233	106588
特　级		133173	99317	26236	15780
一　级	7000	207553	163386	52997	79805
二　级	15321	11081			1003
三级及以下					10000
专业承包					
二　级					
三级及以下					

全市建筑业企业房屋建筑竣工造价情况

3—15　　　　(2008 年)　　　　计量单位：千元

项　　目	总　　计	厂房、仓库	住　　宅	办公用房	批发和零售用　　房	住宿和餐饮用　　房
总　　计	**10476136**	**2381801**	**5530818**	**869138**	**240375**	**22865**
# 国有及国有控股企业	4620518	2080155	1137895	566165		8992
一、按登记注册类型分组						
内资企业	10476136	2381801	5530818	869138	240375	22865
国有企业	2105154	1141609	513292	209177		8992
集体企业	122988	32796	61388	390		
股份合作企业	48000		48000			
有限责任公司	5181311	1044885	2544821	506763	171034	6220
股份有限公司	950484	31634	599335	30818	69341	7653
二、按国民经济行业分组						
房屋和土木工程建筑业	9744513	2260351	5213885	717878	240375	22865
建筑安装业	731623	121450	316933	151260		
三、按企业资质等级分组						
施工总承包	10029505	2379311	5109677	846138	240375	22865
特　级	2281775	933959	538600	346568		
一　级	4480974	1252663	1940778	351397	238514	8853
二　级	2301377	136631	1853685	96210	1861	8992
三级及以下	965379	56058	776614	51963		5020
专业承包	446631	2490	421141	23000		
一　级	178553	2490	176063			
二　级	208584		208584			
三级及以下	59494		36494	23000		

3—15 续表　（2008 年）　计量单位：千元

项　目	居民服务业用房	教育用房	文化、体育和娱乐用房	卫生医疗用房	其他用房
总　计	**49049**	**466984**	**487946**	**116442**	**310718**
# 国有及国有控股企业	14496	222266	475420	70140	44989
一、按登记注册类型分组					
内资企业	49049	466984	487946	116442	310718
国有企业	14496	22370	173610		21608
集体企业	5477	6879			16058
有限责任公司	19780	326314	240931	76024	244539
股份有限公司	9296	78220	73405	40418	10364
二、按国民经济行业分组					
房屋和土木工程建筑业	49049	451454	379456	116442	292758
建筑安装业		15530	108490		17960
三、按企业资质等级分组					
施工总承包	49049	466984	487946	116442	310718
特　级		156310	235510	50200	20628
一　级	6890	233492	250381	56263	141743
二　级	36682	47253	955	2000	117108
三级及以下	5477	29929	1100	7979	31239
专业承包					
一　级					
二　级					
三级及以下					

市区建筑业企业房屋建筑竣工造价情况

3—16　　　　(2008 年)　　　　计量单位：千元

项　　目	总　　计	厂房、仓库	住　　宅	办公用房	批发和零售用　　房	住宿和餐饮用　　房
总　　计	**7109787**	**2210813**	**2714459**	**759730**	**238514**	**17845**
# 国有及国有控股企业	4558330	2080155	1082436	563705		8992
一、按登记注册类型分组						
内资企业	7109787	2210813	2714459	759730	238514	17845
国有企业	2075508	1141609	486106	206717		8992
有限责任公司	3967114	998031	1583641	463236	171034	5300
股份有限公司	617942	14052	330237	28018	67480	3553
二、按国民经济行业分组						
房屋和土木工程建筑业	6378164	2089363	2397526	608470	238514	17845
建筑安装业	731623	121450	316933	151260		
三、按企业资质等级分组						
施工总承包	7003010	2210813	2630682	736730	238514	17845
特　级	2281775	933959	538600	346568		
一　级	4116856	1239956	1597342	351397	238514	8853
二　级	581389	36098	474355	37565		8992
三级及以下	22990	800	20385	1200		
专业承包	106777		83777	23000		
二　级	52520		52520			
三级及以下	54257		31257	23000		

3—16 续表　　（2008 年）　　计量单位：千元

项　　目	居民服务业用房	教育用房	文化、体育和娱乐用房	卫生医疗用房	其他用房
总　　计	**21386**	**396642**	**485891**	**106463**	**158044**
# 国有及国有控股企业	14496	220750	475420	70140	42236
一、按登记注册类型分组					
内资企业	21386	396642	485891	106463	158044
国有企业	14496	22370	173610		21608
有限责任公司	6890	295024	239831	69555	134572
股份有限公司		63380	72450	36908	1864
二、按国民经济行业分组					
房屋和土木工程建筑业	21386	381112	377401	106463	140084
建筑安装业		15530	108490		17960
三、按企业资质等级分组					
施工总承包	21386	396642	485891	106463	158044
特　级		156310	235510	50200	20628
一　级	6890	233492	250381	56263	133768
二　级	14496	6840			3043
三级及以下					605
专业承包					
二　级					
三级及以下					

分县（市）区建筑业主要指标情况

3—17　　（2008 年）　　计量单位：个、千元、人

行政单位	企业个数	建筑业总产值	期末从业人员	流动资产	固定资产	利润总额	应付工资总额
全市总计	**290**	**36438811**	**160291**	**17725061**	**6781348**	**551978**	**1979705**
市区合计	177	31708949	95334	15775829	5471252	378469	1367180
#长安区	41	8107868	21183	3996619	884650	35980	341719
桥东区	25	3342182	18401	1595714	2405944	36060	185880
桥西区	39	6632062	20717	3514579	812317	201072	290457
新华区	30	9200903	17325	4238235	461694	71890	284656
裕华区	35	4104151	15739	2031929	855515	38483	240603
矿　区	1	16363	550	3795	2002	24	1080
井陉县	8	199540	3190	92764	60596	4226	47692
正定县	16	483760	14384	314112	155985	6221	57244
栾城县	7	208535	2387	54925	91668	5802	31942
行唐县	1	80200	640	24800	26550	4704	4900
灵寿县	3	101500	800	22530	26950	4320	6310
高邑县	3	101836	1595	61209	31848	876	11818
深泽县	5	855525	11053	136407	176886	27504	147340
赞皇县	7	201968	1210	49216	25047	25292	7602
无极县	5	209524	3567	26535	93317	11287	32698
平山县	5	114006	3162	38149	20129	11307	16903
元氏县	2	163530	870	13382	33988	2695	11679
赵　县	6	250368	1879	83345	101822	18771	19810
辛集市	9	663945	6573	433509	102430	2413	61129
藁城市	7	368957	4401	246613	108226	17752	80394
晋州市	4	69977	1612	18034	34336	964	6328
新乐市	7	316367	3305	151670	88910	18783	31830
鹿泉市	18	340324	4329	182032	131408	10592	36906

四、能源消费

全市规模以上工业企业能源购进、消费及库存

4—1

(2008 年)

能源名称	计量单位	年初库存	购进量		消费量			年末库存
			实物量	金额(万元)	合计	1. 工业生产消费	2. 非工业生产消费	
能源合计	**吨标准煤**				**47498184**	**47191067**	**307117**	
原煤	吨	1123190	39407265	22827158	38933743	38648370	285373	1954450
洗精煤	吨	331222	3808403	4683412	4539112	4539049	63	156394
其他洗煤	吨	38	167793	114240	194014	192912	1102	3446
型煤	吨		59	21	59	59		
焦炭	吨	135588	2935563	6007486	3559694	3559459	235	58272
其他焦化产品	吨	10038	94531	170935	100339	100339		5830
焦炉煤气	万立方米		6707	47552	51764	51363	402	
其他煤气	万立方米		1167	6523	37613	37572	41	
天然气	万立方米		5962	131472	5972	5920	53	
原油	吨	215897	3820088	23326422	3841092	3841092		240708
汽油	吨	7542	64283	399048	66860	55530	11330	792
煤油	吨	2	1302	7426	1189	1141	48	405
柴油	吨	3648	61013	374442	64523	51879	12644	4199
燃料油	吨	407	1681	7579	1688	1688		140
液化石油气	吨	6	992	5126	974	974		6
炼厂干气	吨		3219	7976	132283	132283		
其他石油制品	吨	6370	69304	488496	282487	282487		1690
热力	百万千焦		24420581	995197	28579189	27462620	1116568	
电力	万千瓦时		1990474	11293340	2442407	2422190	20217	
其他燃料	吨标准煤	51	66829	36835	64055	64055		13

市区规模以上工业企业能源购进、消费及库存

4—2 (2008 年)

能源名称	计量单位	年初库存	购进量		消费量			年末库存
			实物量	金　额（万元）	合　计	1. 工　业生产消费	2. 非工业生产消费	
能源合计	**吨标准煤**				**12903894**	**12863860**	**40034**	
原煤	吨	186030	11401658	6059712	11134972	11122815	12157	471486
洗精煤	吨	147910	1984008	2358496	2234314	2234314		
其他洗煤	吨		83272	20434	83272	83100	172	
型煤	吨		59	21	59	59		
焦炭	吨	7167	987085	1871309	990191	990191		3998
其他焦化产品	吨	9195	85371	152615	90886	90886		5280
焦炉煤气	万立方米		5265	35595	29616	29603	13	
其他煤气	万立方米		1047	5389	14721	14680	41	
天然气	万立方米		1080	24576	1090	1047	43	
汽油	吨	38	7846	47901	7879	6597	1281	41
煤油	吨	1	106	709	104	100	4	1
柴油	吨	868	16098	91934	15959	14685	1273	1008
液化石油气	吨	6	738	3980	719	719		6
其他石油制品	吨		2	11	2	2		
热力	百万千焦		10148761	431969	14100771	13521980	578791	
电力	万千瓦时		450137	2427209	518475	512729	5746	

全市规模以上工业企业产值综合能耗

4—3　　(2008 年)

行业名称	综合能源消费量（吨标准煤）		工业总产值（万元）		产值能耗（吨标准煤/万元）	
	本年	去年同期	本年	去年同期	本年	去年同期
总　　计	**27035777**	**27618864**	**41039251**	**30983781**	**0.66**	**0.89**
煤炭采选业	763156	733425	839374	415745	0.91	1.76
食品制造业	157431	166948	522260	382151	0.30	0.44
饮料制造业	138101	124461	395929	281260	0.35	0.44
烟草制品业	11294	12727	329881	277348	0.03	0.05
纺织业	581382	561901	2570075	1987383	0.23	0.28
纺织服装、鞋、帽制造业	61945	54835	697085	525561	0.09	0.10
皮革、毛皮、羽毛（绒）及其制品业	390840	435764	3165250	2374365	0.12	0.18
木材加工及木、竹、藤、棕、草制品业	240170	191728	851430	646970	0.28	0.30
造纸及纸制品业	249191	318918	642737	525370	0.39	0.61
石油加工、炼焦及核燃料加工业	1004658	1418014	2371186	1738340	0.42	0.82
化学原料及化学制品制造业	4756749	4988575	4307176	3307522	1.10	1.51
医药制造业	866522	871881	2661634	2191503	0.33	0.40
化学纤维制造业	158341	178346	197321	203726	0.80	0.88
非金属矿物制品业	3417771	3662826	2941448	2061212	1.16	1.78
黑色金属冶炼及压延加工业	4557344	4228540	4764233	3355294	0.96	1.26
有色金属冶炼及压延加工业	102346	91632	266451	169283	0.38	0.54
通用设备制造业	549430	564353	1746108	1337259	0.31	0.42
专用设备制造业	156580	158087	760521	653265	0.21	0.24
交通运输设备制造业	105252	108227	663518	581449	0.16	0.19
仪器仪表及文化、办公用机械制造业	39119	39281	136787	86771	0.29	0.45
电力、蒸汽、热水的生产和供应业	6620895	6710846	2273821	2149536	2.91	3.12
自来水的生产和供应业	9870	9893	60125	44172	0.16	0.22

全市主要能源调出调入情况

4—4 （2008 年） 计量单位：吨

能源名称	调出量	# 调出省外	调入量	# 省外调入
原　煤	1870200	1870200	37305736	37305736
洗精煤	152784	152784	2794704	2794704
其他洗煤			290781	220377
焦　炭	1921857	1921857	735597	735597
原　油	65636	65636	2039892	486034
汽　油	36544	36544	24871	24871
柴　油	55832	55832	239614	239614
天然气			13713	13713
燃料油	2200	2200	2200	2200

市区主要能源调出调入情况

4—5 （2008 年） 计量单位：吨

能源名称	调出量	# 调出省外	调入量	# 省外调入
原　煤	1496160	1496160	29844589	29844589
洗精煤	122227	122227	2235763	2235763
其他洗煤			232625	176302
焦　炭	1537486	1537486	588478	588478
原　油	52509	52509	1631914	388827
汽　油	29235	29235	19897	19897
柴　油	44666	44666	191692	191692
天然气			10970	10970
燃料油	1760	1760	1760	1760

全市规模以下工业企业主要能源消费情况

4—6 (2008 年)

行业名称	原煤（吨）	焦炭（吨）	汽油（吨）	柴油（吨）	电　力（万千瓦时）
总　计	**10002010**	**668319**	**321239**	**241563**	**1156501**
轻工业	3056003	85792	177756	106029	616317
重工业	6946007	582527	143483	135534	540185
（一）采矿业	472610	343	6795	22242	39261
煤炭开采和洗选业	70972		40	409	4654
黑色金属矿采选业	3902		656	6297	13404
有色金属矿采选业	4258	232	58	1075	450
非金属矿采选业	376669	110	5557	13614	18567
其他采矿业	16808		485	846	2187
（二）制造业	9526483	667977	313706	218732	1115487
农副食品加工业	438883	170	20313	16886	161318
食品制造业	177375	575	5685	8327	17515
饮料制造业	32461	500	1121	1151	17615
烟草制品业	2335	263	123	555	782
纺织业	283813	8127	14389	9154	79512
纺织服装、鞋、帽制造业	98564		76732	4473	96866
皮革、毛皮、羽毛（绒）及其制品业	308793	28	4870	7511	21813
木材加工及木、竹、藤、棕、草制品业	153502	26	1343	1533	13974
家具制造业	236665	3337	23746	28851	132003
造纸及纸制品业	304551	173	7219	2169	60391
印刷业和记录媒介的复制	9384	1327	1432	476	9271

4—6 续表　　(2008 年)

行业名称	原煤(吨)	焦炭(吨)	汽油(吨)	柴油(吨)	电　力(万千瓦时)
文教体育用品制造业	14951		231	22	4229
石油加工、炼焦及核燃料加工业	128841	2371	1722	1316	9746
化学原料及化学制品制造业	1282365	21498	69282	47290	129396
医药制造业	24079	161	1247	261	1538
化学纤维制造业	5083		399	281	794
橡胶制品业	22698	2475	523	330	4608
塑料制品业	285695	6563	7339	5272	38493
非金属矿物制品业	3862438	60753	20440	26160	106784
黑色金属冶炼及压延加工业	819486	387947	13228	25896	75277
有色金属冶炼及压延加工业	90741	23299	3838	1611	13511
金属制品业	355283	78904	6601	3627	56921
通用设备制造业	240551	30015	13640	12690	16528
专用设备制造业	50749	8233	1763	854	6897
交通运输设备制造业	13379	28	1156	1130	786
电气机械及器材制造业	11953	14220	137	106	439
通信设备、计算机及其他电子设备制造业	5287	8967	570	1578	1766
仪器仪表及文化、办公用机械制造业	1548		253	526	485
工艺品及其他制造业	156	358	1204	1392	5766
废弃资源和废旧材料回收加工业	264875	7659	13162	7306	30464
(三)电力、燃气及水的生产和供应业	2918		738	589	1753
电力、热力的生产和供应业	2182		738	589	535
燃气生产和供应业	736				
水的生产和供应业					1218

市区规模以下工业企业主要能源消费情况

4—7 (2008年)

行业名称	原煤（吨）	焦炭（吨）	汽油（吨）	柴油（吨）	电力（万千瓦时）
总计	**8001608**	**534655**	**256991**	**193251**	**925201**
轻工业	2444802	68634	142205	84823	493054
重工业	5556806	466022	114787	108427	432148
（一）采掘业	378088	274	5436	17794	31409
煤炭开采和洗选业	56778		32	328	3723
有色金属矿采选业	3122		524	5038	10723
非金属矿采选业	3407	186	46	860	360
其他矿采选业	301335	88	4445	10891	14853
（二）制造业	13447		388	677	1750
农副食品加工业	7621186	534381	250965	174986	892390
食品制造业	351106	136	16251	13509	129055
饮料制造业	141900	460	4548	6662	14012
烟草制品业	25968	400	897	921	14092
纺织业	1868	211	98	444	626
纺织服装、鞋、帽制造业	227051	6502	11511	7323	63610
皮革、毛皮、羽毛（绒）及其制品业	78852		61386	3578	77493
木材加工及木、竹、藤、棕、草制品业	247034	22	3896	6009	17451
家具制造业	122802	21	1075	1226	11179
造纸及纸制品业	189332	2670	18997	23081	105602
印刷业及记录媒介的复制	243641	138	5775	1735	48312
文教体育用品制造业	11961		185	17	3383
石油加工、炼焦及核燃料加工业	103073	1897	1377	1052	7797
化学原料及化学制品制造业	1025892	17198	55425	37832	103517
医药制造业	19263	129	997	209	1231
化学纤维制造业	4066		319	224	635
橡胶制品业	18159	1980	418	264	3687
塑料制品业	228556	5250	5871	4217	30794
非金属矿物制品业	3089951	48603	16352	20928	85427
黑色金属冶炼及压延加工业	655589	310357	10583	20717	60221
有色金属冶炼及压延加工业	72593	18639	3070	1289	10809
金属制品业	284226	63123	5280	2902	45537
通用设备制造业	192441	24012	10912	10152	13222
专用设备制造业	40599	6586	1410	684	5517
交通运输设备制造业	10703	22	925	904	629
通信设备、计算机及其他电子设备制造业	9563	11376	110	85	351
仪器仪表及文化、办公用机械制造业	4229	7173	456	1262	1413
工艺品及其他制造业	1238		202	420	388
废弃资源和废旧材料回收加工业	125	286	963	1113	4613
（三）电力及水的生产和供应业	211900	6127	10529	5845	24371
电力、蒸汽、热水的生产和供应业	2334		591	471	1402
自来水的生产和供应业	1745		591	471	428

全市有关行业能源消费量

4—8　　(2008 年)

能源名称	计量单位	本年消费量	# 农林牧渔水利业	建筑业	批发零售贸易餐饮业	公路运输业
煤　　炭	吨	1846671	17594	35129	255429	63252
煤 制 品	吨	14872	393	67	1306	5
焦　　炭	吨	1685		426		
焦炉煤气	万立方米	80			76	
汽　　油	吨	247415	9708	16289	19925	13901
煤　　油	吨	3943	93	170	242	2450
柴　　油	吨	191190	1263	46534	12236	99601
燃 料 油	吨	10538	276	9712	69	
液化石油气	吨	5488	154	4100	554	276
热　　力	百万千焦	15853475	11977	294722	5617036	2965
电　　力	万千瓦时	978633	36649	34239	137961	60032

市区有关行业能源消费量

4—9　　(2008 年)

能源名称	计量单位	本年消费量	# 农林牧渔水利业	建筑业	批发零售贸易餐饮业	公路运输业
煤　　炭	吨	1477337	14075	28103	204344	50602
煤 制 品	吨	11897	315	53	1045	4
焦　　炭	吨	1348		340		
焦炉煤气	万立方米	64			61	
汽　　油	吨	197932	7767	13031	15940	11121
煤　　油	吨	3155	75	136	193	1960
柴　　油	吨	152952	1010	37227	9789	79681
燃 料 油	吨	8431	221	7769	55	
液化石油气	吨	4391	123	3280	443	221
热　　力	百万千焦	12682780	9582	235778	4493628	2372
电　　力	万千瓦时	782907	29319	27391	110369	48025

全市行业用电分类情况

4—10 （2008年） 计量单位：万千瓦时

指标名称	全　市	# 市区
全社会用电总计	**3246087**	**1224331**
A、全行业用电合计	2883954	1095592
第一产业	137841	12135
第二产业	2469252	857980
第三产业	276861	225477
B、城乡居民生活用电合计	362133	128739
城镇居民	167759	105827
乡村居民	194374	22912
全行业用电分类	2883954	1095592
一、农、林、牧、渔、水利业	137841	12135
1. 农业	15423	937
2. 林业	303	140
3. 畜牧业	3162	1006
4. 渔业	32	1
5. 农、林、牧、渔服务业	118922	10051
# 排灌	107492	9339
二、工业	2449568	847129
1. 轻工业	629900	230204
2. 重工业	1819668	616925
（一）采矿业	37824	10079
1. 煤炭开采和洗选业	10500	9300
2. 石油和天然气开采业	4204	568
3. 黑色金属矿采选业	8116	65
4. 有色金属矿采选业	1410	59
5. 非金属矿采选业	13503	69
6. 其他采矿业	91	18
（二）制造业	1945843	514977
1. 食品、饮料和烟草制造业（轻）	63873	9447
# 农副食品加工业	24537	2447
2. 纺织业（轻）	204991	50926
3. 服装鞋帽、皮革羽绒及其制品业	20755	3330
4. 木材加工及制品和家具制品业	28520	855
# 轻工业	927	174

4—10 续表 1　　（2008 年）　　计量单位：万千瓦时

指标名称	全　市	# 市区
5. 造纸及纸制品业（轻）	59083	3069
6. 印刷业和记录媒介的复制（轻）	3103	2049
7. 文体用品制造业（轻）	55	2
8. 石油加工、炼焦及核燃料加工业	45626	44342
9. 化学原料及化学制品制造业	413577	77180
# 轻工业	6463	572
# 氯碱	12214	12137
电石	6413	
黄磷	1310	1238
# 肥料制造	233900	54396
10. 医药制造业（轻）	198996	134500
11. 化学纤维制造业（轻）	19930	6982
12. 橡胶和塑料制品业	46578	4706
# 轻工业	15560	273
13. 非金属矿物制品业	259350	15170
# 轻工业	4909	1705
# 水泥制造	137689	5739
14. 黑色金属冶炼及压延加工业	384907	111568
# 铁合金冶炼	18746	947
15. 有色金属冶炼及压延加工业	48527	7870
# 铝冶炼	32131	243
16. 金属制品业	51636	7791
# 轻工业	3353	550
17. 通用及专用设备制造业	55467	12628
# 轻工业	3105	24
18. 交通运输、电气、电子设备制造业	34239	20460
# 轻工业	11121	9205
# 交通运输设备制造业	5790	3471
19. 工艺品及其他制造业（轻）	5213	1790
20. 废弃资源和废旧材料回收加工业	1416	311
（三）电力、燃汽及水的生产和供应业	465901	322075
1. 电力、热力的生产和供应业	443938	311979
# 电厂生产全部耗用电量	248762	219774
线路损失电量	177001	75533

4—10 续表2 （2008年） 计量单位：万千瓦时

指标名称	全　市	# 市区
2. 燃气生产和供应业	4622	3303
3. 水的生产和供应业	17341	6793
# 轻工业	8464	5607
三、建筑业	19684	10849
四、交通运输、仓储和邮政业	69448	57729
1. 交通运输业	58766	55759
# 城市公共交通	417	248
管道运输业	200	
电气化铁路	49928	49688
2. 仓储业	9225	1098
3. 邮政业	1457	872
五、信息传输、计算机服务和软件业	18663	11204
1. 电信和其他信息传输服务业	18318	11033
2. 计算机服务和软件业	345	171
六、商业、住宿和餐饮业	56407	47749
1. 批发和零售业	38384	33334
2. 住宿和餐饮业	18023	14415
七、金融、房地产、商务及居民服务业	52398	47242
1. 金融业	7313	6033
2. 房地产业	28177	25489
3. 租赁和商务服务业、居民服务和其他服务	16909	15721
八、公共事业及管理组织	79946	61554
1. 科学研究、技术服务和地质勘查业	5042	4880
# 地质勘查业	153	123
2. 水利、环境和公共设施管理业	9354	5137
# 水利管理业	2349	851
# 公共照明	3448	2329
3. 教育、文化、体育和娱乐业	32529	26758
# 教育	22946	19364
4. 卫生、社会保障和社会福利业	12363	8951
5. 公共管理和社会组织、国际组织	20658	15828

分县（市）用电情况

4—11　　计量单位：万千瓦时

行政单位	2004 年	2005 年	2006 年	2007 年	2008 年
全市总计	**2278809**	**2529177**	**2835596**	**3212588**	**3246087**
市区合计	1007742	1086019	1136665	1214163	1224331
井 陉 县	65788	58986	62603	66054	54796
正 定 县	108163	111809	130110	140602	146182
栾 城 县	61717	72321	88589	103145	101212
行 唐 县	23385	26192	28647	33845	33983
灵 寿 县	48114	62917	73178	81429	81614
高 邑 县	33995	38372	47447	60959	59904
深 泽 县	27283	31485	39508	46190	46494
赞 皇 县	25593	31520	37177	41138	45884
无 极 县	37817	46040	54310	61160	62778
平 山 县	96383	123536	156790	210096	248840
元 氏 县	62111	76279	82817	100776	115953
赵　　县	51392	71409	96177	102583	97701
辛 集 市	99957	125727	162074	190741	200905
藁 城 市	132756	152432	168848	196527	192297
晋 州 市	110509	133466	165359	202470	191616
新 乐 市	51463	58331	70472	75231	82182
鹿 泉 市	234641	222336	234825	285479	259415

五、财政　金融

财政收入情况

5—1　　（2008 年）　　计量单位：万元

行政单位	全部财政收入	# 一般预算收入	# 增值税	营业税
石家庄市	**2717217**	**1100366**	**150383**	**344897**
市区合计	1691853	670759	80796	226288
# 长安区	295125	118413	18584	48185
桥东区	242220	97169	6874	35807
桥西区	475805	143895	17298	49686
新华区	176785	83766	7814	35546
裕华区	198680	87103	11829	37493
矿　区	54294	18041	5584	3159
高新区	152769	54692	10052	16242
井陉县	93838	34955	5314	12022
正定县	59333	32165	3186	13206
栾城县	56239	24532	3850	6455
行唐县	21839	12372	1180	5072
灵寿县	24112	10489	1710	1948
高邑县	15600	6899	1125	2488
深泽县	20406	11420	957	3558
赞皇县	20225	8884	1728	3389
无极县	34000	14804	2288	5707
平山县	137803	54456	12638	10100
元氏县	43083	15983	3612	5403
赵　县	35174	15374	2587	4023
辛集市	92070	36877	7319	8633
藁城市	161764	53821	7969	10703
晋州市	57506	24207	4049	4418
新乐市	41542	21583	2356	6635
鹿泉市	110830	50786	7719	14849

5—1 续表 (2008 年) 计量单位：万元

行政单位	一般预算收入中：				
	企业所得税	个人所得税	城市维护建设税	耕地占用税	契 税
石家庄市	**96558**	**61839**	**80868**	**11508**	**42750**
市区合计	75527	45434	57593	480	30230
#长安区	11623	8355	9413		
桥东区	20087	7009	7377	-80	
桥西区	22902	9827	19748	150	
新华区	5212	10138	5993	38	
裕华区	6439	6258	7895	132	
矿 区	610	683	2670	240	14
高新区	7983	3164	4497		
井陉县	972	1168	1413	50	150
正定县	1348	1241	1252	501	1647
栾城县	1944	643	840	774	770
行唐县	327	512	310	388	90
灵寿县	634	471	201	11	40
高邑县	286	344	347	108	135
深泽县	332	858	329	192	62
赞皇县	139	281	232	65	80
无极县	752	1299	466	185	16
平山县	2106	1019	3958	3984	1071
元氏县	1224	461	989	24	102
赵 县	695	769	684	503	313
辛集市	2319	1505	2604	547	1701
藁城市	2958	2084	4733	2237	1062
晋州市	1713	1188	1599	473	707
新乐市	771	1191	867	23	258
鹿泉市	2511	1371	2451	963	4316

财政支出情况

5—2 （2008 年） 计量单位：万元

行政单位	财政支出	#一般公共服务	公共安全	教　育	科学技术
石家庄市	**1937869**	**306258**	**150235**	**491523**	**40922**
市区合计	862394	134647	95470	198506	27225
#长安区	47099	6828	3284	21829	937
桥东区	54994	12286	3352	22464	870
桥西区	59358	10319	1638	20992	685
新华区	57170	15575	3221	23758	944
裕华区	49760	12733	1454	19719	807
矿　区	30375	5672	1810	6825	851
高新区	50908	5929	1167	4722	6386
井陉县	60556	11171	3386	16218	883
正定县	68184	12542	4524	20669	828
栾城县	52874	7996	2648	15810	1141
行唐县	59785	10827	2853	16590	399
灵寿县	48204	8151	2284	11112	452
高邑县	29860	4518	1433	6574	468
深泽县	33181	3516	1735	7717	421
赞皇县	36180	5315	2094	9081	346
无极县	52896	9379	2585	16033	777
平山县	111982	15334	5228	24942	1859
元氏县	50723	7866	2384	16426	584
赵　县	61007	10141	3037	21434	243
辛集市	84051	13506	4694	26121	1322
藁城市	102550	14246	3885	27531	967
晋州市	66447	13336	3920	20235	678
新乐市	55426	7412	2851	12866	756
鹿泉市	101569	16355	5224	23658	1573

5—2 续表　　(2008 年)　　计量单位：万元

行政单位	财政支出中：				
	文化体育与传媒	社会保障和就业	医疗卫生	城乡社区事务	农林水事务
石家庄市	**30550**	**181692**	**147678**	**186063**	**163886**
市区合计	16992	84517	59612	123341	31409
#长安区	233	5140	2830	3467	1138
桥东区	149	5461	3327	6377	416
桥西区	173	5772	3175	13199	300
新华区	415	5046	1852	4622	799
裕华区	279	3299	3805	4662	807
矿　区	139	2043	1241	4030	2993
高新区	70	300	631	29888	280
井陉县	2846	3335	3970	6036	7694
正定县	1053	3312	4353	3738	8103
栾城县	525	5088	5332	1225	8309
行唐县	376	3789	4886	1829	10867
灵寿县	489	7798	4059	261	8456
高邑县	295	3514	2510	1895	2712
深泽县	215	2717	2862	889	2727
赞皇县	312	2611	3288	306	5058
无极县	443	4644	5441	682	6391
平山县	1760	16687	6398	12859	13748
元氏县	475	3157	4107	699	6246
赵　县	663	4654	6146	3133	6662
辛集市	653	8248	7151	3059	9983
藁城市	597	11381	10943	10071	12715
晋州市	910	3896	6443	2595	6960
新乐市	655	7466	4585	1434	6231
鹿泉市	1291	4878	5592	12011	9615

全市及市区金融机构本外币信贷收支情况

5—3　　　　(2008 年)　　　　计量单位：万元

指标名称	本年余额	
	全　市	# 市区
一、各项存款	41456015	29674215
1. 企事业单位存款	11341420	9954910
（1）活期存款	8188119	7197945
（2）定期存款	3153301	2756965
2. 储蓄存款	21948301	12116990
（1）活期储蓄	5833381	3570139
（2）定期储蓄	16114920	8546851
3. 委托存款	257050	255673
4. 其他存款	7909244	7346642
二、所有者权益	929670	629523
# 实收资本	476629	186014
三、其他	-20040478	-11660604
资金来源总计	22345207	18643134
一、各项贷款	20875654	17368779
1. 短期贷款	8893448	6254271
2. 中长期贷款	9815452	9165607
3. 委托贷款	20870	20870
4. 其他贷款	43513	43103
5. 票据融资	2079711	1862547
6. 各项垫款	22659	22380
二、有价证券及投资	1469553	1274355
资金运用总计	22345207	18643134

全市金融机构人民币信贷收支情况

5—4　　　　(2008年)　　　　计量单位：万元

指标名称	本年余额	指标名称	本年余额
一、各项存款余额	41115628		
1. 企业存款余额	11175481	(2) 商业贷款	717284
(1) 活期存款余额	8072055	(3) 建筑业贷款	64359
(2) 定期存款余额	3103426	(4) 农业贷款	2441566
2. 财政存款余额	404819	(5) 乡镇企业贷款	2526
3. 机关团体存款余额	4107780	(6) 三资企业贷款	116195
4. 储蓄存款余额	21801690	(7) 私营企业及个体贷款	154937
(1) 活期储蓄余额	5791042	(8) 其他短期贷款	2207428
(2) 定期储蓄余额	16010649	# 个人短期消费贷款	82011
5. 农业存款余额	28482	2. 中长期贷款	9792269
6. 委托存款余额	255673	(1) 基本建设贷款	4205545
7. 其他存款余额	3341704	(2) 技术改造贷款	184989
二、金融债券余额	96	(3) 其他中长期贷款	5401736
三、应付及暂收款余额	794862	# 个人中长期消费贷款	1828271
# 应付及预收利息余额	516587	3. 委托贷款	20870
四、同业往来余额	1040859	4. 票据融资	2078925
五、各项准备余额	555173	5. 各项垫款	22568
# 贷款损失准备余额	503480	二、有价证券及投资	2034615
六、所有者权益余额	922981	三、应收及预付款	204518
# 实收资本余额	476629	# 应收利息	89922
# 当年结益余额	491741	四、同业往来	117831
七、其他	-2303842	五、系统内资金往来(运用方)	18329771
资金来源总计	42125758	六、外汇占款	1837
一、各项贷款	20799327	七、固定资产	403954
1. 短期贷款	8884694	八、库存现金	233907
(1) 工业贷款	3180399	资金运用总计	42125758

市区金融机构人民币信贷收支情况

5—5　　（2008 年）　　计量单位：万元

指标名称	本年余额	指标名称	本年余额
一、各项存款余额	29354583		
1. 企业存款余额	9796320	（2）商业贷款	381906
（1）活期存款余额	7089231	（3）建筑业贷款	63859
（2）定期存款余额	2707090	（4）农业贷款	494552
2. 财政存款余额	260256	（5）乡镇企业贷款	2526
3. 机关团体存款余额	3784872	（6）三资企业贷款	113695
4. 储蓄存款余额	11982365	（7）私营企业及个体贷款	140476
（1）活期储蓄余额	3532902	（8）其他短期贷款	2093519
（2）定期储蓄余额	8449463	# 个人短期消费贷款	67146
5. 农业存款余额	20187	2. 中长期贷款	9148747
6. 委托存款余额	254296	（1）基本建设贷款	4138595
7. 其他存款余额	3256287	（2）技术改造贷款	182289
二、金融债券余额	95	（3）其他中长期贷款	4827863
三、应付及暂收款余额	551176	# 个人中长期消费贷款	1575555
# 应付及预收利息余额	323003	3. 委托贷款	20870
四、同业往来余额	1037306	4. 票据融资	1861761
五、各项准备余额	361906	5. 各项垫款	22289
# 贷款损失准备余额	310450	二、有价证券及投资	1731849
六、所有者权益余额	623343	三、应收及预付款	165887
# 实收资本余额	186014	# 应收利息	67899
# 当年结益余额	383657	四、同业往来	117606
七、其他	556645	五、系统内资金往来（运用方）	12749830
资金来源总计	32485054	六、外汇占款	1837
一、各项贷款	17299183	七、固定资产	271510
1. 短期贷款	6245517	八、库存现金	147352
（1）工业贷款	2954984	资金运用总计	32485054

全市及市区金融机构外汇信贷收支情况

5—6 （2008 年） 计量单位：万美元

指标名称	本年余额	
	全 市	# 市区
一、各项存款余额	49803	46767
1. 单位活期存款余额	16982	15907
# 中资企业存款	5241	4877
2. 单位定期存款	7297	7297
# 中资企业存款	151	151
3. 储蓄存款	21451	19698
# 定期存款	15256	14249
4. 委托存款	202	202
5. 其他类存款	3871	3664
二、境外筹资	587	587
三、同业存放	467	467
四、应付及暂收款	3315	3262
# 应付及预提利息	340	299
五、外汇买卖	266	266
# 结售汇	181	181
六、各项准备	741	711
七、所有者权益	979	904
当年结益	979	905
八、其他	8750	8723
资金来源总计	64908	61687
一、各项贷款	11168	10183
1. 短期贷款	1281	1281
# 中资企业贷款	965	965
2. 中长期贷款	3392	2467
# 中资企业贷款	1986	1986
3. 进出口贸易融资	2752	2752
4. 票据融资	115	115
5. 各项垫款	13	13
6. 境外筹资转贷款	3614	3554
二、应收及预付款	1902	1895
# 应收及预付利息	73	66
三、存放中央银行	6	6
四、存放同业	742	742
# 存放境外同业	742	742
五、存放境内联行	50105	47921
六、库存现金	985	941
资金运用总计	64908	61687

全市及市区金融机构现金收支情况

5—7　　（2008 年）　　计量单位：万元

指标名称	本年余额	
	全　市	# 市区
一、商品销售收入	451052	327406
二、服务业收入	210914	121466
三、行政税费收入	40306	17144
四、城乡个体经营收入	40372	15746
五、储蓄存款收入	4718847	2973922
六、其他金融性公司收入	4074	932
七、居民归还贷款收入	57508	9308
八、汇兑收入	19080	9128
九、有价证券及其他投资性收入	887	718
十、其他收入	369822	274688
# 兑换外币收入	1292	1281
收入合计	5912861	3750459
一、工资及对个人其他支出	237586	144190
二、农副产品采购支出	70390	15910
三、工矿及其他产品采购支出	46090	9919
四、行政企事业管理与经营费支出	352623	272902
五、城乡个体经营支出	143952	73594
六、储蓄存款支出	4766983	2842212
七、其他金融性公司支出	30701	3890
八、居民提取贷款支出	15505	5707
九、汇兑支出	4576	4027
十、有价证券及其他投资性支出	5275	5155
十一、其他支出	323197	439072
# 兑换外币支出	443	270
支出合计	5996879	3816578
投放（＋）、回笼（－）	84018	66119

分县（市）金融机构信贷情况

5—8　　（2008年）　　计量单位：万元

行政单位	各项存款	#企业存款余额	#活期存款余额	定期存款余额
全市总计	**41115628**	**11175481**	**8072055**	**3103426**
市区合计	29354583	9796320	7089231	2707090
井陉县	633495	98525	67120	31405
正定县	1166436	167907	101699	66209
栾城县	570405	99462	64832	34630
行唐县	447880	22215	16748	5467
灵寿县	437876	26577	21977	4600
高邑县	248267	26408	23452	2956
深泽县	426028	21946	19006	2940
赞皇县	268114	25618	24387	1232
无极县	655358	32710	25743	6967
平山县	682337	78200	48804	29396
元氏县	536028	64258	56934	7324
赵县	482435	49915	46829	3086
辛集市	1552231	171533	123898	47635
藁城市	1124310	139244	96926	42318
晋州市	993135	82894	49327	33568
新乐市	535167	72445	45810	26636
鹿泉市	1001544	199304	149335	49969

5—8 续表1　　　　（2008年）　　　　计量单位：万元

行政单位	各项存款中：			各项贷款	
	储蓄存款余额	# 活期储蓄余额	定期储蓄余额		# 短期贷款
全市总计	**21801690**	**5791042**	**16010649**	**20799327**	**8884694**
市区合计	11982365	3532902	8449463	17299183	6245517
井 陉 县	499922	118954	380968	161771	106771
正 定 县	941836	240435	701401	361448	233083
栾 城 县	434484	87700	346784	211095	183407
行 唐 县	400343	82062	318281	101310	85592
灵 寿 县	382554	107981	274572	117595	103487
高 邑 县	216960	55180	161780	81409	62237
深 泽 县	391938	58580	333358	102782	95332
赞 皇 县	220247	52041	168206	85514	64912
无 极 县	598436	124645	473791	153798	144194
平 山 县	537691	133025	404666	175793	111120
元 氏 县	438137	92911	345226	190986	157607
赵　　县	400258	93715	306544	200139	132183
辛 集 市	1336554	312627	1023927	306443	242343
藁 城 市	950779	197327	753451	350154	250407
晋 州 市	888400	195343	693057	257046	236898
新 乐 市	452934	141633	311301	215661	193078
鹿 泉 市	727853	163981	563872	427200	236529

5—8 续表 2　　(2008 年)　　计量单位：万元

行政单位	各项贷款中：				
	短期贷款中：			中长期贷款	
	# 工业贷款	商业贷款	农业贷款		# 其他中长期贷款
全市总计	**3180399**	**717284**	**2441566**	**9792269**	**5401736**
市区合计	2954984	381906	494552	9148747	4827863
井 陉 县	11172	4788	84082	5442	5442
正 定 县	9555	16262	191260	101767	91707
栾 城 县	2716	13245	163152	27688	27688
行 唐 县		9612	66206	5524	5524
灵 寿 县		6139	76991	11090	11090
高 邑 县		7627	53734	19173	19173
深 泽 县	1000	14312	78968	7450	7238
赞 皇 县	754	4078	58391	20602	20602
无 极 县	3584	16416	122498	8121	8061
平 山 县	21450	7227	78954	50263	50263
元 氏 县	23056	15220	101506	14527	14527
赵　　县	7515	32219	84561	30243	20987
辛 集 市	52250	45555	135924	41122	37567
藁 城 市	18089	30659	199263	88038	86538
晋 州 市	10576	12902	200254	20128	17243
新 乐 市	11898	87498	85542	20429	16257
鹿 泉 市	51800	11619	165728	171917	133967

六、物　价

2007年6月
全国36个大中城市
比上月上涨
新鲜去骨后腿肉平均价格
9.78元/斤
12.3%
标准粉平均价格
1.43元/斤
籼米平均价格
1.55元/斤
特一粉平均价格
1.59元/斤
0.4%
1.70元/斤
菜籽油平均价格
8%
豆油平均价格
2.7%
花生油平均价格
1.9%

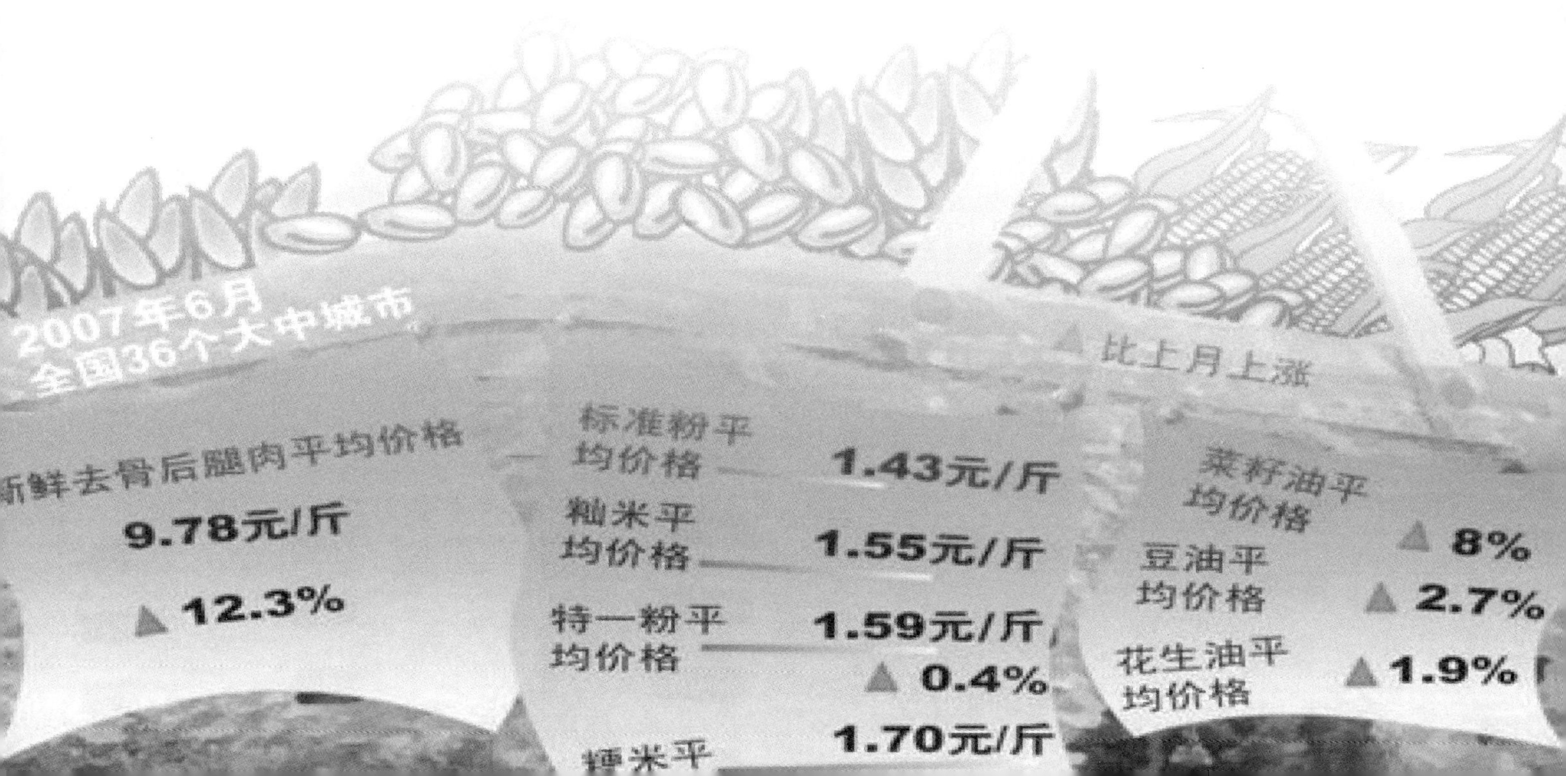

居民消费价格指数

6—1 (2008年)

类别及品名	以上年同期价格为100		
	全 市	城 市	农 村
居民消费价格总指数	**107.1**	**106.7**	**108.0**
一、食品	115.9	116.2	115.4
1. 粮食	103.9	101.3	109.4
2. 淀粉	103.3	102.0	106.5
3. 干豆类及豆制品	132.8	131.5	135.4
4. 油脂	129.2	129.4	128.8
5. 肉禽及其制品	126.2	127.7	122.9
6. 蛋	103.0	101.0	105.7
7. 水产品	114.2	109.7	124.9
8. 菜	112.0	112.1	111.8
9. 调味品	105.1	106.5	103.5
10. 糖	109.0	111.7	104.8
11. 茶及饮料	103.5	104.0	102.2
12. 干鲜瓜果	112.7	111.3	117.5
13. 糕点饼干	111.8	113.5	106.8
14. 液体乳及乳制品	117.2	116.6	119.1
15. 在外用膳食品	117.7	120.2	110.6
16. 其他食品	105.0	107.5	101.7
二、烟酒及用品	103.2	103.8	102.4
1. 烟草	100.3	100.0	100.7
2. 酒	106.5	109.0	103.7
3. 吸烟、饮酒用品	100.2	99.6	101.5
三、衣着	101.5	100.4	104.1
1. 服装	101.1	100.3	103.2

6—1 续表　　(2008 年)

类别及品名	以上年同期价格为 100		
	全　市	城　市	农　村
2. 衣着材料	102.3	101.7	103.2
3. 鞋袜帽	102.5	100.8	106.2
4. 衣着加工服务费	95.4	91.0	105.1
四、家庭设备用品及维修服务	103.2	103.4	102.6
1. 耐用消费品	102.3	102.8	100.6
2. 室内装饰品	97.2	95.6	101.0
3. 床上用品	96.1	94.2	101.7
4. 家庭日用杂品	107.9	109.4	104.3
5. 家庭服务及加工维修服务	109.5	107.8	116.9
五、医疗保健和个人用品	103.5	103.8	102.7
1. 医疗保健	104.0	104.5	102.6
2. 个人用品及服务	102.4	102.2	102.7
六、交通和通信	99.8	99.5	100.9
1. 交通	101.8	101.1	103.1
2. 通信	98.1	98.3	97.4
七、娱乐教育文化用品及服务	97.5	95.8	101.3
1. 文娱用耐用消费品及服务	91.9	90.0	96.7
2. 教育	98.3	95.9	102.5
3. 文化娱乐类	99.6	99.2	100.9
4. 旅游	99.7	99.7	99.9
八、居住	108.1	106.7	110.6
1. 建房及装修材料	104.9	107.4	102.7
2. 租房	105.0	105.2	103.0
3. 自有住房	103.8	103.6	104.4
4. 水、电、燃料	111.0	107.3	118.6

商品零售价格指数

6—2　　(2008 年)

类别及品名	以上年同期价格为 100		
	全　市	城　市	农　村
商品零售价格总指数	**108.2**	**107.7**	**108.9**
一、食品	116.6	116.8	116.3
1. 粮食	106.3	103.0	109.9
2. 淀粉	105.3	102.0	108.3
3. 干豆类及豆制品	131.1	129.8	133.0
4. 油脂	128.2	128.6	127.8
5. 肉禽及其制品	127.5	128.5	126.2
6. 蛋	102.6	101.0	103.7
7. 水产品	117.1	110.9	125.0
8. 菜	112.5	111.9	113.3
9. 调味品	105.1	106.5	104.0
10. 糖	107.9	111.6	104.7
11. 干鲜瓜果	112.7	111.6	114.8
12. 糕点饼干面包	110.5	113.1	106.3
13. 液体乳及乳制品	116.7	116.2	117.9
14. 在外用膳食品	116.7	120.1	110.7
15. 其他食品	103.6	107.5	101.0
二、饮料、烟酒	103.1	104.6	102.0
1. 茶及饮料	102.8	104.0	101.6
2. 烟草	100.6	100.0	101.4
3. 酒	105.5	109.3	102.8
三、服装、鞋帽	101.8	100.0	104.7
1. 服装	101.2	99.9	103.5
2. 鞋袜帽	103.6	100.4	107.6
3. 其他	99.6	100.0	99.0
四、纺织品	99.6	96.3	102.3
1. 衣着材料	102.6	101.6	103.1
2. 床上用品	97.7	94.5	101.7
五、家用电器及音像器材	96.0	94.9	98.2
1. 家庭设备	101.3	101.5	101.2
2. 文娱用耐用消费品	90.4	86.8	95.4

6—2 续表　　(2008 年)

类别及品名	以上年同期价格为100		
	全　市	城　市	农　村
3. 音像器材	91.8	90.9	96.5
六、文化办公用品	99.8	98.8	100.7
七、日用品	104.7	104.6	104.9
1. 日用百货	103.3	101.9	104.3
2. 日用杂品	102.1	102.2	101.9
3. 洗涤用品	110.2	112.1	108.3
4. 其他日用品	104.7	104.7	104.9
八、体育娱乐用品	100.3	99.2	101.2
1. 体育用品	102.8	105.3	101.0
2. 娱乐用品	98.1	94.8	101.4
九、交通、通信用品	94.9	94.2	96.4
1. 交通运输机械	99.9	100.0	99.8
2. 通信器材	89.3	88.6	91.5
十、家具	102.3	105.1	99.3
十一、化妆品	100.9	100.4	101.7
十二、金银珠宝	118.1	119.4	113.7
十三、中西药品及医疗保健用品	103.9	103.9	103.7
1. 医疗器具及用品	100.0	100.0	100.3
2. 中药材及中成药	105.9	105.5	106.6
3. 西药	104.1	104.8	103.0
4. 保健品及器具	99.5	99.6	99.1
十四、书报杂志及电子出版物	99.9	100.6	98.8
1. 教材及参考书	99.1	100.0	97.8
2. 书报杂志	100.0	100.0	100.0
3. 电子音像制品	102.0	103.7	98.7
十五、燃料	124.4	120.1	130.0
1. 煤炭及制品	144.1	147.6	140.1
2. 石油及制品	113.7	107.9	122.9
十六、建筑材料及五金电料	106.3	108.8	104.6
1. 建筑装璜材料	107.2	109.8	105.3
2. 五金电料	102.9	104.9	102.0

农业生产资料价格指数

6—3　　（2008 年）

类别及品名	以上年同期价格为 100	类别及品名	以上年同期价格为 100
农业生产资料价格指数	**114.0**		
一、农用手工工具	111.0	1. 化学农药	107.2
二、饲料	119.6	2. 农药器械	100.3
三、产品畜	140.7	八、农用机油	118.9
四、半机械化农具	104.6	九、其他农业生产资料	106.4
五、机械化农具	106.7	1. 农用种子	108.6
六、化学肥料	110.8	2. 其他	103.9
七、农药及农药械	106.4	十、农业生产服务	107.8

工业产品出厂价格指数

6—4　　（2008 年）

行业名称	以上年同期为 100	行业名称	以上年同期为 100
全部工业品	**111.48**		
轻工业	107.20	工业部门	
以农产品为原料	105.60	冶金工业	125.28
以非农产品为原料	109.43	电力工业	102.34
重工业	116.56	煤炭及炼焦工业	147.65
采　　掘	133.04	石油工业	119.53
原　　料	116.08	化学工业	112.91
加　　工	116.10	机械工业	105.93
生产资料	112.30	建筑材料工业	109.76
采　　掘	134.53	森林工业	100.94
原　　料	112.68	食品工业	109.51
加　　工	110.87	纺织工业	103.78
生活资料	109.31	缝纫工业	100.89
食　　品	108.59	皮革工业	102.11
衣　　着	103.74	造纸工业	107.67
一般日用品	115.36	文教艺术用品工业	100.12
耐用消费品	100.36	其他工业	118.05

工业企业原材料购进价格指数

6—5　　(2008年)

行业名称	以上年同期为100	行业名称	以上年同期为100
全部原材料	**114.55**	(四) 化工原料类	117.23
(一) 燃料、动力类	126.74	(五) 木材及纸浆类	103.38
(二) 黑色金属材料	125.71	(六) 建筑材料及非金属矿类	113.25
#钢　材	120.40	(七) 其他工业原材料及半成品类	106.23
其　它	143.44	(八) 农副产品类	108.62
(三) 有色金属材料和电线类	97.70	(九) 纺织原料类	101.96

城市房地产价格指数

6—6　　(2008年)

行业名称	以上年同期为100	行业名称	以上年同期为100
土地交易价格指数	**100.6**		
一、居民住宅用地	100.8	(二) 非住宅	101.3
#普通住宅用地	100.8	#商业用房	101.0
二、工业用地	100.9	二、二手房	104.0
三、商业、旅游、娱乐用地	101.1	(一) 住宅	104.0
四、其他用地		#多层住宅	102.7
房地产销售价格指数	**105.8**	(二) 非住宅	
一、商品房	106.6	**房地产租赁价格指数**	**102.9**
(一) 住宅	107.0	一、住宅	102.8
1. 经济适用房	100.0	#普通住宅	103.4
2. 普通住宅	110.4	高档住宅	100.0
(1) 多层住宅	106.5	二、非住宅	102.9
(2) 高层住宅	110.9	(一) 办公楼	105.7
3. 高档住宅	97.4	(二) 商业营业用房	103.6
其中：高档公寓	98.0	(三) 其他	100.1

七、居民生活

城镇居民家庭基本情况

7—1　　　　（2008 年）

指标名称	计量单位		总　计	按相对收入等距 5 组分组				
				低收入组	较　低 收入组	中　等 收入组	较　高 收入组	高收入组
调查户数	户		300	60	60	60	60	60
一、住房情况								
1. 家庭居住人口	人	户	2.72	3.13	3.12	2.77	2.52	2.07
2. 现住房总建筑面积	平方米	人	26.33	19.98	22.66	26.14	27.03	41.06
3. 房屋产权（合计）		%						
租赁公房		%	4.32		5.00	5.00	3.33	8.33
租赁私房		%	6.64	9.84	5.00	3.33	5.00	10.00
房改私房		%	73.42	77.05	71.67	75.00	73.33	70.00
商品房		%	12.62	11.48	15.00	8.33	18.33	10.00
其他		%	2.99	1.64	3.33	8.33		1.67
4. 住宅建筑式样（合计）		%						
四居室		%	2.99	0.00	5.00		1.67	8.33
三居室		%	24.25	19.67	11.67	35.00	20.00	35.00
二居室		%	66.11	63.93	81.67	60.00	73.33	51.67
一居室		%	5.32	11.48	1.67	3.33	5.00	5.00
普通楼房		%	0.66	3.28				
平房及其他		%	0.66	1.64		1.67		
5. 建筑年份		户	18.84	19.13	18.98	18.77	19.73	17.58
6. 装修状况（合计）		%						
有装修		%	44.52	32.79	40.00	46.67	55.00	48.33
未装修		%	55.48	67.21	60.00	53.33	45.00	51.67
（1）如果装修过最近一次装修年份	年	户	3.41	2.31	3.05	3.03	4.57	4.08
（2）如果装修过最近一次装修花费	元	户	8006	4690	7900	10012	7827	9658

7—1 续表2 （2008年）

指标名称	计量单位		总　计	按相对收入等距5组分组				
				低收入组	较低收入组	中等收入组	较高收入组	高收入组
7. 现有住房按市场价估计值	元	户	279459	248000	275967	292517	257883	323453
8. 租赁房房租	元	户	29.53	38.52	21.10	15.77	22.28	49.85
9. 自有房房租折算	元	户	517.81	454.92	511.70	523.43	506.95	593.08
10. 购房时间	年	户	9.29	9.02	9.63	9.43	10.03	8.32
11. 购房总金额	元	户	67526	61222	69770	64088	61019	81638
购房实际支出金额	元	户	64704	60179	66255	60706	56203	80251
12. 饮水情况（合计）		%						
自来水		%	98.01	100.00	96.67	96.67	98.33	98.33
矿泉水		%	0.33				1.67	
纯净水		%	1.66		3.33	3.33		1.67
13. 用水情况（合计）		%						
独用自来水		%	100.00	100.00	100.00	100.00	100.00	100.00
14. 卫生设备（合计）		%						
有厕所浴室		%	78.74	72.13	80.00	81.67	85.00	75.00
有厕所无浴室		%	21.26	27.87	20.00	18.33	15.00	25.00
15. 取暖设备（合计）		%						
无取暖设备		%	0.66	1.64			1.67	
暖气		%	99.34	98.36	100.00	100.00	98.33	100.00
16. 炊用燃料使用情况（合计）		%						
罐装液化石油气		%	34.22	39.34	36.67	31.67	28.33	35.00
管道煤气		%	42.19	27.87	41.67	35.00	58.33	48.33
管道天然气		%	23.59	32.79	21.67	33.33	13.33	16.67

7—1 续表 2　　(2008 年)

指标名称	计量单位		总　计	按相对收入等距 5 组分组				
				低收入组	较低收入组	中等收入组	较高收入组	高收入组
17. 除了现住房，还有几处其他住房	套	户	0.04	0.03	0.03	0.02	0.07	0.05
（1）出租房	套	户	0.02	0.02			0.05	0.02
其中：建筑面积	平方米	户	1.00	1.46			2.43	1.08
（2）偶尔居住房	套	户	0.01	0.02	0.02		0.02	0.02
其中：建筑面积	平方米	户	1.30	1.51	0.83		2.38	1.75
（3）其他用途房	套	户	0.01		0.02	0.02		0.02
其中：建筑面积	平方米	户	0.74		0.62	1.50		1.62
二、人口就业情况								
（一）家庭人口数	人	户	2.72	3.13	3.12	2.77	2.52	2.07
1. 有收入者人数	人	户	2.06	1.84	2.22	2.15	2.17	1.95
（1）就业人口数	人	户	1.30	1.44	1.65	1.15	1.37	0.87
①国有经济单位职工人数	人	户	0.66	0.54	0.77	0.75	0.73	0.50
②城镇集体经济单位职工人数	人	户	0.10	0.28	0.15	0.05	0.02	
③其他经济类型单位职工人数	人	户	0.13	0.03	0.25	0.05	0.23	0.07
④城镇个体或私营企业主人数	人	户	0.14	0.18	0.03	0.13	0.13	0.20
⑤城镇个体或私营企业被雇人数	人	户	0.13	0.18	0.20	0.08	0.13	0.03
⑥离退休再就业人数	人	户						0.02
⑦其他就业人数	人	户	0.15	0.23	0.25	0.08	0.12	0.05
（2）离退休人数	人	户	0.76	0.38	0.57	1.00	0.80	1.08
（3）其他有收入者人数	人	户		0.02				
2. 无收入者人数	人	户	0.66	1.30	0.90	0.62	0.35	0.12
（二）在外就学人数	人	户	0.01			0.02		0.02
（三）非家庭人口在家用餐	人次	户	1.38	0.56	1.33	0.77	0.83	3.43
（四）家庭人口在外用餐	人次	户	4.22	1.51	4.58	4.03	5.12	5.88

城镇居民家庭现金收支情况

7—2 （2008 年） 计量单位：元/人

指标名称	总　计	按相对收入等距 5 组分组				
		低收入组	较低收入组	中等收入组	较高收入组	高收入组
一、期初手存现金	500	463	586	538	458	427
二、家庭总收入	16058	8533	12309	15236	19394	30443
其中：可支配收入	15062	7690	11255	14326	18208	29409
（一）工资性收入	8725	5994	9108	7875	11548	10087
1. 工资及补贴收入	8663	5865	9035	7872	11512	10037
2. 其他劳动收入	62	130	73	3	37	50
（二）经营性净收入	1377	716	259	1222	1052	4690
（三）财产性收入	60	19	56	48	100	99
利息收入	31	14	22	43	28	56
股息与红利收入	2	5		6		
出租房屋收入	27		34		72	42
（四）转移性收入	5896	1803	2886	6090	6694	15568
养老金或离退休金	5582	1515	2802	5987	6225	14777
社会救济收入	15	60				7
其中：最低生活保障收入	8	32				
辞退金	37				200	
赔偿收入	5					31
保险收入	27	110		2	3	
其中：失业保险金	26	110		2		
赡养收入	120	17		7	136	593
捐赠收入	20	22	6	6	33	40
记帐补贴	88	76	77	88	96	116
其他转移性收入	1	3	1	1		3
三、出售财物收入	1	1	1		1	2
出售其他物品收入	1	1	1		1	2
四、借贷收入	1057	981	830	1005	478	2284
提取储蓄存款	1000	811	770	1005	470	2270
借入款	54	170	59			

7—2 续表　　　　（2008 年）　　　　计量单位：元/人

指标名称	总　计	按相对收入等距 5 组分组				
		低收入组	较低收入组	中等收入组	较高收入组	高收入组
收回借出款					2	
兑售有价证券			1			
其他借贷收入	3				6	14
五、家庭总支出	11334	7832	9837	10982	11958	18730
（一）消费性支出	9953	6771	8650	9663	10482	16598
（二）财产性支出	4			2		22
（三）转移性支出	490	295	219	515	407	1270
1. 交纳所得税	22	2	9	21	20	79
2. 捐赠支出	257	119	152	246	238	666
3. 购买彩票	10		6	3	22	25
4. 赡养支出	164	156	23	234	101	373
其中：在外就学子女费用	78	125		97	35	154
5. 各种非储蓄性保险支出	22	15	22	1	2	87
其中：车辆保险支出	11					69
6. 其他转移性支出	15	4	7	10	23	40
（四）社会保障支出	886	766	968	801	1070	840
1. 个人交纳的养老基金	375	420	432	329	401	247
2. 个人交纳的住房公积金	313	140	293	300	454	458
3. 个人交纳的医疗基金	181	191	221	152	198	121
4. 个人交纳的失业基金	17	15	19	19	17	12
5. 其他社会保障支出	1		3	1		1
六、借贷支出	3646	916	1864	3215	5187	9278
1. 存入储蓄款	3561	792	1798	3179	5134	9120
2. 借出款	10					65
3. 归还借款	30	108	3	3		19
4. 储蓄性保险支出	33	16	64	19		73
5. 其他投资支出	8				41	
6. 归还住房贷款	5			14	11	
七、期末手存现金	2724	1255	2069	2683	3292	5342

城镇居民家庭消费支出情况

7—3　　(2008 年)

指标名称	计量单位		总计	按相对收入等距 5 组分组				
				低收入组	较低收入组	中等收入组	较高收入组	高收入组
消费支出	元	人	9953.19	6771.07	8649.78	9662.97	10481.66	16598.18
其中：服务性消费支出	元	人	2237.70	1531.30	1905.34	2157.01	2068.18	4145.53
通过互联网购买商品或服务支出	元	人	10.05	0.11			7.47	57.00
旅游人次	人次		0.77	0.48	0.28	1.16	0.62	1.33
旅游花费总额	元	人	228.64	74.63	39.57	215.52	112.42	910.65
一、食品	元	人	3516.97	2473.23	3217.63	3494.46	3928.35	5119.59
(一) 粮油类	元	人	621.39	480.20	545.45	653.07	708.94	807.47
1. 粮食	元	人	337.72	267.64	293.54	357.85	383.48	431.34
(1) 大米．单价	元/千克		3.65	3.41	3.53	3.72	3.72	3.86
数量	千克	人	26.95	21.12	24.40	26.99	31.40	34.39
金额	元	人	98.36	71.99	86.20	100.32	116.73	132.86
(2) 面粉．单价	元/千克		2.85	2.63	2.85	2.88	2.86	3.06
数量	千克	人	27.57	24.47	22.87	28.24	34.24	30.54
金额	元	人	78.52	64.42	65.19	81.42	97.81	93.40
(3) 其他粮食及制品	元	人	160.84	131.23	142.15	176.10	168.94	205.08
2. 淀粉及薯类	元	人	16.13	13.41	16.12	15.92	15.85	20.96
3. 干豆类及豆制品	元	人	51.25	33.03	48.64	58.08	57.04	67.44
4. 油脂类	元	人	216.29	166.12	187.16	221.22	252.58	287.73
(1) 食用植物油．单价	元/千克		15.40	14.05	15.36	15.72	15.69	16.20
数量	千克	人	13.98	11.74	12.14	14.02	16.03	17.69
金额	元	人	215.31	164.93	186.40	220.36	251.55	286.69
(2) 食用动物油	元	人	0.97	1.19	0.76	0.87	1.03	1.04
(二) 肉禽蛋水产品类	元	人	853.77	605.44	782.03	872.42	967.32	1185.25
1. 肉类	元	人	488.85	348.44	437.85	498.04	563.87	680.79
(1) 猪肉．单价	元/千克		23.88	23.86	23.88	23.48	23.88	24.31
数量	千克	人	12.03	9.17	10.60	12.40	13.65	16.21
金额	元	人	287.41	218.84	253.02	291.17	325.98	394.08

7—3 续表 1 （2008 年）

指标名称	计量单位		总计	按相对收入等距 5 组分组				
				低收入组	较低收入组	中等收入组	较高收入组	高收入组
（2）牛肉．单价	元/千克		26.23	26.24	26.73	26.09	25.87	26.31
数量	千克	人	4.17	2.51	3.44	4.24	5.11	6.60
金额	元	人	109.33	65.88	91.94	110.65	132.25	173.54
（3）羊肉．单价	元/千克		26.93	27.46	27.06	27.43	26.97	25.96
数量	千克	人	1.54	1.03	1.51	1.36	1.92	2.17
金额	元	人	41.54	28.30	40.74	37.35	51.92	56.25
（4）其他肉及制品	元	人	50.57	35.41	52.14	58.87	53.72	56.91
2. 禽类	元	人	115.17	73.23	121.99	114.91	122.55	161.28
（1）鸡．单价	元/千克		15.68	14.50	15.85	15.28	15.81	16.46
数量	千克	人	2.29	1.60	2.07	1.97	2.54	3.80
金额	元	人	35.83	23.14	32.76	30.06	40.16	62.47
（2）鸭．单价	元/千克		18.99	20.87	18.05	20.50	18.35	18.32
数量	千克	人	0.44	0.27	0.36	0.35	0.45	0.93
金额	元	人	8.37	5.68	6.52	7.23	8.28	16.97
（3）其他禽类及制品	元	人	70.97	44.40	82.71	77.61	74.11	81.84
3. 蛋类	元	人	120.01	100.80	104.84	120.51	138.06	150.31
（1）鲜蛋．单价	元/千克		6.70	6.69	6.66	6.69	6.69	6.78
数量	千克	人	16.75	14.22	14.55	17.06	19.28	20.51
金额	元	人	112.23	95.22	96.81	114.17	129.05	139.06
（2）蛋制品	元	人	7.78	5.57	8.02	6.33	9.01	11.25
4. 水产品类	元	人	129.73	82.98	117.35	138.97	142.85	192.87
（1）鱼．单价	元/千克		11.81	11.48	11.67	11.71	11.93	12.19
数量	千克	人	6.19	4.39	5.80	6.02	6.77	9.08
金额	元	人	73.13	50.47	67.67	70.51	80.78	110.70
（2）虾．单价	元/千克		29.61	28.52	29.37	29.05	30.37	30.44
数量	千克	人	1.46	0.93	1.28	1.64	1.69	2.05
金额	元	人	43.33	26.44	37.61	47.74	51.42	62.54

7—3 续表 2　　(2008 年)

指标名称	计量单位		总　计	按相对收入等距 5 组分组				
				低收入组	较　低 收入组	中　等 收入组	较　高 收入组	高收入组
(3) 其他水产品及制品	元	人	13.28	6.06	12.08	20.72	10.66	19.63
(三) 蔬菜类	元	人	412.78	327.03	357.66	438.99	424.21	580.60
1. 鲜菜．单价	元/千克		2.57	2.53	2.54	2.80	2.43	2.59
数量	千克	人	147.08	119.44	131.05	143.14	163.15	199.93
金额	元	人	378.72	302.64	332.27	400.81	395.81	517.07
2. 干菜	元	人	24.79	19.42	17.56	29.23	21.44	42.24
3. 菜制品	元	人	9.26	4.97	7.83	8.94	6.96	21.28
(四) 调味品	元	人	60.29	39.96	57.50	59.62	75.93	78.04
(五) 糖烟酒饮料类	元	人	452.01	292.42	437.89	406.61	521.71	696.34
1. 糖类	元	人	29.96	19.59	28.63	30.75	35.90	39.84
2. 烟草类	元	人	158.04	96.40	174.33	127.93	176.77	246.00
3. 酒类	元	人	138.55	97.75	130.32	117.75	174.69	198.00
(1) 白酒．单价	元/千克		39.30	33.42	34.20	37.41	45.74	47.74
数量	千克	人	2.40	2.05	2.48	2.24	2.73	2.63
金额	元	人	94.32	68.55	84.94	83.90	124.85	125.33
(2) 果酒．单价	元/千克		28.40	17.89	19.48	22.97	47.42	41.68
数量	千克	人	0.23	0.12	0.32	0.23	0.17	0.30
金额	元	人	6.41	2.14	6.23	5.40	8.24	12.44
(3) 啤酒．单价	元/千克		4.47	4.31	4.61	4.36	4.48	4.53
数量	千克	人	7.45	5.69	7.47	5.85	8.35	11.15
金额	元	人	33.29	24.50	34.42	25.50	37.40	50.48
(4) 其他酒	元	人	4.53	2.55	4.72	2.96	4.21	9.76
4. 饮料	元	人	125.46	78.69	104.61	130.18	134.34	212.51
(1) 碳酸饮料．单价	元/千克	人	7.00	6.87	6.98	7.17	6.99	6.92
数量	千克	人	2.81	2.57	2.83	3.53	2.45	2.63
金额	元	人	19.66	17.65	19.76	25.32	17.10	18.21

7—3 续表 3　　(2008 年)

指标名称	计量单位		总　计	按相对收入等距 5 组分组				
				低收入组	较低收入组	中等收入组	较高收入组	高收入组
(2) 瓶装饮用水．单价	元/千克		2.40	2.49	1.67	2.96	2.19	2.49
数量	千克	人	1.95	1.18	1.55	1.85	1.16	4.86
金额	元	人	4.68	2.94	2.59	5.46	2.55	12.11
(3) 茶叶．单价	元/千克		152.53	119.44	141.17	158.71	151.51	180.43
数量	千克	人	0.52	0.36	0.44	0.52	0.59	0.80
金额	元	人	78.79	42.47	61.66	82.03	89.49	143.76
(4) 其他饮料	元	人	22.33	15.62	20.60	17.37	25.20	38.43
(六) 干鲜瓜果类	元	人	218.73	141.97	186.91	215.80	237.29	367.22
1. 鲜果．单价	元/千克		3.65	3.53	3.54	3.70	3.44	3.95
数量	千克	人	37.50	24.78	33.45	38.66	41.09	57.44
金额	元	人	136.75	87.44	118.48	143.06	141.15	227.12
2. 鲜瓜．单价	元/千克		2.38	2.27	2.26	2.44	2.19	2.73
数量	千克	人	15.12	12.09	14.89	12.05	17.67	21.11
金额	元	人	35.93	27.47	33.66	29.41	38.74	57.66
3. 其他干鲜瓜果类及制品	元	人	46.05	27.06	34.77	43.33	57.40	82.44
(七) 糕点、奶及奶制品	元	人	322.64	234.42	287.34	326.08	365.13	456.83
1. 糕点．单价	元/千克		12.51	12.25	12.84	12.77	12.22	12.42
数量	千克	人	6.30	4.40	5.31	7.01	6.99	9.02
金额	元	人	78.87	53.86	68.10	89.45	85.43	112.05
2. 奶及奶制品	元	人	243.76	180.56	219.23	236.63	279.70	344.78
(1) 鲜乳品．单价	元/千克		4.71	5.00	4.56	4.75	4.60	4.74
数量	千克	人	31.62	20.44	27.31	31.10	40.44	45.52
金额	元	人	148.96	102.20	124.39	147.80	185.88	215.56
(2) 奶粉．单价	元/千克		51.86	51.36	59.09	36.83	41.55	60.70
数量	千克	人	0.32	0.41	0.47	0.26	0.14	0.23
金额	元	人	16.44	21.26	27.83	9.46	5.83	13.75

7—3 续表4 （2008年）

指标名称	计量单位		总　计	按相对收入等距5组分组				
				低收入组	较　低收入组	中　等收入组	较　高收入组	高收入组
（3）酸奶．单价	元/千克		5.26	5.83	5.40	5.10	5.11	5.07
数量	千克	人	12.51	8.34	9.73	12.69	15.21	19.68
金额	元	人	65.87	48.61	52.61	64.80	77.80	99.68
（4）其他奶制品	元	人	12.49	8.50	14.41	14.58	10.18	15.79
（八）其他食品	元	人	151.16	84.91	150.85	121.44	206.83	226.22
（九）饮食服务	元	人	424.21	266.87	412.00	400.43	421.00	721.63
1. 食品加工服务费	元	人	2.20	1.17	0.95	3.40	1.31	5.18
2. 在外饮食	元	人	422.01	265.69	411.05	397.03	419.69	716.45
二、衣着	元	人	1068.22	624.38	898.87	937.24	1357.31	1835.61
（一）服装．单价	元/件		124.75	82.91	113.32	120.66	135.35	176.88
数量	件	人	5.36	4.82	4.86	4.95	6.10	6.61
金额	元	人	668.83	399.26	551.17	597.01	825.67	1169.67
（二）衣着材料	元	人	14.54	12.16	11.77	19.21	8.11	24.02
（三）鞋类．单价	元/双		110.09	71.95	100.66	104.23	122.43	156.02
数量	双	人	2.86	2.48	2.70	2.51	3.59	3.29
金额	元	人	315.14	178.67	271.63	261.37	439.28	513.37
（四）其他衣着用品	元	人	60.92	30.08	55.75	52.00	77.80	107.89
（五）衣着加工服务费	元	人	8.80	4.20	8.54	7.66	6.44	20.66
三、居住	元	人	1277.21	861.26	1050.27	1259.15	1209.15	2370.66
（一）住房	元	人	235.50	77.23	145.15	160.27	95.11	885.93
1. 租赁房房租	元	人	31.57	23.43	23.07	20.00	49.62	50.53
（1）租赁私房房租	元	人	7.58		7.02	5.32	9.80	20.45
（2）租赁公房房租	元	人	21.65	23.43	14.13	14.68	29.40	30.08
3. 住房装潢支出	元	人	170.81	5.67	112.87	130.06	32.83	734.52
4. 维修用建筑材料	元	人	11.84	1.51	6.81	2.78	2.91	58.19
5. 其他住房支出	元	人	21.27	46.62	2.40	7.42	9.76	42.69

7—3 续表 5　　（2008 年）

指标名称	计量单位		总　计	按相对收入等距 5 组分组				
				低收入组	较　低 收入组	中　等 收入组	较　高 收入组	高收入组
（二）水电燃料及其他	元	人	1009.26	764.44	877.56	1074.49	1062.91	1436.89
1. 水．单价	元/吨		2.97	3.02	3.09	2.82	3.06	2.92
数量	吨	人	28.28	19.05	23.42	35.82	27.46	40.98
金额	元	人	83.90	57.50	72.45	100.87	83.95	119.67
2. 电．单价	元/度		0.52	0.52	0.52	0.52	0.52	0.52
数量	度	人	447.53	352.62	426.50	451.35	469.38	594.95
金额	元	人	232.93	183.31	221.59	235.84	244.20	309.48
3. 燃料	元	人	139.62	124.37	118.45	158.95	132.09	178.86
（1）煤炭．单价	元/千克		1.26	1.37		1.23	0.90	
数量	千克	人	2.09	2.28		7.46	0.33	
金额	元	人	2.63	3.12		9.17	0.30	
（2）罐装液化石油气．单价	元/千克		4.83	4.76	4.94	4.86	4.78	4.81
数量	千克	人	11.58	12.61	10.81	12.71	8.91	12.89
金额	元	人	55.95	60.02	53.42	61.77	42.54	61.97
（3）管道液化石油气．单价	元/立方米		4.67				4.67	
数量	立方米	人	0.02				0.10	
金额	元	人	0.09				0.47	
（4）管道煤气．单价	元/立方米		0.94	0.94	0.94	0.94	0.94	0.95
数量	立方米	人	63.35	52.25	54.59	64.75	70.64	83.15
金额	元	人	59.69	49.13	51.35	61.02	66.58	78.60
（5）管道天然气．单价	元/立方米		2.13	2.12	2.04	2.15	2.18	2.15
数量	立方米	人	9.97	5.71	6.72	12.54	10.19	17.84
金额	元	人	21.27	12.10	13.69	26.99	22.21	38.30
4. 取暖费	元	人	543.59	397.02	464.48	536.32	602.66	828.56
5. 其他相关支出	元	人	9.22	2.24	0.59	42.51		0.32
（三）居住服务费	元	人	32.45	19.59	27.57	24.39	51.13	47.84
1. 物业管理费	元	人	23.01	14.66	17.54	14.54	39.20	35.85
2. 维修服务费	元	人	7.16	3.72	8.89	6.45	7.37	10.53
3. 其他居住服务费	元	人	2.28	1.21	1.14	3.40	4.56	1.45

7—3 续表6 （2008年）

指标名称	计量单位		总计	按相对收入等距5组分组				
				低收入组	较低收入组	中等收入组	较高收入组	高收入组
四、家庭设备用品及服务	元	人	642.15	307.51	731.80	484.92	709.38	1151.16
（一）耐用消费品	元	人	298.57	120.05	389.36	185.90	333.16	544.65
1. 家具	元	人	62.30	23.94	97.01	22.63	66.18	116.85
2. 家庭设备	元	人	236.27	96.11	292.35	163.27	266.98	427.80
（1）洗衣机．单价	元/台		1275.11	716.67	1540.00	1795.00	1133.00	1333.00
数量	台	百户	6.00	4.92	5.00	5.04	10.08	5.00
金额	元	人	28.10	11.19	24.64	32.94	45.42	32.25
（2）电冰箱．单价	元/台		1509.14		1400.00	1832.50		1366.33
数量	台	百户	2.33		3.33	3.36		5.00
金额	元	人	12.93		14.93	22.42		33.06
（3）微波炉．单价	元/台		475.43	499.50	450.00	606.67	350.67	257.50
数量	台	百户	4.67	3.28	1.67	10.08	5.04	3.33
金额	元	人	8.15	5.20	2.40	22.26	7.03	4.15
（4）空调器．单价	元/台		2688.56	1749.67	2755.60		3670.00	2775.00
数量	台	百户	5.33	4.92	8.33		3.36	10.00
金额	元	人	52.67	27.33	73.48		49.04	134.27
（5）淋浴热水器．单价	元/台		935.80	565.40	837.64	584.60	1132.50	1260.00
数量	台	百户	12.00	8.20	15.00	8.40	13.45	15.00
金额	元	人	41.25	14.72	40.21	17.88	60.53	91.45
（6）消毒碗柜．单价	元/台		963.33		460.00			1215.00
数量	台	百户	1.00		1.67			3.33
金额	元	人	3.54		2.45			19.60
（7）其他家庭设备	元	人	89.63	37.67	134.23	67.78	104.95	113.02

7—3 续表 7　　(2008 年)

指标名称	计量单位		总　计	按相对收入等距 5 组分组				
				低收入组	较低收入组	中等收入组	较高收入组	高收入组
(二) 室内装饰品	元	人	21.10	4.73	32.10	14.16	21.37	38.65
(三) 床上用品	元	人	102.12	63.70	74.64	92.96	119.74	193.97
(四) 家庭日用杂品	元	人	168.95	101.95	169.00	148.59	185.33	279.74
(五) 家具材料	元	人	21.15	8.66	28.98	7.44	27.43	39.13
(六) 家庭服务	元	人	30.27	8.43	37.72	35.88	22.33	55.01
1. 家政服务	元	人	18.18	3.17	21.79	28.89	11.76	29.58
2. 加工维修服务费	元	人	12.09	5.25	15.93	6.99	10.57	25.43
五、医疗保健	元	人	1208.01	919.07	845.03	1238.04	999.37	2416.69
(一) 医疗器具	元	人	19.96	54.73	1.89	18.38	3.85	14.98
(二) 保健器具	元	人	47.90	4.25	2.10	105.23	23.41	138.74
(三) 药品费	元	人	464.47	363.10	357.72	537.56	465.32	685.50
(四) 滋补保健品	元	人	249.30	180.02	189.56	224.15	214.85	521.69
(五) 医疗费	元	人	392.89	302.72	277.19	331.51	244.58	967.43
(六) 其他医疗保健支出	元	人	33.50	14.25	16.57	21.22	47.36	88.36
六、交通和通讯	元	人	834.32	543.94	771.79	747.75	870.86	1448.75
(一) 交通	元	人	303.26	152.88	255.28	237.55	275.03	729.46
1. 家庭交通工具	元	人	50.85	56.41	53.64	50.43	67.43	18.53
(1) 摩托车．单价	元/辆		2500.00	2500.00				
数量	辆	百户	0.33	1.64				
金额	元	人	3.06	13.02				
(2) 助力车．单价	元/辆		1992.00	1455.00	2300.00	2100.00	2226.67	1880.00
数量	辆	百户	5.00	6.56	6.67	5.04	5.04	1.67
金额	元	人	36.58	30.30	49.07	38.53	44.63	15.16

7—3 续表 8　　(2008 年)

指标名称	计量单位		总　计	按相对收入等距 5 组分组				
				低收入组	较　低 收入组	中　等 收入组	较　高 收入组	高收入组
(3) 其他交通工具	元	人	11.20	13.10	4.57	11.90	22.80	3.37
2. 车辆用燃料及零配件	元	人	69.20	9.45	73.86	47.54	73.78	177.71
(1) 燃料	元	人	62.13	5.21	56.01	41.98	73.18	172.80
(2) 零配件	元	人	6.42	4.25	17.85	4.80	0.42	1.85
(3) 其他	元	人	0.65			0.76	0.18	3.06
3. 交通工具服务支出	元	人	29.48	17.69	20.37	21.00	23.61	79.81
(1) 维修费	元	人	17.12	10.97	13.62	11.72	22.01	33.16
(2) 车辆使用税费	元	人	5.37	6.72	2.93	8.90	0.73	7.90
(3) 其他车辆使用费用	元	人	6.99		3.81	0.38	0.86	38.75
4. 交通费	元	人	153.74	69.33	107.42	118.58	110.21	453.41
(1) 飞机	元	人	33.24			13.46		201.17
(2) 火车	元	人	40.22	13.89	25.79	45.12	24.75	115.07
(3) 长途汽车	元	人	11.05	11.99	7.61	7.82	14.29	15.15
(4) 市内公共交通	元	人	22.40	17.11	21.51	19.71	23.74	33.88
(5) 出租汽车费	元	人	44.13	25.61	49.77	28.62	46.14	82.34
(6) 其他交通费	元	人	2.69	0.73	2.75	3.85	1.29	5.80
(二) 通信	元	人	531.06	391.06	516.51	510.20	595.83	719.29
1. 通信工具	元	人	44.82	56.48	30.03	52.54	42.85	41.35
(1) 电话机．单价	元/部		380.85	140.00	620.00	238.50		436.17
数量	部	百户	4.33	1.64	3.33	6.72		10.00
金额	元	人	6.06	0.73	6.61	5.83		21.10
(2) 移动电话．单价	元/部		1024.83	1149.78	715.00	923.38	1587.50	790.00
数量	部	百户	10.00	14.75	10.00	13.45	6.72	5.00
金额	元	人	37.64	53.87	22.88	45.18	42.43	19.11
(3) 其他通信工具	元	人	1.12	1.87	0.53	1.53	0.42	1.13

7—3 续表 9　　（2008 年）

指标名称	计量单位		总　计	按相对收入等距 5 组分组				
				低收入组	较低收入组	中等收入组	较高收入组	高收入组
2. 通信服务	元	人	486.24	334.58	486.48	457.65	552.98	677.94
（1）电信费	元	人	472.82	326.56	470.97	443.01	542.12	657.82
其中：上网费	元	人	97.01	65.98	93.43	95.65	115.82	129.56
（2）邮费	元	人	3.68	1.24	3.72	1.92	4.02	9.32
（3）其他通信服务费	元	人	9.74	6.78	11.80	12.72	6.84	10.80
七、教育文化娱乐服务	元	人	968.04	815.42	772.37	1141.69	888.88	1366.89
（一）文化娱乐用品	元	人	330.63	238.34	239.67	358.55	337.21	566.36
1. 彩色电视机．单价	元/台		4023.00		5605.00	1766.00	8700.00	3666.33
数量	台	百户	3.00		3.33	5.04	1.68	5.00
金额	元	人	44.33		59.79	32.40	58.13	88.70
2. 家用电脑	元	人	77.20	143.87	72.66	6.26	68.51	84.83
（1）购买整机	元/台		4326.69	4358.67	3591.67		5010.00	4650.00
数量	台	百户	4.33	9.84	5.00		3.36	3.33
金额	元	人	68.87	136.15	57.47		66.95	75.00
（2）计算机外部设备	元	人	4.29	2.42	14.08	1.77	0.40	0.40
（3）各种零配件及耗材	元	人	4.04	5.30	1.11	4.48	1.16	9.42
3. 组合音响．单价	元/台		700.00			700.00		
数量	台	百户	0.33			1.68		
金额	元	人	0.86			4.28		
4. 摄像机．单价	元/架		4466.67			4250.00	4900.00	
数量	架	百户	1.00			3.36	1.68	
金额	元	人	16.41			51.99	32.74	
5. 照相机．单价	元/架		1822.71	900.00		2340.00		1794.75
数量	架	百户	2.33	1.64		3.36		6.67
金额	元	人	15.62	4.69		28.62		57.90

7—3 续表10 (2008年)

指标名称	计量单位		总计	按相对收入等距5组分组				
				低收入组	较低收入组	中等收入组	较高收入组	高收入组
6. 其他中高档乐器．单价	元/件		3816.00			8800.00	1200.00	3026.67
数量	件	百户	1.67			1.68	1.68	5.00
金额	元	人	23.36			53.82	8.02	73.23
7. 健身器材．单价	元/件		966.00			198.00		1350.00
数量	件	百户	1.00			1.68		3.33
金额	元	人	3.55			1.21		21.77
8. 电子辞典．单价	元/部		442.67	598.00	350.00	380.00		
数量	部	百户	1.00	1.64	1.67	1.68		
金额	元	人	1.63	3.11	1.87	2.32		
9. 音像制品及软件	元	人	9.75	7.13	5.86	15.13	13.48	8.07
10. 体育用品	元	人	13.38	9.91	7.62	14.31	10.74	29.40
11. 书报杂志	元	人	84.66	45.81	60.80	91.70	98.15	155.38
12. 纸张文具	元	人	15.27	13.53	16.81	18.90	12.06	14.73
13. 其他文娱用品	元	人	24.62	10.30	14.28	37.61	35.39	32.35
（二）文化娱乐服务	元	人	240.96	140.67	112.63	318.20	177.58	565.00
1. 参观游览	元	人	51.27	28.91	18.92	65.45	36.83	133.56
2. 健身活动	元	人	30.91	17.13	18.78	25.17	39.29	68.05
3. 团体旅游	元	人	109.10	63.04	34.96	177.81	56.26	265.73
4. 其他文娱活动	元	人	45.13	29.79	36.59	40.19	40.26	94.22
5. 文娱用品修理服务费	元	人	4.55	1.80	3.38	9.59	4.94	3.44
（三）教育	元	人	396.45	436.41	420.07	464.94	374.08	235.52
1. 教材	元	人	37.27	51.68	36.01	37.99	40.91	11.49
（1）课本及参考书	元	人	26.07	39.14	21.58	32.02	25.95	4.90

7—3 续表 11 （2008 年）

指标名称	计量单位		总计	按相对收入等距5组分组				
				低收入组	较低收入组	中等收入组	较高收入组	高收入组
（2）教育软件	元	人	2.82	2.08	0.51	0.76	7.56	4.48
（3）其他教材	元	人	8.38	10.47	13.92	5.20	7.39	2.12
2. 教育费用	元	人	359.18	384.73	384.06	426.94	333.17	224.03
（1）非义务教育学杂费	元	人	102.50	81.67	101.73	121.71	129.72	77.72
（2）义务教育学杂费	元	人	10.63	9.26	12.92	22.61	5.00	0.25
（3）托幼费	元	人	51.83	86.73	86.42	39.07	20.56	
（4）成人教育费	元	人	25.67	6.22	58.19	11.99	3.34	51.61
（5）家教费	元	人	29.22	44.81	23.84	40.49	17.14	12.90
（6）培训班	元	人	88.13	101.36	67.39	128.47	84.79	49.84
（7）学校住宿费	元	人	25.38	22.59	21.33	42.45	25.59	13.06
（8）其他教育费用	元	人	25.84	32.08	12.25	20.15	47.03	18.65
八、其他商品和服务	元	人	438.26	226.26	362.01	359.72	518.37	888.83
（一）其他商品	元	人	247.67	136.62	193.36	218.47	246.12	542.18
1. 金银珠宝饰品	元	人	43.35	0.81	25.26	38.53	22.88	167.63
2. 手表．单价	元/只		208.23	40.00	26.25	45.00	134.00	923.50
数量	只	人	0.02	0.01	0.02	0.01	0.03	0.02
金额	元	人	3.31	0.21	0.56	0.28	4.48	14.90
3. 理发美容用具	元	人	2.87	2.28	1.41	3.84	1.92	5.89
4. 化妆品	元	人	131.25	95.74	104.34	114.99	141.41	236.13
5. 其他杂品	元	人	66.88	37.58	61.78	60.82	75.44	117.63
（二）服务	元	人	190.59	89.64	168.66	141.25	272.24	346.65
1. 旅馆住宿费	元	人	5.75	5.26	1.55	0.80	2.00	23.90
2. 理发洗澡费	元	人	80.85	42.98	71.08	75.29	92.24	147.88
3. 美容费	元	人	41.51	14.14	31.31	21.35	62.90	100.10
4. 其他服务	元	人	62.49	27.27	64.72	43.81	115.10	74.77

城镇居民家庭非现金收入情况

7—4 （2008 年） 计量单位：元/人

指标名称	总计	按相对收入等距5组分组				
		低收入组	较低收入组	中等收入组	较高收入组	高收入组
非现金（实物与服务）收入	**272.61**	**277.13**	**235.19**	**325.91**	**210.23**	**327.20**
一、食品	43.06	25.97	34.11	36.70	47.65	85.90
（一）粮油类	12.14	7.47	8.70	8.42	17.50	23.01
（二）肉禽蛋水产品类	8.56	4.16	5.64	11.67	9.60	14.45
（三）蔬菜类	0.92	0.68	0.70	0.03	0.58	3.23
（四）糖烟酒饮料类	6.79	2.40	7.10	5.08	4.87	17.69
（五）干鲜瓜果类	3.44	2.57	2.36	1.97	4.66	6.91
（六）糕点、奶及奶制品	9.12	8.09	8.13	6.32	8.31	16.86
（七）其他食品	1.37	0.60	0.85	0.97	1.96	3.18
（八）饮食服务	0.71		0.64	2.24	0.16	0.56
二、衣着	2.54	0.81	0.68	5.68	1.74	4.84
三、居住	1.41					9.27
（一）水电燃料及其他	0.18					1.21
（二）居住服务费	1.22					8.06
四、家庭设备用品及服务	1.48	0.57				8.86
五、医疗保健	216.68	249.79	200.39	282.90	156.56	175.26
其中：医疗基金	110.97	202.88	144.00	74.01	83.97	
（一）医疗器具	0.06					0.40
（二）保健用品	1.71			2.62	0.80	6.85
（三）药品费	63.12	42.64	33.85	110.21	38.63	106.55
（四）滋补保健品	3.69	1.74	1.74		0.37	18.55
（五）医疗费	37.12	2.52	20.81	96.07	32.79	42.91
六、交通和通讯	0.80				2.00	2.82
# 通信	0.80				2.00	2.82
七、教育文化娱乐服务	0.22			0.23		1.13
# 文化娱乐用品	0.22			0.23		1.13
八、其他商品和服务	6.43			0.40	2.27	39.10

城镇居民每百户家庭耐用消费品拥有量

7—5 （2008年）

指标名称	计量单位	总　计	按相对收入等距5组分组				
			低收入组	较　低 收入组	中　等 收入组	较　高 收入组	高收入组
1. 摩托车	辆	6.31	1.64	8.33	5.00	8.33	8.33
2. 助力车	辆	39.87	31.15	45.00	48.33	45.00	30.00
3. 家用汽车	辆	6.64	1.64	1.67	10.00	6.67	13.33
4. 洗衣机	台	97.01	86.89	101.67	95.00	103.33	98.33
5. 电冰箱	台	98.01	91.80	101.67	101.67	95.00	100.00
6. 彩色电视机	台	114.29	106.56	113.33	115.00	121.67	115.00
7. 家用电脑	台	59.80	45.90	66.67	61.67	63.33	61.67
8. 组合音响	套	13.62	1.64	16.67	15.00	16.67	18.33
9. 摄像机	架	6.31		3.33	10.00	8.33	10.00
10. 照相机	架	42.86	29.51	40.00	48.33	36.67	60.00
11. 钢琴	架	2.99	1.64	1.67	6.67	1.67	3.33
12. 其他中高档乐器	件	4.65		1.67	5.00	10.00	6.67
13. 微波炉	台	62.79	40.98	68.33	80.00	60.00	65.00
14. 空调器	台	108.97	70.49	111.67	113.33	115.00	135.00
15. 淋浴热水器	台	78.74	72.13	80.00	81.67	85.00	75.00
16. 消毒碗柜	台	4.32	1.64	3.33	5.00	5.00	6.67
17. 洗碗机	台	2.33	4.92			3.33	3.33
18. 健身器材	套	3.99		3.33	1.67	3.33	11.67
19. 固定电话	部	71.10	57.38	70.00	76.67	76.67	75.00
20. 移动电话	部	150.17	150.82	166.67	143.33	155.00	135.00
21. 接入互联网的移动电话	部	16.94	9.84	8.33	16.67	38.33	11.67
22. 接入有线电视网络的电视机	台	79.40	70.49	71.67	85.00	85.00	85.00
23. 接入互联网的计算机	台	38.54	22.95	45.00	38.33	43.33	43.33

农村住户调查基本情况

7—6 （2008年）

指标名称	计量单位	全 市	矿 区	井陉县	正定县	栾城县
一、调查户数	户	1800	100	100	100	100
二、调查人口	人	7151	368	360	434	435
1. 整半劳动力数	人	5279	238	244	324	307
# 整劳动力	人	3268	163	149	212	194
2. 劳动力文化程度						
（1）不识字或识字很少	人	44		1	11	8
（2）小学程度	人	773	11	23	29	45
（3）初中程度	人	2822	126	138	173	145
（4）高中程度	人	1338	68	64	72	81
（5）中专以上	人	302	33	18	39	28
三、年末生产用固定资产原值	元/人	3297	952	3989	5667	4165
农业	元/人	1276	83	700	823	1560
林业	元/人	2		36		
牧业	元/人	375	215	369	1170	1535
采矿业	元/人	2		28		
制造业	元/人	509		269	229	149
建筑业	元/人	14	8		2	32
交通运输业、仓储和邮政业	元/人	691	581	2239	1568	694
批发和零售贸易业	元/人	167	24	56	545	111
住宿和餐饮业	元/人	67	22		735	
居民服务与其他服务业	元/人	59	20	241	42	5
卫生、社会保障和福利业	元/人	45			530	
文化、体育和娱乐业	元/人	4				
其他	元/人	79			6	78
四、年末拥有主要固定资产						
房屋及建筑物	平方米/人	43276	280	1447	5408	2303
小型和手扶拖拉机	台/人	701		34	1	68
五、经营耕地面积	亩/人	1		1	1	2
# 有效灌溉面积	亩/人	1			1	2
六、年内新建（购）房屋面积	平方米/人	1				
年末住房面积	平方米/人	39	46	41	33	51
年内新建（购）房屋价值	元/人	377		33		418
年末住房价值	元/人	10052	10561	9634	11703	12120

7—6 续表 1 （2008 年）

指标名称	计量单位	行唐县	灵寿县	高邑县	深泽县	赞皇县
一、调查户数	户	100	100	100	100	100
二、调查人口	人	405	357	429	381	371
1. 整半劳动力数	人	332	265	303	286	291
# 整劳动力	人	192	154	215	159	189
2. 劳动力文化程度						
（1）不识字或识字很少	人			7		
（2）小学程度	人	53	92	49	4	77
（3）初中程度	人	57	128	176	209	167
（4）高中程度	人	215	34	60	53	43
（5）中专以上	人	7	11	11	20	4
三、年末生产用固定资产原值	元/人	2848	861	3582	6755	1375
农业	元/人	1331	564	3523	991	1108
林业	元/人	7	3			
牧业	元/人	1035	123	17	76	
采矿业	元/人	8	10			
制造业	元/人			21	2932	
建筑业	元/人		3			
交通运输业、仓储和邮政业	元/人	5	36	21	1304	267
批发和零售贸易业	元/人	5	17		604	
住宿和餐饮业	元/人		56			
居民服务与其他服务业	元/人		15		446	
卫生、社会保障和福利业	元/人					
文化、体育和娱乐业	元/人		34			
其他	元/人	457			402	
四、年末拥有主要固定资产						
房屋及建筑物	平方米/人	6381	512	3920	3486	
小型和手扶拖拉机	台/人	75	32	55	11	66
五、经营耕地面积	亩/人	2	1	1	1	1
# 有效灌溉面积	亩/人	1	1	1	1	1
六、年内新建房屋面积	平方米/人	2	1	2	1	3
年末住房面积	平方米/人	33	29	41	40	28
年内新建房屋价值	元/人	630	322	350	386	895
年末住房价值	元/人	6596	5060	10198	11824	5748

7—6 续表 2　　(2008 年)

指标名称	计量单位	无极县	平山县	元氏县	赵　县	辛集市
一、调查户数	户	100	100	100	100	100
二、调查人口	人	419	384	405	444	382
1. 整半劳动力数	人	340	263	307	348	284
# 整劳动力	人	194	172	184	221	176
2. 劳动力文化程度						
(1) 不识字或识字很少	人		11		3	3
(2) 小学程度	人	67	36	49	51	37
(3) 初中程度	人	167	159	183	197	173
(4) 高中程度	人	84	48	62	75	56
(5) 中专以上	人	12	9	13	22	15
三、年末生产用固定资产原值	元/人	3215	1864	3406	2072	2051
农业	元/人	1145	818	2257	1338	1452
林业	元/人					
牧业	元/人	54	166	183	180	229
采矿业	元/人					
制造业	元/人	1410	99		34	
建筑业	元/人	10	74	23	18	
交通运输业、仓储和邮政业	元/人	338	304	681	273	226
批发和零售贸易业	元/人	136	232	72	79	79
住宿和餐饮业	元/人	27	168			
居民服务与其他服务业	元/人	38	3	9	68	8
卫生、社会保障和福利业	元/人	17				26
文化、体育和娱乐业	元/人	7				31
其他	元/人	33		179	83	
四、年末拥有主要固定资产						
房屋及建筑物	平方米/人	1635	1542	1100	2680	1734
小型和手扶拖拉机	台/人	42	33	59	64	47
五、经营耕地面积	亩/人	1	1	1	1	2
# 有效灌溉面积	亩/人	1	1	1	1	2
六、年内新建房屋面积	平方米/人	1	2	3		
年末住房面积	平方米/人	39	31	42	33	46
年内新建房屋价值	元/人	375	1013	1351		55
年末住房价值	元/人	8278	7017	13610	9299	11373

7—6 续表3　(2008 年)

指标名称	计量单位	藁城市	晋州市	新乐市	鹿泉市
一、调查户数	户	100	100	100	100
二、调查人口	人	366	393	407	411
1. 整半劳动力数	人	254	304	299	290
# 整劳动力	人	168	163	183	180
2. 劳动力文化程度					
(1) 不识字或识字很少	人				
(2) 小学程度	人	60	29	14	47
(3) 初中程度	人	135	193	168	128
(4) 高中程度	人	50	76	113	84
(5) 中专以上	人	9	6	4	31
三、年末生产用固定资产原值	元/人	4756	6495	2904	1983
农业	元/人	1400	1503	1295	677
林业	元/人				
牧业	元/人	280	13	468	421
采矿业	元/人				
制造业	元/人	248	3504		335
建筑业	元/人	38	5		39
交通运输业、仓储和邮政业	元/人	2519	615	716	304
批发和零售贸易业	元/人	221	632	167	10
住宿和餐饮业	元/人		20		116
居民服务与其他服务业	元/人	41	25	123	1
卫生、社会保障和福利业	元/人	3	127	66	
文化、体育和娱乐业	元/人				
其他	元/人	5	51	32	80
四、年末拥有主要固定资产					
房屋及建筑物	平方米/人	2778	3940	1820	2310
小型和手扶拖拉机	台/人	17	39	21	37
五、经营耕地面积	亩/人	1	1	1	1
# 有效灌溉面积	亩/人	1	1	1	1
六、年内新建房屋面积	平方米/人			1	
年末住房面积	平方米/人	41	42	34	44
年内新建房屋价值	元/人	109		684	170
年末住房价值	元/人	11321	10239	7242	18055

农村居民每百户家庭耐用消费品拥有量

7—7　　(2008年)

指标名称	计量单位	全　市	矿　区	井陉县	正定县	栾城县
洗衣机	件	85	105	86	110	105
电冰箱	台	46	48	49	97	73
空调机	台	25	20	9	70	38
抽油烟机	台	8	21	14	19	6
吸尘器	台	1			2	
微波炉	台	8	1	14	20	12
热水器	台	23	49	25	38	61
#太阳能热水器	台	16	30	21	29	51
自行车	辆	194	186	120	246	273
#电动自行车	台	35	9	2	96	65
摩托车	台	64	93	65	79	56
汽车（生活用）	部	3			11	6
固定电话机	部	65	42	76	73	65
移动电话	台	110	153	126	202	168
彩色电视机	台	116	124	119	149	149
#接入有线电视网的	台	42	120	91	93	9
黑白电视机	台	8		5		2
摄像机	台	1				1
影碟机	台	33	43	55	77	48
照相机	台	5	6	9	6	4
家用计算机	台	10	9	6	22	19
#接入互联网的	架	5	6		18	10
中高档乐器	台	1	2	2		1

7—7 续表 1 （2008 年）

指标名称	计量单位	行唐县	灵寿县	高邑县	深泽县	赞皇县
洗衣机	件	59	42	93	113	
电冰箱	台	8	20	44	58	4
空调机	台	5	3	37	45	
抽油烟机	台		2		10	
吸尘器	台				1	
微波炉	台	9	2	11	14	
热水器	台	6	5	10	35	2
# 太阳能热水器	台	5			32	
自行车	辆	148	117	198	223	99
# 电动自行车	台	3	6	17	49	8
摩托车	台	45	52	89	57	60
汽车（生活用）	部	7		8		
固定电话机	部	61	51	88	74	19
移动电话	台	52	39	77	146	41
彩色电视机	台	84	76	104	127	100
# 接入有线电视网的	台	14	13	5	83	
黑白电视机	台	7	48	10	9	11
摄像机	台				1	
影碟机	台	11	10	39	16	23
照相机	台	1	3	5	3	
家用计算机	台		2	23	9	
# 接入互联网的	架		2		9	
中高档乐器	台		1	1	1	

7—7 续表 2　　(2008 年)

指标名称	计量单位	无极县	平山县	元氏县	赵　县	辛集市
洗衣机	件	104	65	76	83	98
电冰箱	台	65	32	6	33	54
空调机	台	29	2	5	11	24
抽油烟机	台	16	3	2	3	2
吸尘器	台	1			1	
微波炉	台	1	7		7	11
热水器	台	19	6	5	14	32
# 太阳能热水器	台	14	2		2	31
自行车	辆	201	127	172	192	288
# 电动自行车	台	53	7	33	34	56
摩托车	台	53	69	39	72	58
汽车（生活用）	部	1	1			3
固定电话机	部	68	39	56	77	71
移动电话	台	81	95	52	88	123
彩色电视机	台	127	98	77	106	133
# 接入有线电视网的	台	46	12	12	5	78
黑白电视机	台	3	4	26	4	4
摄像机	台	1	2	1		
影碟机	台	16	27	11	28	43
照相机	台	10	4	7	5	4
家用计算机	台	5	1	4		22
# 接入互联网的	架					16
中高档乐器	台					

7—7 续表 3　　（2008 年）

指标名称	计量单位	藁城市	晋州市	新乐市	鹿泉市
洗衣机	件	89	103	104	98
电冰箱	台	60	51	51	79
空调机	台	29	30	25	62
抽油烟机	台	8	6	7	29
吸尘器	台		3		7
微波炉	台	7	9	7	19
热水器	台	18	33	30	27
# 太阳能热水器	台	7	24	15	23
自行车	辆	202	233	209	254
# 电动自行车	台	38	58	25	71
摩托车	台	63	62	55	79
汽车（生活用）	部	2	6	3	7
固定电话机	部	65	87	92	70
移动电话	台	140	109	126	162
彩色电视机	台	123	124	128	143
# 接入有线电视网的	台	80	21	23	49
黑白电视机	台	12	2	1	
摄像机	台	2	7		4
影碟机	台	31	68	23	30
照相机	台	7	7	2	9
家用计算机	台	14	11	3	22
# 接入互联网的	架	5	7		16
中高档乐器	台				3

农村住户粮食收支情况

7—8　　（2008 年）　　计量单位：千克/人

指标名称	全　市	矿　区	井陉县	正定县	栾城县
一、期初粮食结存	636	249	546	686	687
二、期内粮食收入合计	1018	314	523	1065	1456
（一）家庭经营生产粮食	925	190	393	984	1318
# 谷物	921	189	387	981	1315
（二）购入粮食	88	119	128	77	136
# 谷物	86	115	127	75	134
三、期内粮食支出合计	701	301	468	561	1116
（一）主食用粮	204	209	213	256	167
# 谷物	202	204	207	253	165
（二）出售粮食	412	57	182	236	803
# 谷物	411	56	182	234	800
（三）种籽用粮食	17	3	7	16	25
（四）饲料用粮食	67	27	66	53	121
四、期末粮食结存实际调查数	639	239	505	635	644

7—8 续表 1　　（2008 年）　　计量单位：千克/人

指标名称	行唐县	灵寿县	高邑县	深泽县	赞皇县
一、期初粮食结存	402	373	626	391	528
二、期内粮食收入合计	1262	481	1230	1129	679
（一）家庭经营生产粮食	1164	451	1203	1078	674
# 谷物	1090	440	1189	1078	660
（二）购入粮食	96	29	27	51	5
# 谷物	94	29	27	46	5
三、期内粮食支出合计	934	384	794	1035	454
（一）主食用粮	220	159	268	234	203
# 谷物	218	156	267	228	201
（二）出售粮食	605	96	458	780	151
# 谷物	604	93	457	780	151
（三）种籽用粮食	12	7	15	21	17
（四）饲料用粮食	97	122	54		84
四、期末粮食结存实际调查数	424	393	607	401	539

7—8 续表2 （2008年） 计量单位：千克/人

指标名称	无极县	平山县	元氏县	赵　县	辛集市
一、期初粮食结存	1001	596	920	882	685
二、期内粮食收入合计	1012	478	1187	1419	1506
（一）家庭经营生产粮食	888	417	1112	1306	1249
# 谷物	887	412	1111	1305	1244
（二）购入粮食	124	59	75	114	258
# 谷物	121	58	74	112	256
三、期内粮食支出合计	827	375	545	909	1002
（一）主食用粮	250	187	156	213	188
# 谷物	247	184	154	212	185
（二）出售粮食	461	116	328	608	581
# 谷物	461	116	328	608	580
（三）种籽用粮食	14	9	45	21	19
（四）饲料用粮食	102	63	17	66	214
四、期末粮食结存实际调查数	1024	549	931	908	796

7—8 续表3 （2008年） 计量单位：千克/人

指标名称	藁城市	晋州市	新乐市	鹿泉市
一、期初粮食结存	750	646	828	521
二、期内粮食收入合计	1262	1190	1019	860
（一）家庭经营生产粮食	1210	1040	988	804
# 谷物	1210	1040	988	799
（二）购入粮食	51	149	30	56
# 谷物	51	147	30	53
三、期内粮食支出合计	917	853	677	338
（一）主食用粮	161	278	184	118
# 谷物	160	276	183	116
（二）出售粮食	731	447	477	193
# 谷物	731	447	477	188
（三）种籽用粮食	20	24	11	15
（四）饲料用粮食	5	103	5	12
四、期末粮食结存实际调查数	762	656	828	542

农村住户收入情况

7—9　　(2008 年)　　计量单位：元/人

指标名称	全　市	矿　区	井陉县	正定县	栾城县
一、全年总收入	7592	7623	7005	11176	8946
(一) 工资性收入	2606	5018	2790	4073	2287
1. 在非企业组织中劳动得到收入	286	1212	367	326	250
2. 在本乡地域内劳动得到收入	1822	3469	1170	2769	1645
3. 外出从业得到收入	498	337	1253	977	392
(二) 家庭经营收入	4632	1666	3955	6574	6122
1. 第一产业收入	3283	542	2340	3618	5134
# 农业收入	2001	311	922	1710	2747
牧业收入	1270	230	1409	1908	2387
2. 第二产业收入	433	79	307	426	726
(1) 工业收入	341		307	313	516
(2) 建筑业收入	92	79		112	211
3. 第三产业收入	915	1045	1308	2530	261
# 交通．运输．邮电业收入	333	621	601	518	92
批零贸易业．饮食业收入	297	354	223	1559	160
社会服务业收入	126	65	380	121	6
(三) 财产性收入	145	122	38	267	303
(四) 转移性收入	210	817	222	263	234
二、全年纯收入	5469	7025	5051	6726	6541
(一) 工资性收入	2606	5018	2790	4073	2287
(二) 家庭经营纯收入	2523	1080	2018	2153	3720
1. 第一产业纯收入	1819	299	1021	1181	3023
# 农业收入	1393	225	635	1175	1927
牧业收入	416	73	379	7	1099
2. 非农产业纯收入	704	781	998	972	696
A. 第二产业纯收入	198	59	202	231	508
(1) 工业收入	138		202	142	301
(2) 建筑业收入	60	59		89	207
B. 第三产业纯收入	506	722	796	741	188
(1) 交通．运输．邮电业收入	180	406	235	276	42
(2) 批零贸易业．饮食业收入	161	256	162	294	148
(3) 社会服务业收入	68	55	331	85	6
(4) 文教卫生业收入	29		67	87	
(5) 其他行业收入	68	4		－1	－8
(三) 财产性纯收入	145	122	38	267	303
(四) 转移性纯收入	195	806	204	233	232

7—9 续表 1　　(2008 年)　　计量单位：元/人

指标名称	行唐县	灵寿县	高邑县	深泽县	赞皇县
一、全年总收入	5308	4082	7060	6474	3734
（一）工资性收入	662	997	3005	2736	840
1. 在非企业组织中劳动得到收入	43	33	20	222	
2. 在本乡地域内劳动得到收入	320	734	2850	1535	606
3. 外出从业得到收入	299	230	136	979	234
（二）家庭经营收入	4445	2928	3890	3441	2807
1. 第一产业收入	3935	1931	3140	2103	2495
# 农业收入	2370	914	2675	2033	1803
牧业收入	1536	965	458	70	660
2. 第二产业收入	278	546	303	543	
（1）工业收入	241	469	198	543	
（2）建筑业收入	38	77	105		
3. 第三产业收入	232	450	447	795	312
# 交通．运输．邮电业收入	74	91	279	215	312
批零贸易业．饮食业收入	34	129	91	351	
社会服务业收入	53	92	67	201	
（三）财产性收入	6	32	114	33	23
（四）转移性收入	194	125	51	263	64
二、全年纯收入	3468	2956	4970	4920	2886
（一）工资性收入	662	997	3005	2736	840
（二）家庭经营纯收入	2613	1829	1800	1888	1959
1. 第一产业纯收入	2290	1085	1948	1491	1821
# 农业收入	1713	651	2018	1460	1400
牧业收入	556	385	-76	37	397
2. 非农产业纯收入	322	744	-148	397	138
A. 第二产业纯收入	189	410	-81	76	
（1）工业收入	179	345	-152	76	
（2）建筑业收入	11	64	71		
B. 第三产业纯收入	133	334	-67	321	138
（1）交通．运输．邮电业收入	60	68	111	31	138
（2）批零贸易业．饮食业收入	30	95	73	199	
（3）社会服务业收入	13	78	-258	95	
（4）文教卫生业收入	4	64		19	
（5）其他行业收入	26	30	6	-23	
（三）财产性纯收入	6	32	114	33	23
（四）转移性纯收入	187	97	51	263	64

7—9 续表2 （2008年） 计量单位：元/人

指标名称	无极县	平山县	元氏县	赵　县	辛集市
一、全年总收入	7887	4106	6666	7784	9917
（一）工资性收入	2454	1514	2926	1351	1712
1. 在非企业组织中劳动得到收入	448	149	594	112	279
2. 在本乡地域内劳动得到收入	1026	933	2192	1077	483
3. 外出从业得到收入	980	432	140	163	949
（二）家庭经营收入	5094	2385	3417	6261	7712
1. 第一产业收入	2415	1488	2265	5155	7323
# 农业收入	1484	1010	1837	3640	3850
牧业收入	931	388	428	1514	3463
2. 第二产业收入	1220	570	147	90	18
（1）工业收入	1158	169	37	90	7
（2）建筑业收入	62	401	110		10
3. 第三产业收入	1459	326	1004	1016	371
# 交通．运输．邮电业收入	320	52	238	380	40
批零贸易业．饮食业收入	506	184	443	306	45
社会服务业收入	216	23	99	151	243
（三）财产性收入	203	18	205	26	267
（四）转移性收入	135	189	118	146	226
二、全年纯收入	5806	2945	5226	5553	6291
（一）工资性收入	2454	1514	2926	1351	1712
（二）家庭经营纯收入	3037	1225	1995	4029	4095
1. 第一产业纯收入	1254	864	1346	3234	3779
# 农业收入	927	691	1150	2688	2472
牧业收入	327	97	196	545	1299
2. 非农产业纯收入	1783	360	649	795	316
A. 第二产业纯收入	753	201	62	60	18
（1）工业收入	709	53	-2	61	7
（2）建筑业收入	43	147	64	-1	10
B. 第三产业纯收入	1031	160	587	735	298
（1）交通．运输．邮电业收入	214	7	94	247	13
（2）批零贸易业．饮食业收入	369	83	297	245	37
（3）社会服务业收入	153	19	53	109	222
（4）文教卫生业收入	109		4		27
（5）其他行业收入	185	52	139	135	
（三）财产性纯收入	203	18	205	26	267
（四）转移性纯收入	112	189	99	147	218

7—9 续表 3　　(2008 年)　　计量单位：元/人

指标名称	藁城市	晋州市	新乐市	鹿泉市
一、全年总收入	9629	10038	8779	9414
(一) 工资性收入	3317	3107	3148	4841
1. 在非企业组织中劳动得到收入	388	211	201	353
2. 在本乡地域内劳动得到收入	2494	2896	2365	3979
3. 外出从业得到收入	435		583	509
(二) 家庭经营收入	6033	6393	5142	4203
1. 第一产业收入	3991	3078	3808	3576
# 农业收入	2529	2464	1664	1542
牧业收入	1457	614	2144	2034
2. 第二产业收入	264	1822	153	246
(1) 工业收入	137	1807	39	63
(2) 建筑业收入	126	15	114	182
3. 第三产业收入	1779	1493	1181	382
# 交通．运输．邮电业收入	871	599	385	363
批零贸易业．饮食业收入	190	292	319	9
社会服务业收入	191	146	240	
(三) 财产性收入	102	334	260	196
(四) 转移性收入	178	203	229	174
二、全年纯收入	6990	6794	6642	7106
(一) 工资性收入	3317	3107	3148	4841
(二) 家庭经营纯收入	3426	3149	3097	1898
1. 第一产业纯收入	2151	1857	2102	1587
# 农业收入	1797	1648	1206	920
牧业收入	352	208	896	668
2. 非农产业纯收入	1274	1293	996	311
A. 第二产业纯收入	134	472	102	135
(1) 工业收入	57	464	12	10
(2) 建筑业收入	77	8	90	125
B. 第三产业纯收入	1141	821	894	175
(1) 交通．运输．邮电业收入	546	335	262	174
(2) 批零贸易业．饮食业收入	147	153	271	
(3) 社会服务业收入	116	11	193	
(4) 文教卫生业收入	18	33	83	
(5) 其他行业收入	314	289	85	1
(三) 财产性纯收入	102	334	260	196
(四) 转移性纯收入	146	203	137	171

农村住户现金收支情况

7—10　　（2008年）　　计量单位：元/人

指标名称	全　市	矿　区	井陉县	正定县	栾城县
一、期内现金收入	6694	7382	6532	10097	8168
（一）工资性收入	2605	5006	2787	4072	2287
1. 在非企业组织中劳动得到收入	286	1212	367	326	250
2. 在本乡地域内劳动得到收入	1821	3457	1169	2769	1645
3. 外出从业得到收入	498	337	1252	977	392
（二）家庭经营现金收入	3746	1458	3506	5504	5383
1. 第一产业现金收入	2398	334	1892	2548	4397
# 农业现金收入	1141	104	479	644	2019
牧业现金收入	1244	230	1404	1904	2378
2. 第二产业现金收入	433	79	307	426	724
（1）工业收入	341		307	313	514
（2）建筑业收入	92	79		112	211
3. 第三产业现金收入	915	1045	1308	2530	261
# 交通．运输．邮电业收入	333	621	601	518	92
批零贸易业．饮食业收入	297	354	223	1559	160
社会服务业收入	126	65	380	121	6
（三）财产性收入	136	120	29	267	266
（四）转移性收入	208	798	209	254	233
# 粮食直接补贴收入	59	23	5	86	21
二、非收入现金所得	464	633	794	726	320
（一）非借贷性现金所得	93	37	74	274	217
（二）借贷性现金所得	371	596	720	452	103
三、期内现金支出	4994	6094	5814	7643	5417
（一）生产费用支出	2069	696	1935	3903	2107
# 家庭经营费用支出	1810	506	1582	3897	2081
购置生产性固定资产支出	257	190	353	6	26
（二）税费支出	43	17	63	121	4
（三）生活消费支出	2729	5051	3021	3453	3195
（四）财产性支出	10	1		37	29
（五）转移性支出	144	328	794	129	83
四、非消费性支出	769	2137	513	980	304
五、期末金融资产余额	8305	12993	5232	19022	6065

7—10 续表 1　　（2008 年）　　计量单位：元/人

指标名称	行唐县	灵寿县	高邑县	深泽县	赞皇县
一、期内现金收入	4126	3421	5611	5957	2367
（一）工资性收入	653	997	3005	2736	840
1. 在非企业组织中劳动得到收入	43	33	20	222	
2. 在本乡地域内劳动得到收入	319	734	2850	1535	606
3. 外出从业得到收入	291	230	136	979	234
（二）家庭经营现金收入	3273	2269	2428	2931	1445
1. 第一产业现金收入	2762	1273	1678	1593	1133
# 农业现金收入	1214	265	1324	1523	661
牧业现金收入	1521	960	346	70	442
2. 第二产业现金收入	278	546	303	543	
（1）工业收入	241	469	198	543	
（2）建筑业收入	38	77	105		
3. 第三产业现金收入	232	450	447	795	312
# 交通．运输．邮电业收入	74	91	279	215	312
批零贸易业．饮食业收入	34	129	91	351	
社会服务业收入	53	92	67	201	
（三）财产性收入	6	32	126	27	19
（四）转移性收入	193	123	51	263	64
# 粮食直接补贴收入	104	43	32	85	21
二、非收入现金所得	34	49	298	169	269
（一）非借贷性现金所得	15	48	271	45	
（二）借贷性现金所得	19	1	27	124	269
三、期内现金支出	3613	2334	4533	4905	1655
（一）生产费用支出	2031	861	2365	1107	615
# 家庭经营费用支出	1609	861	1776	1019	615
购置生产性固定资产支出	398		590	88	
（二）税费支出	3	11	4	83	8
（三）生活消费支出	1541	1424	2130	3599	1012
（四）财产性支出				2	
（五）转移性支出	38	37	34	114	20
四、非消费性支出	67	107	366	907	404
五、期末金融资产余额	1754	1579	5554	13312	1621

7—10 续表2 (2008年) 计量单位：元/人

指标名称	无极县	平山县	元氏县	赵　县	辛集市
一、期内现金收入	7272	3379	5501	6781	8613
(一) 工资性收入	2454	1514	2926	1351	1712
1. 在非企业组织中劳动得到收入	448	149	594	112	279
2. 在本乡地域内劳动得到收入	1026	933	2192	1077	483
3. 外出从业得到收入	980	432	140	163	949
(二) 家庭经营现金收入	4480	1671	2253	5261	6443
1. 第一产业现金收入	1801	774	1102	4155	6054
# 农业现金收入	870	346	698	2642	2591
牧业现金收入	931	340	404	1513	3453
2. 第二产业现金收入	1220	570	147	90	18
(1) 工业收入	1158	169	37	90	7
(2) 建筑业收入	62	401	110		10
3. 第三产业现金收入	1459	326	1004	1016	371
# 交通．运输．邮电业收入	320	52	238	380	40
批零贸易业．饮食业收入	506	184	443	306	45
社会服务业收入	216	23	99	151	243
(三) 财产性收入	203	8	203	22	233
(四) 转移性收入	135	186	118	146	225
# 粮食直接补贴收入	95	35	57	24	34
二、非收入现金所得	725	593	89	561	342
(一) 非借贷性现金所得	8	106		105	238
(二) 借贷性现金所得	717	487	89	456	105
三、期内现金支出	5215	4080	3721	4225	6625
(一) 生产费用支出	2164	1236	1814	2192	3705
# 家庭经营费用支出	1775	931	1162	2058	3466
购置生产性固定资产支出	389	305	646	133	239
(二) 税费支出	53	22	32	16	
(三) 生活消费支出	2914	2773	1811	1965	2386
(四) 财产性支出		4			96
(五) 转移性支出	84	45	64	53	438
四、非消费性支出	1803	487	213	906	202
五、期末金融资产余额	6655	4963	7174	5855	9821

7—10 续表 3　　(2008 年)　　计量单位：元/人

指标名称	藁城市	晋州市	新乐市	鹿泉市
一、期内现金收入	8900	9147	8010	8357
(一) 工资性收入	3317	3107	3148	4840
1. 在非企业组织中劳动得到收入	388	211	201	353
2. 在本乡地域内劳动得到收入	2494	2896	2365	3978
3. 外出从业得到收入	435		583	509
(二) 家庭经营现金收入	5306	5502	4374	3198
1. 第一产业现金收入	3264	2186	3040	2571
# 农业现金收入	1814	1573	895	548
牧业现金收入	1442	614	2144	2014
2. 第二产业现金收入	264	1822	153	246
(1) 工业收入	137	1807	39	63
(2) 建筑业收入	126	15	114	182
3. 第三产业现金收入	1779	1493	1181	382
# 交通．运输．邮电业收入	871	599	385	363
批零贸易业．饮食业收入	190	292	319	9
社会服务业收入	191	146	240	
(三) 财产性收入	101	334	260	145
(四) 转移性收入	176	203	229	174
# 粮食直接补贴收入	123	108	106	65
二、非收入现金所得	137	2415	24	157
(一) 非借贷性现金所得	25		3	147
(二) 借贷性现金所得	112	2415	21	10
三、期内现金支出	6248	6137	5561	5717
(一) 生产费用支出	2135	3161	2495	2169
# 家庭经营费用支出	2121	2642	1831	2157
购置生产性固定资产支出	14	519	664	12
(二) 税费支出	156	145	20	16
(三) 生活消费支出	3864	2786	2856	3432
(四) 财产性支出	4			
(五) 转移性支出	89	45	190	100
四、非消费性支出	1071	3186	2	239
五、期末金融资产余额	15347	16462	4826	10949

农村住户支出情况

7—11 （2008 年） 计量单位：元/人

指标名称	全市	矿区	井陉县	正定县	栾城县
总 支 出	**5353**	**6303**	**6151**	**8011**	**5688**
一、家庭经营费用支出	1846	506	1607	3922	2120
1. 第一产业生产费用支出	1349	223	1240	2299	1904
# 农业生产费用支出	519	81	235	478	716
牧业生产费用支出	828	142	1005	1820	1186
2. 第二产业生产费用支出	188	19	80	163	202
（1）工业生产费用支出	158		80	141	201
（2）建筑业生产费用支出	30	19		23	1
3. 第三产业生产费用支出	309	264	287	1460	14
（1）交通运输邮电业生产费用支出	97	170	174	103	3
（2）批零贸易餐饮业生产费用支出	113	88	53	1134	4
（3）社会服务业生产费用支出	50	7	27	29	
（4）文教卫生业生产费用支出	21		33	194	
（5）其他行业生产费用支出	28				7
二、购置生产性固定资产支出	257	190	353	6	26
三、建造生产性固定资产雇工支出	2				
四、税费支出	43	17	63	121	5
五、生活消费支出	3051	5260	3327	3796	3426
# 服务性支出	776	1607	1009	1234	752
1. 食品消费支出	1136	1911	1274	1353	1140
2. 衣着消费支出	211	533	227	253	224
3. 居住消费支出	681	598	530	575	1089
4. 家庭设备．用品消费支出	151	324	168	152	176
5. 交通和通讯消费支出	318	494	278	653	283
6. 文化教育．娱乐消费支出	333	688	175	695	370
7. 医疗保健消费支出	155	588	535	77	117
8. 其他商品和服务消费支出	66	125	140	38	27
六、财产性支出	10	1		37	29
七、转移性支出	144	328	800	129	83

7—11 续表 1　　（2008 年）　　计量单位：元/人

指标名称	行唐县	灵寿县	高邑县	深泽县	赞皇县
总　支　出	**4076**	**2781**	**5027**	**5222**	**2370**
一、家庭经营费用支出	1640	1030	1846	1019	748
1. 第一产业生产费用支出	1485	795	953	541	600
#　农业生产费用支出	568	224	420	507	329
牧业生产费用支出	910	569	533	27	264
2. 第二产业生产费用支出	87	132	382	241	
（1）工业生产费用支出	61	120	349	241	
（2）建筑业生产费用支出	27	12	34		
3. 第三产业生产费用支出	68	102	511	237	148
（1）交通运输邮电业生产费用支出	13	20	166	83	148
（2）批零贸易餐饮业生产费用支出	3	29	18	90	
（3）社会服务业生产费用支出	40	13	324	60	
（4）文教卫生业生产费用支出		36		2	
（5）其他行业生产费用支出	11	5	3	2	
二、购置生产性固定资产支出	398		590	88	
三、建造生产性固定资产雇工支出	24				
四、税费支出	3	11	4	83	8
五、生活消费支出	1972	1703	2553	3917	1594
#　服务性支出	375	473	338	1259	194
1. 食品消费支出	893	738	915	1189	992
2. 衣着消费支出	127	102	187	254	87
3. 居住消费支出	549	290	700	900	196
4. 家庭设备．用品消费支出	56	80	87	168	53
5. 交通和通讯消费支出	121	114	438	403	97
6. 文化教育．娱乐消费支出	140	289	194	790	151
7. 医疗保健消费支出	68	51	14	112	10
8. 其他商品和服务消费支出	18	40	16	101	8
六、财产性支出				2	
七、转移性支出	38	37	34	114	20

7—11 续表 2 （2008 年） 计量单位：元/人

指标名称	无极县	平山县	元氏县	赵　县	辛集市
总　支　出	**5571**	**4604**	**4023**	**4516**	**6931**
一、家庭经营费用支出	1789	1014	1162	2078	3481
1. 第一产业生产费用支出	1079	559	755	1820	3432
#　农业生产费用支出	478	264	536	863	1282
牧业生产费用支出	601	281	219	957	2149
2. 第二产业生产费用支出	344	345	82	25	
（1）工业生产费用支出	328	103	38	25	
（2）建筑业生产费用支出	17	243	45		
3. 第三产业生产费用支出	366	110	325	234	48
（1）交通运输邮电业生产费用支出	76	24	89	110	12
（2）批零贸易餐饮业生产费用支出	119	67	132	54	3
（3）社会服务业生产费用支出	58	3	38	35	20
（4）文教卫生业生产费用支出	47				13
（5）其他行业生产费用支出	65	16	66	35	
二、购置生产性固定资产支出	389	305	646	133	239
三、建造生产性固定资产雇工支出			5		
四、税费支出	54	22	32	16	
五、生活消费支出	3256	3213	2113	2236	2678
#　服务性支出	581	705	429	337	740
1. 食品消费支出	1311	1158	911	974	1014
2. 衣着消费支出	256	102	151	108	149
3. 居住消费支出	1030	1164	482	688	497
4. 家庭设备．用品消费支出	93	131	209	99	185
5. 交通和通讯消费支出	235	222	173	195	192
6. 文化教育．娱乐消费支出	153	275	107	93	245
7. 医疗保健消费支出	75	134	47	41	349
8. 其他商品和服务消费支出	104	26	31	37	48
六、财产性支出		4			96
七、转移性支出	84	46	64	53	438

7—11 续表 3　　(2008 年)　　计量单位：元/人

指标名称	藁城市	晋州市	新乐市	鹿泉市
总　支　出	**6459**	**6513**	**5810**	**5959**
一、家庭经营费用支出	2134	2666	1831	2157
1. 第一产业生产费用支出	1651	1120	1589	1915
# 农业生产费用支出	577	716	372	577
牧业生产费用支出	1071	404	1217	1338
2. 第二产业生产费用支出	103	1032	34	77
(1) 工业生产费用支出	59	1025	10	28
(2) 建筑业生产费用支出	43	7	24	49
3. 第三产业生产费用支出	381	514	209	165
(1) 交通运输邮电业生产费用支出	127	200	74	161
(2) 批零贸易餐饮业生产费用支出	27	85	36	
(3) 社会服务业生产费用支出	66	121	38	
(4) 文教卫生业生产费用支出	6	17	16	
(5) 其他行业生产费用支出	155	91	45	3
二、购置生产性固定资产支出	14	519	664	12
三、建造生产性固定资产雇工支出				
四、税费支出	156	145	20	16
五、生活消费支出	4061	3138	3105	3674
# 服务性支出	1631	527	766	1167
1. 食品消费支出	1244	1152	984	1342
2. 衣着消费支出	326	279	201	252
3. 居住消费支出	955	779	449	692
4. 家庭设备．用品消费支出	171	197	207	182
5. 交通和通讯消费支出	317	399	702	346
6. 文化教育．娱乐消费支出	603	209	354	507
7. 医疗保健消费支出	137	65	168	290
8. 其他商品和服务消费支出	309	59	40	62
六、财产性支出	4			
七、转移性支出	90	45	190	100

分县（市）区农民人均纯收入

7—12　　计量单位：元

行政单位	2004 年	2005 年	2006 年	2007 年	2008 年
石家庄市	**3799**	**4118**	**4456**	**4954**	**5469**
矿　区	4854	5267	5740	6328	7025
井 陉 县	3342	3643	3993	4527	5051
正 定 县	4375	4797	5253	5952	6726
栾 城 县	4247	4667	5006	5788	6541
行 唐 县	2836	2929	3076	3287	3468
灵 寿 县	2599	2681	2787	2898	2956
高 邑 县	3680	3975	4293	4551	4970
深 泽 县	3956	4155	4350	4611	4920
赞 皇 县	2133	2316	2584	2798	2886
无 极 县	4107	4476	4875	5321	5806
平 山 县	2298	2430	2588	2842	2945
元 氏 县	3431	3726	4076	4658	5226
赵　县	3730	4110	4282	5005	5553
辛 集 县	4061	4467	4874	5514	6291
藁 城 市	4621	5060	5465	6184	6990
晋 州 市	4429	4828	5320	6012	6794
新 乐 市	4461	4872	5391	5984	6642
鹿 泉 市	4913	5313	5866	6460	7106

八、城市公用设施

城市市政公用设施水平

8—1

指标名称	计量单位	2008 年	指标名称	计量单位	2008 年
人均日生活用水量	升	127.74	污水处理率	%	77.21
用水普及率	%	100.00	# 污水处理厂集中处理率	%	77.21
燃气普及率	%	100.00	人均公园绿地面积	平方米	9.30
每万人拥有公交车辆	标台	13.44	建成区绿化覆盖率	%	39.29
人均城市道路面积	平方米	13.34	建成区绿地率	%	35.22
排水管道密度	公里/平方公里	8.51	生活垃圾无害化处理率	%	100.00

城市建设用地情况

8—2

指标名称	计量单位	2008 年	指标名称	计量单位	2008 年
市区土地面积	平方公里	455.80	对外交通用地	平方公里	8.81
建成区土地面积	平方公里	190.86	道路广场用地	平方公里	18.13
城市建设用地面积	平方公里	191.40	市政公用设施用地	平方公里	11.13
# 居住用地	平方公里	51.47	绿地	平方公里	26.10
公共设施用地	平方公里	33.72	特殊用地	平方公里	4.67
工业用地	平方公里	29.83	本年征用土地面积	平方公里	1.75
仓储用地	平方公里	7.54	# 耕地	平方公里	1.42

城市供水情况

8—3

指标名称	计量单位	2008 年	指标名称	计量单位	2008 年
综合生产能力	万立方米/日	116.88	公共服务用水	万立方米	3820.86
# 地下水	万立方米/日	86.88	居民家庭用水	万立方米	7041
供水管道长度	公里	1274.08	用水户数	户	52822
供水总量	万立方米	22450.84	# 家庭用户	户	45491
# 生产运营用水	万立方米	7994.54	用水人口	万人	233.89

城市节约用水情况

8—4

指标名称	计量单位	2008 年	指标名称	计量单位	2008 年
实际用水量	万立方米	99485	重复利用量	万立方米	92606
# 工业	万立方米	98911	# 工业	万立方米	92606
新水取水量	万立方米	6879	节约用水量	万立方米	6800
# 工业	万立方米	6305	# 工业	万立方米	6800

城市燃气情况

8—5

指标名称	计量单位	2008年	指标名称	计量单位	2008年
一、人工煤气					
生产能力	万立方米/日	6.0	供气总量	万立方米	8510
储气能力	万立方米	1.5	# 家庭用量	万立方米	1016
供气管道长度	公里	7.5	用气户数	户	357260
购气量	万立方米	8457	# 家庭用户	户	356910
供气总量	万立方米	9968	用气人口	万人	146
# 家庭用量	万立方米	222	三、液化石油气		
用气户数	户	9100	储气能力	吨	1000
# 家庭用户	户	9000	购气量	吨	12750
用气人口	万人	2.8	供气总量	吨	12795
二、天然气			# 家庭用量	吨	12750
储气能力	万立方米	19	用气户数	户	148000
供气管道长度	公里	501.1	# 家庭用户	户	148000
购气量	万立方米	8616	用气人口	万人	85

城市集中供热情况

8—6

指标名称	计量单位	2008年	指标名称	计量单位	2008年
一、蒸汽					
供热能力	吨/小时	3246			
供热总量	万吉焦	3623	供热总量	万吉焦	952
管道长度	公里	406	管道长度	公里	460
二、热水			三、供热面积	万平方米	6230
供热能力	兆瓦	1907	# 住宅	万平方米	4959

城市公共汽车和出租汽车情况

8—7

指标名称	计量单位	2008 年	指标名称	计量单位	2008 年
一、公共汽车			公交专用车道长度	公里	34
公共汽车数	辆	2658	客运总量	万人次	38066
# 天然气燃料车	辆	1098	二、出租汽车		
标准运营车数	标台	3143	出租车数量	辆	6795
运营线路网长度	公里	662	客运总量	万人次	11368

城市市政设施情况

8—8

指标名称	计量单位	2008 年	指标名称	计量单位	2008 年
道路长度	公里	1240	# 污水管道	公里	646
道路面积	万平方米	3119	污水排放量	万立方米	22591
# 人行道面积	万平方米	571	污水处理厂	座	3
桥梁数	座	288	污水处理能力	万立方米/日	76
# 立交桥	座	52	污水处理量	万立方米	17443
路灯盏数	千盏	73065	污水处理总量	万立方米	17443
安装路灯的道路长度	公里	1216	防洪堤长度	公里	32
排水管道长度	公里	1809	# 百年一遇	公里	12

城市园林绿化及风景名胜区情况

8—9

指标名称	计量单位	2008 年	指标名称	计量单位	2008 年
绿化覆盖面积	公顷	8195	公园个数	个	39
# 建成区	公顷	7498	公园面积	公顷	793
园林绿地面积	公顷	7491	风景名胜区面积	平方公里	439
# 建成区	公顷	6722	# 可游览面积	平方公里	274
公园绿地面积	公顷	2175	游人量	万人次	300

城市市容环境卫生情况

8—10

指标名称	计量单位	2008 年	指标名称	计量单位	2008 年
道路清扫保洁面积	万平方米	3041	堆肥	吨/日	700
# 机械化	万平方米	1472	焚烧	吨/日	800
生活垃圾清运量	万吨	117	无害化处理量	万吨	117
无害化处理厂（场）数	座	3	卫生填埋	万吨	63
卫生填埋	座	1	堆肥	万吨	25
堆肥	座	1	焚烧	万吨	29
焚烧	座	1	粪便清运量	万吨	18
无害化处理能力	吨/日	3500	公厕数	座	514
卫生填埋	吨/日	2000	市容环卫专用车辆总数	台	321

全市工业污染排放及处理利用情况

8—11

指标名称	计量单位	2008 年
一、工业废水		
1. 工业废水治理设施	套	547
2. 工业废水治理设施处理能力	万吨/日	235.64
3. 工业用水重复利用率	%	94.88
4. 工业废水处理量	万吨	49503.69
5. 工业废水排放量	万吨	20956.73
# 排入污水处理厂的	万吨	13125.97
6. 工业废水排放达标量	万吨	20794.74
7. 工业废水排放达标率	%	99.23
8. 工业废水中污染物去除量		
（1）化学需氧量	吨	158063.09
# 当年新增设施去除的	吨	4230.55
（2）氨氮	吨	12185.59
（3）石油类	吨	848.69
（4）挥发酚	吨	78.25
（5）氰化物	吨	77.14
9. 工业废水中污染物排放量		
（1）化学需氧量	吨	52749.67
（2）氨氮	吨	4192.85
（3）石油类	吨	52.69
（4）挥发酚	吨	0.16
（5）氰化物	吨	3.04
（6）六价铬	吨	0.38
二、工业废气		
1. 工业废气排放总量	万标立方米	40665680
# 燃料燃烧过程中排放量	万标立方米	23077680
生产工艺过程中排放量	万标立方米	17588000
2. 废气治理设施数	套	1434
# 脱硫设施数	套	427
3. 废气治理设施处理能力	万标立方米/小时	7883.10
4. 二氧化硫去除量	吨	196111.07
# 燃料燃烧过程中去除量	吨	192551.62
生产工艺过程中去除量	吨	3559.45
# 当年新增设施去除量	吨	558.10

8—11 续表

指标名称	计量单位	2008 年
5. 二氧化硫排放量	吨	170220.01
# 燃料燃烧过程中排放量	吨	151611.96
# 排放达标量	吨	138899.48
生产工艺过程中排放量	吨	18564.16
# 排放达标量	吨	17022.01
6. 烟尘去除量	吨	2781513.43
7. 烟尘排放量	吨	39664.16
# 排放达标量	吨	39658.56
8. 工业粉尘去除量	吨	292649.56
9. 工业粉尘排放量	吨	40026.88
# 排放达标量	吨	40016.41
三、工业固体废物		
1. 工业固体废物产生量	万吨	1107.61
（1）危险废物	吨	61348.84
（2）冶炼废渣	万吨	327.94
（3）粉煤灰	万吨	384.41
（4）炉渣	万吨	134.40
（5）煤矸石	万吨	5.62
（6）尾矿	万吨	22.54
（7）脱硫石膏	万吨	33.31
（8）其他废物	万吨	49.05
2. 工业固定废物综合利用量	万吨	1044.83
（1）危险废物	吨	32093.26
（2）冶炼废渣	万吨	328.14
（3）粉煤灰	万吨	374.63
（4）炉渣	万吨	118.75
（5）煤矸石	万吨	5.62
（6）尾矿	万吨	11.34
（7）脱硫石膏	万吨	28.09
（8）其他废物	万吨	42.76
3. 工业固体废物综合利用率	%	90.78
4. 工业固体废物贮存量	万吨	84.55
5. 工业固体废物处置量	万吨	21.34
6. 工业固体废物排放量	万吨	0.17

全市危险物、污水及生活污染处理情况

8—12

指标名称	计量单位	2008 年
1. 危险废物实际处置能力	吨/日	7.2
2. 危险废物处置量	吨	2029
# 焚烧量	吨	2029
3. 焚烧残渣填埋量	吨	51
4. 污水处理厂处理能力	万吨/日	147
5. 污水处理量	万吨	32003
# 处理工业废水量	万吨	13126
6. 污水再生利用量	万吨	737
7. 化学需氧量去除量	吨	160737
8. 氨氮去除量	吨	8464
9. 总磷去除量	吨	935
10. 污泥产生量	吨	256153
11. 污泥处置量	吨	240352
12. 污泥利用量	吨	15801
13. 城镇生活污水排放系数	千克/人.日	151
14. 城镇生活污水排放量	万吨	23745
15. 城镇生活污水处理量	万吨	18877
16. 城镇生活污水处理率	%	79.5
17. 城镇生活污水中氨氮产生量	吨	10973
18. 城镇生活污水中氨氮排放量	吨	5614
19. 生活及其他二氧化硫排放量	吨	26171
20. 生活及其他烟尘排放量	吨	31853

九、农村经济

农村基层组织和基础设施情况

9—1 （2008 年） 计量单位：个

行政单位	一、农村基层组织情况			二、农村基础设施		
	（一）乡镇个数	# 镇个数	（二）村委会个数	（一）自来水受益村	（二）通汽车村数	（三）通电话村数
石家庄市	**222**	**123**	**4419**	**3992**	**4419**	**4418**
长安区	3	3	33	33	33	33
桥东区	1	1				
桥西区	1		15	15	15	15
新华区	4	2	25	25	25	25
裕华区	2	2	16	16	16	16
矿区	3	2				
高新区			9	9	9	9
井陉县	17	10	318	268	318	317
正定县	9	4	174	174	174	174
栾城县	8	5	182	182	182	182
行唐县	15	4	330	255	330	330
灵寿县	15	6	279	151	279	279
高邑县	5	3	107	107	107	107
深泽县	6	2	125	116	125	125
赞皇县	11	2	212	126	212	212
无极县	11	6	213	213	213	213
平山县	23	12	717	690	717	717
元氏县	15	6	208	157	208	208
赵县	11	7	281	281	281	281
辛集市	15	8	344	344	344	344
藁城市	14	13	239	239	239	239
晋州市	10	9	224	224	224	224
新乐市	11	8	160	160	160	160
鹿泉市	12	8	208	207	208	208

乡村人口与乡村从业人员情况

9—2　　(2008 年)　　计量单位：户、人

行政单位	一、乡村户数	二、乡村人口数	三、乡村劳动力资源数	# 劳动年龄内人数	四、乡村从业人员	# 劳动年龄内从业人员数
石家庄市	**1745983**	**6619698**	**3895219**	**3645876**	**3582241**	**3432756**
长安区	27321	88402	49373	49041	48372	46811
桥东区						
桥西区	8944	29367	17614	16520	15386	14797
新华区	21552	70999	51012	28130	35889	21221
裕华区	16466	62440	34352	33299	32210	30893
矿　区						
高新区						
井陉县	80891	281161	159221	149859	142596	134428
正定县	97674	378481	241160	225040	223230	210466
栾城县	71617	297980	187094	173192	172305	166552
行唐县	108344	385665	189433	181878	187535	181834
灵寿县	73046	278376	143281	134474	133035	129352
高邑县	40280	159492	92850	90292	91151	89178
深泽县	59582	223183	131673	126664	125957	122412
赞皇县	61072	218865	125277	119595	115383	109692
无极县	115353	444826	260893	259530	247728	237506
平山县	115335	420645	215124	201333	213124	200915
元氏县	92768	369217	272478	241135	228653	227553
赵　县	120200	485434	304015	287288	278592	274554
辛集市	151915	546469	333431	296118	297397	281164
藁城市	175427	697398	420349	395429	389786	373104
晋州市	122360	473562	277145	262854	258984	251990
新乐市	96260	384400	205520	198000	183175	174300
鹿泉市	89576	323336	183924	176205	161753	154034

9—2 续表1　　　　(2008年)　　　　计量单位：户、人

行政单位	四、乡村从业人员（续）					
	（一）按性别分		（二）按国民经济行业分			
	1. 男	2. 女	1. 农林牧渔业从业人员	# 农业	2. 工业从业人员	# 采矿业
石家庄市	**1886458**	**1695783**	**1492918**	**1273294**	**986659**	**44022**
长安区	23407	24965	9864	8162	23271	15
桥东区						
桥西区	7333	8053	1976	1781	4817	
新华区	18373	17516	4421	1424	20662	
裕华区	16594	15616	7325	6349	11603	
矿区						
高新区						
井陉县	77452	65144	60987	52508	40499	13248
正定县	115617	107613	70204	55356	51689	1503
栾城县	90225	82080	52587	48528	54426	11
行唐县	95969	91566	96635	74297	33628	4256
灵寿县	73113	59922	84361	60204	22698	2624
高邑县	47608	43543	45976	42537	19562	70
深泽县	66052	59905	51065	43938	37489	632
赞皇县	67050	48333	48791	31700	18249	2800
无极县	123908	123820	117687	95000	74866	
平山县	126494	86630	145996	131651	39189	9050
元氏县	121691	106962	152290	147545	24040	1463
赵县	143404	135188	126045	118843	67731	
辛集市	158021	139376	99332	89424	111524	940
藁城市	202220	187566	84406	67533	133485	175
晋州市	136123	122861	103646	92393	98552	
新乐市	90800	92375	54100	42300	60080	380
鹿泉市	85004	76749	75224	61821	38599	6855

9—2 续表 2　　(2008 年)　　计量单位：户、人

行政单位	四、乡村从业人员（续） （二）按国民经济行业分（续） 2. 工业从业人员（续） 制造业	电力、煤气及水的生产和供应业	3. 建筑业从业人员	4. 交通运输业、仓储业和邮电通讯业从业人员	5. 信息传输、计算机服务和软件业从业人员	6. 批发和零售业从业人员
石家庄市	**920405**	**22232**	**350862**	**204518**	**12800**	**231163**
长安区	22982	274	6683	1010	179	2704
桥东区						
桥西区	4540	277	1396	825	123	1680
新华区	20662		1513	1154	12	2567
裕华区	11593	10	6818	2399	35	2140
矿区						
高新区						
井陉县	26377	874	9423	10594	203	5868
正定县	47204	2982	38748	16491	1902	15347
栾城县	53572	843	24631	11196	263	12140
行唐县	28698	674	19825	10087	257	7259
灵寿县	19731	343	5365	4207	3969	3929
高邑县	19398	94	6453	3812	246	4898
深泽县	35946	911	14794	7901	129	8382
赞皇县	15214	235	9006	10995	672	13077
无极县	74012	854	18434	8514	120	18241
平山县	27979	2160	7253	4674	200	6858
元氏县	21868	709	22045	7675	692	5485
赵县	66357	1374	23623	17866	674	13803
辛集市	109694	890	34553	11691	587	12832
藁城市	130920	2390	51283	37583	1758	38604
晋州市	97448	1104	15890	11127	30	16292
新乐市	57400	2300	19500	13700	370	26450
鹿泉市	28810	2934	13626	11017	379	12607

9—2 续表 3 （2008 年） 计量单位：户、人

行政单位	四、乡村从业人员（续）					
	（二）按国民经济行业分（续）					
	7. 住宿和餐饮业从业人员	8. 金融业从业人员	9. 房地产业从业人员	10. 租赁和商务服务业从业人员	11. 科学研究、技术服务和地质勘查业从业人员	12. 水利、环境和公共设施管理业从业人员
石家庄市	76796	12489	2007	31337	3981	5171
长安区	2266	204	48	167	56	53
桥东区						
桥西区	559	63	80	576	2	119
新华区	1876	47	42	725		112
裕华区	430	88	36	60	26	46
矿区						
高新区						
井陉县	2219	243	18	578	105	161
正定县	9386	594	256	3080	112	871
栾城县	2871	108		2138		12
行唐县	3832	781	77	1787	210	441
灵寿县	1136	344	49	198	20	607
高邑县	3550	497	17	242	40	82
深泽县	1699	364	9	310	44	40
赞皇县	8876	736	75	435	1253	90
无极县	1212	1183		600		104
平山县	480	539	309	1525	795	160
元氏县	4395	432	506	7160	157	316
赵县	7230	1475		356	491	485
辛集市	2521	1419	268	1233	144	619
藁城市	15022	1297	64	8109	269	385
晋州市	3774	783		757	93	238
新乐市	550	950	130	300	70	30
鹿泉市	2912	342	23	1001	94	200

9—2 续表 4　　(2008 年)　　计量单位：户、人

行政单位	四、乡村从业人员（续）					
	（二）按国民经济行业分（续）					（三）按文化程度分
	13. 居民服务和其他服务业从业人员	14. 教育从业人员	15. 卫生、社会保障和社会福利业从业人员	16. 文化、体育和娱乐业从业人员	17. 公共管理和社会组织从业人员	1. 文盲、半文盲从业人员
石家庄市	**75922**	**28941**	**22646**	**20017**	**24014**	**58869**
长安区	972	380	188	31	296	17
桥东区						
桥西区	2515	127	177	126	225	30
新华区	1153	442	72	50	1041	731
裕华区	710	192	91	26	185	32
矿区						
高新区						
井陉县	6148	811	893	2861	985	4
正定县	3379	2476	3586	2486	2623	4341
栾城县	6124	2432	2185	447	745	
行唐县	6977	1460	1740	820	1719	318
灵寿县	3556	1055	711	476	354	4996
高邑县	4850	326	290	82	228	65
深泽县	980	646	691	478	936	692
赞皇县	160	300	726	670	1272	3100
无极县	2836	100	300	1980	1551	9509
平山县	516	1382	1498	85	1665	17450
元氏县	527	1161	592	412	768	7309
赵县	6228	2972	2688	4669	2256	3384
辛集市	14043	2553	1203	981	1894	2972
藁城市	6775	4338	1642	1539	3227	1687
晋州市	3282	1312	1235	1129	844	174
新乐市	1400	3600	1490	255	200	1000
鹿泉市	2791	876	648	414	1000	1058

9—2 续表5 （2008年） 计量单位：户、人

行政单位	四、乡村从业人员（续）				
	（三）按文化程度分（续）				
	2. 小学文化程度从业人员	3. 初中文化程度从业人员	4. 高中文化程度从业人员	5. 中专文化程度从业人员	6. 大专及大专以上文化程度从业人员
石家庄市	**844878**	**1723737**	**805796**	**97184**	**51777**
长安区	6430	24347	13254	2877	1447
桥东区					
桥西区	1792	5528	5563	1480	993
新华区	5617	13910	10021	4011	1599
裕华区	6182	15255	8120	2086	535
矿区					
高新区					
井陉县	32830	70847	35082	3137	696
正定县	46566	108043	50523	6202	7555
栾城县	31667	80837	46748	9611	3442
行唐县	44703	94499	45624	1799	592
灵寿县	41612	57888	25925	1865	749
高邑县	17681	39270	28453	3962	1720
深泽县	39491	59344	24954	952	524
赞皇县	24679	68088	18215	1001	300
无极县	93909	96125	44852	2224	1109
平山县	45928	94434	36575	14056	4681
元氏县	61849	102139	41908	10149	5299
赵县	58510	160337	47777	4765	3819
辛集市	70886	150138	63709	6485	3207
藁城市	87007	204286	88489	5533	2784
晋州市	62110	125440	68501	2180	579
新乐市	33600	83500	56075	6000	3000
鹿泉市	31829	69482	45428	6809	7147

农业机械化情况

9—3　　(2008 年)

行政单位	农用机械总动力（千瓦）				一、拖拉机及配套农具	
					大中型拖拉机	
	合　　计	1. 柴油发动机动　　力	2. 汽油发动机动　　力	3. 电动机动力	（台）	（千瓦）
石家庄市	**19235581**	**13961438**	**68662**	**5205481**	**20683**	**926385**
长 安 区	17593	8067		9526	37	814
桥 东 区	7995	4516	379	3100	16	1027
桥 西 区	15086	11032	49	4005	59	2230
新 华 区	48515	35655	465	12395	120	6661
裕 华 区	21584	11330		10254	115	3088
矿　　区	24825	17867	94	6864	101	3548
高 新 区	12946	11376		1570	35	1176
井 陉 县	440510	336925	193	103392	469	9175
正 定 县	1438243	1008052	6350	423841	1758	68950
栾 城 县	621331	371568	759	249004	1071	50245
行 唐 县	1137756	806303	823	330630	872	40550
灵 寿 县	431351	359117	2557	69677	738	24632
高 邑 县	331008	257428	80	73500	830	27456
深 泽 县	660901	565005		95896	760	31876
赞 皇 县	399137	337791		61346	350	10335
无 极 县	968365	842237	1390	124738	1504	88676
平 山 县	864818	674878	9962	179978	450	9616
元 氏 县	602834	507936	590	94308	1404	61667
赵　　县	2900101	1966645	3626	929830	1983	99317
辛 集 市	2009002	1493946	27396	487660	1370	71789
藁 城 市	2154946	1354128	5728	795090	2406	119449
晋 州 市	1329914	1058737	2178	268999	1142	51155
新 乐 市	2161849	1482107	5380	674362	2065	102900
鹿 泉 市	634971	438792	663	195516	1028	40053

9—3 续表1 （2008年）

行政单位	一、拖拉机及配套农具（续）				二、农用排灌机械	
	小型拖拉机		大中型拖拉机配套农具（台）	小型拖拉机配套农具（台）	1. 农用排灌动力机械	
	（台）	（千瓦）			（台）	（千瓦）
石家庄市	**177815**	**1923509**	**45690**	**166413**	**461693**	**4681862**
长安区	146	2190	31	46	716	6812
桥东区	168	1900	28	106	200	2700
桥西区	68	739	96	64	294	3526
新华区	235	2544	251	62	753	11210
裕华区	196	1577	78	77	775	7316
矿区	702	7062	138	385	127	5163
高新区			20		100	1000
井陉县	17375	144128	346	14976	3784	51823
正定县	7724	68070	2804	5850	34393	362581
栾城县	6402	74257	2172	9188	17713	174566
行唐县	5384	55401	3862	9691	19584	229944
灵寿县	6878	64182	1018	5081	14320	123786
高邑县	9100	121100	1097	6563	10115	102773
深泽县	3570	39386	3927	6200	12538	115825
赞皇县	15386	120011	850	16100	8016	56384
无极县	11535	149955	2223	2171	30120	270816
平山县	8590	95024	2177	3950	22218	234547
元氏县	11713	122695	4732	13010	20480	165187
赵县	15395	201721	4934	38226	48427	535592
辛集市	17675	229775	3205	10075	47941	561656
藁城市	8950	104278	4126	4645	44215	462711
晋州市	17803	176516	2630	8861	21436	233197
新乐市	4922	55948	2990	5668	96132	874249
鹿泉市	7898	85050	1955	5418	7296	88498

9—3 续表2 （2008 年）

行政单位	二、农用排灌机械（续）					
	# （1）柴油机		# （2）电动机		2. 农用水泵（台）	3. 节水灌溉机械（套）
	（台）	（千瓦）	（台）	（千瓦）		
石家庄市	**227665**	**2243552**	**234028**	**2438310**	**208553**	**2833**
长安区			716	6812	680	
桥东区			200	2700	200	
桥西区			294	3526	290	16
新华区	7	70	746	11140	748	39
裕华区			775	7316	730	
矿　区	7	74	120	5089	120	
高新区			100	1000	100	
井陉县	1282	11376	2502	40447	2146	134
正定县	16955	157730	17438	204851	14274	126
栾城县	6580	60013	11133	114553	7083	53
行唐县	9724	111923	9860	118021	13298	688
灵寿县	8540	77510	5780	46276	6015	15
高邑县	4129	36894	5986	65879	3664	
深泽县	7050	63140	5488	52685	5838	42
赞皇县	4611	30649	3405	25735	6699	
无极县	17340	200526	12780	70290	12780	
平山县	10954	116737	11264	117810	5081	37
元氏县	9922	87764	10558	77423	8890	120
赵　县	19738	202572	28689	333020	28966	4
辛集市	27284	313772	20657	247884	22952	20
藁城市	16901	151621	27314	311090	18258	1260
晋州市	9356	82277	12080	150920	10906	192
新乐市	56371	528439	39761	345810	34341	18
鹿泉市	914	10465	6382	78033	4494	69

9—3 续表 3 （2008 年）

行政单位	三、收获机械			四、植保机械		五、农副产品加工机械动力（千瓦）
	联合收割机		机动脱粒机	机动喷雾（粉）机		
	（台）	（千瓦）	（台）	（部）	（千瓦）	
石家庄市	17476	767158	31565	34124	60354	3213786
长 安 区	14	775	22			2317
桥 东 区	11	721		63	379	300
桥 西 区	18	1293	21	11	49	464
新 华 区	36	3063		128	465	1255
裕 华 区	15	895	7			2524
矿 区	103	756	58	54	94	996
高 新 区						570
井 陉 县	354	433	6168	81	193	63818
正 定 县	923	36231		730	6350	239490
栾 城 县	874	41686	3046	132	759	138967
行 唐 县	1098	61130		368	823	223188
灵 寿 县	663	32944	420	752	2557	20521
高 邑 县	551	30290		30	80	7621
深 泽 县	703	29837				43206
赞 皇 县	499	9897	3724			37771
无 极 县	1012	54918		360	1390	32072
平 山 县	482	12279	6797	2391	9030	132151
元 氏 县	1463	59287		160	590	34022
赵 县	1810	39548	2791	13518	3626	774034
辛 集 市	1353	76020	3027	8968	20180	241243
藁 城 市	1659	71470		2235	5728	597250
晋 州 市	1333	70248		1126	2178	108943
新 乐 市	1859	104013	1262	2700	5380	408323
鹿 泉 市	643	29424	4222	317	503	102740

9—3 续表 4 （2008 年）

行政单位	六、农用运输车（包括机动三轮车）		七、其他农业机械动力（千瓦）	八、农业机械化项目水平（公顷）		
	（辆）	（千瓦）		（一）当年实际机耕地面积	（二）当年机械播种面积	（三）当年机械收获面积
石家庄市	**458192**	**7243051**	**418263**	**479432**	**650961**	**390022**
长安区	296	4128	557	1800	5950	3480
桥东区	56	868	100	377	560	560
桥西区	58	6770	15	343	341	340
新华区	741	22011	1306	2181	2679	1629
裕华区	363	4620	1564	2746	4825	2575
矿区	267	5055	1870	1107	1800	1193
高新区	210	4300	5900	290	290	290
井陉县	8563	153002	17938	12100	9000	4330
正定县	36508	631002	25569	29670	44380	21730
栾城县	5593	120667	20184	26284	27000	19000
行唐县	35120	468511	58209	39568	40100	23100
灵寿县	15207	139917	22812	13680	12200	7840
高邑县	2586	41688		16600	16600	15500
深泽县	18811	398062	2709	9220	25760	15890
赞皇县	6990	151015	13724	17935	21610	11867
无极县	28463	344153	26385	33080	43670	26720
平山县	14685	365530	5709	15740	19790	11600
元氏县	6621	155536	3850	37971	38670	26400
赵县	71033	1225811	20452	50487	57530	40060
辛集市	41247	751176	57163	51685	100135	45332
藁城市	53367	764387	29673	29960	61173	38170
晋州市	57186	670687	16990	40500	50625	29324
新乐市	46186	577157	33879	26419	38041	26040
鹿泉市	8035	236998	51705	19689	28232	17052

农业主要能源及物资消耗情况

9—4 （2008 年）

行政单位	一、农村用电量（万千瓦时）	二、农用化肥施用量（吨）				
		按实物量计算				
		合　计	氮肥	磷肥	钾肥	复合肥
石家庄市	**552557**	**1695966**	**940500**	**470428**	**57018**	**228020**
长 安 区	1398	15827	10199	3784	644	1200
桥 东 区	5106	531	292	77		162
桥 西 区	7185	1177	547	152	107	371
新 华 区	9128	2476	926	507	301	742
裕 华 区	2700	10400	5500	2100	400	2400
矿　　区	11841	4866	3294	262	183	1127
高 新 区	1580	300	160	60		80
井 陉 县	14487	40582	25732	12404	183	2263
正 定 县	16039	166506	98590	39737	4054	24125
栾 城 县	14064	52190	23296	18124	1906	8864
行 唐 县	17307	98947	78966	7502	703	11776
灵 寿 县	25959	55864	32388	15386	815	7275
高 邑 县	9598	27736	11862	4782	1192	9900
深 泽 县	23156	50448	24919	13743	1097	10689
赞 皇 县	24538	33004	14265	5915		12824
无 极 县	23473	111639	63399	35810	2930	9500
平 山 县	9759	63207	41170	18805	22	3210
元 氏 县	10871	107171	51500	35000	2030	18641
赵　　县	42458	148193	69216	38645	12787	27545
辛 集 市	33602	223761	109667	85660	8262	20172
藁 城 市	79895	223664	122378	67731	8130	25425
晋 州 市	100998	105433	65364	22885	2317	14867
新 乐 市	13441	111804	65970	31480	6930	7424
鹿 泉 市	53974	40240	20900	9877	2025	7438

9—4 续表 1　　(2008 年)

行政单位	二、农用化肥施用量（吨）（续）				
	按折纯法计算				
	合　计	氮肥	磷肥	钾肥	复合肥
石家庄市	**478234**	**270422**	**81218**	**26843**	**99751**
长安区	3549	1529	1135	309	576
桥东区	138	67	12		59
桥西区	450	165	29	54	202
新华区	986	225	124	133	504
裕华区	4200	2470	370	200	1160
矿　区	1470	985	58	5	422
高新区	139	100	20		19
井陉县	10032	6177	2605	73	1177
正定县	44653	25212	6566	2114	10761
栾城县	17196	8745	3903	911	3637
行唐县	23554	16142	1128	357	5927
灵寿县	9863	6427	1997	282	1157
高邑县	11096	4496	837	417	5346
深泽县	15208	7874	1868	550	4916
赞皇县	11753	3565	1775		6413
无极县	28740	18122	5517	1405	3696
平山县	13171	8234	3891	12	1034
元氏县	30017	15460	7005	1030	6522
赵　县	57920	30782	9368	6205	11565
辛集市	62918	39628	12957	3138	7195
藁城市	58210	30595	10837	4065	12713
晋州市	32735	19801	3263	1122	8549
新乐市	25476	16032	3462	3382	2600
鹿泉市	14760	7589	2491	1079	3601

9—4 续表 2　　（2008 年）

行政单位	三、农用塑料薄膜使用情况			四、农用柴油消耗量（吨）	五、农药使用量（吨）
	塑料薄膜使用量（吨）	# 地膜使用量	地膜覆盖面积（公顷）		
石家庄市	**7396**	**3043**	**49989**	**570671**	**13602**
长 安 区	144	18	242	189	470
桥 东 区	8	2	32	42	17
桥 西 区	6	5	87	132	25
新 华 区	29	26	550	351	388
裕 华 区	25	18	253	488	28
矿　 区	9	2	34	151	50
高 新 区				77	9
井 陉 县	46	10	132	9528	182
正 定 县	768	252	3804	9289	487
栾 城 县	103	57	760	8804	303
行 唐 县	242	163	3560	77773	512
灵 寿 县	100	42	631	5826	110
高 邑 县	408	65	866	7300	269
深 泽 县	69	34	571	3493	215
赞 皇 县	316	126	1725	30636	366
无 极 县	470	125	2140	9627	580
平 山 县	131	127	2385	15852	195
元 氏 县	620	400	6660	61423	516
赵　 县	231	74	1514	80856	2130
辛 集 市	1122	630	10500	70293	3678
藁 城 市	1007	327	5204	24270	636
晋 州 市	68	28	430	18940	1006
新 乐 市	580	480	7474	123987	685
鹿 泉 市	894	32	435	11344	745

农田水利建设情况

9—5 (2008 年)

行政单位	一、有效灌溉面积（公顷）	二、旱涝保收面积（公顷）	三、机电排灌面积（公顷）	四、机电井年末达到数(眼)	# 已配套机电井
石家庄市	**497782**	**471891**	**463539**	**131302**	**130490**
长安区	4043	4043	4160	1446	1446
桥东区	377	377	406	151	143
桥西区	774	774	1075	297	297
新华区	2181	2180	2180	693	693
裕华区	2746	2746	3079	730	730
矿　区	1844	667	990	38	38
高新区	419	308	308	180	180
井陉县	12000	8673	3964	564	534
正定县	29911	29911	30404	9908	9908
栾城县	26282	26282	26282	6646	6646
行唐县	28273	26267	26267	8866	8866
灵寿县	16597	8485	10297	2327	2200
高邑县	16095	16090	16090	3170	3170
深泽县	19310	18977	18977	5936	5936
赞皇县	9630	2700	6950	3022	2592
无极县	36004	35847	35847	10305	10305
平山县	17000	13500	8600	2619	2455
元氏县	26330	26330	26330	5902	5902
赵　县	50487	50487	50487	10826	10826
辛集市	51540	51540	51540	14637	14637
藁城市	54229	54229	54229	16090	16090
晋州市	40747	40747	40747	10393	10393
新乐市	27525	27525	27820	12393	12393
鹿泉市	23438	23206	16510	4163	4110

耕地情况

9—6 （2008年） 计量单位：公顷

行政单位	一、年初耕地总资源	二、年内减少耕地面积	# 国家基建占地	三、年末耕地总资源	# 常用耕地	# 水浇地
石家庄市	**580655**	**1215**	**1091**	**581418**	**554272**	**497386**
长安区	4729	90	83	4642	4043	4043
桥东区	549	30	30	521	377	377
桥西区	838	64	63	774	774	774
新华区	2719	73	73	2651	2181	2181
裕华区	3000	254	254	2746	2746	2746
矿区	1871	27	27	1844	1844	1844
高新区	466	47	47	419	419	419
井陉县	22888	21	21	22909	22881	11995
正定县	29925	53	31	30457	29911	29911
栾城县	26268	40	30	26284	26284	26282
行唐县	40266	1		40274	35850	27932
灵寿县	26400	14	14	26627	22116	16547
高邑县	16777	3	3	16779	16095	16095
深泽县	20358	12	10	20360	19310	19310
赞皇县	17859	1	1	17935	17935	9630
无极县	35603	10	10	36004	36004	36004
平山县	37107	26	26	37139	30131	17000
元氏县	37875	23	1	37971	35056	26330
赵县	50489	9	9	50490	50487	50487
辛集市	51728	59	59	51685	51685	51540
藁城市	56181	255	201	56030	54229	54229
晋州市	41866	62	62	41838	40747	40747
新乐市	29223	13	13	29397	27525	27525
鹿泉市	25670	28	23	25642	25642	23438

农业主要产品生产情况

9—7　　(2008年)　　计量单位：公顷、公斤/公顷、吨

行政单位	农作物总播种面积	一、粮食作物合计			(一) 夏收粮食		
		播种面积	单产	总产量	播种面积	单产	总产量
石家庄市	**1007672**	**755789**	**6705**	**5067426**	**369949**	**6636**	**2455073**
长安区	7087	4766	4951	23597	2385	6450	15383
桥东区	721	432	5757	2487	201	5731	1152
桥西区	1838	681	5093	3468	341	5891	2009
新华区	3821	1759	5100	8971	892	6149	5485
裕华区	6331	5398	4769	25744	2719	6225	16926
矿区	3128	2545	5732	14589	1038	5593	5806
高新区	616	616	6331	3900	308	6672	2055
井陉县	31521	25341	4353	110322	8894	4305	38289
正定县	56136	42547	7786	331279	21057	7425	156348
栾城县	52910	36974	7857	290512	18500	7224	133644
行唐县	58880	46205	6763	312496	20000	6075	121500
灵寿县	36687	30527	4697	143375	12852	4678	60127
高邑县	30060	21768	6408	139483	10874	6524	70946
深泽县	35060	27158	6888	187069	12555	6784	85170
赞皇县	32077	22895	5021	114947	9667	4920	47560
无极县	64224	49415	7118	351721	25667	7200	184802
平山县	43098	34589	5748	198819	16575	5798	96107
元氏县	59881	49829	5893	293639	24890	5850	145607
赵县	84614	68237	8022	547430	37840	7650	289476
辛集市	112216	79759	6778	540598	40537	6600	267547
藁城市	106653	68134	7642	520690	34145	7678	262169
晋州市	66564	56492	6819	385195	27237	6825	185893
新乐市	65628	44390	7487	332369	24265	6780	164517
鹿泉市	47921	35332	5228	184726	16510	5848	96555

9—7 续表1　　　　（2008 年）　　　　计量单位：公顷、公斤/公顷、吨

行政单位	夏收粮食中：冬小麦			（二）秋收粮食		
	播种面积	单　产	总产量	播种面积	单　产	总产量
石家庄市	**369146**	**6642**	**2451892**	**385840**	**6771**	**2612353**
长 安 区	2385	6450	15383	2381	3450	8214
桥 东 区	201	5731	1152	231	5779	1335
桥 西 区	341	5891	2009	340	4291	1459
新 华 区	892	6149	5485	867	4021	3486
裕 华 区	2719	6225	16926	2679	3292	8818
矿　区	1038	5593	5806	1507	5828	8783
高 新 区	308	6672	2055	308	5990	1845
井 陉 县	8894	4305	38289	16447	4380	72033
正 定 县	21057	7425	156348	21490	8140	174931
栾 城 县	18372	7246	133127	18474	8491	156868
行 唐 县	20000	6075	121500	26205	7289	190996
灵 寿 县	12420	4785	59428	17675	4710	83248
高 邑 县	10874	6524	70946	10894	6291	68537
深 泽 县	12521	6793	85058	14603	6978	101899
赞 皇 县	9667	4920	47560	13228	5094	67387
无 极 县	25667	7200	184802	23748	7029	166919
平 山 县	16402	5829	95605	18014	5702	102712
元 氏 县	24890	5850	145607	24939	5936	148032
赵　县	37840	7650	289476	30397	8486	257954
辛 集 市	40537	6600	267547	39222	6962	273051
藁 城 市	34109	7647	260818	33989	7606	258521
晋 州 市	27237	6825	185893	29255	6813	199302
新 乐 市	24265	6780	164517	20125	8340	167852
鹿 泉 市	16510	5848	96555	18822	4684	88171

9—7 续表 2　　（2008 年）　　计量单位：公顷、公斤/公顷、吨

行政单位	1. 秋收谷物			# （1）玉米		
	播种面积	单　产	总产量	播种面积	单　产	总产量
石家庄市	**341809**	**7056**	**2411819**	**326420**	**7216**	**2355350**
长安区	2130	3510	7476	2130	3510	7476
桥东区	231	5779	1335	231	5779	1335
桥西区	227	4722	1072	227	4722	1072
新华区	867	4021	3486	867	4021	3486
裕华区	2679	3292	8818	2679	3292	8818
矿　区	1469	5865	8616	1469	5865	8616
高新区	308	5990	1845	308	5990	1845
井陉县	13255	4569	60566	11681	4885	57058
正定县	20010	8370	167481	20010	8370	167481
栾城县	17576	8775	154229	17576	8775	154229
行唐县	20223	8006	161904	19381	8250	159893
灵寿县	14094	4822	67963	13724	4890	67112
高邑县	10391	6437	66884	10341	6450	66699
深泽县	12952	7156	92680	12542	7262	91077
赞皇县	10740	5387	57860	10000	5625	56250
无极县	21437	7297	156420	20417	7500	153128
平山县	15513	5924	91896	13994	6348	88834
元氏县	21537	6060	130514	19550	6330	123752
赵　县	27814	8892	247319	27293	8970	244818
辛集市	34853	7251	252733	30923	7515	232391
藁城市	31616	7803	246698	31616	7803	246698
晋州市	25897	7141	184918	23910	7350	175739
新乐市	18825	8430	158695	18825	8430	158695
鹿泉市	17165	4685	80411	16726	4714	78848

9—7 续表3 （2008年） 计量单位：公顷、公斤/公顷、吨

行政单位	（2）谷子			（3）高粱		
	播种面积	单　产	总产量	播种面积	单　产	总产量
石家庄市	**13345**	**3771**	**50325**	**1107**	**3389**	**3752**
长安区						
桥东区						
桥西区						
新华区						
裕华区						
矿　区						
高新区						
井陉县	1367	2176	2975	50	1340	67
正定县						
栾城县						
行唐县	713	2227	1588	54	3815	206
灵寿县	299	2247	672			
高邑县	50	3700	185			
深泽县	410	3910	1603			
赞皇县	467	3000	1401	25	1120	28
无极县	917	3020	2769	20	2800	56
平山县	1165	1635	1905	68	4294	292
元氏县	1237	3375	4175	750	3449	2587
赵　县	521	4800	2501			
辛集市	3819	5213	19909	111	3901	433
藁城市						
晋州市	1963	4638	9104	24	3125	75
新乐市						
鹿泉市	417	3688	1538	5	1600	8

9—7 续表4　　（2008年）　　计量单位：公顷、公斤/公顷、吨

行政单位	2. 秋收豆类			# 大豆		
	播种面积	单　产	总产量	播种面积	单　产	总产量
石家庄市	**21734**	**3405**	**74014**	**19881**	**3535**	**70277**
长安区	120	1092	131	120	1092	131
桥东区						
桥西区	113	3425	387	113	3425	387
新华区						
裕华区						
矿　区	23	1957	45	6	2167	13
高新区						
井陉县	1900	1778	3378	1028	1903	1956
正定县	1112	3898	4335	1111	3898	4331
栾城县	734	2150	1578	734	2150	1578
行唐县	562	3302	1856	538	3374	1815
灵寿县	119	2218	264	107	2224	238
高邑县	470	3134	1473	438	3180	1393
深泽县	967	3365	3254	887	3449	3059
赞皇县	820	1245	1021	690	1284	886
无极县	1020	3310	3376	1020	3310	3376
平山县	578	2028	1172	451	2007	905
元氏县	1139	3018	3437	980	3160	3097
赵　县	2230	3525	7860	2230	3444	7680
辛集市	3899	4223	16467	3812	4275	16296
藁城市	1934	4395	8499	1933	4395	8496
晋州市	2441	3761	9181	2305	3862	8901
新乐市	600	4580	2748	600	4580	2748
鹿泉市	953	3727	3552	778	3844	2991

9—7 续表5　　（2008年）　　计量单位：公顷、公斤/公顷、吨

行政单位	3．秋收薯类			二、油料		
	播种面积	单　产	总产量	播种面积	单　产	总产量
石家庄市	**22297**	**5674**	**126520**	**62574**	**3533**	**221071**
长安区	131	4634	607	320	4025	1288
桥东区						
桥西区						
新华区				132	5409	714
裕华区						
矿　区	15	8133	122	51	2255	115
高新区						
井陉县	1292	6261	8089	2654	2281	6053
正定县	368	8465	3115	4598	4122	18954
栾城县	164	6470	1061	568	4074	2314
行唐县	5420	5025	27236	6276	3264	20485
灵寿县	3462	4339	15021	2359	2100	4954
高邑县	33	5455	180	1133	3697	4189
深泽县	684	8721	5965	1786	3815	6813
赞皇县	1668	5100	8506	6300	2174	13694
无极县	1291	5517	7123	4600	3516	16172
平山县	1923	5015	9644	3492	2385	8328
元氏县	2263	6222	14081	2827	2690	7604
赵　县	353	7861	2775	2691	4275	11505
辛集市	470	8194	3851	7865	4436	34893
藁城市	439	7572	3324	2657	4518	12003
晋州市	917	5674	5203	3075	3147	9676
新乐市	700	9156	6409	8000	4665	37320
鹿泉市	704	5977	4208	1190	3359	3997

9—7 续表 6　　(2008 年)　　计量单位：公顷、公斤/公顷、吨

行政单位	油料作物中：花生			三、棉花		
	播种面积	单　产	总产量	播种面积	单　产	总产量
石家庄市	**56467**	**3669**	**207204**	**17016**	**1076**	**18313**
长 安 区	310	4094	1269	69	783	54
桥 东 区						
桥 西 区						
新 华 区	26	5500	143			
裕 华 区						
矿　区	11	2455	27			
高 新 区						
井 陉 县	570	2547	1452	98	816	80
正 定 县	4535	4128	18720	647	835	540
栾 城 县	293	4621	1354	122	885	108
行 唐 县	6093	3295	20076	666	719	479
灵 寿 县	2265	2157	4886	237	717	170
高 邑 县	1113	3720	4140	400	1170	468
深 泽 县	1745	3870	6754	697	1112	775
赞 皇 县	5100	2250	11475	260	750	195
无 极 县	4599	3516	16170	324	673	218
平 山 县	2905	2510	7292	472	979	462
元 氏 县	2400	2833	6800	900	1050	945
赵　县	2691	4275	11505	1232	1065	1312
辛 集 市	7653	4492	34375	9325	1138	10614
藁 城 市	2657	4518	12003	533	1614	860
晋 州 市	3060	3157	9660	559	916	512
新 乐 市	8000	4665	37320	306	980	300
鹿 泉 市	441	4043	1783	169	1308	221

9—7 续表7　　(2008年)　　计量单位：公顷、公斤/公顷、吨

行政单位	棉花作物中：地膜棉			四、蔬菜、瓜类		
	播种面积	单　产	总产量	播种面积	单　产	总产量
石家庄市	**12543**	**1134**	**14222**	**167255**	**77856**	**13021859**
长安区	69	783	54	1932	61048	117944
桥东区				289	53097	15345
桥西区				1070	57096	61093
新华区				1930	57938	111820
裕华区				933	75777	70700
矿　区				523	43446	22722
高新区						
井陉县				3374	52301	176462
正定县	313	837	262	8292	101637	842771
栾城县				13300	96981	1289843
行唐县	292	822	240	4465	59728	266686
灵寿县				3109	53861	167454
高邑县	400	1170	468	6714	69373	465770
深泽县	564	986	556	5333	69934	372956
赞皇县	75	800	60	2296	49643	113981
无极县				9885	71246	704269
平山县	43	674	29	4187	35213	147435
元氏县	533	1351	720	6315	64021	404295
赵　县	547	1245	681	12310	74554	917757
辛集市	9143	1144	10457	15199	112325	1707235
藁城市	235	1464	344	35292	75469	2663446
晋州市	181	917	166	6438	61493	395895
新乐市	148	1250	185	12932	86668	1120788
鹿泉市				11137	77686	865192

9—7 续表 8　　（2008 年）　　计量单位：公顷、公斤/公顷、吨

行政单位	（一）蔬菜（含菜用瓜）			（二）瓜类		
	播种面积	单　产	总产量	播种面积	单　产	总产量
石家庄市	**156713**	**79382**	**12440140**	**10542**	**55181**	**581719**
长安区	1870	60625	113369	62	73790	4575
桥东区	270	52500	14175	19	61579	1170
桥西区	1070	57096	61093			
新华区	1860	57774	107459	70	62300	4361
裕华区	933	75777	70700			
矿　区	523	43446	22722			
高新区						
井陉县	3374	52301	176462			
正定县	7875	104024	819192	417	56544	23579
栾城县	12782	98525	1259345	518	58876	30498
行唐县	4222	60799	256695	243	41115	9991
灵寿县	2783	56670	157713	326	29880	9741
高邑县	6291	69533	437429	423	67000	28341
深泽县	5194	70209	364664	139	59655	8292
赞皇县	1736	59703	103644	560	18459	10337
无极县	9250	71506	661430	635	67463	42839
平山县	3788	36401	137888	399	23927	9547
元氏县	5500	66914	368027	815	44501	36268
赵　县	11240	76260	857157	1070	56636	60600
辛集市	15160	112495	1705420	39	46538	1815
藁城市	34709	75781	2630278	583	56892	33168
晋州市	6369	61732	393174	69	39435	2721
新乐市	9000	96707	870363	3932	63689	250425
鹿泉市	10914	78041	851741	223	60318	13451

9—7 续表9　　（2008年）　　计量单位：公顷、公斤/公顷、吨

行政单位	瓜类中：西瓜			五、粮食作物占用耕地		六、蔬菜作物占用耕地
	播种面积	单　产	总产量	面　积	单　产	
石家庄市	**9651**	**57369**	**553672**	**418277**	**12115**	**73065**
长安区	61	74508	4545	2804	8415	1870
桥东区	15	70000	1050	231	10766	175
桥西区				341	10170	280
新华区	70	52300	3661	780	11501	779
裕华区				2999	8584	240
矿　区				1415	10310	307
高新区				308	12662	
井陉县				16447	6708	1302
正定县	258	68903	17777	20874	15870	3336
栾城县	402	62993	25323	18372	15813	5656
行唐县	233	42215	9836	27963	11175	2459
灵寿县	326	29880	9741	17675	8112	2768
高邑县	423	67000	28341	15116	9228	2826
深泽县	109	67385	7345	13921	13438	1489
赞皇县	370	19784	7320	14660	7841	868
无极县	635	67463	42839	27542	12770	2730
平山县	290	20483	5940	23450	8478	2376
元氏县	600	50022	30013	28944	10145	3634
赵　县	1070	56636	60600	37840	14467	5194
辛集市	8	86750	694	39880	13556	7580
藁城市	583	56892	33168	34145	15249	17548
晋州市	45	36511	1643	32737	11766	3823
新乐市	3932	63689	250425	22195	14975	3343
鹿泉市	221	60683	13411	17638	10473	2482

水果生产情况

9—8

（2008 年）

行政单位	一、水果产量（不含果用瓜）（吨）	# 1. 苹果	# 红富士苹果	国光苹果	2. 梨
石家庄市	**2067793**	**316049**	**224072**	**18562**	**1295239**
长安区	2668				
桥东区	3160				3000
桥西区	3	3		3	
新华区	2818	665	560	105	1793
裕华区	55				
矿　区	5915	4300	2000	500	800
井陉县	33079	22677	21348	194	289
正定县	17680	8770	4500	2000	7200
栾城县	3300	1129	807	99	1387
行唐县	69065	4480	3690	400	3980
灵寿县	21105	6500	6500		6800
高邑县	1190				300
深泽县	77110	52661	44305	1521	13322
赞皇县	125736	4500	3450		1800
无极县	40755	16700	16700		20700
平山县	53376	18090	11090	495	4150
元氏县	20570	6000	4300		5000
赵　县	522087				522000
辛集市	414807	103435	66436	6166	220959
藁城市	175348	30074	14000	4000	132585
晋州市	404115	13180	9226		324571
新乐市	30050	3000	2600	400	23000
鹿泉市	43801	19885	12560	2679	1603

9—8 续表1 （2008 年）

行政单位	一、水果产量（吨）（续）				
	梨产量中:		3. 桃	4. 葡萄	5. 红枣
	雪花梨	鸭梨			
石家庄市	**428320**	**624324**	**88724**	**102293**	**182224**
长安区			2668		
桥东区				160	
桥西区					
新华区	1460	333	150	200	
裕华区				55	
矿区	300	500	200	50	50
井陉县			589	72	1926
正定县	4978	2142	1153	133	351
栾城县	1013	263	20	716	31
行唐县	3000	930	220	278	60000
灵寿县	6800		300	110	450
高邑县			160	80	260
深泽县	1470	305	1751	8421	212
赞皇县	1430		300	50	100000
无极县	10600	10100	1800	490	240
平山县	1730	2420	5486	300	6400
元氏县	2700	2300	200	500	800
赵县	314000	200000	13	35	7
辛集市	15767	64656	61822	13321	2517
藁城市	44195	88390	5054	4742	2341
晋州市	14411	238652	3302	62994	28
新乐市	3400	12800	3200	430	100
鹿泉市	1066	533	336	9156	6511

9—8 续表2 (2008 年)

行政单位	二、果园面积（公顷）	# 苹果园	梨园	桃园	葡萄园
石家庄市	**176437**	**22870**	**48756**	**5846**	**4330**
长安区	107			107	
桥东区	101		95		6
桥西区	3	3			
新华区	84	28	44	4	7
裕华区	2				2
矿　区	333	300	10	7	1
井陉县	2610	1364	3	76	2
正定县	3890	1781	1700	358	46
栾城县	252	61	50	3	118
行唐县	52209	3970	1380	80	60
灵寿县	3713	240	170	48	10
高邑县	160		4	7	4
深泽县	3921	2207	767	114	737
赞皇县	30453	1203	953	53	34
无极县	2452	1000	1080	90	32
平山县	9335	1870	206	426	40
元氏县	4081	364	389	12	40
赵　县	16686		16667	2	12
辛集市	22370	5411	11405	4000	629
藁城市	6474	1486	4333	178	145
晋州市	11596	566	8839	120	2071
新乐市	946	133	600	133	13
鹿泉市	4659	883	61	28	321

林业生产情况

9—9　　(2008 年)

行政单位	一、营林情况（公顷）					
	1. 当年造林面积	(1) 按造林方式分		(2) 按用途分		
		当年人工造林面积	当年飞机播种造林面积	用材林	经济林	防护林
石家庄市	**30433**	**8501**	**3333**	**1692**	**304**	**28437**
长 安 区	115	115		115		
桥 东 区						
桥 西 区						
新 华 区						
裕 华 区						
矿　区	200	200				200
井 陉 县	1429	762				1429
正 定 县	100	100		34	66	
栾 城 县	128	128				128
行 唐 县	2133	466				2133
灵 寿 县	3040	600	1107			3040
高 邑 县	333	333			66	267
深 泽 县	267	267				267
赞 皇 县	5913	934	1113			5913
无 极 县	733	733		733		
平 山 县	7113	1067	1113			7113
元 氏 县	1466	333				1466
赵　县						
辛 集 市	333	333			67	266
藁 城 市	333	333				333
晋 州 市	31	31				31
新 乐 市	667	667		667		
鹿 泉 市	6099	1099		143	105	5851

9—9 续表 1　　(2008 年)

行政单位	一、营林情况（公顷）（续）					
	2. 封山育林面积	3. 当年零星（四旁）植树（万株）	4. 育苗面积	5. 当年苗木产量（万株）	6. 当年幼林抚育作业面积	7. 当年成林抚育面积
石家庄市	**76745**	**2287**	**3005**	**6263**	**116952**	**83154**
长安区		6	15			
桥东区			13			33
桥西区						
新华区		18				
裕华区		14	2			4
矿　区	667	10	20	65	1333	200
井陉县	8000	295	195	960	20626	21666
正定县		28	67	201		
栾城县		62	213	798	7600	
行唐县	5467	140	67	320	9000	2000
灵寿县	8332	62	40	260	17000	6000
高邑县		16	40	50		
深泽县		60	37	84	748	394
赞皇县	16798	80	400	1800	13998	6667
无极县		25	33	20	500	1000
平山县	24840	600	230	100	30000	30000
元氏县	6041	260	47	90	2000	3800
赵　县		108	24	30	1440	
辛集市		198	385	360	1569	1009
藁城市		126	569	90		
晋州市		47	40	60		
新乐市		65	45	159	5700	4900
鹿泉市	6600	67	523	816	5438	5481

9—9 续表 2 (2008 年)

行政单位	二、主要林产品产量				三、木材采伐量（立方米）	# 村及村以下	四、年末实有林地面积（公顷）
	1. 干果（吨）	# 核桃	板栗	2. 花椒（吨）			
石家庄市	**28567**	**21867**	**5520**	**3842**	**22318**	**22216**	**368157**
长 安 区					7	7	614
桥 东 区							
桥 西 区							107
新 华 区							104
裕 华 区							322
矿 区	60	60		6	170	170	1600
井 陉 县	1154	904		172	1181	1107	57020
正 定 县					180	180	8330
栾 城 县					5000	5000	
行 唐 县	129	100	20	80	457	457	18985
灵 寿 县	9501	5800	3400	155	2581	2581	42427
高 邑 县					596	596	
深 泽 县				1	1612	1612	1717
赞 皇 县	7010	6000	400	20	880	880	54450
无 极 县					120	120	4200
平 山 县	9400	7700	1700	3400	2800	2800	126667
元 氏 县	460	450			900	900	21500
赵 县							
辛 集 市					2300	2300	
藁 城 市					884	884	4635
晋 州 市					349	321	385
新 乐 市					1875	1875	7700
鹿 泉 市	853	853		8	426	426	17394

畜牧业生产情况

9—10　　(2008 年)

行政单位	一、当年出售和自宰的（百头、百只）					
	(一) 大牲畜	1. 牛	2. 马	3. 驴	4. 骡	(二) 猪
石家庄市	**6438**	**5688**	**142**	**504**	**104**	**50452**
长安区	19	19				292
桥东区						54
桥西区	4	4				88
新华区	15	15				134
裕华区	13	13				234
矿区	1	1				198
高新区	1	1				11
井陉县	404	393	3	6	2	1193
正定县	744	744				4500
栾城县	448	448				3235
行唐县	693	650	6	28	9	2577
灵寿县	189	170	6	9	4	2024
高邑县	19	19				902
深泽县	83	73	2	6	2	1806
赞皇县	634	629	2	2	1	1166
无极县	664	572	6	80	6	3192
平山县	107	107				1698
元氏县	560	530		30		2535
赵县	139	131		8		3429
辛集市	211	126	18	46	21	5921
藁城市	570	507	26	22	15	4958
晋州市	274	191	28	36	19	3924
新乐市	487	187	45	230	25	3981
鹿泉市	159	158		1		2400

9—10 续表 1 (2008 年)

行政单位	一、当年出售和自宰的（百头、百只）（续）					二、期末存栏（百头）
	（三）羊	（四）家禽	# 鸡	鸭	（五）兔	（一）大牲畜
石家庄市	**13878**	**1436656**	**1421602**	**13704**	**66772**	**8660**
长安区	35	2755	2735	20		37
桥东区	13	580	580			3
桥西区	6	2108	2108		50	3
新华区	31	3902	3657	245		
裕华区	9	3275	3275			13
矿　区	20	2000	2000			3
高新区	1	510	510			1
井陉县	1309	34007	33016	991	3428	536
正定县	503	190018	189998	20	150	942
栾城县	549	172855	172725	130	768	622
行唐县	626	42910	42849		802	803
灵寿县	542	21776	21764	12	3132	385
高邑县	209	20718	20718		5600	27
深泽县	822	21756	21272	317	939	119
赞皇县	543	15600	15470	130	10200	799
无极县	1380	101530	101350	74	4712	1059
平山县	560	14719	14514	205	10000	185
元氏县	1560	68623	68540	83	3400	661
赵　县	609	80544	80500	44	1238	195
辛集市	1414	201424	201424		4871	514
藁城市	1385	202085	194448	6807	4848	688
晋州市	1161	93633	91955	1607	6100	362
新乐市	189	96965	96240	610	6050	494
鹿泉市	402	42363	39954	2409	484	209

9—10 续表2 （2008年）

行政单位	二、期末存栏（百头、百只）（续）					
	1. 牛	（1）役用牛	（2）肉牛	（3）奶牛	2. 马	3. 驴
石家庄市	**7415**	**436**	**3452**	**3527**	**280**	**695**
长安区	37		1	36		
桥东区	3			3		
桥西区	3			3		
新华区						
裕华区	13		4	9		
矿　区	3		1	2		
高新区	1			1		
井陉县	500	15	456	29	8	23
正定县	942		482	460		
栾城县	622		173	449		
行唐县	780	24	9	747	4	11
灵寿县	286	47	106	133	21	57
高邑县	27		7	20		
深泽县	92	1	16	75	6	14
赞皇县	788	81	705	2	4	4
无极县	741	69	404	268	43	188
平山县	185	28	124	33		
元氏县	657	135	292	230		4
赵　县	190		90	100		5
辛集市	207	4	14	189	74	173
藁城市	616	27	308	281	27	22
晋州市	252		200	52	34	41
新乐市	263		31	232	59	152
鹿泉市	207	5	29	173		1

9—10 续表 3　　(2008 年)

行政单位	二、期末存栏（百头、百只）（续）					
	4. 骡	（二）猪	（三）羊	（四）家禽	# 鸡	（五）兔
石家庄市	**270**	**32217**	**12391**	**1094797**	**1082824**	**34707**
长安区		225	31	2801	2781	
桥东区		36	17	878	878	
桥西区		98	1	1105	1105	20
新华区		127	28	2649	2398	
裕华区		155	8	1821	1821	
矿区		170	18	1550	1550	
高新区		13	7	800	800	
井陉县	5	703	1142	25470	23315	1939
正定县		2752	436	143999	143988	228
栾城县		2016	467	122274	122262	433
行唐县	8	1680	585	34241	34066	394
灵寿县	21	1305	467	16610	16577	1797
高邑县		533	160	14198	14198	1550
深泽县	7	1081	712	17479	17078	746
赞皇县	3	752	485	14950	14887	3550
无极县	87	2099	1215	79050	78826	3830
平山县		1116	505	11462	11182	2400
元氏县		1655	1373	52787	52745	2300
赵县		2453	534	60175	60132	806
辛集市	60	3644	1473	154763	154763	1808
藁城市	23	3047	1203	151226	146603	2572
晋州市	35	2580	1032	71500	70748	4050
新乐市	20	2829	164	75797	75250	5900
鹿泉市	1	1148	328	37212	34871	384

9—10 续表 4　　(2008 年)

行政单位	三、肉类产量(吨)	#1. 牛肉	2. 驴肉	3. 猪肉	4. 羊肉	5. 家禽肉	6. 兔肉
石家庄市	**685164**	**91921**	**4090**	**383510**	**19015**	**172822**	**9785**
长安区	2880	307		2184	48	341	
桥东区	496			411	16	69	
桥西区	1067	64		668	9	316	8
新华区	1787	238		1020	45	484	
裕华区	2429	210		1782	12	425	
矿　区	1766	12		1485	29	240	
高新区	159	16		81	1	61	
井陉县	21947	6363	54	9067	1781	4108	514
正定县	70009	12053		34286	654	22993	23
栾城县	53781	7167		24262	749	20702	101
行唐县	36627	10478	244	19587	824	5231	102
灵寿县	22036	2753	66	15412	715	2588	383
高邑县	10685	304		6765	286	2490	840
深泽县	18950	1183	54	13755	1154	2628	143
赞皇县	23202	10189	18	8878	679	1872	1530
无极县	48983	9261	480	24304	1910	12202	700
平山县	18706	1710		12905	819	1772	1500
元氏县	38836	8582	225	19286	2072	8161	510
赵　县	38923	2122	59	26061	852	9665	164
辛集市	74709	2039	414	45000	1960	24189	647
藁城市	73413	8195	131	37675	1921	24314	730
晋州市	48128	3093	270	29886	1671	11289	915
新乐市	48980	3029	2070	30311	265	11635	900
鹿泉市	26665	2553	5	18439	543	5047	75

9—10 续表 5　　（2008 年）

行政单位	四、其他畜产品产量（吨）				
	1. 奶类产量	# 牛奶产量	2. 蜂蜜产量	3. 禽蛋产量	# 鸡蛋
石家庄市	**1044426**	**1039909**	**1479**	**952076**	**943548**
长安区	10681	10681		2716	2688
桥东区	999	999		790	790
桥西区	1255	1255		1195	1195
新华区	7126	7126		2400	2400
裕华区	3262	3262		1594	1594
矿区	400	400	4	1240	1240
高新区	420	420		700	700
井陉县	13388	13388	78	22350	21362
正定县	85012	85001		124063	124056
栾城县	125985	125747		102480	102381
行唐县	232329	230036	3	29283	29241
灵寿县	30845	30845	94	14400	14357
高邑县	6983	6983		12304	12304
深泽县	29469	29469		15266	15015
赞皇县	1100	900	380	13200	13118
无极县	87988	87988	69	68350	68253
平山县	10478	10478	600	10028	9850
元氏县	70300	70300	148	45572	45518
赵县	32445	32445	18	52837	52800
辛集市	55000	55000		133256	133256
藁城市	84030	83756		136220	131998
晋州市	18200	18200	26	63357	62503
新乐市	72650	71200	36	65600	65050
鹿泉市	64081	64030	23	32875	31879

渔业生产情况

9—11 (2008年)

行政单位	水产品总产量（吨）	# 内陆养殖	# 鱼类	水产品养殖面积（公顷）	# 池塘养殖	水库养殖
石家庄市	**33193**	**21205**	**20100**	**15629**	**941**	**14615**
长安区	30	30	30	15	15	
桥东区	10	10	10	1	1	
桥西区	20	20	20	2	2	
新华区	80	80	67	26	26	
裕华区	15	15	15	2	2	
矿区	30	30	30	9	4	5
井陉县	400	400	400	136	35	101
正定县	1400	1400	1217	233	166	
栾城县	70	70	70	3	3	
行唐县	1920	1719	1664	695	16	679
灵寿县	8514	4433	4427	2733	36	2697
高邑县	10	10	10	3	3	
深泽县	34	34	34	7	7	
赞皇县	850	702	702	616	10	600
无极县	180	180	60	26	26	
平山县	12900	6550	6069	8848	135	8713
元氏县	850	700	695	247	4	243
赵县	30	30	20	8	8	
辛集市	130	130	130	40	40	
藁城市	50	50	50	9	9	
晋州市	40	40	40	14	14	
新乐市	10	10	10	5	5	
鹿泉市	5620	4562	4330	1951	374	1577

农林牧渔业总产值

9—12 （2008年） 计量单位：万元

行政单位	农林牧渔业总产值	一、农业产值	（一）谷物及其他作物产值				
			总计	1. 谷物	2. 薯类	3. 油料	4. 豆类
石家庄市	**5429731**	**2758658**	**1077292**	**827825**	**64473**	**116036**	**36832**
长安区	30813	18221	4832	3933	65	684	66
桥东区	8094	2637	393	393			
桥西区	14725	9617	714	519			195
新华区	25795	16469	1853	1535		318	
裕华区	22672	10670	4339	4339			
矿区	10889	5717	2532	2429	41	46	16
井陉县	129881	49535	25630	17012	4101	2736	1657
正定县	459959	188411	69457	54783	1580	10072	2186
栾城县	409025	176058	50667	48602	116	847	931
行唐县	291985	114342	74784	47997	13808	11026	927
灵寿县	174758	75995	33449	21635	7858	2656	130
高邑县	118393	84926	27390	23557	19	2214	727
深泽县	152377	88038	39776	30296	3019	3619	1628
赞皇县	157171	78091	32933	18005	4313	7207	492
无极县	332195	140269	69262	57922	740	8563	1703
平山县	245096	141400	45434	32108	4937	4375	552
元氏县	270922	117580	61293	47138	7139	3877	1675
赵县	369953	236475	103931	91655	208	6114	3873
辛集市	612567	349285	135918	90839	1953	18404	8285
藁城市	707021	426202	97646	84565	1149	6348	4249
晋州市	324787	171462	75100	64031	556	5154	4566
新乐市	343451	177211	77297	54922	686	19838	1386
鹿泉市	249860	135811	35831	29757	2120	1951	1663

9—12 续表 1　　（2008 年）　　计量单位：万元

行政单位	一、农业产值（续）						
	(一)谷物及其他作物产值(续)		（二）蔬菜园艺作物			（三）水果、坚果	（四）中药材
	5. 棉花	6. 烟草	1. 蔬菜	2. 花卉	3. 其他园艺作物		
石家庄市	**28362**	**750**	**1296407**	**313**	**20196**	**342070**	**22380**
长安区	81		12013			1376	
桥东区			1665		100	479	
桥西区			5414		3488	1	
新华区			13133	3	780	700	
裕华区			6309			22	
矿　区			2057		135	969	24
井陉县	124		16801		30	6929	145
正定县	836		112498	6	190	6118	142
栾城县	167		115219		5556	3668	948
行唐县	742	284	17561			20645	1352
灵寿县	263	906	39507			3039	
高邑县	725		55376	48	90	2022	
深泽县	1214		28605		20	19637	
赞皇县	384		9216			35452	490
无极县	334		61753			9254	
平山县	715	8	18482	74	57540	11276	8594
元氏县	1464		42228		147	9627	4285
赵　县	2032		73624		130	58790	
辛集市	16437		135927	2	10	75504	1924
藁城市	1331		302441	122	277	25716	
晋州市	793		32478			63884	
新乐市	465		83260			16654	
鹿泉市	339		88778	65	230	10888	19

9—12 续表2 （2008年） 计量单位：万元

行政单位	二、林业产值			
	合 计	（一）林木的培育和种植	（二）竹木采运	（三）林产品
石家庄市	**73504**	**15943**	**890**	**56671**
长安区	30	29	1	
桥东区	4	4		
桥西区				
新华区	27	27		
裕华区	3	3		
矿　区	267	111	1	155
井陉县	5744	3440	59	2245
正定县	277	264	13	
栾城县	978	630	348	
行唐县	1360	1043	32	285
灵寿县	18458	4742	179	13537
高邑县	154	112	42	
深泽县	376	263	112	1
赞皇县	11747	1430	7	10310
无极县	410	402	8	
平山县	24023	5066	195	18762
元氏县	1352	574	6	772
赵　县	402	402		
辛集市	855	436	160	259
藁城市	581	520	61	
晋州市	272	248	24	
新乐市	825	812	13	
鹿泉市	2624	1182	30	1412

9—12 续表 3　　（2008 年）　　计量单位：万元

行政单位	三、牧业产值	（一）牲畜饲养	（1）牛	（2）羊	（3）其他牲畜	（4）奶产品	（5）毛绒产品
石家庄市	**2339037**	**589008**	**272796**	**54551**	**12146**	**244516**	**4999**
长安区	11322	4546	911	174		3461	
桥东区	1837	389		65		324	
桥西区	4582	629	192	30		407	
新华区	6151	3182	719	154		2309	
裕华区	6977	1725	623	45		1057	
矿　区	4493	252	48	73		130	1
井陉县	68347	28012	18848	4331	69	4338	426
正定县	250253	65782	35682	2500		27544	56
栾城县	218631	64017	21486	1659		40768	104
行唐县	168541	101694	31174	3112	410	66910	88
灵寿县	66333	21192	8153	2407	180	9994	458
高邑县	30643	4251	911	1039		2262	39
深泽县	59541	17477	3501	4085	77	9548	266
赞皇县	65133	33221	30167	2699	43	312	
无极县	176815	64021	27433	6858	874	28508	348
平山县	48990	11391	5132	2783		3395	81
元氏县	138629	56836	25419	7753	450	22777	437
赵　县	118450	17400	6283	3027	99	7741	250
辛集市	247284	31789	6043	6400	1159	17820	367
藁城市	264955	59372	24316	6884	371	27193	608
晋州市	142486	22835	9160	5770	784	5897	1224
新乐市	152493	29728	8969	685	2840	17116	118
鹿泉市	93773	24420	7578	1756	10	15027	49

9—12 续表 4 （2008 年） 计量单位：万元

行政单位	三、牧业产值（续）					
	（二）猪的饲养	（三）家禽饲养	1. 肉禽	2. 禽蛋	（四）其他畜牧业	# 兔
石家庄市	**783520**	**878343**	**275093**	**603250**	**88166**	**11056**
长安区	4535	2241	524	1717		
桥东区	839	609	110	499		
桥西区	1367	2325	1570	755	261	7
新华区	2081	888	734	154		
裕华区	3634	1618	622	996		
矿区	3075	1164	380	784	2	
井陉县	18527	21059	6570	14489	729	686
正定县	69885	114511	36104	78407	75	75
栾城县	50240	98902	33443	65459	5472	92
行唐县	40021	26664	8157	18507	162	160
灵寿县	31433	13236	4139	9097	472	424
高邑县	14008	11712	3936	7776	672	672
深泽县	28047	13878	4137	9741	139	139
赞皇县	18108	11307	2964	8343	2497	2258
无极县	49572	62491	19291	43200	731	695
平山县	26370	9118	2797	6321	2111	1476
元氏县	39369	41840	13039	28801	584	476
赵县	52162	48696	15303	33393	192	183
辛集市	91953	122489	38271	84218	1053	744
藁城市	76998	124637	38398	86239	3948	716
晋州市	60940	58019	18036	39983	692	671
新乐市	61825	60028	18543	41485	912	893
鹿泉市	37272	28736	8049	20687	3345	72

9—12 续表 5 （2008 年） 计量单位：万元

行政单位	四、渔业产值	# 鱼类	甲壳类	五、农林牧渔服务业产值
石家庄市	**50600**	**32915**	**6263**	**207932**
长安区	39	35		1201
桥东区	12	12		3604
桥西区	26	26		500
新华区	96	85		3052
裕华区	22	22		5000
矿　区	42	42		370
井陉县	1272	1272		4983
正定县	1832	1472		19186
栾城县	96	96		13262
行唐县	1754	1444	143	5988
灵寿县	10994	9532	1444	2978
高邑县	9	9		2661
深泽县	643	43		3779
赞皇县	832	808	24	1368
无极县	264	264		14437
平山县	20920	11373	4499	9763
元氏县	883	881	2	12478
赵　县	66	23		14560
辛集市	251	251		14892
藁城市	68	68		15215
晋州市	81	81		10486
新乐市	16	2		12906
鹿泉市	7512	5616	40	10140

农林牧渔业中间消耗

9—13 （2008 年） 计量单位：万元

行政单位	农林牧渔业中间消耗总计	一、农业中间消耗			二、林业中间消耗		
		合计	1. 物质消耗	2. 生产服务支出	合计	1. 物质消耗	2. 生产服务支出
石家庄市	**2388507**	**988427**	**777779**	**210648**	**14480**	**9958**	**4522**
长安区	12590	5113	4252	861	17	17	
桥东区	3416	630	535	95	2	1	1
桥西区	6869	3675	2815	860			
新华区	11993	6449	5000	1449	11	9	2
裕华区	10753	4242	3347	895	2	1	1
矿区	5119	2607	2107	500	67	57	10
井陉县	56273	18422	15244	3178	2334	1757	577
正定县	240978	70843	56366	14477	119	107	12
栾城县	184996	72249	66253	5996	421	350	71
行唐县	138352	41392	32534	8858	480	411	69
灵寿县	80168	31916	24133	7783	5536	3696	1840
高邑县	55550	36349	28074	8275	81	65	16
深泽县	70003	33086	26479	6607	136	105	31
赞皇县	60503	27493	22289	5204	4018	3047	971
无极县	157482	54392	42564	11828	205	157	48
平山县	97724	56560	44645	11915	5044	3519	1525
元氏县	127056	40895	32207	8688	504	389	115
赵县	155111	84020	64800	19220	195	146	49
辛集市	291135	152169	146295	5874	375	360	15
藁城市	319993	162809	123735	39074	308	257	51
晋州市	151598	68240	68240		97	78	19
新乐市	154995	66161	56491	9670	228	198	30
鹿泉市	105456	48892	39303	9589	1036	834	202

9—13 续表　　(2008 年)　　计量单位：万元

行政单位	三、牧业中间消耗			四、渔业中间消耗			五、农林牧渔服务业中间消耗
	合计	1. 物质消耗	2. 生产服务支出	合计	1. 物质消耗	2. 生产服务支出	
石家庄市	**1255916**	**1195632**	**60284**	**22745**	**18741**	**4004**	**106939**
长安区	6860	6552	308	18	16	2	582
桥东区	962	909	53	6	6		1816
桥西区	2933	2760	173	9	6	3	252
新华区	3998	3000	998	40	30	10	1495
裕华区	3978	3787	191	11	9	2	2520
矿区	2223	2103	120	22	19	3	200
井陉县	32805	30845	1960	531	424	107	2181
正定县	159911	152907	7004	1088	897	191	9017
栾城县	105593	100709	4884	49	42	7	6684
行唐县	92696	86844	5852	790	513	277	2994
灵寿县	36483	34732	1751	4732	3900	832	1501
高邑县	17774	16875	899	4	3	1	1342
深泽县	34623	33882	741	253	214	39	1905
赞皇县	28139	26463	1676	385	334	51	468
无极县	95480	90410	5070	129	68	61	7276
平山县	22535	21469	1066	8996	7411	1585	4589
元氏县	78976	75185	3791	392	325	67	6289
赵县	63504	60456	3048	54	43	11	7338
辛集市	129709	121736	7973	171	141	30	8711
藁城市	149169	140219	8950	39	32	7	7668
晋州市	77939	74041	3898	38	34	4	5284
新乐市	82093	79990	2103	7	4	3	6506
鹿泉市	47468	45190	2278	3497	2882	615	4563

农林牧渔业增加值

9—14　　(2008 年)　　计量单位：万元

行政单位	农林牧渔业增加值	1. 农业	2. 林业	3. 牧业	4. 渔业	5. 农林牧渔服务业
石家庄市	**3041224**	**1770231**	**59024**	**1083121**	**27855**	**100993**
长安区	18223	13108	13	4462	21	619
桥东区	4678	2007	2	875	6	1788
桥西区	7856	5942		1649	17	248
新华区	13802	10020	16	2153	56	1557
裕华区	11919	6428	1	2999	11	2480
矿　区	5770	3110	200	2270	20	170
井陉县	73608	31113	3410	35542	741	2802
正定县	218981	117568	158	90342	744	10169
栾城县	224029	103809	557	113038	47	6578
行唐县	153633	72950	880	75845	964	2994
灵寿县	94590	44079	12922	29850	6262	1477
高邑县	62843	48577	73	12869	5	1319
深泽县	82374	54952	240	24918	390	1874
赞皇县	96668	50598	7729	36994	447	900
无极县	174713	85877	205	81335	135	7161
平山县	147372	84840	18979	26455	11924	5174
元氏县	143866	76685	848	59653	491	6189
赵　县	214842	152455	207	54946	12	7222
辛集市	321432	197116	480	117575	80	6181
藁城市	387028	263393	273	115786	29	7547
晋州市	173189	103222	175	64547	43	5202
新乐市	188456	111050	597	70400	9	6400
鹿泉市	144404	86919	1588	46305	4015	5577

农林牧渔业商品产值

9—15　　　　(2008 年)　　　　计量单位：万元

行政单位	农林牧渔业商品产值	一、农业商品产值				
		合　计	(一) 谷物及其他作物			
			小　计	1. 谷物	2. 薯类
石家庄市	**3851512**	**1825840**	**511427**	**365752**	**40412**
长 安 区	25200	14997	3096	2354	56
桥 东 区	4059	2210	314	314	
桥 西 区	11097	7274	24	24	
新 华 区	18794	13227	960	642	
裕 华 区	15127	9250	3030	3030	
矿　　区	7363	3307	1144	1140	
井 陉 县	88319	20265	10157	7301	1325
正 定 县	346795	124622	37766	28705	716
栾 城 县	352507	138755	31409	30657	
行 唐 县	231447	80521	49280	27382	13355
灵 寿 县	101327	46080	8918	1096	5204
高 邑 县	94446	71597	16356	13576	
深 泽 县	114981	59484	19317	16854	752
赞 皇 县	125359	54965	15836	9774	3634
无 极 县	241357	77706	34148	26086	350
平 山 县	167376	85723	25939	18537	2578
元 氏 县	165854	71756	32575	23128	4955
赵　　县	285463	173642	68646	59479	162
辛 集 市	428693	220746	85711	58273	794
藁 城 市	579084	342375	68014	58400	662
晋 州 市	222480	106140	33097	29285	62
新 乐 市	238064	111893	42831	24427	600
鹿 泉 市	190853	97982	16053	14002	234

9—15 续表 1　　　　(2008 年)　　　　计量单位：万元

行政单位	一、农业商品产值（续）				
	(一) 谷物及其他作物（续）				
	3. 油料	4. 豆类	5. 棉花	6. 烟叶	7. 其他农作物
石家庄市	**68875**	**19585**	**15966**	**728**	**104**
长安区	619	50	17		
桥东区					
桥西区					
新华区	318				
裕华区					
矿　区		4			
井陉县	611	920			
正定县	6483	1166	696		
栾城县	288	462			2
行唐县	7189	756	378	220	
灵寿县	2144	88	40	346	
高邑县	1860	623	176		121
深泽县	665	843	203		
赞皇县	2238	190			
无极县	7115	497	100		
平山县	3358	148	173	5	1116
元氏县	2417	681	1394		
赵　县	3900	3409	1696		
辛集市	7341	4161	15142		
藁城市	4427	3380	1145		
晋州市	1688	1546	516		
新乐市	16745	714	345		
鹿泉市	1172	333	312		

9—15 续表2　　(2008年)　　计量单位：万元

行政单位	一、农业商品产值（续）					
	（二）蔬菜、园艺作物				（三）水果、坚果	（四）中药材
	合 计	1. 蔬菜	2. 花卉	3. 其他园艺作物		
石家庄市	**1007847**	**988937**	**313**	**18597**	**285917**	**20649**
长安区	10586	10586			1315	
桥东区	1440	1340		100	456	
桥西区	7249	4458		2791	1	
新华区	11599	10966	3	630	668	
裕华区	6198	6198			22	
矿　区	1275	1270		5	864	24
井陉县	4572	4572			5424	112
正定县	81054	80858	6	190	5660	142
栾城县	103084	97600		5484	3336	926
行唐县	10376	10376			19563	1302
灵寿县	34629	34629			2533	
高邑县	53396	53258	48	90	1845	
深泽县	21575	21555		20	18592	
赞皇县	5230	5230			33409	490
无极县	34831	34831			8727	
平山县	44170	10498	72	33600	8845	6769
元氏县	28234	28087		147	6756	4191
赵　县	47580	47480		100	57416	
辛集市	72156	72144	2	10	61142	1737
藁城市	251374	251023	115	236	22987	
晋州市	17444	17444			55599	
新乐市	57984	57984			11078	
鹿泉市	71348	71053	65	230	10562	19

9—15 续表 3　　　　（2008 年）　　　　计量单位：万元

行政单位	二、林业商品产值		三、牧业商品产值		
	总 计		总 计	（一）牲畜的饲养	
		# 林产品		合 计	1. 牛
石家庄市	**48807**	**47495**	**1940236**	**487995**	**218828**
长 安 区			10164	3591	861
桥 东 区			1837	389	
桥 西 区			3803	520	150
新 华 区	15		5490	3182	719
裕 华 区			5855	1723	623
矿　 区	86	85	3934	240	48
井 陉 县	2261	1954	64602	27420	18704
正 定 县	13		220546	60231	31764
栾 城 县	699		212957	59787	21327
行 唐 县	263	263	148948	84616	15963
灵 寿 县	13330	13330	37395	6420	
高 邑 县	24		22817	3464	870
深 泽 县	376	1	54478	14696	1563
赞 皇 县	9541	9237	60314	32843	29861
无 极 县			163475	58929	25611
平 山 县	18669	17014	43176	7060	1708
元 氏 县	689	683	92811	33534	12880
赵　 县	38		111724	16791	6273
辛 集 市	546	259	207150	26943	5753
藁 城 市	54		236596	53413	21884
晋 州 市	24		116235	17826	5386
新 乐 市	358		125801	24715	7002
鹿 泉 市	1310	1197	84204	23926	7411

9—15 续表4 (2008年) 计量单位：万元

行政单位	三、牧业商品产值（续）				
	（一）牲畜的饲养（续）				（二）猪的饲养
	2. 羊	3. 其他牲畜	4. 奶类	5. 毛绒类	
石家庄市	**42611**	**5546**	**216481**	**4529**	**620705**
长安区	169		2561		4444
桥东区	65		324		839
桥西区	24		346		1067
新华区	154		2309		1615
裕华区	44		1056		2517
矿区	68		123	1	2718
井陉县	3971	57	4309	379	18077
正定县	2374		26037	56	53120
栾城县	1627		36730	103	50164
行唐县	2520	410	65635	88	38188
灵寿县			5978	442	21361
高邑县	743		1812	39	8733
深泽县	3646	61	9165	261	26855
赞皇县	2644	43	295		15987
无极县	6226	837	25920	335	47444
平山县	2616		2655	81	26130
元氏县	402	368	19522	362	20767
赵县	2533	99	7636	250	47584
辛集市	5259	1064	14551	316	84591
藁城市	6195	334	24474	526	69298
晋州市	5346	784	5086	1224	51229
新乐市	517	2219	14871	106	49385
鹿泉市	1655	10	14802	48	32650

9—15 续表 5　　（2008 年）　　计量单位：万元

行政单位	三、牧业商品产值（续）				四、渔业商品产值
	（三）家禽的饲养（续）			（四）其他畜牧业	
	合　计	1. 肉禽	2. 禽蛋		
石家庄市	**771524**	**219511**	**552013**	**60012**	**36629**
长 安 区	2129	498	1631		39
桥 东 区	609	110	499		12
桥 西 区	2023	1382	641	193	20
新 华 区	693	539	154		62
裕 华 区	1615	621	994		22
矿　　区	974	342	632	2	36
井 陉 县	18397	5970	12427	708	1191
正 定 县	107124	30763	76361	71	1614
栾 城 县	97685	33143	64542	5321	96
行 唐 县	25982	7850	18132	162	1715
灵 寿 县	9164	2963	6201	450	4522
高 邑 县	10068	2435	7633	552	8
深 泽 县	12788	3867	8921	139	643
赞 皇 县	9048	2869	6179	2436	539
无 极 县	56423	17100	39323	679	176
平 山 县	8019	2025	5994	1967	19808
元 氏 县	38083	12003	26080	427	598
赵　　县	47172	14412	32760	177	59
辛 集 市	95013	27733	67280	603	251
藁 城 市	111789	34174	77615	2096	59
晋 州 市	46510	14145	32365	670	81
新 乐 市	50935	12661	38274	766	12
鹿 泉 市	24351	7992	16359	3277	7357

农村非农行业总产值

9—16　　(2008 年)　　计量单位：万元

行政单位	农村非农行业总产值	一、农村工业	二、农村建筑业	三、农村运输业	四、农村批发零售贸易业、餐饮业	# 批发零售贸易业
石家庄市	**38297541**	**28855589**	**1858739**	**2641588**	**4941625**	**3986766**
长安区	836032	739548	45053	8769	42662	30136
桥东区	824580	392460	82718	54789	294613	205500
桥西区	553964	218814	63914	17310	253926	233484
新华区	976779	565113	60746	130970	219950	165255
裕华区	1045286	627382	150631	59004	208269	158154
矿　区	639112	530813	7591	37789	62919	58217
高新区	168153	96915	54592	6252	10394	6236
井陉县	4365306	3303483	123813	550263	387747	312684
正定县	1934386	1487919	116202	147957	182308	144550
栾城县	1683290	1215698	82689	85974	298929	219065
行唐县	1769113	1552109	61499	72758	82747	62827
灵寿县	778761	606453	30393	49492	92423	79182
高邑县	601912	402678	26466	67223	105545	75656
深泽县	851608	747034	39099	29643	35832	24355
赞皇县	408502	302298	13543	56076	36585	31447
无极县	771077	648959	22200	40550	59368	41503
平山县	909486	762746	32520	39853	74367	66937
元氏县	994175	539190	95173	221078	138734	94718
赵　县	1192061	919336	73889	54195	144641	132147
辛集市	3780244	2284102	293940	208156	994046	923067
藁城市	5603272	4588087	179742	361180	474263	377488
晋州市	1963912	1794740	38590	44349	86233	58865
新乐市	1485015	1259000	61115	56450	108450	59840
鹿泉市	4161515	3270712	102621	241508	546674	425453

十、工　业

全市全部工业企业主要产品产量

10—1

产品名称	计量单位	2008 年	2007 年	增长速度（%）
原煤	吨	1398667	725054	92.91
洗煤	吨	5913241	4460329	32.57
铁矿石原矿量	吨	388460	298836	29.99
大米	吨	63434	62670	1.22
小麦粉	万吨	268.03	239.23	12.04
配混合饲料	吨	3097685	2981706	3.89
食用植物油	吨	95136	95215	-0.08
鲜、冻畜肉	吨	52796	24334	116.96
糖果	吨	1316	569	131.28
糕点	吨	976	1315	-25.76
饼干	吨	21036	45065	-53.32
乳制品	吨	774930	1057940	-26.75
罐头	吨	1715	1944	-11.78
酱油	吨	34646	42640	-18.75
冷冻饮品	吨	16229	11408	42.26
发酵酒精	吨	2700	1260	114.29
饮料酒	吨	217560	228231	-4.68
白酒	吨	7088	3615	96.07
啤酒	吨	210139	224335	-6.33
软饮料	吨	459817	600150	-23.38
# 果汁及果汁饮料	吨	30119	20243	48.79
瓶（罐）装饮用水	吨	69461	65248	6.46
液体乳	吨	659674	925935	-28.76
卷烟	万支	2125000	2002500	6.12
纱	吨	288773	267093	8.12
布	万米	203743	157007	29.77
棉布	万米	184437	137174	34.46
混纺交织布	万米	18193	18368	-0.95
纯化纤布	万米	1113	1465	-24.03
印染布	万米	104607	113046	-7.46

10—1 续表 1

产品名称	计量单位	2008 年	2007 年	增长速度（%）
服装	万件	12275	9091	35.02
# 梭织服装	万件	5993	5104	17.41
# 西服及西服套装	万件	750	472	59.13
衬衫	万件	109	244	-55.50
儿童服装	万件	32	28	15.41
针织服装	万件	6282	3987	57.55
羽绒服装	万件	258	248	4.32
轻革	平方米	182094435	171001063	6.49
皮鞋	万双	191	188	1.65
革皮服装	件	15680804	11083483	41.48
人造板	立方米	4951294	4288913	15.44
# 胶合板	立方米	4102250	3555925	15.36
纤维板	立方米	458691	410017	11.87
刨花板	立方米	311493	170251	82.96
家具	件	1420441	1351623	5.09
# 木制家具	件	1252647	1165464	7.48
软体家具（包括床垫、沙发）	件	12841	18650	-31.15
纸浆	吨	17	5444	-99.69
机制纸	吨	768395	814673	-5.68
# 新闻纸	吨	301141	368256	-18.23
纸制品	吨	318709	293069	8.75
# 纸箱	吨	175663	156622	12.16
本册	万本	3973	3945	0.70
原油加工量	吨	3819661	3345375	14.18
# 汽油	吨	785908	613282	28.15
煤油	吨	120965	111436	8.55
柴油	吨	1716928	1437133	19.47
润滑油	吨	9949	13140	-24.29
燃料油	吨	57324	52950	8.26
液化石油气	吨	198595	174858	13.58

10—1 续表 2

产品名称	计量单位	2008 年	2007 年	增长速度（%）
焦炭	吨	2726436	3481553	-21.69
硫酸（折 100%）	吨	104475	155275	-32.72
浓硝酸（折 100%）	吨	14492	18585	-22.02
盐酸（含量 31% 以上）	吨	200411	206546	-2.97
氢氧化纳（烧碱）（折 100%）	吨	45488	50200	-9.39
碳酸纳（纯碱）	吨	335876	329872	1.82
碳化钙（电石）折（300 升/千克）	吨	18273	24803	-26.33
合成氨	吨	1318168	1337739	-1.46
农用氮、磷、钾化学肥料	吨	674719	665585	1.37
# 氮肥（折含 N100%）	吨	631238	613182	2.94
# 尿素	吨	375503	372744	0.74
磷肥（折含 P205100%）	吨	43481	52403	-17.03
化学农药	吨	10742	9372	14.62
# 杀虫剂	吨	7462	6233	19.72
除草剂	吨	3280	3139	4.49
纯苯	吨	33536	50148	-33.13
精甲醇	吨	400456	380496	5.25
冰醋酸	吨	62793	86325	-27.26
油漆	吨	30894	32697	-5.51
建筑涂料	吨	7782	6689	16.34
颜料	吨	115841	85686	35.19
塑料树脂及共聚物	吨	68412	56008	22.15
# 聚丙烯树脂	吨	68412	56008	22.15
合成纤维单体	吨	66446	76987	-13.69
# 乙内酰胺	吨	56887	65646	-13.34
合成纤维聚合物	吨	30321	36571	-17.09
肥皂	吨	69024	61862	11.58
合成洗涤剂	吨	136565	131010	4.24
香精	吨	405	420	-3.57
化学原料药	吨	249774	293573	-14.92

10—1 续表 3

产品名称	计量单位	2008 年	2007 年	增长速度（%）
中成药	吨	9024	8207	9.95
轮胎外胎	条	33500	36900	-9.21
塑料制品	吨	459661	353451	30.05
# 塑料薄膜	吨	71966	68873	4.49
塑料板片材	吨	44578	31428	41.84
塑料丝及纺织制品	吨	72980	56590	28.96
泡沫塑料	吨	10916	12318	-11.38
塑料包装箱及容器	吨	1182	1136	4.05
日用塑料制品	吨	124029	104053	19.20
水泥	万吨	2870	2783	3.12
水泥排水管	千米	425	297	43.10
水泥预制管桩	米	1082518	984979	9.90
砖（折标准砖）	万块	870570	892260	-2.43
大理石板材	平方米	1236298	787463	57.00
花岗石板材	平方米	52466	700673	-92.51
日用玻璃制品	吨	215842	188794	14.33
瓷质砖	平方米	90901040	85373805	6.47
日有陶瓷	万件	2373	2640	-10.11
耐火材料制品	吨	66492	27959	137.82
石墨及碳素制品	吨	162528	128024	26.95
玻璃纤维纱	吨	42	66	-36.36
生铁	吨	7171410	6154240	16.53
钢	吨	7259031	6730776	7.85
成品钢材	吨	6347915	6035608	5.17
黄金	千克	376.68	377.88	-0.32
铝材	吨	10184	16734	-39.14
金属切削工具	万件	5060	1520	232.99
模具	套	12578	16181	-22.27
内燃机	千瓦	498575	397102	25.55

10—1 续表 4

产品名称	计量单位	2008 年	2007 年	增长速度（%）
金属切削机床	台	56	107	-47.66
输送机械	米	187	173	8.09
泵	台	10515	8495	23.78
风机	台	10258	9840	4.25
减速机	台	8726	6975	25.10
制冷空调设备	台（套）	4	20	-80.00
轴承	万套	1309	1277	2.51
阀门	吨	22590	26732	-15.49
液压元件	件	19321	21195	-8.84
塑料加工设备	吨	211	240	-12.08
粮食加工机械	台	9580	4917	94.83
农业运输机械	辆	35	29	20.69
大气污染防治设备	台	618	593	4.22
机车	辆	32	69	-53.62
公路客车	辆	212	356	-40.45
改装汽车	辆	7918	8950	-11.53
摩托车	辆	27751	18384	50.95
交流电动机	千瓦	3685000	4255000	-13.40
变压器	千伏安	386050	171880	124.60
电力电缆	千米	69923	51945	34.61
光缆（光纤通讯电缆）	芯千米	248657	159561	55.84
绝缘制品	吨	8868	7542	17.58
酸性蓄电池	千伏安时	908106	814939	11.43
数字程控交换机	线	114700	171800	-33.24
半导体分立器件	万只	42.2	48.2	-12.45
钟	只	294910	130800	125.47
发电量	万千瓦时	2812979	2848785	-1.26
火电	万千瓦时	2786555	2835388	-1.72
水电	万千瓦时	26424	13397	97.25

全市规模以上工业企业主要经济指标

10—2　　(2008 年)　　计量单位：千元

项目名称	工业企业单位数（个）	工业企业总产值	工业企业销售产值	资产合计	# 流动资产小计
总　计	**2314**	**410063174**	**401914634**	**211432617**	**77642414**
一、按登记注册类型分组					
内资企业	2170	375403702	367363661	186545229	65700601
国有企业	72	53698289	53354551	47385931	17179475
集体企业	116	18730543	18382994	4508176	1927034
股份合作企业	19	1700166	1654034	732182	363019
联营企业	2	264375	262010	134046	83733
有限责任公司	292	64970453	62691252	63662059	22246193
股份有限公司	117	23467983	23164870	20496830	6971381
私营企业	1552	212571893	207853950	49626005	16929766
港、澳、台商投资企业	57	17842755	17804518	11600558	5640823
外商投资企业	87	16816717	16746455	13286830	6300990
二、按经济组织类型分组					
独资企业	695	144979095	143316138	69387396	25736952
合作、合伙企业	173	15091590	14918140	3948577	1611671
股份有限公司	206	61489859	59543704	32581320	10701969
有限责任公司	1240	188502630	184136652	105515324	39591822
三、在总计中：亏损企业	168	59698571	59634770	59418698	14895861
在总计中：国有控股企业	128	74919157	74390516	92236350	28828745
在总计中：农村工业	77	17771882	17353438	8965853	3631726
在总计中：轻工业	1059	161581041	157786512	72201685	31017486
重工业	1255	248482133	244128122	139230932	46624928
在总计中：大型企业	27	113925514	111528727	88478173	31440600
中型企业	198	79801964	77954728	62948645	25261830
小型企业	2089	216335696	212431179	60005799	20939984

10—2 续表 1　　　　（2008 年）　　　　计量单位：千元

项目名称	流动资产年平均余额	固定资产小计	固定资产原价	累计折旧	固定资产净值
总　　计	**75486839**	**110057157**	**145886753**	**48834793**	**97051960**
一、按登记注册类型分组					
内资企业	63301314	99204518	131378017	43993161	81319239
国有企业	16760702	24857940	36419230	14286412	21218229
集体企业	1921843	1960276	2732344	927552	1800137
股份合作企业	336510	322480	483531	176019	291974
联营企业	35787	50313	66232	16007	36364
有限责任公司	21704071	32956439	47815542	18081855	26693564
股份有限公司	6220589	11623968	11710323	3388813	7829251
私营企业	16321812	27433102	32150815	7116503	23449720
港、澳、台商投资企业	5851646	4475256	6807348	2550401	4097486
外商投资企业	6333879	6377383	7701388	2291231	6586208
二、按经济组织类型分组					
独资企业	24909311	36148820	50897233	18069111	32060462
合作、合伙企业	1422056	2088595	2647995	685750	1903428
股份有限公司	10213123	19682785	20263996	5119208	13609930
有限责任公司	38942349	52136957	72077529	24960724	44429113
三、在总计中：亏损企业	15506708	38254326	57192825	22757996	34092487
在总计中：国有控股企业	27521894	54024663	76075786	28906592	43436944
在总计中：农村工业	3891665	3694189	3847793	1150082	2349871
在总计中：轻工业	29838332	31283406	41729759	15117511	26660022
重工业	45648507	78773751	104156994	33717282	65342911
在总计中：大型企业	31489668	45415467	64474618	23734865	38778005
中型企业	24239427	32609947	43204322	16271470	26833613
小型企业	19757744	32031743	38207813	8828458	26391315

10—2 续表 2　　（2008 年）　　计量单位：千元

项目名称	固定资产净值年平均余额	负债合计	# 流动负债	长期负债	所有者权益
总　计	**92002933**	**128157122**	**98366326**	**25761394**	**82710720**
一、按登记注册类型分组					
内资企业	81319239	113559997	87243122	22697069	72420457
国有企业	21218229	36766296	29387250	7267972	10619635
集体企业	1800137	2543300	2107898	273201	1964876
股份合作企业	291974	401830	343163	55148	330352
联营企业	36364	67436	67035	400	66610
有限责任公司	26693564	40687599	28380131	11901157	22409685
股份有限公司	7829251	8492361	7108326	892252	12004469
私营企业	23449720	24601175	19849319	2306939	25024830
港、澳、台商投资企业	4097486	7370401	5841615	1510434	4230157
外商投资企业	6586208	7226724	5281589	1553891	6060106
二、按经济组织类型分组					
独资企业	32060462	47044428	37809782	8610218	22342968
合作、合伙企业	1903428	1980020	1624239	252191	1968557
股份有限公司	13609930	14889720	13085696	1045324	17691600
有限责任公司	44429113	64242954	45846609	15853661	40707595
三、在总计中：亏损企业	34092487	45405806	33032797	11562744	13448117
在总计中：国有控股企业	43436944	64545922	47541596	16603353	27125653
在总计中：农村工业	2349871	4570534	3695424	742469	4395319
在总计中：轻工业	26660022	36906236	29817028	5772765	35295449
重工业	65342911	91250886	68549298	19988629	47415271
在总计中：大型企业	38778005	58755796	46660384	12087703	29157602
中型企业	26833613	35820386	28876736	6162606	27128259
小型企业	26391315	33580940	22829206	7511085	26424859

10—2 续表 3　　（2008 年）　　计量单位：千元

项目名称	所有者权益中：# 实收资本	# 国家资本	集体资本	主营业务收入	# 主营业务成本	主营业务税金及附加
总　计	**52177011**	**14990341**	**3305809**	**396903042**	**339617466**	**4327875**
一、按登记注册类型分组						
内资企业	45534284	13545638	3193332	362848903	311155603	4236023
国有企业	9310332	6060839	33528	53396421	50084363	1878927
集体企业	1075573		989427	17737681	14980094	92746
股份合作企业	238994		103166	1581871	1271124	2436
联营企业	44620			242957	136246	4830
有限责任公司	16873226	4241098	1968221	63324771	52917033	382115
股份有限公司	5343864	3243701	88499	23386459	20533107	111610
私营企业	12647675		10491	203178743	171233636	1763359
港、澳、台商投资企业	3312058	1104938	90255	17495992	15472391	53794
外商投资企业	3330669	339765	22222	16558147	12989472	38058
二、按经济组织类型分组						
独资企业	15226651	6060839	1022955	142712181	125539985	2587707
合作、合伙企业	1409608		113657	14670759	11845679	125481
股份有限公司	6600899	3243701	88499	58420024	52563569	209239
有限责任公司	28939853	5685801	2080698	181100078	149668233	1405448
三、在总计中：亏损企业	18878853	8937856	275659	59829967	60927689	636996
在总计中：国有控股企业	24370355	13620417	644283	75433158	70150682	1990819
在总计中：农村工业	1796193		1619387	16944612	14500640	110345
在总计中：轻工业	17590170	3473815	851422	158725604	127066430	2517583
重工业	34586841	11516526	2454387	238177438	212551036	1810292
在总计中：大型企业	16361137	6363289	1202378	112563192	102976713	2111574
中型企业	16571510	6525667	1180176	76867520	63877269	674545
小型企业	19244364	2101385	923255	207472330	172763484	1541756

10—2 续表 4　　（2008 年）　　计量单位：千元

项目名称	管理费用	# 税金	财务费用	# 利息支出	营业利润
总　　计	**11522850**	**549933**	**5153393**	**4606555**	**24907053**
一、按登记注册类型分组					
内资企业	10267826	487884	4735741	4255811	22365713
国有企业	2024930	103831	1163723	1110532	－2340984
集体企业	346928	14047	111254	96620	1947978
股份合作企业	78375	567	5983	5464	123395
联营企业	4207	5	4060	4060	64258
有限责任公司	3426045	136502	1381960	1281151	3278495
股份有限公司	804657	52777	382469	344649	1282788
私营企业	3582684	180155	1686292	1413335	18009783
港、澳、台商投资企业	564530	29686	234387	175877	751254
外商投资企业	690494	32363	183265	174867	1790086
二、按经济组织类型分组					
独资企业	3370685	162232	1640398	1484096	6534113
合作、合伙企业	333075	7413	105764	85896	1489254
股份有限公司	1181731	91807	770611	673058	2703873
有限责任公司	6637359	288481	2636620	2363505	14179813
三、在总计中：亏损企业	2034721	123627	1599060	1541033	－6464151
在总计中：国有控股企业	3754742	190160	2178678	2120802	－3367972
在总计中：农村工业	403674	13019	176839	158133	1491197
在总计中：轻工业	5283389	234752	1746979	1546099	15628685
重工业	6239461	315181	3406414	3060456	9278368
在总计中：大型企业	3361963	207879	2218190	1964539	－545267
中型企业	3638238	134686	1305518	1256286	5206926
小型企业	4522649	207368	1629685	1385730	20245394

10—2 续表 5　　　　（2008 年）　　　　计量单位：千元

项目名称	投资收益	利润总额	应交所得税	利税总额	本年应付工资总额
总　　计	**459897**	**23313791**	**3400221**	**38346907**	**10462056**
一、按登记注册类型分组					
内资企业	459016	20803480	3156155	34643504	9488156
国有企业	366425	－1007649	601163	2377055	2041702
集体企业	424	1492769	205591	1972359	414133
股份合作企业	7	89871	2684	134292	36923
联营企业		32968	4796	53666	595
有限责任公司	45672	3078389	637552	5641030	2692653
股份有限公司	17973	1272710	174667	2094300	820934
私营企业	28515	15844422	1529702	22370802	3481216
港、澳、台商投资企业	5925	705184	89594	1263359	413142
外商投资企业	－5044	1805127	154472	2440044	560758
二、按经济组织类型分组					
独资企业	376719	6504077	1324558	12726833	3561590
合作、合伙企业	1881	1249567	118276	1788276	321874
股份有限公司	17973	2479217	346230	4200069	1352752
有限责任公司	63324	13080930	1611157	19631729	5225840
三、在总计中：亏损企业	－22733	－5416157	－97452	－3212294	1856250
在总计中：国有控股企业	406230	－1835823	713459	2682888	3383057
在总计中：农村工业	72	1355462	132786	1836334	549363
在总计中：轻工业	363962	14434125	1787684	21381440	4412342
重工业	95935	8879666	1612537	16965467	6049714
在总计中：大型企业	406437	790063	937441	5992824	3512005
中型企业	16923	5167904	827028	8285278	3139696
小型企业	36537	17355824	1635752	24068805	3810355

10—2 续表 6　　（2008 年）　　计量单位：千元

项目名称	本年应付福利费总额	本年应交增值税	本年进项税额	本年销项税额	全部从业人员年平均人数（人）
总　计	**945386**	**10705241**	**56094708**	**69960508**	**552323**
一、按登记注册类型分组					
内资企业	868282	9604001	51846517	64780159	505686
国有企业	164407	1505777	13843394	15325270	78032
集体企业	38058	386844	2338909	2717117	29139
股份合作企业	1783	41985	174768	219593	3210
联营企业	37	15868	18074	35802	65
有限责任公司	248527	2180526	7429536	9353517	123130
股份有限公司	95677	709980	2597431	4885206	56906
私营企业	319793	4763021	25444405	32243654	215204
港、澳、台商投资企业	34869	504381	2571483	2903847	20422
外商投资企业	42235	596859	1676708	2276502	26215
二、按经济组织类型分组					
独资企业	312317	3635049	24838017	28546800	167123
合作、合伙企业	23466	413228	1758380	2186256	22287
股份有限公司	152315	1511613	7889623	11248307	80023
有限责任公司	457288	5145351	21608688	27979145	282890
三、在总计中：亏损企业	199926	1566867	8804377	11518219	81447
在总计中：国有控股企业	344274	2527892	16337740	20146574	143231
在总计中：农村工业	65479	370527	2265533	2636453	31431
在总计中：轻工业	366936	4429732	24730119	30409949	262221
重工业	578450	6275509	31364589	39550559	290102
在总计中：大型企业	310657	3091187	23021244	25442006	129775
中型企业	305459	2442829	8698771	12862527	169004
小型企业	329270	5171225	24374693	31655975	253544

市区规模以上工业企业主要经济指标

10—3　　　　（2008 年）　　　　计量单位：千元

项目名称	工业企业单位数（个）	工业企业总产值	工业企业销售产值	资产合计	# 流动资产小计
总　计	**330**	**117207526**	**115367007**	**116936214**	**44823442**
一、按登记注册类型分组					
内资企业	276	99457852	97447510	102478974	37253954
国有企业	39	49392105	49122393	43072949	14864688
集体企业	34	4243891	4138774	1894759	1201487
股份合作企业	6	201814	195159	109440	71108
联营企业	1	81545	79180	71476	69708
有限责任公司	84	26548225	25317471	36678375	12977321
股份有限公司	24	9248053	9199747	15130446	4894469
私营企业	88	9742219	9394786	5521529	3175173
港、澳、台商投资企业	24	12113071	12276291	8739054	4349882
外商投资企业	30	5636603	5643206	5718186	3219606
二、按经济组织类型分组					
独资企业	90	56419858	56056038	47364169	17711238
合作、合伙企业	11	688458	706070	657062	389014
股份有限公司	33	13205688	12952747	17404591	6167436
有限责任公司	196	46893522	45652152	51510392	20555754
三、在总计中：亏损企业	83	50465848	50566643	47244582	10494680
在总计中：国有控股企业	68	62709265	62391029	74724201	22956296
在总计中：农村工业	23	5435215	5337870	2246484	1410916
在总计中：轻工业	108	35536183	34132174	41447439	19946965
重工业	222	81671343	81234833	75488775	24876477
在总计中：大型企业	20	72824844	71848540	69535719	24638588
中型企业	86	29298098	28669109	33334680	13667432
小型企业	224	15084584	14849358	14065815	6517422

10—3 续表1 （2008年） 计量单位：千元

项目名称	流动资产年平均余额	固定资产小计	固定资产原价	累计折旧	固定资产净值
总 计	**43478794**	**57861354**	**81467675**	**30780374**	**50687301**
一、按登记注册类型分组					
内资企业	35691282	52583503	73245007	27314029	45930978
国有企业	14468006	23126287	34020755	13331946	20688809
集体企业	1227362	536514	974383	480154	494229
股份合作企业	70122	34251	71526	38677	32849
联营企业	21762	1768	2194	514	1680
有限责任公司	12713415	18012859	27593968	10500837	17093131
股份有限公司	4209541	9211578	8534187	2325808	6208379
私营企业	2981074	1660246	2047994	636093	1411901
港、澳、台商投资企业	4670253	3037909	5266245	2264891	3001354
外商投资企业	3117259	2239942	2956423	1201454	1754969
二、按经济组织类型分组					
独资企业	17210488	24304959	35873111	14085316	21787795
合作、合伙企业	327948	137438	263545	139506	124039
股份有限公司	5452558	10175847	9650339	2859472	6790867
有限责任公司	20487800	23243110	35680680	13696080	21984600
三、在总计中：亏损企业	11025390	31617276	45536062	16857495	28678567
在总计中：国有控股企业	22057858	43504430	59465658	21832172	37633486
在总计中：农村工业	1383891	698667	1206952	518561	688391
在总计中：轻工业	19052649	15558964	23764142	10850380	12913762
重工业	24426145	42302390	57703533	19929994	37773539
在总计中：大型企业	24103526	34619802	52909775	21079595	31830180
中型企业	13318320	17173314	21063297	7913000	13150297
小型企业	6056948	6068238	7494603	1787779	5706824

10—3 续表 2　　　　（2008 年）　　　　计量单位：千元

项目名称	固定资产净值年平均余额	负债合计	# 流动负债	长期负债	所有者权益
总　计	**47210648**	**77178583**	**59904343**	**16641950**	**39192856**
一、按登记注册类型分组					
内资企业	41791724	68357139	52777205	15079256	33557060
国有企业	19781509	34037726	27325607	6668425	9035223
集体企业	537932	1207083	1063167	137242	687676
股份合作企业	34101	69709	63069	6640	39731
联营企业	2127	64036	64035		7440
有限责任公司	14074299	23898873	16517827	7344308	12214727
股份有限公司	5975510	6002560	5027612	703541	9127886
私营企业	1386246	3077152	2715888	219100	2444377
港、澳、台商投资企业	3006254	5827744	4514487	1312756	2911310
外商投资企业	2412670	2993700	2612651	249938	2724486
二、按经济组织类型分组					
独资企业	20924270	36721122	29829544	6840047	10643047
合作、合伙企业	125770	397592	340759	56830	259470
股份有限公司	6747410	6882487	5693849	737797	10522104
有限责任公司	19413198	33177382	24040191	9007276	17768235
三、在总计中：亏损企业	27705671	36796440	26538780	9977944	9883367
在总计中：国有控股企业	33682972	52670046	39421258	12920427	21489380
在总计中：农村工业	659956	1319189	1193739	118776	927295
在总计中：轻工业	12942800	22944995	19800525	3072153	18502444
重工业	34267848	54233588	40103818	13569797	20690412
在总计中：大型企业	31013043	48998022	37470789	11519529	19972922
中型企业	13245891	18618876	16161709	2002755	14715804
小型企业	2951714	9561685	6271845	3119666	4504130

10—3 续表 3　　（2008 年）　　计量单位：千元

项目名称	所有者权益中：# 实收资本	# 国家资本	集体资本	主营业务收入	# 主营业务成本	主营业务税金及附加
总　　计	**28113215**	**11079589**	**1163848**	**116137574**	**102876455**	**2203128**
一、按登记注册类型分组						
内资企业	24253129	9826508	1070048	98037492	86823779	2173163
国有企业	8278041	5124714	33528	49221684	46419519	1866939
集体企业	478288		471180	3853191	3204492	38899
股份合作企业	14020		11080	192466	182267	325
联营企业	5500			54594	43958	552
有限责任公司	10269659	1532932	465270	26321544	21545193	122297
股份有限公司	4144601	3168862	78499	9917417	8933900	41102
私营企业	1063020		10491	8476596	6494450	103049
港、澳、台商投资企业	2565236	1083312	88300	12097592	11070118	23011
外商投资企业	1294850	169769	5500	6002490	4982558	6954
二、按经济组织类型分组						
独资企业	9025401	5124714	504708	56231650	52144685	1910869
合作、合伙企业	106853		21571	713145	627394	2659
股份有限公司	4610694	3168862	78499	13456105	11571363	67372
有限责任公司	14370267	2786013	559070	45736674	38533013	222228
三、在总计中：亏损企业	14916334	6980896	224539	51130195	52704306	602011
在总计中：国有控股企业	19513620	9916495	209198	63440567	59743125	1919493
在总计中：农村工业	487389		361653	5211837	4383911	43382
在总计中：轻工业	8359918	2926485	516071	36013420	26227179	1446677
重工业	19753297	8153104	647777	80124154	76649276	756451
在总计中：大型企业	14446064	6220192	180078	73873238	67449080	1911224
中型企业	9728124	4168416	565240	28402513	24096417	163675
小型企业	3939027	690981	418530	13861823	11330958	128229

10—3 续表4 （2008年） 计量单位：千元

项目名称	管理费用	# 税金	财务费用	# 利息支出	营业利润
总 计	**5612511**	**276378**	**2440084**	**2222096**	**-404929**
一、按登记注册类型分组					
内资企业	4982353	242894	2180370	2021204	-944890
国有企业	1824675	95569	1100950	1052090	-2629397
集体企业	166053	4617	26573	17866	327414
股份合作企业	4401	454	641	228	96
联营企业	544	4	392	392	3688
有限责任公司	2107406	81089	702300	644695	627377
股份有限公司	522255	37362	251796	240972	171614
私营企业	357019	23799	97718	64961	554318
港、澳、台商投资企业	361512	20681	199492	142379	94279
外商投资企业	268646	12803	60222	58513	445682
二、按经济组织类型分组					
独资企业	2128409	104950	1157159	1092721	-2039372
合作、合伙企业	48085	993	13462	11259	-2010
股份有限公司	639871	43197	279463	266204	483080
有限责任公司	2796146	127238	990000	851912	1153373
三、在总计中：亏损企业	1517785	85834	1407276	1340923	-5855732
在总计中：国有控股企业	3043337	151584	1723069	1657414	-3806911
在总计中：农村工业	177040	5017	52001	39752	447660
在总计中：轻工业	2545120	116899	714154	615691	3249126
重工业	3067391	159479	1725930	1606405	-3654055
在总计中：大型企业	2935656	172945	1774734	1617308	-2307552
中型企业	1957183	69647	525226	501567	1023377
小型企业	719672	33786	140124	103221	879246

10—3 续表 5　　（2008 年）　　计量单位：千元

项目名称	投资收益	利润总额	应交所得税	利税总额	本年应付工资总额
总　　计	**418160**	**1101655**	**1169795**	**7175977**	**5258486**
一、按登记注册类型分组					
内资企业	412260	536806	1098786	6016036	4701435
国有企业	366425	－1172572	588741	2075993	1865213
集体企业	424	253273	36394	385692	241557
股份合作企业	7	144	182	5392	9233
联营企业		3688		7937	150
有限责任公司	39123	551618	318686	1630948	1574601
股份有限公司	4592	319326	82296	792950	528973
私营企业	1689	581329	72487	1117124	481708
港、澳、台商投资企业	5900	110172	33496	523901	284780
外商投资企业		454677	37513	636040	272271
二、按经济组织类型分组					
独资企业	366953	－630586	642861	2866211	2290390
合作、合伙企业	1881	6712	219	33574	53297
股份有限公司	4592	631892	107843	1338402	682498
有限责任公司	44734	1093637	418872	2937790	2232301
三、在总计中：亏损企业	－22945	－4831602	－32622	－2955093	1413742
在总计中：国有控股企业	399720	－2245385	651247	1660661	2826630
在总计中：农村工业	23	421861	82674	614393	242848
在总计中：轻工业	343752	3553365	904561	6533320	2213281
重工业	74408	－2451710	265234	642657	3045205
在总计中：大型企业	413608	－848972	732347	3376289	2831915
中型企业	8456	1130571	311214	2367529	1750451
小型企业	－3904	820056	126234	1432159	676120

10—3 续表6　　(2008年)　　计量单位：千元

项目名称	本年应付福利费总额	本年应交增值税	本年进项税额	本年销项税额	全部从业人员年平均人数（人）
总　计	**469936**	**3871194**	**21351411**	**26055969**	**219812**
一、按登记注册类型分组					
内资企业	424281	3306067	18664354	23106887	197897
国有企业	155895	1381626	13352699	14733824	65867
集体企业	22600	93520	497597	570789	16917
股份合作企业	201	4923	24580	29503	876
联营企业		3697	2086	7643	25
有限责任公司	144049	957033	3015033	3663733	60210
股份有限公司	62222	432522	1006993	2773658	34910
私营企业	39314	432746	765366	1327737	19092
港、澳、台商投资企业	26386	390718	1954267	2094521	11625
外商投资企业	19269	174409	732790	854561	10290
二、按经济组织类型分组					
独资企业	193086	1585928	14203589	15784364	88188
合作、合伙企业	3421	24203	82572	99328	2753
股份有限公司	85561	639138	1395554	3354441	39524
有限责任公司	187868	1621925	5669696	6817836	89347
三、在总计中：亏损企业	164534	1274498	7824044	9946724	51272
在总计中：国有控股企业	287125	1986553	14845851	18198105	115673
在总计中：农村工业	25975	149150	631633	756766	14131
在总计中：轻工业	175569	1533278	10331388	11809028	100730
重工业	294367	2337916	11020023	14246941	119082
在总计中：大型企业	246269	2314037	16927811	18564859	100154
中型企业	166306	1073283	2878430	5388133	80828
小型企业	57361	483874	1545170	2102977	38830

全市规模以上工业企业分行业主要经济指标

10—4　　（2008年）　　计量单位：千元

项目名称	工业企业单位数（个）	工业企业总产值	工业企业销售产值	资产合计	# 流动资产小计
总　计	**2314**	**410063174**	**401914634**	**211432617**	**77642414**
采矿业	111	12937418	12784218	5239883	2591448
煤炭开采和洗选业	49	8271504	8191568	4000870	2374020
黑色金属矿采选业	38	3127627	3088724	858387	112665
有色金属矿采选业	1	138853	135398	29310	11570
非金属矿采选业	23	1399434	1368528	351316	93193
制造业	2175	374372187	366488053	164260798	70380853
农副食品加工业	168	27117889	26790039	4814484	1875880
食品制造业	50	5320963	5321527	1645886	542989
饮料制造业	25	3643801	3641950	1657127	446811
烟草制品业	2	3298814	3253563	3315748	2042076
纺织业	235	25632865	25189450	10193525	4412014
纺织服装、鞋、帽制造业	75	7102765	6917482	1860629	1069623
皮革、毛皮、羽毛（绒）及其制品业	169	31182447	30301888	6603731	2323164
木材加工及木、竹、藤、棕、草制品业	41	8514301	8398325	1616690	466539
家具制造业	22	2207878	2167899	322773	81091
造纸及纸制品业	57	6428012	6333262	3609858	824350
印刷业和记录媒介的复制	20	2341484	2161106	1853928	662323
石油加工、炼焦及核燃料加工业	18	23712459	23732857	6830421	3296053
化学原料及化学制品制造业	303	42506679	41338705	20163132	8467012
医药制造业	67	26530418	25219233	28511487	13721255
化学纤维制造业	13	1872276	1833469	965007	471977
橡胶制品业	19	3919589	3862553	1312697	553144
塑料制品业	86	9388967	9242359	2425864	959916
非金属矿物制品业	242	29437111	28982001	14137106	5033997
黑色金属冶炼及压延加工业	21	47272518	45972314	19266364	6546046
有色金属冶炼及压延加工业	25	2394373	2364776	524215	210862
金属制品业	112	14338932	14203803	3744647	1803217
通用设备制造业	167	17252909	16825000	10336747	5140487
专用设备制造业	59	8074493	7990646	4630937	2484026
交通运输设备制造业	43	6751655	6710003	5990019	3201882
电气机械及器材制造业	78	9703929	9572470	2486677	1323794
通信设备、计算机及其他电子设备	22	3433075	3249862	3898485	1840025
仪器仪表及文化、办公用机械制造	15	1370568	1303701	804242	364574
工艺品及其他制造业	15	2899205	2889188	655542	167526
废弃资源和废旧材料回收加工业	6	721812	718622	82830	48200
电力、燃气及水的生产和供应业	28	22753569	22642363	41931936	4670113
电力、热力的生产和供应业	19	21455343	21356237	38910104	3668891
燃气生产和供应业	2	696979	686068	1288302	589893
水的生产和供应业	7	601247	600058	1733530	411329

10—4 续表 1 （2008 年） 计量单位：千元

项目名称	流动资产年平均余额	固定资产小计	固定资产原价	累计折旧	固定资产净值
总　　计	**75486839**	**110057157**	**145886753**	**48834793**	**97051960**
采矿业	2292579	1778429	2079917	567711	1512206
煤炭开采和洗选业	2023337	824928	864297	289073	575224
黑色金属矿采选业	133464	694480	899099	207009	692090
有色金属矿采选业	8605	17636	23200	6564	16636
非金属矿采选业	127173	241385	293321	65065	228256
制造业	68866979	75195107	98336259	33411097	64925162
农副食品加工业	1707919	2362661	2582257	601266	1980991
食品制造业	606843	902100	1088839	265552	823287
饮料制造业	439748	938609	1239306	575621	663685
烟草制品业	2115136	1123270	685153	387337	297816
纺织业	4040822	4567888	5941328	2134996	3806332
纺织服装、鞋、帽制造业	1033917	639018	902102	306470	595632
皮革、毛皮、羽毛（绒）及其制品业	2185002	2376720	2474495	518594	1955901
木材加工及木、竹、藤、棕、草制品业	461231	922379	1270597	353384	917213
家具制造业	83206	181157	200514	40866	159648
造纸及纸制品业	965699	2689177	2988407	594592	2393815
印刷业和记录媒介的复制	695309	1140105	1983612	939787	1043825
石油加工、炼焦及核燃料加工业	3371271	3152765	3215525	1057867	2157658
化学原料及化学制品制造业	8526102	9633852	13302413	5179707	8122706
医药制造业	12963707	10332869	15949878	6821820	9128058
化学纤维制造业	542510	370300	562446	207740	354706
橡胶制品业	530690	724220	1062702	350006	712696
塑料制品业	967329	1319123	1685950	437436	1248514
非金属矿物制品业	4790224	7173695	8104148	2324834	5779314
黑色金属冶炼及压延加工业	7275780	11134487	14018611	3727371	10291240
有色金属冶炼及压延加工业	200622	238970	332180	110174	222006
金属制品业	1734146	1606643	2075941	564197	1511744
通用设备制造业	4474072	4290861	4906110	1512529	3393581
专用设备制造业	2253921	1651639	2258624	721362	1537262
交通运输设备制造业	3122694	2115250	2925772	950086	1975686
电气机械及器材制造业	1305022	1040349	1408231	426109	982122
通信设备、计算机及其他电子设备	1910778	1694726	4146759	2079346	2067413
仪器仪表及文化、办公用机械制造	360696	368181	424992	122324	302668
工艺品及其他制造业	157393	480353	562678	86490	476188
废弃资源和废旧材料回收加工业	45190	23740	36689	13234	23455
电力、燃气及水的生产和供应业	4327281	33083621	45470577	14855985	30614592
电力、热力的生产和供应业	3338544	31327155	42934828	13941626	28993202
燃气生产和供应业	561175	567614	731574	220540	511034
水的生产和供应业	427562	1188852	1804175	693819	1110356

10—4 续表 2　　(2008 年)　　计量单位：千元

项目名称	固定资产净值年平均余额	负债合计	# 流动负债	长期负债	所有者权益
总　　计	**92002933**	**128157122**	**98366326**	**25761394**	**82710720**
采矿业	1413815	3642462	3162930	131843	1597421
煤炭开采和洗选业	525307	2774716	2489874	18056	1226154
黑色金属矿采选业	669007	656840	565877	38028	201547
有色金属矿采选业	15430	20345	8875	11470	8965
非金属矿采选业	204071	190561	98304	64289	160755
制造业	62780746	98120865	82214087	12600432	66139933
农副食品加工业	1946017	1913869	1424588	387166	2900615
食品制造业	898548	855013	702829	115241	790873
饮料制造业	558119	1413347	1291662	12840	243780
烟草制品业	323518	808294	808294		2507454
纺织业	3853665	5090825	4096510	915641	5102700
纺织服装、鞋、帽制造业	605895	938780	862838	40652	921849
皮革、毛皮、羽毛（绒）及其制品业	1419515	2498025	1935249	428437	4105706
木材加工及木、竹、藤、棕、草制品业	944922	566906	465201	80410	1049784
家具制造业	159175	130863	87932	25831	191910
造纸及纸制品业	2821509	2635994	1322087	1054165	973864
印刷业和记录媒介的复制	1013439	505147	462680	42466	1348781
石油加工、炼焦及核燃料加工业	2161625	9912007	9442859	336113	－3081586
化学原料及化学制品制造业	7635286	13296486	11215265	1243437	6866646
医药制造业	9176123	16127169	14017115	1861493	12384318
化学纤维制造业	339406	366411	321239	7267	598596
橡胶制品业	732760	885077	641900	210370	427620
塑料制品业	1292463	1197786	1050785	135859	1228078
非金属矿物制品业	5724671	8141655	5747862	1806650	5995451
黑色金属冶炼及压延加工业	8965619	11053128	9595164	1445069	8213236
有色金属冶炼及压延加工业	232997	298057	131841	165747	226158
金属制品业	1582302	1812049	1471176	285398	1932598
通用设备制造业	3227836	7044908	5767297	1007565	3291839
专用设备制造业	1547989	2634838	2499620	93408	1996099
交通运输设备制造业	1872623	4292188	3624139	602971	1697831
电气机械及器材制造业	964057	1439573	1183425	97094	1047104
通信设备、计算机及其他电子设备	2107161	1536425	1366079	167345	2362060
仪器仪表及文化、办公用机械制造	180599	433300	393162	24551	370942
工艺品及其他制造业	470077	274145	266909	7226	381397
废弃资源和废旧材料回收加工业	22830	18600	18380	20	64230
电力、燃气及水的生产和供应业	27808372	26393795	12989309	13029119	14973366
电力、热力的生产和供应业	25713456	24581584	11986662	12282770	13763745
燃气生产和供应业	971163	898814	756006	142808	389488
水的生产和供应业	1123753	913397	246641	603541	820133

10—4 续表 3　　（2008 年）　　计量单位：千元

项目名称	所有者权益中：# 实收资本	# 国家资本	集体资本	主营业务收入	# 主营业务成本	主营业务税金及附加
总　计	**52177011**	**14990341**	**3305809**	**396903042**	**339617466**	**4327875**
采矿业	715301	185027	45633	11809693	9911588	87687
煤炭开采和洗选业	493184	172897	10664	7240220	6153694	65320
黑色金属矿采选业	140398		22180	3071357	2516029	17118
有色金属矿采选业	3450		3450	138853	112476	105
非金属矿采选业	78269	12130	9339	1359263	1129389	5144
制造业	41074404	8165653	2819691	362361287	307741076	4142982
农副食品加工业	1681506	2081	285809	26781082	22638964	163669
食品制造业	565076	74832	10100	5940839	4853330	33671
饮料制造业	462944	170571		3608080	2889763	93633
烟草制品业	1003474	1003474		3132356	1097486	1276044
纺织业	2707845	453725	71196	25896985	22457060	171543
纺织服装、鞋、帽制造业	498788	103280	53790	6835560	5646531	52759
皮革、毛皮、羽毛（绒）及其制品业	1053983	73390	44980	29838153	24190439	200618
木材加工及木、竹、藤、棕、草制品业	979010		5000	8396603	7212917	213473
家具制造业	145793		2330	2167232	1691119	28521
造纸及纸制品业	1315007	169996	21029	5990759	5035321	46500
印刷业和记录媒介的复制	743065	616320	47505	2111241	1483631	20008
石油加工、炼焦及核燃料加工业	1838086	84000	195450	23822681	25810455	494328
化学原料及化学制品制造业	5452652	170055	243891	39426426	33076428	246860
医药制造业	4836471	656030	161260	26441573	18912930	83793
化学纤维制造业	132839	81178	1300	1765165	1545293	11751
橡胶制品业	242606		18374	3832908	3179924	7814
塑料制品业	757208	20762	17118	8947362	7757273	72083
非金属矿物制品业	4094058	1002800	1105020	27900080	23264729	213167
黑色金属冶炼及压延加工业	2702700	1000285	6855	44611892	42150261	60088
有色金属冶炼及压延加工业	145238	15270	9550	2225553	1688716	5805
金属制品业	1298346	49769	74657	13974077	11590756	145949
通用设备制造业	1818114	453891	170725	16670393	13550707	101239
专用设备制造业	1418680	247194	105386	7703676	6245984	48565
交通运输设备制造业	1630964	1110012	74380	6639232	5626851	39011
电气机械及器材制造业	727415	16800	47093	9537008	7749865	171493
通信设备、计算机及其他电子设备	2366079	585680	39600	3351786	2821166	11623
仪器仪表及文化、办公用机械制造	207581	4258	7293	1275669	1018225	11389
工艺品及其他制造业	201076			2828104	2030945	114062
废弃资源和废旧材料回收加工业	47800			708812	524007	3523
电力、燃气及水的生产和供应业	10387306	6639661	440485	22732062	21964802	97206
电力、热力的生产和供应业	9078677	6370723	435085	21452167	20995265	86217
燃气生产和供应业	305000	120000		682427	499803	8095
水的生产和供应业	1003629	148938	5400	597468	469734	2894

10—4 续表4　　（2008年）　　计量单位：千元

项目名称	管理费用	#税金	财务费用	#利息支出	营业利润
总　计	**11522850**	**549933**	**5153393**	**4606555**	**24907053**
采矿业	309229	14403	181005	145973	642208
煤炭开采和洗选业	222553	8648	93133	66857	170109
黑色金属矿采选业	64084	3842	69446	64932	260549
有色金属矿采选业	145	30	50	50	35012
非金属矿采选业	22447	1883	18376	14134	176538
制造业	10620872	494448	3997063	3474526	25269052
农副食品加工业	264202	19519	130688	100667	2477821
食品制造业	194076	4744	42367	34563	451123
饮料制造业	67075	3034	34424	28253	337516
烟草制品业	254938	4813	-2224	-2283	490953
纺织业	579915	32146	230425	213144	1808804
纺织服装、鞋、帽制造业	120709	3523	31752	16875	718987
皮革、毛皮、羽毛（绒）及其制品业	1079290	33464	456597	450228	3158802
木材加工及木、竹、藤、棕、草制品业	208120	5854	43323	42840	656433
家具制造业	48379	3291	9821	6791	190358
造纸及纸制品业	180197	13907	82738	78632	466926
印刷业和记录媒介的复制	189159	5880	7646	6395	378247
石油加工、炼焦及核燃料加工业	357205	34655	469770	460775	-3572342
化学原料及化学制品制造业	1459357	68184	527413	457467	3393377
医药制造业	1775932	89619	567060	471085	3221515
化学纤维制造业	53873	4463	17717	15655	92826
橡胶制品业	93711	2680	43838	43649	270160
塑料制品业	163215	7314	53810	46512	722341
非金属矿物制品业	635337	26693	274193	234321	2681847
黑色金属冶炼及压延加工业	469124	48035	566940	416197	942374
有色金属冶炼及压延加工业	33473	1260	9163	8324	256948
金属制品业	303042	20046	84755	67097	1267239
通用设备制造业	752857	21163	134436	106952	1658368
专用设备制造业	425894	11217	45956	35938	794826
交通运输设备制造业	350679	12284	56263	68263	587524
电气机械及器材制造业	167546	8865	43290	35678	941986
通信设备、计算机及其他电子设备	313634	6423	18153	17102	101658
仪器仪表及文化、办公用机械制造	61442	713	7908	7313	133234
工艺品及其他制造业	12802	521	7874	5626	545234
废弃资源和废旧材料回收加工业	5689	138	967	467	93967
电力、燃气及水的生产和供应业	592749	41082	975325	986056	-1004207
电力、热力的生产和供应业	466618	36567	922631	934178	-1081720
燃气生产和供应业	53623	1513	20749	20371	78344
水的生产和供应业	72508	3002	31945	31507	-831

10—4 续表5　　(2008年)　　计量单位：千元

项目名称	投资收益	利润总额	应交所得税	利税总额	本年应付工资总额
总　　计	**459897**	**23313791**	**3400221**	**38346907**	**10462056**
采矿业	152	769829	86943	1379685	309475
煤炭开采和洗选业	152	325294	27663	788718	245338
黑色金属矿采选业		260503	53817	364280	46409
有色金属矿采选业		26012		29417	440
非金属矿采选业		158020	5463	197270	17288
制造业	486213	23599753	3316586	36866370	9167501
农副食品加工业		1972068	293212	2568213	316047
食品制造业	920	337229	67409	528024	129297
饮料制造业		313688	41181	522066	69608
烟草制品业		452883	114089	2060226	143290
纺织业	9894	1727189	89660	2581353	795668
纺织服装、鞋、帽制造业	1542	493217	8864	662674	294456
皮革、毛皮、羽毛（绒）及其制品业	25175	3103393	160673	4081605	497070
木材加工及木、竹、藤、棕、草制品业		631284	89877	911029	110505
家具制造业		178772	13924	251630	30337
造纸及纸制品业		378263	21920	609082	123499
印刷业和记录媒介的复制	3275	382768	97476	520417	117603
石油加工、炼焦及核燃料加工业	63161	-2462935	63095	-1699713	190757
化学原料及化学制品制造业	19536	3113096	483696	4517354	1049899
医药制造业	320905	3363791	743275	4451700	1296011
化学纤维制造业		36508	4459	89050	47198
橡胶制品业		267973	40377	391299	74495
塑料制品业	65	677650	75705	955666	199616
非金属矿物制品业	101	2504767	335698	3514957	761087
黑色金属冶炼及压延加工业	3698	749446	52362	1736477	657515
有色金属冶炼及压延加工业		184951	10529	220180	40173
金属制品业	23	1072947	107325	1531591	369586
通用设备制造业	33	1370098	159199	1955282	679827
专用设备制造业	6232	642826	64243	879330	338203
交通运输设备制造业	35542	512998	36715	686449	371887
电气机械及器材制造业	-3393	814349	78438	1205130	171064
通信设备、计算机及其他电子设备	-498	82389	14078	203938	186216
仪器仪表及文化、办公用机械制造	2	133212	23381	193183	55470
工艺品及其他制造业		504599	12478	657495	44331
废弃资源和废旧材料回收加工业		60334	13248	80683	6786
电力、燃气及水的生产和供应业	-26468	-1055791	-3308	100852	985080
电力、热力的生产和供应业	-26468	-1117860	-13136	-13109	837230
燃气生产和供应业		79566	9264	105745	40049
水的生产和供应业		-17497	564	8216	107801

10—4 续表6　（2008年）　计量单位：千元

项目名称	本年应付福利费总额	本年应交增值税	本年进项税额	本年销项税额	全部从业人员年平均人数（人）
总　计	**945386**	**10705241**	**56094708**	**69960508**	**552323**
采矿业	16124	522169	1008798	1687850	13416
煤炭开采和洗选业	10121	398104	493379	1052062	8565
黑色金属矿采选业	3352	86659	336484	424168	3481
有色金属矿采选业	380	3300	15570	18870	40
非金属矿采选业	2271	34106	163365	192750	1330
制造业	795353	9123635	52638540	63353551	516591
农副食品加工业	28441	432476	3339121	3859143	20898
食品制造业	6992	157124	765118	918549	9811
饮料制造业	4281	114745	408406	526386	4148
烟草制品业		331299	536726	866360	2175
纺织业	63386	682621	3305210	4015389	63556
纺织服装、鞋、帽制造业	8265	116698	841842	1103973	20045
皮革、毛皮、羽毛（绒）及其制品业	50328	777594	2845215	4770486	35805
木材加工及木、竹、藤、棕、草制品业	18593	66272	1044844	1109561	7732
家具制造业	2155	44337	267037	311388	2319
造纸及纸制品业	15201	184319	691705	881903	8163
印刷业和记录媒介的复制	16511	117641	238865	356123	5932
石油加工、炼焦及核燃料加工业	13667	268894	4211597	4186265	8379
化学原料及化学制品制造业	87134	1157398	4735318	6738857	59309
医药制造业	104488	1004116	9000865	9845147	50309
化学纤维制造业	3550	40791	231541	277968	3629
橡胶制品业	7205	115512	421060	553557	6026
塑料制品业	23137	205933	1020610	1210802	12586
非金属矿物制品业	73571	797023	3518838	4326708	45554
黑色金属冶炼及压延加工业	48243	926943	7319966	8011016	24622
有色金属冶炼及压延加工业	2067	29424	291983	317408	3234
金属制品业	22864	312695	1734297	2020236	19464
通用设备制造业	62619	483945	1893164	2409675	42794
专用设备制造业	27001	187939	889657	1107934	15309
交通运输设备制造业	52768	134440	775363	897682	18643
电气机械及器材制造业	13417	219288	1256601	1489955	10195
通信设备、计算机及其他电子设备	9829	109926	407962	483170	8295
仪器仪表及文化、办公用机械制造	4849	48582	145589	195264	3700
工艺品及其他制造业	24022	38834	412704	458484	3529
废弃资源和废旧材料回收加工业	769	16826	87336	104162	430
电力、燃气及水的生产和供应业	133909	1059437	2447370	4919107	22316
电力、热力的生产和供应业	118417	1018534	2363312	4793660	16343
燃气生产和供应业	2286	18084	45984	64025	1138
水的生产和供应业	13206	22819	38074	61422	4835

市区规模以上工业企业分行业主要经济指标

10—5　　　　(2008 年)　　　　计量单位：千元

项目名称	工业企业单位数（个）	工业企业总产值	工业企业销售产值	资产合计	# 流动资产小计
总　计	**330**	**117207526**	**115367007**	**116936214**	**44823442**
采矿业	30	5423095	5370325	3243510	2089887
煤炭开采和洗选业	30	5423095	5370325	3243510	2089887
制造业	287	93442832	91655084	80243963	39531566
农副食品加工业	9	1643897	1628940	632350	368074
食品制造业	2	181143	240557	111140	51283
饮料制造业	2	248748	243936	405877	135258
烟草制品业	2	3298814	3253563	3315748	2042076
纺织业	19	3474032	3509423	6090089	2884579
纺织服装、鞋、帽制造业	8	1879431	1838230	831344	602734
皮革、毛皮、羽毛（绒）及其制品业	2	329853	326825	322739	256822
家具制造业	4	439456	439669	119693	29320
造纸及纸制品业	5	338815	340292	265154	112124
印刷业和记录媒介的复制	12	1616225	1431634	1600277	535104
石油加工、炼焦及核燃料加工业	4	21673105	21710109	5719569	2564037
化学原料及化学制品制造业	42	9832860	9712483	8224874	3351344
医药制造业	20	20127427	18917298	24818349	11768795
化学纤维制造业	1	72240	72295	24268	17282
橡胶制品业	3	233105	225918	215352	152478
塑料制品业	11	918352	911379	534349	267104
非金属矿物制品业	18	835624	836719	839972	495650
黑色金属冶炼及压延加工业	5	10995184	11103787	7230164	3119781
有色金属冶炼及压延加工业	3	586472	571990	80136	43658
金属制品业	22	2666177	2649881	1655727	1034638
通用设备制造业	33	3567420	3444067	5849349	3129228
专用设备制造业	15	2037198	1994119	2252075	1468363
交通运输设备制造业	17	3721631	3710499	4750812	2754159
电气机械及器材制造业	11	839722	842373	703809	540509
通信设备、计算机及其他电子设备	8	1451699	1304461	3230879	1526245
仪器仪表及文化、办公用机械制造	8	394627	355437	400756	264419
工艺品及其他制造业	1	39575	39200	19112	16502
电力、燃气及水的生产和供应业	13	18341599	18341598	33448741	3201989
电力、热力的生产和供应业	10	17657503	17657503	30728323	2293381
燃气生产和供应业	1	394841	394841	1188982	577666
水的生产和供应业	2	289255	289254	1531436	330942

10—5 续表1 （2008年） 计量单位：千元

项目名称	流动资产年平均余额	固定资产小计	固定资产原价	累计折旧	固定资产净值
总 计	**43478794**	**57861354**	**81467675**	**30780374**	**50687301**
采矿业	1725447	603699	596138	242143	353995
煤炭开采和洗选业	1725447	603699	596138	242143	353995
制造业	38706188	30751217	46756100	20481268	26274832
农副食品加工业	357232	199521	295433	106155	189278
食品制造业	91862	29078	43410	20835	22575
饮料制造业	137264	121341	411144	311098	100046
烟草制品业	2115136	1123270	685153	387337	297816
纺织业	2576839	2338422	3287179	1550105	1737074
纺织服装、鞋、帽制造业	574663	172159	348204	196756	151448
皮革、毛皮、羽毛（绒）及其制品业	272012	60759	143392	84091	59301
家具制造业	27554	62548	83411	24883	58528
造纸及纸制品业	113925	141098	174880	35733	139147
印刷业和记录媒介的复制	575321	1021979	1808575	879010	929565
石油加工、炼焦及核燃料加工业	2664472	2839354	2938147	998921	1939226
化学原料及化学制品制造业	3628553	4107315	6250214	2890032	3360182
医药制造业	11043246	8867153	14174611	6261558	7913053
化学纤维制造业	17282	6986	9406	2420	6986
橡胶制品业	129664	57975	177890	121652	56238
塑料制品业	297427	255251	383293	135418	247875
非金属矿物制品业	478982	309806	481491	221137	260354
黑色金属冶炼及压延加工业	3546792	2835565	4791859	2030312	2761547
有色金属冶炼及压延加工业	47512	36179	44184	17145	27039
金属制品业	983960	541277	710318	202095	508223
通用设备制造业	2615473	2039087	2347785	682427	1665358
专用设备制造业	1338192	651365	951529	354648	596881
交通运输设备制造业	2644567	1384953	2049970	773404	1276566
电气机械及器材制造业	561544	116852	216548	114475	102073
通信设备、计算机及其他电子设备	1590712	1359213	3795467	1999440	1796027
仪器仪表及文化、办公用机械制造	258772	70101	148205	78389	69816
工艺品及其他制造业	17230	2610	4402	1792	2610
电力、燃气及水的生产和供应业	3047159	26506438	34115437	10056963	24058474
电力、热力的生产和供应业	2151095	24949730	31811476	9188359	22623117
燃气生产和供应业	548948	488521	649554	215530	434024
水的生产和供应业	347116	1068187	1654407	653074	1001333

10—5 续表2　　　　(2008年)　　　　计量单位：千元

项目名称	固定资产净值年平均余额	负债合计	# 流动负债	长期负债	所有者权益
总　　计	**47210648**	**77178583**	**59904343**	**16641950**	**39192856**
采矿业	396125	2255443	2213675	14983	988067
煤炭开采和洗选业	396125	2255443	2213675	14983	988067
制造业	25779313	54401973	47926071	6182546	25841990
农副食品加工业	172279	371989	323246	48743	260361
食品制造业	115137	58927	43447	7670	52213
饮料制造业	92885	397097	397097		8780
烟草制品业	323518	808294	808294		2507454
纺织业	1748054	3414494	2789832	614984	2675595
纺织服装、鞋、帽制造业	152463	574569	560222	13375	256775
皮革、毛皮、羽毛（绒）及其制品业	61809	208465	207356	1108	114274
家具制造业	58568	84533	68369	16163	35160
造纸及纸制品业	140949	171875	166127	5748	93279
印刷业和记录媒介的复制	896033	382102	359208	22894	1218175
石油加工、炼焦及核燃料加工业	1931740	9230584	8809636	288772	-3511015
化学原料及化学制品制造业	2968653	6457185	5931669	516653	1767689
医药制造业	7844297	14746239	13048554	1687060	10072110
化学纤维制造业	7083	17854	17854		6414
橡胶制品业	60535	201090	82103	118987	14262
塑料制品业	251804	287587	258907	23565	246762
非金属矿物制品业	268062	613214	393917	179179	226758
黑色金属冶炼及压延加工业	2767942	4481677	3188366	1292807	2748487
有色金属冶炼及压延加工业	39111	43447	33532	9915	36689
金属制品业	474938	875194	825909	49284	780533
通用设备制造业	1571397	4142108	3533017	589029	1707241
专用设备制造业	602031	1313872	1281186	32686	938203
交通运输设备制造业	1222611	3496708	2962710	492162	1254104
电气机械及器材制造业	109013	402917	370951	31956	300892
通信设备、计算机及其他电子设备	1841262	1350737	1231207	119528	1880142
仪器仪表及文化、办公用机械制造	54631	261870	226010	20278	138886
工艺品及其他制造业	2508	7345	7345		11767
电力、燃气及水的生产和供应业	21035210	20521167	9764597	10444421	12362799
电力、热力的生产和供应业	19139719	18878634	8792771	9773714	11284914
燃气生产和供应业	892070	811814	734906	76908	377168
水的生产和供应业	1003421	830719	236920	593799	700717

10—5 续表 3　　　　（2008 年）　　　　计量单位：千元

项目名称	所有者权益中：# 实收资本	# 国家资本	集体资本	主营业务收入	# 主营业务成本	主营业务税金及附加
总　计	**28113215**	**11079589**	**1163848**	**116137574**	**102876455**	**2203128**
采矿业	346474	172897	5004	4734145	3980063	58839
煤炭开采和洗选业	346474	172897	5004	4734145	3980063	58839
制造业	19907716	6017118	1153444	92997711	80702692	2071919
农副食品加工业	114868		83729	1650209	1461086	5796
食品制造业	55330	54930		234627	178006	1297
饮料制造业	36632	4856		263544	192805	44482
烟草制品业	1003474	1003474		3132356	1097486	1276044
纺织业	1072557	431555	43354	4416466	4000705	30846
纺织服装、鞋、帽制造业	159365	101880	48690	1732921	1505569	9503
皮革、毛皮、羽毛（绒）及其制品业	80917	73390		319962	275714	42
家具制造业	11953		2330	443076	324268	5771
造纸及纸制品业	78789		2029	340011	277685	1846
印刷业和记录媒介的复制	693355	616320	45305	1383124	891579	12015
石油加工、炼焦及核燃料加工业	1634444	84000	171000	21940704	24256980	487076
化学原料及化学制品制造业	2911611	43820	148463	9405522	7987784	37177
医药制造业	3834650	640080	149810	20204437	14415169	50633
化学纤维制造业	6000			61279	57684	216
橡胶制品业	16600			223388	185746	982
塑料制品业	105361		11846	889142	770422	2235
非金属矿物制品业	222510	30750	32044	804841	676497	3806
黑色金属冶炼及压延加工业	2230826	1000000		10921152	10189702	3282
有色金属冶炼及压延加工业	20650		9550	479362	393848	1218
金属制品业	460615	49769	67877	2580071	2168464	25902
通用设备制造业	898834	273043	113956	3371988	2606249	13909
专用设备制造业	750223	182920	80976	1908207	1477885	12275
交通运输设备制造业	1068261	829963	67380	3692193	3116601	29481
电气机械及器材制造业	208362	15000	35505	818237	696465	2359
通信设备、计算机及其他电子设备	2126063	577110	39600	1404702	1218378	5343
仪器仪表及文化、办公用机械制造	104466	4258		336324	240715	8383
工艺品及其他制造业	1000			39866	39200	
电力、燃气及水的生产和供应业	7859025	4889574	5400	18405718	18193700	72370
电力、热力的生产和供应业	6704334	4769574		17722022	17685498	65282
燃气生产和供应业	300000	120000		391200	275559	5185
水的生产和供应业	854691		5400	292496	232643	1903

10—5 续表 4　　（2008 年）　　计量单位：千元

项目名称	管理费用	# 税金	财务费用	# 利息支出	营业利润
总　　计	**5612511**	**276378**	**2440084**	**2222096**	**-404929**
采矿业	202376	6430	51598	28099	134346
煤炭开采和洗选业	202376	6430	51598	28099	134346
制造业	5029325	247670	1707340	1518239	470259
农副食品加工业	28740	1165	10402	8293	111674
食品制造业	80450	1036	11766	11026	-27116
饮料制造业	26091	1290	1684	1664	-16329
烟草制品业	254938	4813	-2224	-2283	490953
纺织业	172752	13497	92843	90519	-13304
纺织服装、鞋、帽制造业	78321	933	5716	4481	120247
皮革、毛皮、羽毛（绒）及其制品业	18904	655	-843	-1082	20898
家具制造业	12361	1798	3720	1577	29725
造纸及纸制品业	20777	1453	2576	2568	23816
印刷业和记录媒介的复制	177215	5473	4697	3592	306979
石油加工、炼焦及核燃料加工业	293165	31254	435670	426907	-3724723
化学原料及化学制品制造业	612738	26764	277782	265275	204533
医药制造业	1518117	79714	531547	445036	2228382
化学纤维制造业	1329	320	1708	1694	215
橡胶制品业	18296	826	6884	6719	976
塑料制品业	35214	1617	5821	3983	37178
非金属矿物制品业	61255	5608	6628	5487	-2669
黑色金属冶炼及压延加工业	247907	20015	176833	119336	-41749
有色金属冶炼及压延加工业	9610	1026	872	755	79404
金属制品业	102932	10730	35525	23120	185536
通用设备制造业	405079	12394	54085	46210	169076
专用设备制造业	201874	6755	5056	1289	79158
交通运输设备制造业	297015	11132	28202	40982	251563
电气机械及器材制造业	52751	1572	5670	5475	27805
通信设备、计算机及其他电子设备	267581	5387	1624	2680	-109563
仪器仪表及文化、办公用机械制造	32288	423	3090	2931	39314
工艺品及其他制造业	1625	20	6	5	-1720
电力、燃气及水的生产和供应业	380810	22278	681146	675758	-1009534
电力、热力的生产和供应业	277892	18085	637881	633307	-1001226
燃气生产和供应业	38063	1468	12013	11635	50434
水的生产和供应业	64855	2725	31252	30816	-58742

10—5 续表5 （2008年） 计量单位：千元

项目名称	投资收益	利润总额	应交所得税	利税总额	本年应付工资总额
总 计	**418160**	**1101655**	**1169795**	**7175977**	**5258486**
采矿业	152	284003	21389	634324	234378
煤炭开采和洗选业	152	284003	21389	634324	234378
制造业	444611	1891323	1152627	6729878	4204413
农副食品加工业		123435	28873	180770	45951
食品制造业	920	-28876	277	-15349	25151
饮料制造业		-13978		48355	21492
烟草制品业		452883	114089	2060226	143290
纺织业	9854	105064	11136	290177	330607
纺织服装、鞋、帽制造业	1536	90689	588	105633	134463
皮革、毛皮、羽毛（绒）及其制品业		20770	5407	20938	18667
家具制造业		29713	1921	40982	10203
造纸及纸制品业		23811	5830	41660	19311
印刷业和记录媒介的复制	3275	311794	80227	422612	103589
石油加工、炼焦及核燃料加工业	63129	-2646644	26543	-1954557	161928
化学原料及化学制品制造业	2376	244397	120430	532943	409729
医药制造业	325990	2455866	643646	3276482	1134190
化学纤维制造业		194	179	1976	2835
橡胶制品业		-471		11479	14527
塑料制品业		37381	11364	61813	45407
非金属矿物制品业		-2841	4486	27899	67240
黑色金属冶炼及压延加工业	5844	-28514	-22986	339407	229872
有色金属冶炼及压延加工业		31537	4307	41195	12642
金属制品业	23	187583	27764	291918	157880
通用设备制造业	31	202649	40182	337037	390773
专用设备制造业	-18	81145	20085	160960	179496
交通运输设备制造业	35542	253508	14360	336441	315118
电气机械及器材制造业	-3393	28883	5415	59432	47531
通信设备、计算机及其他电子设备	-498	-106400	4252	-52635	154312
仪器仪表及文化、办公用机械制造		39488	4200	62938	27267
工艺品及其他制造业		-1743	52	-854	942
电力、燃气及水的生产和供应业	-26603	-1073671	-4221	-188225	819695
电力、热力的生产和供应业	-26603	-1066677	-14014	-209221	690389
燃气生产和供应业		51656	9229	60364	37399
水的生产和供应业		-58650	564	-39368	91907

10—5 续表 6　　　　(2008 年)　　　　计量单位：千元

项目名称	本年应付福利费总额	本年应交增值税	本年进项税额	本年销项税额	全部从业人员年平均人数（人）
总　计	**469936**	**3871194**	**21351411**	**26055969**	**219812**
采矿业	8384	291482	243927	695592	7680
煤炭开采和洗选业	8384	291482	243927	695592	7680
制造业	346189	2766636	19104880	21141190	193930
农副食品加工业	4800	51539	194146	235373	2552
食品制造业	2560	12230	40063	52030	1546
饮料制造业	153	17851	27589	45440	1247
烟草制品业		331299	536726	866360	2175
纺织业	20913	154267	572278	688838	26574
纺织服装、鞋、帽制造业	5265	5441	208105	337160	6072
皮革、毛皮、羽毛（绒）及其制品业	5913	126	36137	55218	1075
家具制造业	399	5498	68570	74068	873
造纸及纸制品业	2475	16003	41038	57239	1185
印刷业和记录媒介的复制	15304	98803	135165	233930	4543
石油加工、炼焦及核燃料加工业	11654	205011	3975897	3882942	6114
化学原料及化学制品制造业	22386	251369	1204897	1346770	19770
医药制造业	99119	769983	8284245	8903022	40493
化学纤维制造业		1566	8650	10417	140
橡胶制品业	2045	10968	27240	37726	1015
塑料制品业	3735	22197	113616	128604	3044
非金属矿物制品业	4917	26934	78745	110111	4208
黑色金属冶炼及压延加工业	17246	364639	1814490	1943270	6300
有色金属冶炼及压延加工业	554	8440	74782	75069	1166
金属制品业	8697	78433	321226	371925	8703
通用设备制造业	44249	120479	360422	503391	22012
专用设备制造业	13803	67540	228810	300394	7730
交通运输设备制造业	46637	53452	424217	466173	14916
电气机械及器材制造业	3381	28190	106290	138821	2180
通信设备、计算机及其他电子设备	8757	48422	173908	213665	6653
仪器仪表及文化、办公用机械制造	1227	15067	41325	56126	1620
工艺品及其他制造业		889	6303	7108	24
电力、燃气及水的生产和供应业	115363	813076	2002604	4219187	18202
电力、热力的生产和供应业	100745	792174	1977951	4173675	12903
燃气生产和供应业	1986	3523	22680	26160	1043
水的生产和供应业	12632	17379	1973	19352	4256

分县（市）区规模以上工业企业主要经济指标

10—6　　(2008 年)　　计量单位：千元

行政单位	工业企业单位数(个)	工业企业总产值	工业企业销售产值	资产合计	# 流动资产小计
全市总计	**2314**	**410063174**	**401914634**	**211432617**	**77642414**
市区合计	330	117207526	115367007	116936214	44823442
# 长安区	60	24698940	24829440	21815016	9093587
桥东区	29	3368804	3237381	4550120	1964332
桥西区	41	15575536	14643858	17977032	8849428
新华区	33	3693014	3614230	3939831	2363793
裕华区	46	7953313	7681925	9144052	2846346
矿　区	54	7564209	7452409	3312722	1778578
高新区	38	5590903	5241307	7273769	4371249
井陉县	81	10760350	10598067	3455292	858462
正定县	136	27598867	27115358	4697457	1479483
栾城县	154	12770688	12280648	5794343	3116265
行唐县	90	14318013	14161820	5327722	421931
灵寿县	51	7143287	6977342	2344493	970155
高邑县	51	4128546	4082110	1368249	572204
深泽县	50	6504477	6314356	1065031	389816
赞皇县	60	6877036	6787788	1878009	717463
无极县	77	14451914	13924678	3744506	1127872
平山县	65	33475956	31973080	17511093	3920606
元氏县	52	10307335	10094647	2875734	1633548
赵　县	107	18465097	18357764	4916826	894399
辛集市	224	29611242	29002543	9600559	4018230
藁城市	274	35741237	35190124	10367954	4770676
晋州市	190	17540691	17384415	4086253	1951379
新乐市	122	15758106	15615670	4379174	1629701
鹿泉市	200	27402806	26687217	11083708	4346782

10—6 续表 1　　（2008 年）　　计量单位：千元

行政单位	流动资产年平均余额	固定资产小计	固定资产原价	累计折旧	固定资产净值
全市总计	**75486839**	**110057157**	**145886753**	**48834793**	**97051960**
市区合计	43478794	57861354	81467675	30780374	50687301
#长安区	9267484	9575686	14699478	6277899	8421579
桥东区	2004832	2056984	3390916	1554190	1836726
桥西区	8226451	5827053	8125085	3356566	4768519
新华区	2244068	1008767	1786134	853621	932513
裕华区	2691768	5174510	7759565	2802643	4956922
矿　区	1685612	1175470	1139859	508261	631598
高新区	4159999	2255907	2805665	745114	2060551
井陉县	825129	1095803	1442313	392321	1049992
正定县	1478135	2513693	3323971	999239	2324732
栾城县	3038813	2200640	2680258	756674	1923584
行唐县	445746	4852230	5863679	1298154	4565525
灵寿县	871937	1204216	1444951	550497	894454
高邑县	258970	787783	963071	175606	787465
深泽县	383886	663091	809014	150953	658061
赞皇县	713955	945042	1116742	200936	915806
无极县	738277	2129136	1983368	392486	1590882
平山县	4046279	13005175	17810062	5683521	12126541
元氏县	1615537	1063559	1251846	253947	997899
赵　县	1172619	3356295	3283016	665928	2617088
辛集市	4097279	3713641	4882071	1488942	3393129
藁城市	4612217	4828452	5856460	1545200	4311260
晋州市	1894091	1932738	2609546	696299	1913247
新乐市	1384100	2461014	3486492	1124361	2362131
鹿泉市	4431075	5443295	5612218	1679355	3932863

10—6 续表 2　　（2008 年）　　计量单位：千元

行政单位	固定资产净值年平均余额	负债合计			所有者权益
			#流动负债	长期负债	
全市总计	**92002933**	**128157122**	**98366326**	**25761394**	**82710720**
市区合计	47210648	77178583	59904343	16641950	39192856
#长安区	8464400	12821404	9224308	3584780	8993612
桥东区	1847442	3400088	2487432	898978	1143432
桥西区	4812925	8910893	7150788	1752290	9066139
新华区	956360	2633980	2331076	281327	1305851
裕华区	4944737	5765284	3769352	1995931	2813993
矿　区	844845	2141212	1824991	51384	1171510
高新区	2409785	3848589	3634950	198013	3425180
井陉县	830752	2399702	1111789	101732	1055590
正定县	2697520	1617761	1283144	322423	3079696
栾城县	1792857	2326215	2021165	232953	3468128
行唐县	4092556	3969255	3048424	519386	1358467
灵寿县	1013991	1417936	819169	537287	926557
高邑县	875394	353516	246135	97269	1014733
深泽县	651516	679330	422614	249716	385701
赞皇县	943052	911814	582747	70982	966195
无极县	1017232	1408935	879900	447771	2335571
平山县	10954003	11005305	8663505	2337607	6505788
元氏县	997117	1559353	1315096	216589	1316381
赵　县	2998414	2703077	1217325	1074537	2213749
辛集市	3498276	4436406	4050602	258583	5164153
藁城市	4248289	5300786	4032782	792746	5067168
晋州市	1897561	2284615	1908287	204702	1801638
新乐市	2421257	2556502	2346846	209057	1822672
鹿泉市	3862498	6048031	4512453	1446104	5035677

10—6 续表3 （2008年） 计量单位：千元

行政单位	所有者权益中：			主营业务收入	#主营业务成本	主营业务税金及附加
	#实收资本	#国家资本	集体资本			
全市总计	**52177011**	**14990341**	**3305809**	**396903042**	**339617466**	**4327875**
市区合计	28113215	11079589	1163848	116137574	102876455	2203128
#长安区	5564010	1546967	514394	25544621	22988555	73772
桥东区	1724501	524270	122800	2876142	2306882	80560
桥西区	3610115	1198219	168409	15589751	10287083	1298486
新华区	944261	263681	149940	3627784	3090101	12662
裕华区	1538535	892318	50773	8100981	6579536	75671
矿 区	508079	15347	8544	6497578	5682477	52165
高新区	1581509	295614	139910	4911119	3245116	38174
井陉县	527138	3144	20740	8803879	7828245	65392
正定县	2587670	40830	18850	27141603	24554399	147942
栾城县	1098829	92915	12507	12591251	10104099	34347
行唐县	952828	2202	40054	14059167	11907646	60421
灵寿县	524989	64999	3450	6785232	5746106	14370
高邑县	1066110		45000	3726511	3322602	22343
深泽县	66753			6272284	5350272	82548
赞皇县	621126	306030	59373	6681575	5170746	8934
无极县	558501	7206	68260	13553061	12044537	174853
平山县	2779593	1499915	472301	30778437	29126067	67009
元氏县	568173			9339697	8083299	80064
赵 县	1477645	216225	121348	18052655	14391800	37952
辛集市	1465242	180139	57866	28697941	23321723	66089
藁城市	3674615	433966	120618	34344789	26677384	433651
晋州市	1484395	16443	10466	16911204	14646827	182502
新乐市	1605302	339988	7293	15724874	12015417	503675
鹿泉市	3004887	706750	1083835	27301308	22449842	142655

10—6 续表4　　（2008年）　　计量单位：千元

行政单位	管理费用	#税金	财务费用	#利息支出	营业利润
全市总计	**11522850**	**549933**	**5153393**	**4606555**	**24907053**
市区合计	5612511	276378	2440084	2222096	-404929
#长安区	886068	60753	506969	429475	474648
桥东区	299000	11730	64820	68705	100142
桥西区	1259566	45637	250815	205808	1698355
新华区	283745	12312	44102	45916	141931
裕华区	514409	27483	204396	191844	114900
矿　区	93363	5786	73629	45338	346018
高新区	443805	13845	82775	71862	586518
井陉县	114786	15392	80867	77240	436832
正定县	647027	35226	128588	126453	1745325
栾城县	366764	29643	110402	101997	1832421
行唐县	155705	4065	95925	85538	1563647
灵寿县	96886	6520	37849	34044	1047687
高邑县	18701	1001	7012	7012	293528
深泽县	411642	7029	45174	45026	170962
赞皇县	201025	1718	123258	118201	631992
无极县	91597	4198	50251	42913	1103401
平山县	394884	42035	615879	579111	535561
元氏县	142534	3132	99247	46347	775427
赵　县	150361	23108	101191	91187	2120728
辛集市	1263207	53312	533091	491664	2710098
藁城市	675037	13380	254150	133503	4225259
晋州市	103830	2116	60043	57009	1761600
新乐市	182377	15922	73255	69691	1828295
鹿泉市	893976	15758	297127	277523	2529219

10—6 续表 5　　　　（2008 年）　　　　计量单位：千元

行政单位	投资收益	利润总额	应交所得税	利税总额	本年应付工资总额
全市总计	**459897**	**23313791**	**3400221**	**38346907**	**10462056**
市区合计	418160	1101655	1169795	7175977	5258486
#长安区	81896	636147	133031	1658164	1065087
桥东区	-453	26990	11118	202352	279390
桥西区	13184	1610179	299218	3679527	901718
新华区	35339	152805	10908	232001	282121
裕华区	-32558	79981	173647	457966	428342
矿　区	103	368884	13629	784477	307083
高新区	-1190	595552	102167	898705	409788
井陉县	111	445980	73745	763690	148657
正定县	40	1748302	80565	2337831	324976
栾城县	12073	1541384	123361	2148978	353492
行唐县		1536592	434831	2226204	166609
灵寿县		754314	37766	971876	86514
高邑县		296250	75029	434891	113622
深泽县		170962	16160	355303	106161
赞皇县		633456	14686	785804	97406
无极县		983678	9777	1343027	164966
平山县		596489	84667	1365030	561388
元氏县		774320	129548	1064790	163945
赵　县		1323852	282044	1775378	192372
辛集市	23079	2646392	210377	3540218	686821
藁城市	6250	2723029	23241	3574923	707014
晋州市		1761436	25917	2610313	405007
新乐市	100	1827533	355737	2559859	323964
鹿泉市	84	2448167	252975	3312815	600656

10—6 续表6 （2008 年） 计量单位：千元

行政单位	本年应付福利费总额	本年应交增值税	本年进项税额	本年销项税额	全部从业人员年平均人数（人）
全市总计	**945386**	**10705241**	**56094708**	**69960508**	**552323**
市区合计	469936	3871194	21351411	26055969	219812
#长安区	120100	948245	3620822	4260282	55570
桥东区	21305	94802	323199	410264	17023
桥西区	57023	770862	2014101	2495916	30633
新华区	38253	66534	467726	443388	14449
裕华区	40925	302314	1026133	1276406	19894
矿　区	7385	363428	491381	1027697	8295
高新区	35062	264979	513978	729741	15377
井陉县	17697	252318	1051498	2045242	12115
正定县	78246	441587	3135650	3589533	17299
栾城县	9885	573247	1458796	2030814	23149
行唐县	23575	629191	1481248	2113439	9070
灵寿县	9073	203192	773558	985699	6567
高邑县	14128	116298	498139	614968	11419
深泽县	15402	101793	820258	922051	7507
赞皇县	1803	143414	743768	887282	9432
无极县	19266	184496	2299243	2539916	12627
平山县	55249	701532	4865384	5569787	25011
元氏县	2380	210406	1075944	1270828	9543
赵　县	12454	413574	2253080	2665928	13261
辛集市	47193	827737	2114980	4531704	48933
藁城市	44288	418243	4428130	4855122	44234
晋州市	1125	666375	2194753	2862608	28705
新乐市	59089	228651	2215561	2450143	21587
鹿泉市	64597	721993	3333307	3969475	32052

分县（市）区规模以上集体工业企业主要经济指标

10—7　　　　（2008 年）　　　　计量单位：千元

行政单位	企业单位数（个）	工业总产值	工业销售产值	资产合计	# 流动资产小　计
全市总计	**116**	**18730543**	**18382994**	**4508176**	**1927034**
市区合计	34	4243891	4138774	1894759	1201487
长 安 区	9	1409051	1405040	693338	370972
桥 东 区	5	1233216	1150194	445217	328096
桥 西 区	11	346380	362985	441710	333711
新 华 区	2	72914	69244	58235	40170
裕 华 区	5	1096840	1076621	191944	90590
矿　　区	2	85490	74690	64315	37948
井 陉 县	3	972940	1001023	228544	50777
正 定 县	3	163600	160400	28131	15351
栾 城 县	5	662663	647618	131044	43155
行 唐 县	7	1517095	1511998	652428	17527
灵 寿 县	1	138853	135398	29310	11570
高 邑 县	1	128520	127426	60980	15881
深 泽 县					
赞 皇 县	4	121605	121393	29080	14530
无 极 县	4	1015847	953663	142979	89784
平 山 县	16	520551	526233	136908	53973
元 氏 县					
赵　　县	10	6185212	6121560	693421	162560
辛 集 市	3	109789	109789	16796	12565
藁 城 市	10	1409999	1335402	246167	100934
晋 州 市	2	76048	75308	73921	60839
新 乐 市	1	25020	25020	24677	20795
鹿 泉 市	12	1438910	1391989	119031	55306

10—7 续表 1　　（2008 年）　　计量单位：千元

行政单位	流动资产年平均余额	固定资产小计	固定资产原价	累计折旧	固定资产净值
全市总计	**1921843**	**1960276**	**2732344**	**927552**	**1800137**
市区合计	1227362	536514	974383	480154	494229
长安区	402621	221297	453089	232672	220417
桥东区	330227	111649	155526	75317	80209
桥西区	329045	100370	176839	86211	90628
新华区	40337	17897	33411	15654	17757
裕华区	90272	59696	122611	62915	59696
矿　区	34860	25605	32907	7385	25522
井陉县	61673	37767	47627	9860	37767
正定县	8256	10940	16257	9808	6449
栾城县	42295	71642	79730	8134	71596
行唐县	18582	633497	830854	197366	633488
灵寿县	8605	17636	23200	6564	16636
高邑县	4220	45099	48784	3685	45099
深泽县					
赞皇县	14330	6550	7150	600	6550
无极县	75263	53195	73864	24074	49790
平山县	58599	82337	104388	22278	82110
元氏县					
赵　县	146507	249148	225394	69099	156295
辛集市	11866	3200	5839	2839	3000
藁城市	110208	135536	182802	54783	128019
晋州市	60839	13082	19886	6804	13082
新乐市	20795	582	843	261	582
鹿泉市	52443	63551	91343	31243	60100

10—7 续表 2　　　　(2008 年)　　　　计量单位：千元

行政单位	固定资产净值年平均余额	负债合计			所有者权益
			# 流动负债合计	长期负债合计	
全市总计	**1800137**	**2543300**	**2107898**	**273201**	**1964876**
市区合计	537932	1207083	1063167	137242	687676
长 安 区	226945	370553	304189	59690	322785
桥 东 区	100985	303730	303730		141487
桥 西 区	95494	315813	268851	46962	125897
新 华 区	18309	88579	74749	13830	－30344
裕 华 区	70687	76298	66488	9810	115646
矿　　区	25512	52110	45160	6950	12205
井 陉 县	16467	179256	78960	296	49288
正 定 县	10218	6281	3351	2930	21850
栾 城 县	65219	46087	45087		84957
行 唐 县	630725	515221	509320	5901	137207
灵 寿 县	15430	20345	8875	11470	8965
高 邑 县	46230	45810	39708	6102	15170
深 泽 县					
赞 皇 县	5950	23520	10710	2500	5560
无 极 县	19595	68985	63984	5000	73994
平 山 县	84517	75835	31964	40781	61073
元 氏 县					
赵　　县	156555	151362	65485	45918	542059
辛 集 市	4101	5132	5116		11664
藁 城 市	132388	89804	88490	263	156363
晋 州 市	13082	60655	56029	4526	13266
新 乐 市	691	3295	3295		21382
鹿 泉 市	61037	44629	34357	10272	74402

10—7 续表 3　　（2008 年）　　计量单位：千元

行政单位	所有者权益中：# 实收资本	# 国家资本	主营业务收入	# 主营业务成本	主营业务税金及附加
全市总计	**1075573**	**989427**	**17737681**	**14980094**	**92746**
市区合计	478288	471180	3853191	3204492	38899
长安区	149750	142792	1394162	1180833	6726
桥东区	109430	109430	1020677	846158	10049
桥西区	135853	135753	334046	289477	1941
新华区	23888	23888	69244	60440	210
裕华区	50823	50773	972442	777213	19719
矿区	8544	8544	62620	50371	254
井陉县	17740	17740	798186	755979	2140
正定县	18850	18850	158550	128305	620
栾城县	8535	7560	647454	599420	490
行唐县	71354	40054	1510116	1293488	4200
灵寿县	3450	3450	138853	112476	105
高邑县	45000	45000	110260	96604	272
深泽县					
赞皇县	4100	4100	120139	90364	160
无极县	48693	45810	910806	816067	24008
平山县	42351	41101	524669	420651	405
元氏县					
赵县	125978	121348	6148174	5138114	5013
辛集市	28157	28157	102834	98130	273
藁城市	121855	83855	1269810	1084234	7240
晋州市	8266	8266	75307	66301	350
新乐市	7293	7293	25020	9132	572
鹿泉市	45663	45663	1344312	1066337	7999

10—7 续表 4　　(2008 年)　　计量单位：千元

行政单位	管理费用	# 税金	财务费用	# 利息支出	营业利润
全市总计	**346928**	**14047**	**111254**	**96620**	**1947978**
市区合计	166053	4617	26573	17866	327414
长 安 区	59580	2074	11514	10157	83300
桥 东 区	31757	419	4536	4305	141268
桥 西 区	29866	1067	3208	3321	－1881
新 华 区	7626	40	94	44	－216
裕 华 区	35354	1000	7041	19	101903
矿　　区	1870	17	180	20	3040
井 陉 县	4845	605	1931	1930	77836
正 定 县	3279	105	1555	1555	15066
栾 城 县	8586	256	4365	4325	58650
行 唐 县	17163	353	5002	4444	162794
灵 寿 县	145	30	50	50	35012
高 邑 县	680	57	504	504	9200
深 泽 县					
赞 皇 县	5146	23	4559	4512	14330
无 极 县	4544	206	2246	1796	59652
平 山 县	24775	2804	17112	17112	40211
元 氏 县					
赵　　县	26142	3930	26252	21998	766689
辛 集 市	1355	49	818	818	1724
藁 城 市	10580	320	9120	9120	229804
晋 州 市	533	3	43	30	1226
新 乐 市	8195	7	－36	－36	4838
鹿 泉 市	64907	682	11160	10596	143532

10—7 续表 5　　(2008 年)　　计量单位：千元

行政单位	投资收益	利润总额	应交所得税	利税总额	本年应付工资总额
全市总计	**424**	**1492769**	**205591**	**1972359**	**414133**
市区合计	424	253273	36394	385692	241557
长 安 区	3	83925	21481	133449	108743
桥 东 区		68474	112	88612	41740
桥 西 区	109	-3349	2141	9000	44634
新 华 区		-296	53	1966	7983
裕 华 区	312	101479	12547	147945	27817
矿 区		3040	60	4720	10640
井 陉 县		78268	2708	92701	4401
正 定 县		15066	75	17717	2490
栾 城 县		52250	54	75822	5917
行 唐 县		162794	47430	240861	14991
灵 寿 县		26012		29417	440
高 邑 县		9200	2300	14582	2866
深 泽 县					
赞 皇 县		14330		15416	2573
无 极 县		61771	216	100679	15922
平 山 县		40292	7102	51478	28996
元 氏 县					
赵 县		521380	97503	615397	34259
辛 集 市		1724	320	2773	2230
藁 城 市		106413		134750	23400
晋 州 市		1226		4694	11970
新 乐 市		4838	97	5867	2395
鹿 泉 市		143932	11392	184513	19726

10—7 续表 6　　（2008 年）　　计量单位：千元

行政单位	本年应付福利费总额	本年应交增值税	本年进项税额	本年销项税额	全部从业人员年平均人数（人）
全市总计	**38058**	**386844**	**2338909**	**2717117**	**29139**
市区合计	22600	93520	497597	570789	16917
长安区	7690	42798	153906	177018	7078
桥东区	202	10089	149094	154586	3313
桥西区	10413	10408	45802	56622	3125
新华区	475	2052	9169	11027	651
裕华区	3180	26747	134602	161349	1990
矿　区	640	1426	5024	10187	760
井陉县	188	12293	112081	124374	308
正定县	160	2031	18580	21088	161
栾城县	513	23082	89705	112446	493
行唐县	1803	73867	161111	234978	836
灵寿县	380	3300	15570	18870	40
高邑县	401	5110	13634	18744	298
深泽县					
赞皇县		926	14692	15618	255
无极县	4254	14900	161353	172895	1452
平山县	2583	10781	63339	74120	2117
元氏县					
赵　县	1299	89004	878383	967387	1820
辛集市	90	776		13568	205
藁城市	2047	21097	155482	178701	1553
晋州市		3118	8410	11528	1080
新乐市		457	2796	3253	104
鹿泉市	1740	32582	146176	178758	1500

历年规模以上工业企业总产值、增加值指数

10—8　　　　(上年 = 100)　　　　计量单位:%

年份	工业总产值	年份	工业总产值	工业增加值
1953	131. 85	1981	103. 20	
1954	132. 48	1982	104. 17	
1955	119. 29	1983	109. 92	
1956	119. 97	1984	116. 80	
1957	109. 47	1985	113. 55	
1958	157. 78	1986	108. 66	
1959	167. 58	1987	117. 69	
1960	110. 79	1988	117. 15	
1961	59. 75	1989	106. 14	
1962	68. 62	1990	103. 07	
1963	100. 13	1991	115. 30	
1964	121. 64	1992	115. 41	
1965	134. 86	1993	119. 56	117. 11
1966	113. 18	1994	112. 20	110. 67
1967	104. 34	1995	117. 01	114. 89
1968	131. 46	1996	123. 51	120. 57
1969	118. 92	1997	119. 10	116. 71
1970	115. 84	1998	102. 73	102. 39
1971	96. 74	1999	117. 40	115. 23
1972	97. 12	2000	112. 82	111. 22
1973	111. 47	2001	114. 79	112. 94
1974	108. 05	2002	116. 91	114. 80
1975	118. 80	2003	124. 23	121. 20
1976	111. 41	2004	128. 62	125. 04
1977	114. 86	2005	127. 94	122. 85
1978	98. 54	2006	126. 60	119. 80
1979	103. 44	2007	128. 63	120. 40
1980	105. 44	2008	107. 99	113. 00

10—7 续表4　　　　(2008 年)　　　　计量单位：千元

行政单位	管理费用	# 税金	财务费用	# 利息支出	营业利润
全市总计	**346928**	**14047**	**111254**	**96620**	**1947978**
市区合计	166053	4617	26573	17866	327414
长 安 区	59580	2074	11514	10157	83300
桥 东 区	31757	419	4536	4305	141268
桥 西 区	29866	1067	3208	3321	-1881
新 华 区	7626	40	94	44	-216
裕 华 区	35354	1000	7041	19	101903
矿　 区	1870	17	180	20	3040
井 陉 县	4845	605	1931	1930	77836
正 定 县	3279	105	1555	1555	15066
栾 城 县	8586	256	4365	4325	58650
行 唐 县	17163	353	5002	4444	162794
灵 寿 县	145	30	50	50	35012
高 邑 县	680	57	504	504	9200
深 泽 县					
赞 皇 县	5146	23	4559	4512	14330
无 极 县	4544	206	2246	1796	59652
平 山 县	24775	2804	17112	17112	40211
元 氏 县					
赵　 县	26142	3930	26252	21998	766689
辛 集 市	1355	49	818	818	1724
藁 城 市	10580	320	9120	9120	229804
晋 州 市	533	3	43	30	1226
新 乐 市	8195	7	-36	-36	4838
鹿 泉 市	64907	682	11160	10596	143532

10—7 续表5 (2008年) 计量单位：千元

行政单位	投资收益	利润总额	应交所得税	利税总额	本年应付工资总额
全市总计	**424**	**1492769**	**205591**	**1972359**	**414133**
市区合计	424	253273	36394	385692	241557
长安区	3	83925	21481	133449	108743
桥东区		68474	112	88612	41740
桥西区	109	-3349	2141	9000	44634
新华区		-296	53	1966	7983
裕华区	312	101479	12547	147945	27817
矿区		3040	60	4720	10640
井陉县		78268	2708	92701	4401
正定县		15066	75	17717	2490
栾城县		52250	54	75822	5917
行唐县		162794	47430	240861	14991
灵寿县		26012		29417	440
高邑县		9200	2300	14582	2866
深泽县					
赞皇县		14330		15416	2573
无极县		61771	216	100679	15922
平山县		40292	7102	51478	28996
元氏县					
赵县		521380	97503	615397	34259
辛集市		1724	320	2773	2230
藁城市		106413		134750	23400
晋州市		1226		4694	11970
新乐市		4838	97	5867	2395
鹿泉市		143932	11392	184513	19726

十一、贸易　外经

全市限额以上住宿和餐饮企业经营状况

11—1　　　　（2008 年）

指标名称	法人企业（个）	年末从业人员（人）	营业额（万元）				
				# 客房收入	餐费收入	商品销售收入	其他收入
总　　计	**117**	**22242**	**186725**	**54024**	**113063**	**4840**	**14799**
一、住宿业	75	16181	133771	51838	66078	2037	13818
1. 按登记注册类型分组							
内资企业	72	15692	129240	49284	64901	2022	13032
国有企业	35	7748	65411	23203	34114	1352	6741
集体企业	5	753	4674	2737	1678	42	217
有限责任公司	15	3375	31138	11411	16089	229	3410
股份有限公司	3	938	8962	2484	5914	45	520
私营企业	14	2878	19055	9449	7107	355	2144
港、澳、台商投资企业	1	230	1353	617	543		193
外商投资企业	2	259	3179	1936	634	15	593
2. 按国民经济行业分组							
旅游饭店	60	14603	124807	48632	61561	1770	12844
一般旅馆	14	1522	8537	3065	4235	267	971
其他住宿服务	1	56	428	142	283		3
二、餐饮业	42	6061	52955	2186	46985	2802	981
1. 按登记注册类型分组							
内资企业	40	5943	51109	2186	45140	2802	981
国有企业	12	1886	13982	1771	11223	22	966
有限责任公司	1	85	1180		1165		15
股份有限公司	2	452	6291		6291		
私营企业	25	3520	29656	415	26460	2780	
港、澳、台商投资企业	1	80	1620		1620		
外商投资企业	1	38	225		225		
2. 按国民经济行业分组							
正餐服务业	42	6061	52955	2186	46985	2802	981

市区限额以上住宿和餐饮企业经营状况

11—2　　(2008年)

指标名称	法人企业(个)	年末从业人员(人)	营业额(万元)	#客房收入	餐费收入	商品销售收入	其他收入
总　计	**75**	**17675**	**155954**	**43960**	**96504**	**3843**	**11647**
一、住宿业	41	12337	109321	42121	54857	1660	10683
1. 按登记注册类型分组							
内资企业	39	12078	106142	40184	54223	1645	10090
国有企业	19	6302	57122	19834	29609	1057	6621
集体企业	5	753	4674	2737	1678	42	217
有限责任公司	8	2456	26201	9426	13813	178	2785
股份有限公司	2	740	7910	2004	5598	35	273
私营企业	5	1827	10235	6183	3526	333	194
外商投资企业	2	259	3179	1936	634	15	593
2. 按国民经济行业分组							
旅游饭店	38	11878	106505	41264	53489	1660	10092
一般旅馆	3	459	2816	857	1369		591
二、餐饮业	34	5338	46633	1839	41647	2182	964
1. 按登记注册类型分组							
内资企业	32	5220	44788	1839	39802	2182	964
国有企业	11	1809	13701	1687	11043	22	949
有限责任公司	1	85	1180		1165		15
股份有限公司	2	452	6291		6291		
私营企业	18	2874	23615	153	21302	2160	
港、澳、台商投资企业	1	80	1620		1620		
外商投资企业	1	38	225		225		
2. 按国民经济行业分组							
正餐服务业	34	5338	46633	1839	41647	2182	964

商品交易市场基本情况

11—3　　（2008年）　　计量单位：个、万元

项　　目	期末商品市场个数	成交额	投资额
石家庄市	**723**	**14758411**	**261494**
一、消费品市场	657	13491310	256586
1. 综合市场	423	6069439	99425
2. 农副产品市场	128	2012815	14013
3. 工业消费品市场	78	5020657	142428
4. 其他市场	28	388399	720
二、生产资料市场	66	1267101	4908
1. 综合市场	7	361110	
2. 工业生产资料市场	49	874712	4500
3. 农业生产资料市场	4	11604	58
4. 其他市场	6	19675	350
市　　区	193	9993486	158428
一、消费品市场	173	9535036	154128
1. 综合市场	56	3587251	92600
2. 农副产品市场	41	886922	7100
3. 工业消费品市场	68	4808841	54428
4. 其他市场	8	252022	
二、生产资料市场	20	458450	4300
1. 综合市场	5	30240	
2. 工业生产资料市场	12	420253	4300
3. 农业生产资料市场	1	224	
4. 其他市场	2	7733	

全市限额以上批发贸易业商品购销存总额

11—4　　（2008 年）　　计量单位：万元

项　　目	法人企业（个）	购进总额	销售总额			年末库存总　额
				# 批发	零售	
总　　计	**160**	**6567441**	**7708116**	**7147813**	**560304**	**488353**
1. 按登记注册类型分组						
内资企业	157	6506825	7636969	7081345	555625	472491
国有企业	20	2969638	3500227	3490743	9484	180447
集体企业	13	67580	76554	75994	560	11827
有限责任公司	38	991793	1087642	1082022	5620	140840
股份有限公司	17	1353076	1692222	1210210	482012	75309
私营企业	69	1124738	1280325	1222377	57948	64068
港、澳、台商投资企业	1	7268	9225	7494	1732	509
外商投资企业	2	53347	61922	58974	2948	15352
2. 按国民经济行业分组						
农畜产品批发业	9	82823	77452	77376	75	24227
食品、饮料及烟草制品批发业	17	1738701	1918341	1913903	4437	92786
# 米、面制品及食用油批发业	7	101552	116425	113478	2948	23815
烟草制品批发业	2	1514480	1637265	1637265		39638
纺织、服装及日用品批发业	13	212216	244812	230733	14078	22252
# 服装批发业	5	47227	62199	60467	1732	5870
文化、体育用品及器材批发业	4	132493	124640	124052	588	13503
医药及医疗器材批发业	26	684278	889632	727561	162071	52556
矿产品、建材及化工产品批发业	64	3110501	3808867	3441873	366994	223379
# 煤炭及制品批发业	15	757966	888859	888859		6609
石油及制品批发业	6	927548	1123931	768036	355896	32187
金属及金属矿批发业	22	835337	1155148	1155148		111560
化肥批发业	7	251482	268757	268409	349	60094
机械设备、五金交电及电子产品批发业	26	597209	632811	621236	11575	59205
# 汽车、摩托车及零配件批发业	5	40201	43459	33329	10130	4203
家用电器批发业	1	8900	8887	8887		857
计算机、软件及辅助设备批发业	2	53350	54236	54236		837
其他批发业	1	9220	11562	11077	485	445

全市限额以上零售贸易业商品购销存总额

11—5　　(2008年)　　计量单位：万元

项　　目	法人企业（个）	购进总额	销售总额	#批发	零售	年末库存总　额
总　计	148	1983839	2259100	26208	2232892	184726
1 按登记注册类型分组						
内资企业	147	1980226	2254386	26208	2228178	184267
国有企业	23	63250	54813	834	53979	17251
集体企业	13	37616	49422	485	48937	4017
股份合作企业	2	3801	4194		4194	840
有限责任公司	40	522040	729392	19650	709742	43176
股份有限公司	4	845368	851370		851370	64221
私营企业	64	502551	557095	5239	551856	54442
其他企业	1	5600	8100		8100	320
外商投资企业	1	3613	4714		4714	459
2. 按国民经济行业分组						
综合零售业	43	1068596	1233341	2383	1230958	89327
#百货零售业	22	879532	1008687	2253	1006434	67688
超级市场零售业	16	135006	166950	63	166886	14984
其他综合零售	5	54059	57705	67	57638	6655
食品、饮料及烟草制品专门零售业	5	5708	9619		9619	284
纺织、服装及日用品专门零售业	8	21020	18558	1170	17388	6010
#服装零售业	6	19719	16896	1144	15752	4991
文化、体育用品及器材专门零售业	13	28719	27868	22	27846	10271
#图书零售业	9	24246	19473	22	19452	7185
医药及医疗器材专门零售业	13	38038	45135	1109	44026	7300
#药品零售业	12	37989	45046	1109	43937	7299
汽车、摩托车、燃料及零配件专门零售业	50	548734	614969	16125	598845	55176
#汽车零售业	40	505100	559657	3174	556483	52911
家用电器及电子产品专门零售业	11	262841	298173	5292	292881	12951
#家用电器零售业	4	190119	209676	2682	206994	7112
计算机、软件及辅助设备零售业	3	5272	10312	2610	7702	1106
通讯设备零售业	3	67451	77463		77463	4652
五金、家具及室内装修材料专门零售业	4	2250	3855	108	3747	3384
无店铺及其他零售	1	7932	7581		7581	24

市区限额以上批发贸易业商品购销存总额

11—6　　　　(2008 年)　　　　计量单位：万元

项　　目	法人企业（个）	购进总额	销售总额	# 批发	零售	年末库存总　额
总　　计	**127**	**6147532**	**7249207**	**6751455**	**497752**	**448081**
1. 按登记注册类型分组						
内资企业	124	6086916	7178060	6684987	493073	432219
国有企业	17	2951756	3479363	3477747	1616	177247
集体企业	8	51021	60775	60215	560	9990
有限责任公司	29	959756	1064053	1059278	4775	120432
股份有限公司	15	1330815	1670017	1196453	473563	74240
私营企业	55	793569	903852	891293	12559	50311
港、澳、台商投资企业	1	7268	9225	7494	1732	509
外商投资企业	2	53347	61922	58974	2948	15352
2. 按国民经济行业分组						
农畜产品批发业	4	62366	64807	64732	75	7719
食品、饮料及烟草制品批发业	14	1729014	1910907	1906470	4437	87070
# 米、面制品及食用油批发业	4	91866	108992	106044	2948	18099
烟草制品批发业	2	1514480	1637265	1637265		39638
纺织、服装及日用品批发业	13	212216	244812	230733	14078	22252
# 服装批发业	5	47227	62199	60467	1732	5870
文化、体育用品及器材批发业	4	132493	124640	124052	588	13503
医药及医疗器材批发业	23	669196	871331	717974	153358	51621
矿产品、建材及化工产品批发业	45	2760570	3414742	3091456	323286	208298
# 煤炭及制品批发业	8	673065	783441	783441		4503
石油及制品批发业	4	749085	930570	607285	323286	24632
金属及金属矿批发业	22	835337	1155148	1155148		111560
化肥批发业	2	232380	250010	250010		58047
机械设备、五金交电及电子产品批发业	23	572458	606406	604961	1445	57174
# 汽车、摩托车及零配件批发业	3	17998	19531	19531		3022
家用电器批发业	1	8900	8887	8887		857
计算机、软件及辅助设备批发业	2	53350	54236	54236		837
其他批发业	1	9220	11562	11077	485	445

市区限额以上零售贸易业商品购销存总额

11—7　　（2008年）　　计量单位：万元

项　目	法人企业（个）	购进总额	销售总额	# 批发	零售	年末库存总额
总　计	**103**	**1890097**	**2151038**	**24746**	**2126293**	**170355**
1. 按登记注册类型分组						
内资企业	102	1886484	2146324	24746	2121579	169896
国有企业	10	43190	34390	108	34281	14254
集体企业	7	15942	19727	190	19537	1409
股份合作企业	1	2966	3235		3235	30
有限责任公司	35	516488	723413	19650	703763	42524
股份有限公司	4	845368	851370		851370	64221
私营企业	45	462530	514190	4797	509393	47458
外商投资企业	1	3613	4714		4714	459
2. 按国民经济行业分组						
综合零售业	20	1019689	1175977	2052	1173925	82890
# 百货零售业	7	846706	969883	1984	967899	62989
超级市场零售业	8	118924	148389		148389	13246
食品、饮料及烟草制品专门零售业	3	1553	2266		2266	20
纺织、服装及日用品专门零售业	6	13079	13918	1170	12748	2620
# 服装零售业	4	11778	12256	1144	11112	1601
文化、体育用品及器材专门零售业	4	19909	17510		17510	8357
# 图书零售业	1	16886	11067		11067	6252
医药及医疗器材专门零售业	9	30254	37426		37426	6249
# 药品零售业	8	30205	37336		37336	6249
汽车、摩托车、燃料及零配件专门零售业	48	534634	597004	16125	580880	54006
# 汽车零售业	40	505100	559657	3174	556483	52911
家用电器及电子产品专门零售业	9	261821	297071	5292	291779	12853
# 家用电器零售业	4	190119	209676	2682	206994	7112
计算机、软件及辅助设备零售业	2	4752	9740	2610	7130	1070
通讯设备零售业	2	66951	76932		76932	4590
五金、家具及室内装修材料专门零售业	3	1226	2287	108	2179	3337
无店铺及其他零售	1	7932	7581		7581	24

分县（市）区限额以上批发零售贸易业商品购销存总额

11—8　　（2008 年）　　计量单位：万元

行政单位	法人企业（个）	购进总额	销售总额			年末库存总额
				# 批发	零售	
全市总计	**308**	**8551280**	**9967216**	**7174020**	**2793196**	**673079**
市区合计	230	8037629	9400245	6776201	2624045	618436
长安区	57	746951	863566	588491	275076	60421
桥东区	62	1669946	1895488	867980	1027507	175036
桥西区	40	2362558	2624437	2167319	457119	121558
新华区	40	1929810	2492100	2205445	286655	163790
裕华区	30	1323510	1517067	939379	577688	97495
矿　区	1	4853	7587	7587		136
井 陉 县	9	213200	230304	206310	23994	1916
正 定 县	16	117147	151826	78632	73194	15960
栾 城 县	3	3124	3707		3707	427
行 唐 县	3	12407	9231	3911	5320	3530
灵 寿 县	2	6884	7345	1298	6047	1530
高 邑 县						
深 泽 县	2	13507	4563	3928	634	11128
赞 皇 县	1	1470	1414	704	710	147
无 极 县	4	18390	16556	5400	11156	2120
平 山 县	15	21609	25379	18914	6465	4585
元 氏 县						
赵　县	1	144	1299		1299	328
辛 集 市	9	70470	75849	56540	19309	6251
藁 城 市	1	2548	2477	2477		851
晋 州 市	2	5179	4932	4079	853	830
新 乐 市	2	13724	15892	7371	8521	712
鹿 泉 市	8	13848	16199	8255	7944	4330

全市限额以上批发贸易企业财务状况

11—9　　(2008 年)　　计量单位：万元

项　　目	企业数（个）	流动资产合　　计	# 存货	固定资产原　　价	累计折旧	# 本年折旧
总　　计	**160**	**1519744**	**398303**	**360411**	**110908**	**16048**
1. 按登记注册类型分组						
内资企业	157	1505729	389372	359948	110656	15989
国有企业	20	698875	108238	87927	27932	5058
集体企业	13	53643	11585	18864	6524	243
有限责任公司	38	264495	136183	28819	12872	2038
股份有限公司	17	256736	72999	207270	58216	7383
私营企业	69	231980	60368	17067	5112	1267
港、澳、台商投资企业	1	996	428	369	228	35
外商投资企业	2	13019	8503	95	24	24
2. 按国民经济行业分组						
农畜产品批发业	9	54400	18626	10098	3138	288
食品、饮料及烟草制品批发业	17	296330	71647	68682	29233	3078
# 米、面制品及食用油批发业	7	33612	17110	8112	1413	281
烟草制品批发业	2	220501	33879	29694	12300	2229
纺织、服装及日用品批发业	13	65953	14765	23397	5466	1053
# 服装批发业	5	37227	5789	20585	4547	791
文化、体育用品及器材批发业	4	64412	15198	18133	5358	782
医药及医疗器材批发业	26	272932	56881	17192	7043	671
矿产品、建材及化工产品批发业	64	617293	160303	207184	53987	8653
# 煤炭及制品批发业	15	184667	7840	11873	4253	983
石油及制品批发业	6	77828	39148	143669	34295	5562
金属及金属矿批发业	22	199074	41542	8666	3035	513
化肥批发业	7	88824	59571	15443	4564	410
机械设备、五金交电及电子产品批发业	26	144070	60198	13165	5759	1515
# 汽车、摩托车及零配件批发业	5	14050	4341	2420	556	152
家用电器批发业	1	1443	854	65	54	3
计算机、软件及辅助设备批发业	2	3557	837	153	69	6
其他批发业	1	4354	687	2562	924	8

11—9 续表1 （2008年） 计量单位：万元

项　目	资产总计	负债合计	所有者权益合　计	#实收资本
总　计	**2193622**	**1411232**	**782390**	**315351**
1. 按登记注册类型分组				
内资企业	2178890	1390353	788537	314786
国有企业	1007961	568568	439393	121185
集体企业	74220	56492	17728	11718
有限责任公司	326890	245435	81455	74925
股份有限公司	499562	341757	157806	47600
私营企业	270257	178101	92156	59359
港、澳、台商投资企业	1624	2699	－1075	100
外商投资企业	13108	18180	－5072	465
2. 按国民经济行业分组				
农畜产品批发业	64335	53595	10741	6759
食品、饮料及烟草制品批发业	589986	149699	440287	51957
#米、面制品及食用油批发业	41877	40152	1725	4035
烟草制品批发业	440469	72266	368204	19307
纺织、服装及日用品批发业	94771	54412	40358	44733
#服装批发业	62308	30055	32253	38246
文化、体育用品及器材批发业	99977	66905	33072	7642
医药及医疗器材批发业	299166	284407	14759	66234
矿产品、建材及化工产品批发业	874230	666226	208003	116669
#煤炭及制品批发业	233286	182358	50928	42429
石油及制品批发业	197538	128334	69204	14765
金属及金属矿批发业	221227	181820	39407	27587
化肥批发业	106159	92606	13553	7005
机械设备、五金交电及电子产品批发业	164329	130269	34060	20274
#汽车、摩托车及零配件批发业	24449	16161	8288	5766
家用电器批发业	1454	977	477	528
计算机、软件及辅助设备批发业	3641	2388	1253	1160
其他批发业	6828	5719	1109	1084

11—9 续表2　　　　（2008年）　　　　计量单位：万元

项　　目	主营业务收入	主营业务成本	主营业务税金及附加	主营业务利润
总　　计	**6518753**	**6081796**	**10915**	**425747**
1. 按登记注册类型分组				
内资企业	6444767	6010834	10899	422739
国有企业	2766582	2603020	3895	159666
集体企业	67075	52647	62	14366
有限责任公司	1001441	938829	1800	60517
股份有限公司	1467258	1365438	3038	98782
私营企业	1142410	1050899	2104	89408
港、澳、台商投资企业	7885	6238		1647
外商投资企业	66101	64724	16	1361
2. 按国民经济行业分组				
农畜产品批发业	67827	65488	6	2333
食品、饮料及烟草制品批发业	1463054	1333235	2672	127147
# 米、面制品及食用油批发业	115627	111709	6	3912
烟草制品批发业	1209487	1109624	2386	97477
纺织、服装及日用品批发业	220319	202145	217	17957
# 服装批发业	57293	51255	86	5952
文化、体育用品及器材批发业	77847	69374	23	8450
医药及医疗器材批发业	760620	717618	756	42246
矿产品、建材及化工产品批发业	3345977	3162079	6365	179443
# 煤炭及制品批发业	773935	726187	536	49123
石油及制品批发业	994335	916650	1174	76512
金属及金属矿批发业	966451	949038	618	16795
化肥批发业	263005	253530	1166	8309
机械设备、五金交电及电子产品批发业	573228	530727	875	39420
# 汽车、摩托车及零配件批发业	41480	36159	38	5282
家用电器批发业	8074	7836	2	236
计算机、软件及辅助设备批发业	46355	45754	6	595
其他批发业	9882	1131	1	8751

11—9 续表 3　　（2008 年）　　计量单位：万元

项　　目	其他业务利　润	营业费用	管理费用	# 税金	财务费用	# 利息支出
总　　计	**13409**	**171159**	**98605**	**3332**	**17430**	**15803**
1. 按登记注册类型分组						
内资企业	13403	169345	94363	3303	14945	13323
国有企业	9809	40692	41951	1362	3855	6287
集体企业	1165	3571	2766	132	168	103
有限责任公司	1715	29688	17371	394	3591	2774
股份有限公司	481	46139	21370	958	4242	3215
私营企业	232	49255	10906	457	3089	944
港、澳、台商投资企业	6	984	710	3	5	
外商投资企业		830	3532	25	2480	2480
2. 按国民经济行业分组						
农畜产品批发业	331	2183	1034	29	1457	911
食品、饮料及烟草制品批发业	9098	27030	30160	883	2106	1957
# 米、面制品及食用油批发业	645	3953	4039	68	3544	3404
烟草制品批发业	8250	10498	19867	691	-1391	-1391
纺织、服装及日用品批发业	470	9155	9112	120	1699	1195
# 服装批发业	256	3824	4963	75	932	769
文化、体育用品及器材批发业	199	1879	5958	107	-3	-4
医药及医疗器材批发业	120	20733	14067	405	4730	3725
矿产品、建材及化工产品批发业	2158	87503	30117	1559	6911	8167
# 煤炭及制品批发业	286	32146	5810	195	4338	2697
石油及制品批发业		32637	6531	573	-695	-829
金属及金属矿批发业	748	9708	7480	340	-788	2644
化肥批发业	266	2133	3218	61	1468	1468
机械设备、五金交电及电子产品批发业	546	22334	7750	221	476	-148
# 汽车、摩托车及零配件批发业	5	494	866	5	-4	-12
家用电器批发业	36	272				
计算机、软件及辅助设备批发业	18	241	108	6	236	218
其他批发业	487	343	407	8	55	

11—9 续表 4　　(2008 年)　　计量单位：万元

项　　目	营业利润	利润总额	应交所得税	劳动、失业保险费	住房公积金和住房补贴
总　　计	**151943**	**148933**	**43995**	**4650**	**2679**
1. 按登记注册类型分组					
内资企业	157469	154158	43950	4625	2659
国有企业	77447	80315	35540	3457	1442
集体企业	9027	553	293	189	171
有限责任公司	17095	20250	3773	788	482
股份有限公司	27512	25535	2057	64	509
私营企业	26390	27505	2287	127	56
港、澳、台商投资企业	-46	-42	9	23	
外商投资企业	-5480	-5183	35	3	20
2. 按国民经济行业分组					
农畜产品批发业	-2010	-313	65	75	22
食品、饮料及烟草制品批发业	76950	78511	35988	1676	1074
# 米、面制品及食用油批发业	-6978	-4929	298	32	59
烟草制品批发业	76753	76231	33747	1556	702
纺织、服装及日用品批发业	-1539	-116	730	190	244
# 服装批发业	-3511	-2175	67	63	165
文化、体育用品及器材批发业	815	661	185	821	205
医药及医疗器材批发业	2837	-637	347	374	334
矿产品、建材及化工产品批发业	54845	59507	4828	905	608
# 煤炭及制品批发业	10458	11552	1248	268	166
石油及制品批发业	38039	37992	1870	26	88
金属及金属矿批发业	1143	2593	1194	258	96
化肥批发业	1757	2568	352	6	52
机械设备、五金交电及电子产品批发业	11612	11310	1850	488	180
# 汽车、摩托车及零配件批发业	3931	3925	20	1	
家用电器批发业		1			
计算机、软件及辅助设备批发业	28	32	10	2	7
其他批发业	8433	12	3	121	13

11—9 续表 5　　　　（2008 年）　　　　计量单位：万元

项　　目	本年应付工资总额（贷方累计发生额）	本年应付福利费总额（贷方累计发生额）	本年应交增值税	全部从业人员年平均人数（人）
总　　计	**43394**	**2214**	**61983**	**17065**
1. 按登记注册类型分组				
内资企业	42495	2207	61625	16752
国有企业	16037	556	35557	3646
集体企业	2148	173	524	1561
有限责任公司	8853	488	4890	2938
股份有限公司	9394	689	9897	4559
私营企业	6064	301	10757	4048
港、澳、台商投资企业	528		287	228
外商投资企业	370	7	71	85
2. 按国民经济行业分组				
农畜产品批发业	832	62	95	514
食品、饮料及烟草制品批发业	11918	173	23521	2552
# 米、面制品及食用油批发业	1546	9	267	471
烟草制品批发业	8545	87	21669	1169
纺织、服装及日用品批发业	4633	90	1009	1877
# 服装批发业	1950	84	484	844
文化、体育用品及器材批发业	443	3	664	515
医药及医疗器材批发业	6422	322	15342	3379
矿产品、建材及化工产品批发业	12682	910	19684	5913
# 煤炭及制品批发业	2212	114	6567	634
石油及制品批发业	2881	295	10116	2202
金属及金属矿批发业	3354	104	1774	863
化肥批发业	593	36	34	692
机械设备、五金交电及电子产品批发业	5826	654	1665	1784
# 汽车、摩托车及零配件批发业	410	96	115	317
家用电器批发业	61		18	37
计算机、软件及辅助设备批发业	109	1	60	63
其他批发业	637		5	531

全市限额以上零售贸易企业财务状况

11—10　　（2008年）　　计量单位：万元

项　目	企业数（个）	流动资产合计	#存货	固定资产原价	累计折旧	#本年折旧
总　计	**148**	**654367**	**158502**	**322912**	**95255**	**16752**
1. 按登记注册类型分组						
内资企业	147	653418	158043	320135	94384	16476
国有企业	23	52009	12526	40515	16120	3164
集体企业	13	10941	2956	12102	2913	356
股份合作企业	2	474	33	458	164	11
有限责任公司	40	239720	56850	146056	42250	6044
股份有限公司	4	176921	34329	87828	25361	4627
私营企业	64	172964	51222	32826	7499	2262
其他企业	1	388	128	350	78	12
外商投资企业	1	950	459	2777	870	276
2. 按国民经济行业分组						
综合零售业	43	308752	64287	237086	69176	10015
#百货零售业	22	217781	38411	176860	47708	7789
超级市场零售业	16	74889	20896	47909	17442	2196
食品、饮料及烟草制品专门零售业	5	3444	1054	1106	243	49
纺织、服装及日用品专门零售业	8	9066	5948	2067	272	121
#服装零售业	6	7220	4942	1894	208	116
文化、体育用品及器材专门零售业	13	18673	8756	15336	4351	1038
#图书零售业	9	13515	5489	13785	3811	571
医药及医疗器材专门零售业	13	15474	6084	2627	1134	127
#药品零售业	12	15412	6084	2627	1134	127
汽车、摩托车、燃料及零配件专门零售业	50	154105	49258	36663	7791	2298
#汽车零售业	40	150698	48883	31058	6430	1870
家用电器及电子产品专门零售业	11	113719	19725	7133	891	226
#家用电器零售业	4	94242	15953	4952	594	112
计算机、软件及辅助设备零售业	3	2855	1139	100	60	9
通讯设备零售业	3	16622	2633	2071	230	98
五金、家具及室内装修材料专门零售业	4	28793	3368	10944	4937	2658
无店铺及其他零售	1	2343	24	9949	6460	220

11—10 续表1 (2008年) 计量单位：万元

项　　目	资产总计	负债合计	所有者权益合　　计	#实收资本
总　　计	**1000597**	**817852**	**182744**	**162679**
1. 按登记注册类型分组				
内资企业	997740	814704	183036	160755
国有企业	92054	95521	－3466	16707
集体企业	21158	16627	4531	4744
股份合作企业	1191	332	859	433
有限责任公司	381829	309335	72494	67906
股份有限公司	272403	237472	34931	16987
私营企业	228445	155217	73227	53628
其他企业	660	200	460	350
外商投资企业	2857	3148	－291	1924
2. 按国民经济行业分组				
综合零售业	544713	453687	91026	75640
#百货零售业	375810	292553	83257	47296
超级市场零售业	118283	118349	－66	26299
食品、饮料及烟草制品专门零售业	4310	2231	2080	1800
纺织、服装及日用品专门零售业	12827	8640	4187	1649
#服装零售业	10870	6794	4075	1496
文化、体育用品及器材专门零售业	34241	24214	10027	5970
#图书零售业	25842	19917	5925	2302
医药及医疗器材专门零售业	19055	15927	3128	4770
#药品零售业	18994	15914	3080	4720
汽车、摩托车、燃料及零配件专门零售业	208381	140845	67536	49225
#汽车零售业	188046	134719	53327	42842
家用电器及电子产品专门零售业	124918	108358	16559	12867
#家用电器零售业	100877	95101	5776	2576
计算机、软件及辅助设备零售业	2918	1340	1578	1550
通讯设备零售业	21047	11891	9156	8721
五金、家具及室内装修材料专门零售业	46272	59892	－13620	3110
无店铺及其他零售	5880	4059	1822	7648

11—10 续表2　　　　（2008年）　　　　计量单位：万元

项　　目	主营业务收入	主营业务成本	主营业务税金及附加	主营业务利润
总　　计	**1727818**	**1553766**	**3981**	**169362**
1. 按登记注册类型分组				
内资企业	1723772	1550165	3972	168925
国有企业	58676	54288	63	4325
集体企业	42278	39380	72	2826
股份合作企业	3571	3328	5	238
有限责任公司	585688	532735	1498	51269
股份有限公司	545550	463858	1869	79823
私营企业	480208	450076	430	29179
其他企业	7800	6500	35	1265
外商投资企业	4046	3601	9	437
2. 按国民经济行业分组				
综合零售业	844796	729539	3145	111926
# 百货零售业	644327	582056	2700	59571
超级市场零售业	139677	125088	398	14006
食品、饮料及烟草制品专门零售业	8990	6652	46	2292
纺织、服装及日用品专门零售业	16275	13998	61	2217
# 服装零售业	14849	12976	58	1815
文化、体育用品及器材专门零售业	23493	18195	63	5234
# 图书零售业	16153	12073	30	4051
医药及医疗器材专门零售业	38687	32447	105	6135
# 药品零售业	38610	32397	104	6109
汽车、摩托车、燃料及零配件专门零售业	530360	498482	373	30981
# 汽车零售业	480451	454791	275	24861
家用电器及电子产品专门零售业	255055	243101	180	11774
# 家用电器零售业	179299	172089	139	7071
计算机、软件及辅助设备零售业	8875	8426	17	432
通讯设备零售业	66264	61977	24	4263
五金、家具及室内装修材料专门零售业	3576	2941	9	626
无店铺及其他零售	6587	8410		－1823

11—10 续表 3　　　　(2008 年)　　　　计量单位：万元

项　　目	其他业务利　润	营业费用	管理费用	# 税金	财务费用	# 利息支出
总　　计	**60455**	**88808**	**91884**	**2335**	**9621**	**5830**
1. 按登记注册类型分组						
内资企业	60455	86783	91820	2335	9618	5830
国有企业	2248	3136	9398	181	1193	1096
集体企业	212	1881	1205	85	62	29
股份合作企业	9	80	89	2		
有限责任公司	15739	40193	23897	1028	2003	565
股份有限公司	35002	22236	45487	755	4436	2888
私营企业	7246	19241	11705	283	1922	1248
其他企业		16	40	1	4	4
外商投资企业		2026	63		2	
2. 按国民经济行业分组						
综合零售业	51776	53070	65555	1733	5835	2949
# 百货零售业	40683	27089	55770	1477	5780	2954
超级市场零售业	7692	24439	5787	163	-69	-106
食品、饮料及烟草制品专门零售业	80	265	1490	5	-5	-5
纺织、服装及日用品专门零售业	12	1466	631	38	177	147
# 服装零售业	3	1079	564	36	176	146
文化、体育用品及器材专门零售业	674	1584	3098	128	172	165
# 图书零售业	641	1187	2818	125	50	43
医药及医疗器材专门零售业	75	4515	1779	10	58	
# 药品零售业	75	4515	1750	10	58	
汽车、摩托车、燃料及零配件专门零售业	63	14896	9987	329	2154	1636
# 汽车零售业	54	13408	9219	278	2037	1521
家用电器及电子产品专门零售业	7167	11951	4356	55	232	-59
# 家用电器零售业	6886	9388	2845	39	-22	-105
计算机、软件及辅助设备零售业	65	358	122	3	5	5
通讯设备零售业	217	2204	1382	12	249	41
五金、家具及室内装修材料专门零售业	535	474	3724	31	999	999
无店铺及其他零售	73	589	1265	6	-2	-2

11—10 续表4　　　　（2008年）　　　　计量单位：万元

项　　目	营业利润	利润总额	应交所得税	劳动、失业保险费	住房公积金和住房补贴
总　　计	**41625**	**16712**	**4484**	**2133**	**1285**
1. 按登记注册类型分组					
内资企业	43280	18270	4484	2111	1261
国有企业	-7154	-2908	143	544	288
集体企业	-111	56	26	159	22
股份合作企业	78	75	17	3	
有限责任公司	2513	8741	2587	893	460
股份有限公司	42667	6923	1372	317	421
私营企业	4081	4177	340	196	69
其他企业	1206	1206			
外商投资企业	-1655	-1558		23	24
2. 按国民经济行业分组					
综合零售业	40839	10730	3244	1170	791
# 百货零售业	11615	12132	2581	646	670
超级市场零售业	-6864	-1084	662	418	57
食品、饮料及烟草制品专门零售业	622	1098	1	56	26
纺织、服装及日用品专门零售业	-46	-125	15	6	14
# 服装零售业	-1	-136	15	1	14
文化、体育用品及器材专门零售业	1054	1035	142	356	109
# 图书零售业	637	625	139	356	109
医药及医疗器材专门零售业	-142	-99	21	143	21
# 药品零售业	-140	-98	21	143	21
汽车、摩托车、燃料及零配件专门零售业	4531	4872	851	196	128
# 汽车零售业	776	1103	764	187	93
家用电器及电子产品专门零售业	2403	2513	208	207	77
# 家用电器零售业	1746	1904	162	206	77
计算机、软件及辅助设备零售业	12	7	2	1	
通讯设备零售业	644	602	44		
五金、家具及室内装修材料专门零售业	-4035	-2404	3	1	5
无店铺及其他零售	-3601	-908			114

11—10 续表 5　　　　(2008 年)　　　　计量单位：万元

项　　目	本年应付工资总额（贷方累计发生额）	本年应付福利费总额（贷方累计发生额）	本年应交增值税	全部从业人员年平均人数（人）
总　　计	**38276**	**2537**	**19576**	**24212**
1. 按登记注册类型分组				
内资企业	37975	2462	19568	24133
国有企业	4355	79	1526	2750
集体企业	1404	92	559	1129
股份合作企业	68	5	45	41
有限责任公司	14293	1002	6191	9505
股份有限公司	11178	842	7375	4920
私营企业	6652	443	3838	5771
其他企业	25		35	17
外商投资企业	301	75	8	79
2. 按国民经济行业分组				
综合零售业	23503	1777	11900	14142
# 百货零售业	15649	1388	10002	7487
超级市场零售业	5652	354	1600	5113
食品、饮料及烟草制品专门零售业	444	13	92	302
纺织、服装及日用品专门零售业	626	59	450	647
# 服装零售业	438	42	426	490
文化、体育用品及器材专门零售业	1338	45	1102	700
# 图书零售业	1196	28	1059	581
医药及医疗器材专门零售业	2273	112	892	1880
# 药品零售业	2261	110	889	1870
汽车、摩托车、燃料及零配件专门零售业	5469	231	2845	2982
# 汽车零售业	4546	129	2196	2530
家用电器及电子产品专门零售业	2789	288	2268	2620
# 家用电器零售业	2028	117	1551	1923
计算机、软件及辅助设备零售业	196	5	42	91
通讯设备零售业	547	165	672	588
五金、家具及室内装修材料专门零售业	408	14	28	245
无店铺及其他零售	1427			694

市区限额以上批发贸易企业财务状况

11—11　　　　(2008年)　　　　计量单位：万元

项　目	企业数（个）	流动资产合计	#存货	固定资产原价	累计折旧	#本年折旧
总　计	**127**	**1430894**	**360599**	**338517**	**106131**	**15088**
1. 按登记注册类型分组						
内资企业	124	1416880	351668	338054	105878	15029
国有企业	17	693767	104537	84943	27728	4991
集体企业	8	50306	11262	17407	6419	226
有限责任公司	29	246809	123472	22956	11282	1780
股份有限公司	15	250560	72137	206106	57917	7349
私营企业	55	175437	40260	6641	2533	684
港、澳、台商投资企业	1	996	428	369	228	35
外商投资企业	2	13019	8503	95	24	24
2. 按国民经济行业分组						
农畜产品批发业	4	41189	8014	3854	1874	86
食品、饮料及烟草制品批发业	14	289508	67049	67061	28875	3022
#米、面制品及食用油批发业	4	26790	12513	6491	1055	225
烟草制品批发业	2	220501	33879	29694	12300	2229
纺织、服装及日用品批发业	13	65953	14765	23397	5466	1053
#服装批发业	5	37227	5789	20585	4547	791
文化、体育用品及器材批发业	4	64412	15198	18133	5358	782
医药及医疗器材批发业	23	270753	56128	16373	6921	626
矿产品、建材及化工产品批发业	45	560761	140728	195436	51247	8080
#煤炭及制品批发业	8	167541	4770	8893	3304	759
石油及制品批发业	4	53092	26540	140389	33822	5432
金属及金属矿批发业	22	199074	41542	8666	3035	513
化肥批发业	2	85516	59246	13647	4331	393
机械设备、五金交电及电子产品批发业	23	133965	58031	11702	5466	1431
#汽车、摩托车及零配件批发业	3	6630	3025	971	264	69
家用电器批发业	1	1443	854	65	54	3
计算机、软件及辅助设备批发业	2	3557	837	153	69	6
其他批发业	1	4354	687	2562	924	8

11—11 续表 1　　（2008 年）　　计量单位：万元

项　　目	资产总计	负债合计	所有者权益合　　计	# 实收资本
总　　计	**2073036**	**1346591**	**726446**	**289233**
1. 按登记注册类型分组				
内资企业	2058304	1325711	732593	288668
国有企业	999623	562104	437519	119902
集体企业	68230	51821	16408	10516
有限责任公司	304372	228158	76214	71915
股份有限公司	491599	335207	156392	46369
私营企业	194481	148421	46060	39966
港、澳、台商投资企业	1624	2699	－1075	100
外商投资企业	13108	18180	－5072	465
2. 按国民经济行业分组				
农畜产品批发业	45337	39237	6100	4490
食品、饮料及烟草制品批发业	581901	143200	438701	51186
# 米、面制品及食用油批发业	33792	33653	139	3265
烟草制品批发业	440469	72266	368204	19307
纺织、服装及日用品批发业	94771	54412	40358	44733
# 服装批发业	62308	30055	32253	38246
文化、体育用品及器材批发业	99977	66905	33072	7642
医药及医疗器材批发业	296109	281449	14660	65951
矿产品、建材及化工产品批发业	801090	637839	163251	96406
# 煤炭及制品批发业	209505	165680	43825	35759
石油及制品批发业	169894	129267	40627	5765
金属及金属矿批发业	221227	181820	39407	27587
化肥批发业	99717	87684	12033	5603
机械设备、五金交电及电子产品批发业	147024	117829	29195	17741
# 汽车、摩托车及零配件批发业	9844	6238	3605	3416
家用电器批发业	1454	977	477	528
计算机、软件及辅助设备批发业	3641	2388	1253	1160
其他批发业	6828	5719	1109	1084

11—11 续表 2　　　　（2008 年）　　　　计量单位：万元

项　　目	主营业务收入	主营业务成本	主营业务税金及附加	主营业务利润
总　　计	**6091882**	**5720977**	**10055**	**360555**
1. 按登记注册类型分组				
内资企业	6017896	5650015	10039	357547
国有企业	2748752	2585734	3881	159136
集体企业	52567	38706	62	13799
有限责任公司	982015	921306	1792	58621
股份有限公司	1450000	1351552	3036	95412
私营企业	784562	752716	1268	30578
港、澳、台商投资企业	7885	6238		1647
外商投资企业	66101	64724	16	1361
2. 按国民经济行业分组				
农畜产品批发业	56850	55245	5	1600
食品、饮料及烟草制品批发业	1456191	1326641	2672	126879
# 米、面制品及食用油批发业	108764	105115	6	3643
烟草制品批发业	1209487	1109624	2386	97477
纺织、服装及日用品批发业	220319	202145	217	17957
# 服装批发业	57293	51255	86	5952
文化、体育用品及器材批发业	77847	69374	23	8450
医药及医疗器材批发业	746929	704471	741	41717
矿产品、建材及化工产品批发业	2976631	2852476	5558	120508
# 煤炭及制品批发业	683618	663470	362	21696
石油及制品批发业	802104	749085	694	52326
金属及金属矿批发业	966451	949038	618	16795
化肥批发业	250010	241185	1166	7660
机械设备、五金交电及电子产品批发业	547233	509495	839	34693
# 汽车、摩托车及零配件批发业	17962	17106	5	851
家用电器批发业	8074	7836	2	236
计算机、软件及辅助设备批发业	46355	45754	6	595
其他批发业	9882	1131	1	8751

11—11 续表3　　(2008年)　　计量单位：万元

项　目	其他业务利　润	营业费用	管理费用	#税金	财务费用	#利息支出
总　计	**13269**	**141709**	**94109**	**3199**	**14278**	**14307**
1. 按登记注册类型分组						
内资企业	13263	139896	89867	3171	11793	11827
国有企业	9759	40329	41661	1347	3557	5990
集体企业	1092	3386	2507	130	70	5
有限责任公司	1715	28416	16694	378	2645	1889
股份有限公司	481	46044	21149	951	4219	3200
私营企业	217	21721	7857	365	1303	743
港、澳、台商投资企业	6	984	710	3	5	
外商投资企业		830	3532	25	2480	2480
2. 按国民经济行业分组						
农畜产品批发业	331	1799	625	14	713	229
食品、饮料及烟草制品批发业	9098	26832	29900	878	1674	1526
#米、面制品及食用油批发业	645	3754	3778	63	3112	2973
烟草制品批发业	8250	10498	19867	691	-1391	-1391
纺织、服装及日用品批发业	470	9155	9112	120	1699	1195
#服装批发业	256	3824	4963	75	932	769
文化、体育用品及器材批发业	199	1879	5958	107	-3	-4
医药及医疗器材批发业	69	20456	13892	398	4662	3658
矿产品、建材及化工产品批发业	2068	59039	26927	1456	5020	7861
#煤炭及制品批发业	270	8553	4682	165	2342	2287
石油及制品批发业		28990	6020	573	-207	-341
金属及金属矿批发业	748	9708	7480	340	-788	2644
化肥批发业	192	1967	2872	52	1354	1354
机械设备、五金交电及电子产品批发业	546	22207	7288	219	458	-158
#汽车、摩托车及零配件批发业	5	368	506	5	-24	-24
家用电器批发业	36	272				
计算机、软件及辅助设备批发业	18	241	108	6	236	218
其他批发业	487	343	407	8	55	

11—11 续表4　　(2008年)　　计量单位：万元

项　　目	营业利润	利润总额	应交所得税	劳动、失业保险费	住房公积金和住房补贴
总　　计	**123708**	**119040**	**42587**	**4523**	**2667**
1. 按登记注册类型分组					
内资企业	129235	124264	42542	4497	2647
国有企业	77817	80230	35534	3439	1442
集体企业	8929	472	291	189	171
有限责任公司	18094	20213	3736	746	477
股份有限公司	24481	22505	2039	63	509
私营企业	-87	846	942	60	49
港、澳、台商投资企业	-46	-42	9	23	
外商投资企业	-5480	-5183	35	3	20
2. 按国民经济行业分组					
农畜产品批发业	-1205	-379	33	72	22
食品、饮料及烟草制品批发业	77571	78509	35988	1649	1069
# 米、面制品及食用油批发业	-6357	-4931	298	5	54
烟草制品批发业	76753	76231	33747	1556	702
纺织、服装及日用品批发业	-1539	-116	730	190	244
# 服装批发业	-3511	-2175	67	63	165
文化、体育用品及器材批发业	815	661	185	821	205
医药及医疗器材批发业	2776	-696	338	356	334
矿产品、建材及化工产品批发业	29366	33860	3527	825	608
# 煤炭及制品批发业	9733	10863	1071	222	166
石油及制品批发业	17523	17484	819	14	88
金属及金属矿批发业	1143	2593	1194	258	96
化肥批发业	1659	2486	349	5	52
机械设备、五金交电及电子产品批发业	7492	7190	1784	488	173
# 汽车、摩托车及零配件批发业	7	2	3	1	
家用电器批发业		1			
计算机、软件及辅助设备批发业	28	32	10	2	7
其他批发业	8433	12	3	121	13

11—11 续表 5　　(2008 年)　　计量单位：万元

项　　目	本年应付工资总额（贷方累计发生额）	本年应付福利费总额（贷方累计发生额）	本年应交增值税	全部从业人员年平均人数（人）
总　　计	**40912**	**2020**	**54372**	**14689**
1. 按登记注册类型分组				
内资企业	40014	2013	54014	14376
国有企业	15835	544	35506	3356
集体企业	1821	143	521	1190
有限责任公司	8397	448	4475	2465
股份有限公司	9332	685	9857	4514
私营企业	4630	194	3655	2851
港、澳、台商投资企业	528		287	228
外商投资企业	370	7	71	85
2. 按国民经济行业分组				
农畜产品批发业	514	16	43	236
食品、饮料及烟草制品批发业	11771	171	23280	2354
# 米、面制品及食用油批发业	1400	7	26	273
烟草制品批发业	8545	87	21669	1169
纺织、服装及日用品批发业	4633	90	1009	1877
# 服装批发业	1950	84	484	844
文化、体育用品及器材批发业	443	3	664	515
医药及医疗器材批发业	6266	318	15286	3115
矿产品、建材及化工产品批发业	11071	771	12518	4426
# 煤炭及制品批发业	1889	96	2998	391
石油及制品批发业	2701	295	7253	2046
金属及金属矿批发业	3354	104	1774	863
化肥批发业	263	5	23	314
机械设备、五金交电及电子产品批发业	5577	652	1567	1635
# 汽车、摩托车及零配件批发业	213	96	39	177
家用电器批发业	61		18	37
计算机、软件及辅助设备批发业	109	1	60	63
其他批发业	637		5	531

市区限额以上零售贸易企业财务状况

11—12　　　　(2008年)　　　　计量单位：万元

项　　目	企业数（个）	流动资产合　计	#存货	固定资产原　价	累计折旧	#本年折旧
总　计	**103**	**630568**	**147420**	**298770**	**89741**	**15982**
1. 按登记注册类型分组						
内资企业	102	629618	146961	295993	88871	15707
国有企业	10	45543	10403	36318	15182	3046
集体企业	7	4685	866	5338	681	50
股份合作企业	1	443	30	188	110	11
有限责任公司	35	237531	55991	142862	41704	5989
股份有限公司	4	176921	34329	87828	25361	4627
私营企业	45	164496	45341	23460	5834	1983
外商投资企业	1	950	459	2777	870	276
2. 按国民经济行业分组						
综合零售业	20	297351	58979	220104	65250	9485
#百货零售业	7	211334	35418	167019	46302	7575
超级市场零售业	8	69936	18580	40767	14922	1880
食品、饮料及烟草制品专门零售业	3	1251	769	695	114	30
纺织、服装及日用品专门零售业	6	5592	2597	408	153	94
#服装零售业	4	3746	1591	235	90	89
文化、体育用品及器材专门零售业	4	13605	7663	12840	3645	931
#图书零售业	1	8766	4716	11579	3183	485
医药及医疗器材专门零售业	9	14621	5519	1555	1086	122
#药品零售业	8	14559	5519	1555	1086	122
汽车、摩托车、燃料及零配件专门零售业	48	153717	49130	35423	7357	2221
#汽车零售业	40	150698	48883	31058	6430	1870
家用电器及电子产品专门零售业	9	113597	19627	7085	879	222
#家用电器零售业	4	94242	15953	4952	594	112
计算机、软件及辅助设备零售业	2	2813	1103	80	55	8
通讯设备零售业	2	16542	2571	2043	222	96
五金、家具及室内装修材料专门零售业	3	28493	3113	10711	4799	2658
无店铺及其他零售	1	2343	24	9949	6460	220

11—12 续表1　　　　(2008年)　　　　计量单位：万元

项　　目	资产总计	负债合计	所有者权益合　　计	# 实收资本
总　　计	**943000**	**789203**	**153797**	**145476**
1. 按登记注册类型分组				
内资企业	940143	786055	154088	143552
国有企业	81736	88604	-6868	16001
集体企业	10315	9301	1014	1099
股份合作企业	522	211	311	43
有限责任公司	376333	304269	72065	67606
股份有限公司	272403	237472	34931	16987
私营企业	198834	146198	52636	41817
外商投资企业	2857	3148	-291	1924
2. 按国民经济行业分组				
综合零售业	517819	434158	83661	66416
# 百货零售业	358777	279546	79231	44327
超级市场零售业	108422	111827	-3404	20044
食品、饮料及烟草制品专门零售业	1835	1345	490	540
纺织、服装及日用品专门零售业	7750	6992	758	1353
# 服装零售业	5793	5146	646	1200
文化、体育用品及器材专门零售业	26680	20087	6594	5368
# 图书零售业	19031	15790	3242	2000
医药及医疗器材专门零售业	17085	14450	2635	4480
# 药品零售业	17023	14437	2586	4430
汽车、摩托车、燃料及零配件专门零售业	195721	140645	55076	43875
# 汽车零售业	188046	134719	53327	42842
家用电器及电子产品专门零售业	124738	108336	16401	12737
# 家用电器零售业	100877	95101	5776	2576
计算机、软件及辅助设备零售业	2838	1336	1502	1500
通讯设备零售业	20947	11873	9074	8641
五金、家具及室内装修材料专门零售业	45492	59131	-13639	3060
无店铺及其他零售	5880	4059	1822	7648

11—12 续表 2　　（2008 年）　　计量单位：万元

项　　目	主营业务收入	主营业务成本	主营业务税金及附加	主营业务利润
总　　计	**1631843**	**1470856**	**3698**	**156579**
1. 按登记注册类型分组				
内资企业	1627797	1467256	3689	156143
国有企业	40718	38930	57	1731
集体企业	16517	15411	23	1082
股份合作企业	2765	2553	5	208
有限责任公司	580277	527325	1451	51317
股份有限公司	545550	463858	1869	79823
私营企业	441969	419179	284	21981
外商投资企业	4046	3601	9	437
2. 按国民经济行业分组				
综合零售业	796225	684921	3018	108100
# 百货零售业	611631	551052	2655	57924
超级市场零售业	123802	111474	316	11827
食品、饮料及烟草制品专门零售业	1936	1622	14	301
纺织、服装及日用品专门零售业	11902	10068	50	1784
# 服装零售业	10475	9046	47	1382
文化、体育用品及器材专门零售业	14349	11510	38	2801
# 图书零售业	8809	6738	30	2042
医药及医疗器材专门零售业	31818	26151	96	5571
# 药品零售业	31742	26102	96	5544
汽车、摩托车、燃料及零配件专门零售业	512760	484200	303	27733
# 汽车零售业	480451	454791	275	24861
家用电器及电子产品专门零售业	253995	242271	172	11552
# 家用电器零售业	179299	172089	139	7071
计算机、软件及辅助设备零售业	8325	7891	10	424
通讯设备零售业	65754	61682	23	4049
五金、家具及室内装修材料专门零售业	2272	1703	8	561
无店铺及其他零售	6587	8410		－1823

11—12 续表3　　（2008年）　　计量单位：万元

项　　目	其他业务利　　润	营业费用	管理费用	# 税金	财务费用	# 利息支出
总　　计	**60189**	**85562**	**87272**	**2163**	**9126**	**5564**
1. 按登记注册类型分组						
内资企业	60189	83537	87208	2163	9123	5564
国有企业	2185	2488	8053	151	1152	1090
集体企业	132	903	430	48	25	-5
股份合作企业	9	78	59			
有限责任公司	15739	39966	23691	995	1930	567
股份有限公司	35002	22236	45487	755	4436	2888
私营企业	7123	17866	9489	213	1581	1025
外商投资企业		2026	63		2	
2. 按国民经济行业分组						
综合零售业	51576	51207	63852	1609	5482	2808
# 百货零售业	40653	26749	54805	1386	5545	2916
超级市场零售业	7522	22916	5050	129	-188	-209
食品、饮料及烟草制品专门零售业	80	115	201	1	-4	-4
纺织、服装及日用品专门零售业	9	1289	501	23	64	34
# 服装零售业		901	433	22	63	34
文化、体育用品及器材专门零售业	610	1179	2056	107	161	155
# 图书零售业	577	794	1789	104	42	36
医药及医疗器材专门零售业	75	4158	1511	7	43	
# 药品零售业	75	4158	1483	7	43	
汽车、摩托车、燃料及零配件专门零售业	63	14812	9869	328	2150	1633
# 汽车零售业	54	13408	9219	278	2037	1521
家用电器及电子产品专门零售业	7167	11785	4323	55	232	-59
# 家用电器零售业	6886	9388	2845	39	-22	-105
计算机、软件及辅助设备零售业	65	354	121	3	5	5
通讯设备零售业	217	2042	1350	12	249	41
五金、家具及室内装修材料专门零售业	535	431	3695	27	999	999
无店铺及其他零售	73	589	1265	6	-2	-2

11—12 续表 4 （2008 年） 计量单位：万元

项　　目	营业利润	利润总额	应交所得税	劳动、失业保险费	住房公积金和住房补贴
总　　计	**36928**	**11517**	**4268**	**2017**	**1243**
1. 按登记注册类型分组					
内资企业	38583	13075	4268	1994	1219
国有企业	-7777	-3486	3	503	246
集体企业	-144	11	1	97	22
股份合作企业	80	75	17		
有限责任公司	3064	8718	2582	891	460
股份有限公司	42667	6923	1372	317	421
私营企业	693	835	293	188	69
外商投资企业	-1655	-1558		23	24
2. 按国民经济行业分组					
综合零售业	40732	10748	3173	1085	777
# 百货零售业	11478	12050	2545	562	657
超级市场零售业	-6833	-984	628	418	57
食品、饮料及烟草制品专门零售业	68	-68	1	55	26
纺织、服装及日用品专门零售业	-61	-140	10	6	14
# 服装零售业	-16	-151	10		14
文化、体育用品及器材专门零售业	16	21	5	326	81
# 图书零售业	-5	7	1	326	81
医药及医疗器材专门零售业	-66	-57	21	143	21
# 药品零售业	-65	-55	21	143	21
汽车、摩托车、燃料及零配件专门零售业	1489	1830	851	196	128
# 汽车零售业	776	1103	764	187	93
家用电器及电子产品专门零售业	2380	2490	208	207	77
# 家用电器零售业	1746	1904	162	206	77
计算机、软件及辅助设备零售业	9	4	2	1	
通讯设备零售业	624	582	44		
五金、家具及室内装修材料专门零售业	-4029	-2400			5
无店铺及其他零售	-3601	-908			114

11—12 续表 5　　(2008 年)　　计量单位：万元

项　目	本年应付工资总额（贷方累计发生额）	本年应付福利费总额（贷方累计发生额）	本年应交增值税	全部从业人员年平均人数（人）
总　计	**35223**	**2363**	**17418**	**21429**
1. 按登记注册类型分组				
内资企业	34922	2288	17411	21350
国有企业	3454	26	437	2048
集体企业	551	79	215	389
股份合作企业	52	2	37	23
有限责任公司	14125	999	6105	9309
股份有限公司	11178	842	7375	4920
私营企业	5562	339	3242	4661
外商投资企业	301	75	8	79
2. 按国民经济行业分组				
综合零售业	21706	1663	11014	12448
# 百货零售业	14799	1301	9549	6672
超级市场零售业	4705	327	1167	4234
食品、饮料及烟草制品专门零售业	328	13	60	240
纺织、服装及日用品专门零售业	425	44	272	327
# 服装零售业	237	27	248	170
文化、体育用品及器材专门零售业	847	17	257	462
# 图书零售业	718		235	353
医药及医疗器材专门零售业	1962	105	784	1502
# 药品零售业	1950	104	781	1492
汽车、摩托车、燃料及零配件专门零售业	5423	231	2777	2953
# 汽车零售业	4546	129	2196	2530
家用电器及电子产品专门零售业	2709	278	2241	2571
# 家用电器零售业	2028	117	1551	1923
计算机、软件及辅助设备零售业	186	5	35	77
通讯设备零售业	477	156	651	553
五金、家具及室内装修材料专门零售业	396	12	14	232
无店铺及其他零售	1427			694

分县（市）区限额以上批发零售贸易企业财务状况

11—13　　　　（2008 年）　　　　计量单位：万元

行政单位	资产总计	负债合计	主营业务收入	主营业务利润	其他业务利润
全市总计	**3194218**	**2229084**	**8246571**	**595109**	**73864**
市区合计	3016036	2135793	7723724	517134	73458
长安区	281077	258144	754769	50352	5173
桥东区	694160	590334	1525101	98004	34976
桥西区	890899	392188	1974246	192755	20829
新华区	674341	538049	2106504	88075	5984
裕华区	473010	355055	1355911	85556	6495
矿　区	2549	2025	7193	2392	
井 陉 县	30571	17293	216491	36522	37
正 定 县	69395	20411	146110	30651	158
栾 城 县	1063	827	3248	250	1
行 唐 县	6904	3197	7903	843	16
灵 寿 县	4165	2478	6691	935	
高 邑 县					
深 泽 县	9168	7582	2326	113	
赞 皇 县	478	514	1234	219	
无 极 县	1997	1464	14775	214	69
平 山 县	10504	5585	23108	2831	15
元 氏 县					
赵　县	971	636	1111	324	
辛 集 市	25466	18897	71363	3797	15
藁 城 市	2700	2517	2477	296	
晋 州 市	2767	2271	4767	229	36
新 乐 市	2339	2385	13810	838	56
鹿 泉 市	9694	7235	7434	-85	3

11—13 续表　　（2008 年）　　计量单位：万元

行政单位	管理费用	财务费用	利润总额	本年应付工资总额（贷方累计发生额	本年应交增值税
全市总计	**190489**	**27050**	**165646**	**81670**	**81559**
市区合计	181381	23404	130557	76135	71790
长安区	21500	4142	-2520	11362	15821
桥东区	66002	9402	12582	18915	12213
桥西区	44482	367	82647	17556	27071
新华区	30124	5687	15861	17840	5518
裕华区	19270	3806	21944	10451	10322
矿　区	2		43	13	845
井 陉 县	902	1490	9067	564	5688
正 定 县	3452	352	24458	1480	1007
栾 城 县	50	9	25	108	205
行 唐 县	282	175	101	360	178
灵 寿 县	207	227	176	249	169
高 邑 县					
深 泽 县	80	179	-77	198	15
赞 皇 县	70		-16	66	13
无 极 县	134	53	10	83	14
平 山 县	971	215	346	674	703
元 氏 县					
赵　县	89	-4	68	67	666
辛 集 市	1751	600	422	1180	996
藁 城 市	102	-2	196	53	22
晋 州 市	126	1	125	89	3
新 乐 市	343	68	178	144	39
鹿 泉 市	551	285	10	219	53

社会消费品零售总额

11—14　　　　(2008 年)　　　　计量单位：万元

行政单位	社会消费品零售总额	按销售单位所在地分组		
		市	县	县以下
全市总计	**10051958**	**5775671**	**1550598**	**2725689**
市区合计	4309705	4229593		80112
长安区	623302	620058		3244
桥东区	397571	361682		35889
桥西区	284602	271495		13107
新华区	834479	806607		27872
裕华区	459903	459903		
矿　区	47470	47470		
井 陉 县	161476		70814	90662
正 定 县	429321		269043	160278
栾 城 县	281507		154957	126550
行 唐 县	221814		121136	100678
灵 寿 县	146937		87401	59536
高 邑 县	122354		72698	49656
深 泽 县	156262		77479	78782
赞 皇 县	149408		115139	34268
无 极 县	425854		198400	227454
平 山 县	197226		96807	100419
元 氏 县	193569		108486	85083
赵　　县	411138		203494	207645
辛 集 市	960497	585216		375281
藁 城 市	643399	277964		365436
晋 州 市	412687	214029		198658
新 乐 市	381066	178330		202736
鹿 泉 市	451494	234874		216620

11—14 续表　　（2008 年）　　计量单位：万元

行政单位	按行业分组			
	批发业	零售业	住宿和餐饮业	其他
全市总计	**1800869**	**7125126**	**990909**	**135055**
市区合计	1053043	2839116	389444	28102
长安区	35052	544642	42066	1542
桥东区	144857	154760	97954	
桥西区	33807	201350	42621	6824
新华区	259205	427643	129999	17632
裕华区	22392	365728	71783	
矿　区	4316	37805	3245	2105
井 陉 县	38424	93887	19363	9802
正 定 县	9460	392708	19818	7335
栾 城 县	76357	143057	50301	11791
行 唐 县	15533	170882	22989	12410
灵 寿 县	5534	120760	18232	2410
高 邑 县		108709	4580	9065
深 泽 县	8427	141637	5412	787
赞 皇 县	54722	63384	14314	16988
无 极 县	39611	341859	38923	5461
平 山 县	34169	123418	35984	3656
元 氏 县	41480	127997	15791	8301
赵　县	115938	216638	71950	6612
辛 集 市	131526	743570	63059	22341
藁 城 市	92514	456687	80782	13417
晋 州 市	12360	370976	26241	3110
新 乐 市	360	343316	28330	9060
鹿 泉 市	19717	393430	35972	2375

分县（市）区实际利用外资情况

11—15 （2008年） 计量单位：万元

行政单位	实际利用外资	比上年增长（%）	实际利用外资中：	
			直接利用外资	比上年增长（%）
全市总计	**50834**	**1.3**	**45828**	**11.5**
市 区	30512	-23.2	25506	-16.8
长安区	7787	-17.6	7787	-17.6
桥东区	287	-86.5	287	-86.5
桥西区	3755	2.0倍	3755	2.0倍
新华区	814	1.8倍	814	1.8倍
裕华区	262	-96.5	262	-96.5
矿 区	610	27.1	610	27.1
高新区	5269	-41.9	5269	-41.9
井陉县	417	52.7	417	52.7
正定县	1100	-0.4	1100	-0.4
栾城县	200	33.3	200	33.3
行唐县	1450	60.2	1450	60.2
灵寿县		-100.0		-100.0
高邑县	111	-92.1	111	-92.1
深泽县	4	3.0倍	4	3.0倍
赞皇县	605	98.4	605	98.4
无极县	409	24.3	409	24.3
平山县	560	-5.4	560	-5.4
元氏县		-100.0		-100.0
赵 县	9939	161.9倍	9939	161.9倍
辛集市	202	-81.6	202	-81.6
藁城市	2543	-15.5	2543	-15.5
晋州市	146	4.0倍	146	4.0倍
新乐市	2042	19.2倍	2042	19.2倍
鹿泉市	594	22.7	594	22.7

外国和港澳台地区在石投资情况

11—16　　　　(2008年)　　　　计量单位：万美元

指标名称	新批合同			新注册三资企业	
	项目个数（个）	项目投资总额	合同外资额	注册户数（户）	项目投资总额
合　计	**33**	**51996**	**19198**	**33**	**28561**
#国有企业与客商兴办的合资、合作企业		1551	739		
#投资总额500万美元以上项目	10	49168	17609	13	26115
#开发区合计	1	5144	1742	3	3176
1. 国家级开发区		3173	1205	2	2991
2. 省级开发区	1	1971	537	1	185
一、按投资方式分组					
（一）港、澳、台投资经济	14	26798	7831	13	9873
1. 港澳台合资经营企业	9	16779	3352	8	5224
2. 港澳台合作经营企业	1	1227	326	1	429
3. 港澳台独资经营企业	4	8792	4153	4	4220
（二）外商投资经济	19	25198	11367	20	18688
1. 中外合资经营企业	7	16856	7371	7	13073
2. 中外合作经营企业	2	409	116	3	588
3. 外资企业	10	5964	3211	10	3058
二、按产业分组					
第一产业	4	5822	1688	5	6001
第二产业	9	37793	13616	9	15115
第三产业	20	8381	3894	19	7445
三、按国民经济行业分组					
农、林、牧、渔业	4	5822	1688	5	6001
制 造 业	8	37206	13396	8	14528
#农副食品加工业					
食品制造业					
饮料制造业	1	136	78	1	136
纺 织 业					
纺织服装、鞋、帽制造业					
皮革、皮毛、羽毛（绒）及其制品业	1	983	188	1	185
木材加工及木、竹、藤、棕、草制品业					
家具制造业					
造纸及纸制品业					
印刷业和记录媒介的复制				1	785
文教体育用品制造业					
石油加工、炼焦及核燃料加工					
化学原料及化学制品制造业		10410	1337		
医药制造业	2	12958	4134	1	1500
橡胶制品业			-2		
塑料制品业					
非金属矿物制品业		72	72		
黑色金属冶炼及压延加工业					

11—16 续表 1　　　　(2008 年)　　　　计量单位：万美元

指标名称	新批合同			新注册三资企业	
	项目个数（个）	项目投资总额	合同外资额	注册户数（户）	项目投资总额
有色金属冶炼及压延加工业		**1969**	**669**		**1969**
金属制品业					
通用设备制造业			25		
专用设备制造业		250	54		
交通运输设备制造业				1	966
电气机械及器材制造业					
通信设备、计算机及其他电子设备制造业					
仪器仪表及文化、办公用机械制造业					
工艺品及其他制造业					
电力、煤气及水的生产和供应业					
建筑业	1	587	220	1	587
交通运输、仓储和邮政业					
信息传输、计算机服务和软件业		1669	1102		
批发和零售业	11	4562	3848	12	5321
住宿和餐饮业					
房地产业	1	1435	－1533	1	1435
租赁和商务服务业	5	694	460	4	670
科学研究、技术服务和地质勘查业	2	3	3	1	1
居民服务和其他服务业					
教育					
卫生、社会保障和社会福利业					
文化、体育和娱乐业					
四、按投资国别、地区分组					
1. 亚洲	19	39559	15570	20	21021
#香港	14	26548	7836	13	9873
台湾		250	－5		
日本	2	10743	4620	2	10743
新加坡		1848	3034	1	56
韩国	2	162	77	3	341
东南亚联盟		1848	3034	1	56
2. 非洲					
3. 欧洲	8	729	257	7	1658
#欧盟	7	532	184	6	1461
4. 拉丁美洲	3	10020	2603	3	4363
5. 北美洲	2	1501	712	2	1501
#加拿大					
美国	2	1501	701	2	1501
6. 大洋洲	1	18	14	1	18
五、高新技术产业	3	17372	5396	2	3495
六、并购	5	7078	2228	4	7101

11—16 续表2　　　　(2008 年)　　　　计量单位：万美元

指标名称	新注册三资企业（续）		期末实有三资企业（个）		
	注册资本	外　方注册资本		# 开工在建	投产企业
合　　计	**26500**	**19498**	**610**	**8**	**367**
# 国有企业与客商兴办的合资、合作企业	703	739	113	3	58
# 投资总额500 万美元以上项目	24246	17982	176	1	106
# 开发区合计	4033	1716	109		87
1. 国家级开发区	3028	1179	70		53
2. 省级开发区	1005	537	39		34
一、按投资方式分组					
（一）港、澳、台投资经济	12035	8040	265	3	153
1. 港澳台合资经营企业	7113	3561	182	2	106
2. 港澳台合作经营企业	687	326	22		11
3. 港澳台独资经营企业	4235	4153	60	1	36
（二）外商投资经济	14465	11458	345	5	214
1. 中外合资经营企业	8828	7603	220	4	151
2. 中外合作经营企业	420	244	35	1	10
3. 外资企业	3248	3248	89		53
二、按产业分组					
第一产业	2702	1816	13		1
第二产业	17845	13520	445	4	290
第三产业	5953	4162	152	4	76
三、按国民经济行业分组					
农、林、牧、渔业	2702	1816	13		1
制 造 业	17551	13300	420	4	279
#农副食品加工业			13		8
食品制造业	4975	4467	13	1	3
饮料制造业	96	78	8		5
纺 织 业			30		23
纺织服装、鞋、帽制造业			27		22
皮革、皮毛、羽毛（绒）及其制品业	535	188	36		28
木材加工及木、竹、藤、棕、草制品业			1		
家具制造业			1		
造纸及纸制品业		2054	3		2
印刷业和记录媒介的复制	392	98	5		1
文教体育用品制造业			2		2
石油加工、炼焦及核燃料加工			2		2
化学原料及化学制品制造业	4512	1337	54		35
医药制造业	4021	4020	57	1	42
橡胶制品业		－2	7	1	5
塑料制品业			36	1	26
非金属矿物制品业	72	72	22		11
黑色金属冶炼及压延加工业			4		4

11—16 续表 3　　（2008 年）　　计量单位：万美元

指标名称	新注册三资企业（续）		期末实有三资企业（个）		
	注册资本	外　方注册资本		# 开工在建	投产企业
有色金属冶炼及压延加工业	**1969**	**363**	**4**		**2**
金属制品业			18		11
通用设备制造业		25	19		13
专用设备制造业	175	54	11		7
交通运输设备制造业	483	241	11		6
电气机械及器材制造业	26	10	7		5
通信设备、计算机及其他电子设备制造业	295	295	14		5
仪器仪表及文化、办公用机械制造业			9		6
工艺品及其他制造业			6		5
电力、煤气及水的生产和供应业			7		4
建 筑 业	294	220	18		7
交通运输、仓储和邮政业			17		5
信息传输、计算机服务和软件业	1229	1102	9		5
批发和零售业	4410	4218	26		16
住宿和餐饮业			7	2	4
房地产业	-235	-1533	48	1	27
租赁和商务服务业	534	360	26	1	11
科学研究、技术服务和地质勘查业	1	1	8		4
居民服务和其他服务业			4		3
教育			1		1
卫生、社会保障和社会福利业			2		
文化、体育和娱乐业	14	14	2		
四、按投资国别、地区分组					
1. 亚　洲	19671	15640	367	3	221
# 香　港	11860	8045	216	3	122
台　湾	175	-5	47		31
日　本	6358	4314	25		14
新 加 坡	1020	3073	33		27
韩　国	250	205	26		16
东南亚联盟	1020	3073	43		33
2. 非　洲	169	42	2		2
3. 欧　洲	993	487	55	2	33
# 欧　盟	850	414	46	2	28
4. 拉丁美洲	4952	2603	52		33
5. 北 美 洲	701	712	117	3	69
# 加 拿 大		11	21		12
美　国	701	701	96	3	57
6. 大 洋 洲	14	14	17		9
五、高新技术产业	7213	4976	112	1	72
六、并购	5182	1949	28		24

11—16 续表 4　　（2008 年）　　计量单位：万美元

指标名称	客　商 直接投资	# 现金	实物	利　润 再投资	中方投资
合　　计	**44028**	**25354**	**5**	**3006**	**3737**
# 国有企业与客商兴办的合资、合作企业	6629	860			
# 投资总额 500 万美元以上项目	41958	23927		2997	3376
# 开发区合计	7178	2774	4	271	489
1. 国家级开发区	5269	2265	4	271	127
2. 省级开发区	1909	509			362
一、按投资方式分组					
（一）港、澳、台投资经济	17064	10851		2612	3086
1. 港澳台合资经营企业	9589	3376		1198	2786
2. 港澳台合作经营企业	100	100			300
3. 港澳台独资经营企业	7375	7375		1414	
（二）外商投资经济	26964	14503	5	394	651
1. 中外合资经营企业	13357	8152			408
2. 中外合作经营企业	82	49			243
3. 外资企业	12547	5324	5	394	
二、按产业分组					
第一产业	631	630	1	9	139
第二产业	35178	18159	4	2997	3540
第三产业	8219	6565			58
三、按国民经济行业分组					
农、林、牧、渔业	631	630	1	9	139
制 造 业	33967	18048	4	2997	3540
#农副食品加工业	1100				
食品制造业	5420	4420			
饮料制造业					
纺 织 业					
纺织服装、鞋、帽制造业					
皮革、皮毛、羽毛（绒）及其制品业	202	202			362
木材加工及木、竹、藤、棕、草制品业					
家具制造业					
造纸及纸制品业					
印刷业和记录媒介的复制	15	15			61
文教体育用品制造业					
石油加工、炼焦及核燃料加工					
化学原料及化学制品制造业	2260	2256	4	1198	2607
医药制造业	12055	6076		1610	267
橡胶制品业					
塑料制品业	1003				
非金属矿物制品业	816	816			
黑色金属冶炼及压延加工业					

11—16 续表5 （2008年） 计量单位：万美元

指标名称	客商直接投资	#现金	实物	利润再投资	中方投资
有色金属冶炼及压延加工业	978	978			
金属制品业	3000				
通用设备制造业	56	56			
专用设备制造业					
交通运输设备制造业	253	253			127
电气机械及器材制造业					
通信设备、计算机及其他电子设备制造业	607	307			
仪器仪表及文化、办公用机械制造业					
工艺品及其他制造业					
电力、煤气及水的生产和供应业	1211	111			
建筑业					
交通运输、仓储和邮政业					
信息传输、计算机服务和软件业	2802	1592			
批发和零售业	4934	4490			44
住宿和餐饮业	7	7			
房地产业	175	175			
租赁和商务服务业	276	276			
科学研究、技术服务和地质勘查业					
居民服务和其他服务业					
教育					
卫生、社会保障和社会福利业					
文化、体育和娱乐业					
四、按投资国别、地区分组					
1. 亚洲	32343	19429	1	2612	3117
#香港	17049	10836		2612	3086
台湾	15	15			
日本	4960	4959	1		
新加坡	10287	3587			
韩国	25	25			31
东南亚联盟	10287	3587			
2. 非洲					
3. 欧洲	483	450			423
#欧盟	450	450			323
4. 拉丁美洲	8298	3788			193
5. 北美洲	1982	765	4	394	4
#加拿大					
美国	1982	765	4	394	4
6. 大洋洲	922	922			
五、高新技术产业	14025	7746		1919	611
六、并购	8040	7740			141

11—16 续表6　　　　(2008年)　　　　计量单位：万美元

指标名称	中方投资（续）		企业境外借款	# 外方股东借款	外商其他投资
	# 现金	实物			
合　计	**3724**	**13**	**18426**	**18426**	**1800**
# 国有企业与客商兴办的合资、合作企业			5769	5769	
# 投资总额500万美元以上项目	3363	13	17821	17821	1800
# 开发区合计	489		4400	4400	
1. 国家级开发区	127		3000	3000	
2. 省级开发区	362		1400	1400	
一、按投资方式分组					
（一）港、澳、台投资经济	3073	13	6213	6213	
1. 港澳台合资经营企业	2773	13	6213	6213	
2. 港澳台合作经营企业					
3. 港澳台独资经营企业					
（二）外商投资经济	651		12213	12213	1800
1. 中外合资经营企业	408		5205	5205	1800
2. 中外合作经营企业	243				
3. 外资企业			7008	7008	
二、按产业分组					
第一产业	139				
第二产业	3527	13	16772	16772	1800
第三产业	58		1654	1654	
三、按国民经济行业分组					
农、林、牧、渔业	139				
制 造 业	3527	13	15672	15672	1800
#农副食品加工业			1100	1100	
食品制造业			1000	1000	
饮料制造业					
纺 织 业					
纺织服装、鞋、帽制造业					
皮革、皮毛、羽毛（绒）及其制品业	362				
木材加工及木、竹、藤、棕、草制品业					
家具制造业					
造纸及纸制品业					
印刷业和记录媒介的复制					
文教体育用品制造业					
石油加工、炼焦及核燃料加工					
化学原料及化学制品制造业	2607				
医药制造业	267		5769	5769	1800
橡胶制品业					
塑料制品业			1003	1003	
非金属矿物制品业					
黑色金属冶炼及压延加工业					

11—16 续表 7　　　　(2008 年)　　　　计量单位：万美元

指标名称	中方投资（续）		企业境外借款	# 外方股东借　款	外商其他投资
	# 现金	实物			
有色金属冶炼及压延加工业					
金属制品业					
通用设备制造业					
专用设备制造业					
交通运输设备制造业	127				
电气机械及器材制造业					
通信设备、计算机及其他电子设备制造业			300	300	
仪器仪表及文化、办公用机械制造业					
工艺品及其他制造业					
电力、煤气及水的生产和供应业			1100	1100	
建 筑 业					
交通运输、仓储和邮政业					
信息传输、计算机服务和软件业			1210	1210	
批发和零售业	44		444	444	
住宿和餐饮业					
房地产业					
租赁和商务服务业	4				
科学研究、技术服务和地质勘查业					
居民服务和其他服务业					
教育					
卫生、社会保障和社会福利业					
文化、体育和娱乐业					
四、按投资国别、地区分组					
1. 亚　　洲	3104	13	12913	12913	
# 香　　港	3073	13	6213	6213	
台　　湾					
日　　本					
新 加 坡			6700	6700	
韩　　国	31				
东南亚联盟			6700	6700	
2. 非　　洲					
3. 欧　　洲	423				
# 欧　　盟	323				
4. 拉丁美洲	193		4510	4510	
5. 北 美 洲	4		1003	1003	1800
# 加 拿 大					
美　　国	4		1003	1003	1800
6. 大 洋 洲					
五、高新技术产业	611		6069	6069	1800
六、并购	141		300	300	1800

外国和港澳台地区在石投资企业主要经济指标

11—17 (2008年)

行业名称	期末投产企业个数（个）	# 亏损企业	总产值（现价）（千元）	增加值	期末从业人员（人）
合　计	**367**	**148**	**38683726**	**7977119**	**80031**
#国有企业与客商兴办的合资、合作企业	58	24	9191755	2461745	17517
#以原有企业为依托的合资、合作企业	103	34	14758533	2110611	24579
一、按投资方式分组					
（一）港、澳、台投资经济	153	64	15124981	4100511	36087
1. 港澳台合资经营企业	106	41	7484034	1809375	21766
2. 港澳台合作经营企业	11	9	2830791	929849	7628
3. 港澳台独资经营企业	36	14	4810156	1361287	6693
（二）外商投资经济	214	84	23558745	3876608	43944
1. 中外合资经营企业	151	58	20225783	2878580	30547
2. 中外合作经营企业	10	2	433931	107254	3094
3. 外资企业	53	24	2899031	890774	10303
二、按产业分组					
第一产业	1	1			10
第二产业	290	96	38683726	7977119	74707
第三产业	76	51			5314
三、按国民经济行业分组					
农、林、牧、渔业	1	1			10
制 造 业	279	94	35898643	7457280	72500
#农副食品加工业	8	3	450123	65361	1354
食品制造业	3	1	13151	1971	93
饮料制造业	5	5	93671	12372	365
纺　织　业	23	9	1042916	103985	4663
纺织服装、鞋、帽制造业	22	8	569788	64813	3419
皮革、皮毛、羽毛（绒）及其制品业	28	6	1156711	71200	4804
造纸及纸制品业	2	1	1203071	8337	279
印刷业和记录媒介的复制	1		2377	128	10
文教体育用品制造业	2	2	9892	6500	225
石油加工、炼焦及核燃料加工	2	1	9932	1309	100

11—17 续表 1　　(2008 年)

行业名称	期末投产企业个数（个）	# 亏损企业	总产值（现价）（千元）	增加值	期末从业人员（人）
化学原料及化学制品制造业	35	9	3974546	948731	7053
医药制造业	42	9	11816254	3766779	21290
橡胶制品业	5	2	513417	26705	1297
塑料制品业	26	5	2231858	369183	10640
非金属矿物制品业	11	5	153275	68369	997
黑色金属冶炼及压延加工业	4	2	8988282	783454	4342
有色金属冶炼及压延加工业	2	1	2028	486	20
金属制品业	11	7	1463653	296293	2753
通用设备制造业	13	4	431723	78976	2469
专用设备制造业	7	4	158075	71390	688
交通运输设备制造业	6	0	838429	320475	1503
电气机械及器材制造业	5	3	443666	274291	1694
通信设备、计算机及其他电子设备制造业	5	2	106222	29582	702
仪器仪表及文化、办公用机械制造业	6	2	99320	61996	1167
工艺品及其他制造业	5	3	126263	24594	573
电力、煤气及水的生产和供应业	4	1	2785083	519839	1094
建　筑　业	7	1			1113
交通运输、仓储和邮政业	5	1			2281
信息传输、计算机服务和软件业	5	2			496
批发和零售业	16	11			355
住宿和餐饮业	4	1			439
房地产业	27	24			1326
租赁和商务服务业	11	6			265
科学研究、技术服务和地质勘查业	4	3			35
居民服务和其他服务业	3	3			41
教育	1				76
四、高新技术产业	72	21	13483440	4220768	25325

11—17 续表2　　(2008 年)

行业名称	期末从业人员(续) # 外方及港澳台人员	期末从业人员劳动报酬(千元)	# 外方及港澳台人员	所有者权益(千元)	# 实收资本(千美元)
合　计	**166**	**1699133**	**16474**	**24260167**	**2872477**
# 国有企业与客商兴办的合资、合作企业	14	578859	1246	10923526	1011969
# 以原有企业为依托的合资、合作企业	26	453358	712	4736168	786684
一、按投资方式分组					
（一）港、澳、台投资经济	34	692483	1695	7208758	857618
1. 港澳台合资经营企业	20	330813	487	3702863	406664
2. 港澳台合作经营企业	5	172902	675	931576	181854
3. 港澳台独资经营企业	9	188768	533	2574319	269100
（二）外商投资经济	132	1006650	14779	17051409	2014859
1. 中外合资经营企业	91	729786	13582	11221285	1464471
2. 中外合作经营企业	2	103496	140	2734434	128279
3. 外资企业	39	173368	1057	3095690	422109
二、按产业分组					
第一产业		60		2210	366
第二产业	140	1530173	15576	19386509	2308283
第三产业	26	168900	898	4871448	563828
三、按国民经济行业分组					
农、林、牧、渔业		60		2210	366
制　造　业	138	1367105	15388	13435908	1635071
#农副食品加工业	2	14419	510	134099	19856
食品制造业		615		40373	2195
饮料制造业		8386		42198	4097
纺　织　业	2	67248	165	197049	31788
纺织服装、鞋、帽制造业	14	46229	94	58909	7210
皮革、皮毛、羽毛（绒）及其制品业	12	57015	290	190472	21321
造纸及纸制品业	7	27803	12637	343367	102922
印刷业和记录媒介的复制		15		397	71
文教体育用品制造业	1	9961		9182	1396
石油加工、炼焦及核燃料加工		961		16638	2532

11—17 续表 3　　　　(2008 年)

行业名称	期末从业人员(续) # 外方及港澳台人员	期末从业人员劳动报酬(千元)	# 外方及港澳台人员	所有者权益(千元)	# 实收资本(千美元)
化学原料及化学制品制造业	37	103591	327	1562147	176831
医药制造业	1	536669	44	5989529	517544
橡胶制品业	25	19733		75804	7796
塑料制品业	3	99158	241	538579	68297
非金属矿物制品业	7	12762	379	59586	33594
黑色金属冶炼及压延加工业		142644		1945540	268641
有色金属冶炼及压延加工业		243		10591	1869
金属制品业	1	47366	240	577399	34972
通用设备制造业	7	48089	124	163192	117297
专用设备制造业	2	13585	75	84502	44816
交通运输设备制造业	5	35894	235	511289	29361
电气机械及器材制造业	10	40865	27	400265	37794
通信设备、计算机及其他电子设备制造业	1	10912		395170	94360
仪器仪表及文化、办公用机械制造业	1	11077		42776	6780
工艺品及其他制造业		11865		46855	1731
电力、煤气及水的生产和供应业		144152		5660277	635785
建　筑　业	2	18916	188	290324	37427
交通运输、仓储和邮政业		88158		2671838	116444
信息传输、计算机服务和软件业	2	26942	301	348738	27847
批发和零售业	4	5664	81	434029	67163
住宿和餐饮业	1	7745		8343	4880
房地产业	12	30152	456	1264537	290576
租赁和商务服务业	1	7117		110134	37428
科学研究、技术服务和地质勘查业	3	630	6	2467	465
居民服务和其他服务业	2	821	18	21926	2410
教育	1	1671	36	9436	16615
四、高新技术产业	25	598766	753	7025688	698811

11—17 续表 4　　　　(2008 年)

行业名称	所有者权益（续）实收资本（续）中方	所有者权益（续）实收资本（续）外方	资产总额（千元）	# 流动资产	# 固定资产原值
合　计	**1309215**	**1563262**	**56681032**	**27578518**	**35247466**
# 国有企业与客商兴办的合资、合作企业	760206	251763	18748079	6021572	17046564
# 以原有企业为依托的合资、合作企业	431410	355274	15413787	8242904	8717950
一、按投资方式分组					
（一）港、澳、台投资经济	324920	532698	18327864	11074167	8870337
1. 港澳台合资经营企业	191600	215064	10257785	5917983	5392813
2. 港澳台合作经营企业	133035	48819	3430506	2009835	1611538
3. 港澳台独资经营企业	285	268815	4639573	3146349	1865986
（二）外商投资经济	984295	1030564	38353168	16504351	26377129
1. 中外合资经营企业	909425	555046	25605658	9241122	18006533
2. 中外合作经营企业	63908	64371	4627032	1110713	6473144
3. 外资企业	10962	411147	8120478	6152516	1897452
二、按产业分组					
第一产业		366	2714	122	2678
第二产业	1186794	1121489	42126604	18396996	27384966
第三产业	122421	441407	14551714	9181400	7859822
三、按国民经济行业分组					
农、林、牧、渔业		366	2714	122	2678
制　造　业	688210	946861	34552811	17556921	20456629
#农副食品加工业	3273	16583	260521	143226	131672
食品制造业	1121	1074	59737	27597	44591
饮料制造业	2407	1690	142614	66771	38757
纺　织　业	17987	13801	665755	405929	333064
纺织服装、鞋、帽制造业	2339	4871	313357	249485	56608
皮革、皮毛、羽毛（绒）及其制品业	14418	6903	949186	758892	199027
造纸及纸制品业	165	102757	2342741	501336	2219688
印刷业和记录媒介的复制		71	1887	1562	872
文教体育用品制造业	960	436	11297	6639	11014
石油加工、炼焦及核燃料加工	1589	943	18785	2124	9664

11—17 续表 5　　(2008 年)

行业名称	所有者权益（续） 实收资本（续） 中方	外方	资产总额（千元）	# 流动资产	# 固定资产原值
化学原料及化学制品制造业	130686	46145	3765145	1596611	2098910
医药制造业	158442	359102	12305344	6465921	7874266
橡胶制品业	3903	3893	212804	111039	139310
塑料制品业	42755	25542	1646975	1104136	918280
非金属矿物制品业	23323	10271	170478	97191	112974
黑色金属冶炼及压延加工业	134684	133957	6172665	2489917	4367872
有色金属冶炼及压延加工业	1450	419	24513	10082	7997
金属制品业	12202	22770	1530770	1044886	372991
通用设备制造业	83118	34179	535264	432447	184256
专用设备制造业	1920	42896	200032	149125	44543
交通运输设备制造业	13402	15959	1219001	960126	318030
电气机械及器材制造业	19098	18696	1204340	581844	666017
通信设备、计算机及其他电子设备制造业	13780	80580	638403	216307	266948
仪器仪表及文化、办公用机械制造业	4446	2334	83448	66052	19990
工艺品及其他制造业	742	989	77749	67676	19288
电力、煤气及水的生产和供应业	484475	151310	7066505	672581	6457388
建　筑　业	14109	23318	507288	167494	470949
交通运输、仓储和邮政业	55632	60812	4633961	1100331	6406257
信息传输、计算机服务和软件业	5776	22071	582869	434660	70235
批发和零售业	858	66305	875987	699172	30723
住宿和餐饮业	3565	1315	69010	16175	85013
房地产业	46940	243636	7351823	6696004	597599
租赁和商务服务业	9186	28242	982074	204125	636897
科学研究、技术服务和地质勘查业	290	175	8956	8436	848
居民服务和其他服务业	174	2236	31660	22103	11889
教育		16615	15374	394	20361
四、高新技术产业	238327	460484	14266903	7399068	8890701

11—17 续表 6　　　　(2008 年)

行业名称	资产总额（续）	负债总额（千元）			主营业务收入（千元）
	无形资产		# 流动负债	# 长期负债	
合　计	**1966364**	**32420865**	**25527048**	**6875981**	**45578254**
# 国有企业与客商兴办的合资、合作企业	562187	7824553	5992132	1828071	11743191
# 以原有企业为依托的合资、合作企业	910376	10677619	8855828	1813695	14990952
一、按投资方式分组					
（一）港、澳、台投资经济	580642	11119106	9545131	1561649	16492639
1. 港澳台合资经营企业	403169	6554922	5455177	1087419	8877095
2. 港澳台合作经营企业	20442	2498930	2348164	150766	3015843
3. 港澳台独资经营企业	157031	2065254	1741790	323464	4599701
（二）外商投资经济	1385722	21301759	15981917	5314332	29085615
1. 中外合资经营企业	1145669	14384373	10942627	3437396	21473611
2. 中外合作经营企业	64576	1892598	588706	1303892	2906125
3. 外资企业	175477	5024788	4450584	573044	4705879
二、按产业分组					
第一产业	259	504	504		206
第二产业	1738244	22740095	18719526	4002733	39952532
第三产业	227861	9680266	6807018	2873248	5625516
三、按国民经济行业分组					
农、林、牧、渔业	259	504	504		206
制　造　业	1373078	21116903	17423709	3675358	36808996
#农副食品加工业	3417	126422	107012	19410	471337
食品制造业	5007	19364	19364		13547
饮料制造业	8742	100416	99420		66674
纺　织　业	30615	468706	438301	30405	1219026
纺织服装、鞋、帽制造业	3481	254448	253405	1043	672152
皮革、皮毛、羽毛（绒）及其制品业	20962	758714	657936	100778	1239033
造纸及纸制品业	1076	1999374	1032929	966445	1026197
印刷业和记录媒介的复制		1490	1490		2377
文教体育用品制造业		2115	2115		9818
石油加工、炼焦及核燃料加工	670	2147	2147		9576

11—17 续表 7　　(2008 年)

行业名称	资产总额（续）	负债总额（千元）			主营业务收入（千元）
	无形资产		# 流动负债	# 长期负债	
化学原料及化学制品制造业	213424	2202998	2094187	98081	3760036
医药制造业	335753	6315815	5574785	736680	11821763
橡胶制品业		137000	137000		446277
塑料制品业	8060	1108396	1082700	25696	2768319
非金属矿物制品业	1176	110892	63525	47367	174320
黑色金属冶炼及压延加工业	559042	4227125	2926762	1300363	9126220
有色金属冶炼及压延加工业		13922	4089	9833	3158
金属制品业	54450	953371	860841	91370	1548249
通用设备制造业	8865	372072	339006	33066	461165
专用设备制造业	12260	115530	111150	3780	129201
交通运输设备制造业	38442	707712	704729	2983	809062
电气机械及器材制造业	55736	804075	656167	147908	453183
通信设备、计算机及其他电子设备制造业	11696	243233	186911	56322	383009
仪器仪表及文化、办公用机械制造业	204	40672	36844	3828	119201
工艺品及其他制造业		30894	30894		76096
电力、煤气及水的生产和供应业	302746	1406228	1090886	315342	2750466
建　筑　业	62420	216964	204931	12033	393070
交通运输、仓储和邮政业	815	1962123	374781	1587342	3335933
信息传输、计算机服务和软件业	83704	234131	161251	72880	387354
批发和零售业		441958	441132	826	465977
住宿和餐饮业	144	60667	55242	5425	47159
房地产业	138472	6087286	5516138	571148	1175303
租赁和商务服务业	73	871940	242183	629757	194416
科学研究、技术服务和地质勘查业		6489	6489		9373
居民服务和其他服务业	15	9734	9734		2444
教育	4638	5938	68	5870	7557
四、高新技术产业	385748	7241215	6411040	821595	13710831

11—17 续表 8　　(2008 年)

行业名称	主营业务收入(续) # 出口销售收入 (千美元)	主营业务成本 (千元)	主营业务税金 (千元)	三项费用 (千元)	# 销售费用
合　计	**1399462**	**36376846**	**197736**	**4457816**	**1493250**
# 国有企业与客商兴办的合资、合作企业	343830	8245801	84726	1144735	217526
# 以原有企业为依托的合资、合作企业	455620	13669317	35930	1170840	306311
一、按投资方式分组					
（一）港、澳、台投资经济	641015	12413340	74156	1947074	646153
1. 港澳台合资经营企业	147778	7329777	70190	877760	160669
2. 港澳台合作经营企业	230046	2098923	358	329093	63268
3. 港澳台独资经营企业	263191	2984640	3608	740221	422216
（二）外商投资经济	758447	23963506	123580	2510742	847097
1. 中外合资经营企业	668328	19471446	36293	1808498	572018
2. 中外合作经营企业	26064	938734	78785	118450	8653
3. 外资企业	64055	3553326	8502	583794	266426
二、按产业分组					
第一产业		638		150	
第二产业	1394273	33385728	32604	3902970	1344334
第三产业	5189	2990480	165132	554696	148916
三、按国民经济行业分组					
农、林、牧、渔业		638		150	
制　造　业	1394273	30182417	22486	3726403	1344228
#农副食品加工业		427531	460	28690	9948
食品制造业		11901		3014	253
饮料制造业		57852	5	11003	6110
纺　织　业	41083	1186220		57534	14991
纺织服装、鞋、帽制造业	25686	614383	158	58134	26229
皮革、皮毛、羽毛（绒）及其制品业	67253	1138899	489	48669	7174
造纸及纸制品业		973934		192507	79503
印刷业和记录媒介的复制		2182		96	
文教体育用品制造业	1226	10891		1980	479
石油加工、炼焦及核燃料加工		9206		369	

11—17 续表9　　　　(2008年)

行业名称	主营业务收入(续) # 出口销售收入 (千美元)	主营业务成本 (千元)	主营业务税金 (千元)	三项费用 (千元)	# 销售费用
化学原料及化学制品制造业	16207	3135459	454	273049	51335
医药制造业	564861	7924895	3498	1787401	723202
橡胶制品业	63809	417672		28220	12388
塑料制品业	240774	2449493	1077	183664	83781
非金属矿物制品业	10283	150834	269	29074	13241
黑色金属冶炼及压延加工业	248933	8606817	1892	547690	179450
有色金属冶炼及压延加工业		2699		521	154
金属制品业	61663	1272894	25	142536	54281
通用设备制造业	22885	397405	31	55828	15741
专用设备制造业	1069	92522	259	23031	5162
交通运输设备制造业	6027	573850	8587	112291	24880
电气机械及器材制造业	1616	333057	5184	67944	11914
通信设备、计算机及其他电子设备制造业	4701	218641		49254	17341
仪器仪表及文化、办公用机械制造业	5614	102757	89	13504	2035
工艺品及其他制造业	10583	70423	9	10400	4636
电力、煤气及水的生产和供应业		2870281	185	150543	106
建　筑　业		333030	9933	26024	
交通运输、仓储和邮政业		1283062	74698	86936	1094
信息传输、计算机服务和软件业	1198	267250	164	49874	31455
批发和零售业	3166	434933	103	56158	26940
住宿和餐饮业		12947	2371	29534	16364
房地产业		863187	83692	203922	49178
租赁和商务服务业	825	123566	3767	116849	18978
科学研究、技术服务和地质勘查业		5374		1514	621
居民服务和其他服务业		161	110	2916	205
教育			227	6993	4081
四、高新技术产业	575455	9343555	4073	1944104	776605

11—17 续表 10　　　　（2008 年）

行业名称	三项费用（续）			营业利润（千元）	利润总额（千元）
	# 管理费用	# 财务费用	# 利息支出		
合　　计	**2187695**	**776871**	**473282**	**4503209**	**4506080**
# 国有企业与客商兴办的合资、合作企业	692172	235037	129485	2417685	2382333
# 以原有企业为依托的合资、合作企业	599403	265126	170851	－15134	38730
一、按投资方式分组					
（一）港、澳、台投资经济	1035701	265220	184536	2064095	2043074
1. 港澳台合资经营企业	544123	172968	123012	589946	604347
2. 港澳台合作经营企业	211901	53924	45276	591486	580508
3. 港澳台独资经营企业	279677	38328	16248	882663	858219
（二）外商投资经济	1151994	511651	288746	2439114	2463006
1. 中外合资经营企业	789713	446767	229924	76873	61968
2. 中外合作经营企业	91588	18209	16026	1778652	1780985
3. 外资企业	270693	46675	42796	583589	620053
二、按产业分组					
第一产业	150			－582	－570
第二产业	1916102	642534	356375	2581300	2594339
第三产业	271443	134337	116907	1922491	1912311
三、按国民经济行业分组					
农、林、牧、渔业	150			－582	－570
制　造　业	1819505	562670	352563	2680782	2685126
#农副食品加工业	13453	5289	4367	14955	15058
食品制造业	2287	474	21	－1300	－1431
饮料制造业	4595	298		－1579	－2174
纺　织　业	31190	11353	9436	－26410	－21968
纺织服装、鞋、帽制造业	24850	7055	1433	3020	548
皮革、皮毛、羽毛（绒）及其制品业	32383	9112	1361	11872	2325
造纸及纸制品业	71459	41545		－136327	－136273
印刷业和记录媒介的复制	96			76	76
文教体育用品制造业	1434	67	－23	－3054	－3054
石油加工、炼焦及核燃料加工	368	1		1	1

11—17 续表 11　　　　(2008 年)

行业名称	三项费用（续）			营业利润（千元）	利润总额（千元）
	# 管理费用	# 财务费用	# 利息支出		
化学原料及化学制品制造业	177934	43780	29857	391639	410511
医药制造业	863888	200311	142078	2095210	2076488
橡胶制品业	12965	2867	1349	12405	1037
塑料制品业	73316	26567	14906	59576	72866
非金属矿物制品业	12135	3698	3343	-5784	-1195
黑色金属冶炼及压延加工业	204853	163387	108706	-177755	-169937
有色金属冶炼及压延加工业	365	2		-63	-95
金属制品业	75839	12416	6597	152426	140290
通用设备制造业	34206	5881	2706	1094	1524
专用设备制造业	17841	28	-34	13547	13042
交通运输设备制造业	80047	7364	7639	126749	134388
电气机械及器材制造业	43872	12158	12018	47925	49111
通信设备、计算机及其他电子设备制造业	25236	6677	6351	102825	104331
仪器仪表及文化、办公用机械制造业	9870	1599	454	2946	3129
工艺品及其他制造业	5023	741	-2	-3212	-3472
电力、煤气及水的生产和供应业	71163	79274	3288	-127706	-120171
建　筑　业	25434	590	524	28224	29384
交通运输、仓储和邮政业	55392	30450	30404	1882496	1884848
信息传输、计算机服务和软件业	18549	-130	-130	71540	73292
批发和零售业	6992	22226	21805	-24209	-24298
住宿和餐饮业	12077	1093	1012	2613	2613
房地产业	128348	26396	10727	36593	17530
租赁和商务服务业	43596	54275	53064	-46016	-41177
科学研究、技术服务和地质勘查业	860	33	33	-132	-132
居民服务和其他服务业	2715	-4	-4	-732	-728
教育	2914	-2	-4	338	363
四、高新技术产业	956814	210685	151734	2403260	2381036

11—17 续表 12　　(2008 年)

行业名称	应交税金（千元）	# 增值税消费税营业税	# 所得税	净利润（千元）
合　计	**2184382**	**1255387**	**766195**	**3739885**
# 国有企业与客商兴办的合资、合作企业	846170	349434	434018	1948315
# 以原有企业为依托的合资、合作企业	502335	412457	38175	555
一、按投资方式分组				
（一）港、澳、台投资经济	712924	311572	382602	1660472
1. 港澳台合资经营企业	343032	177639	152796	451551
2. 港澳台合作经营企业	122840	20570	101612	478896
3. 港澳台独资经营企业	247052	113363	128194	730025
（二）外商投资经济	1471458	943815	383593	2079413
1. 中外合资经营企业	833127	705342	12166	49802
2. 中外合作经营企业	413376	91545	321677	1459308
3. 外资企业	224955	146928	49750	570303
二、按产业分组				
第一产业				-570
第二产业	1693657	1137179	400382	2193957
第三产业	490725	118208	365813	1546498
三、按国民经济行业分组				
农、林、牧、渔业				-570
制　造　业	1495087	964649	423716	2261410
#农副食品加工业	9507	8386	1121	13937
食品制造业	386	298	13	-1444
饮料制造业	3040	2534		-2174
纺　织　业	18399	15689	1071	-23039
纺织服装、鞋、帽制造业	7462	6731	698	-150
皮革、皮毛、羽毛（绒）及其制品业	13651	11183	2207	118
造纸及纸制品业	50768	50731	37	-136310
印刷业和记录媒介的复制	78	68	10	66
文教体育用品制造业	67	67		-3054
石油加工、炼焦及核燃料加工	167	165	2	-1

11—17 续表 13　　　　(2008 年)

行业名称	应交税金（千元）	# 增值税消费税营业税	# 所得税	净利润（千元）
化学原料及化学制品制造业	185540	113138	70469	340042
医药制造业	682773	346163	313587	1762901
橡胶制品业	8735	7873	862	175
塑料制品业	60980	31708	17064	55802
非金属矿物制品业	9076	4686	219	-1414
黑色金属冶炼及压延加工业	317877	300057	-21551	-148386
有色金属冶炼及压延加工业	131	130	1	-96
金属制品业	44882	17292	7460	132830
通用设备制造业	3633	3318	264	1260
专用设备制造业	8082	4087	3492	9550
交通运输设备制造业	35769	19262	16470	117918
电气机械及器材制造业	22835	10817	9290	39821
通信设备、计算机及其他电子设备制造业	3796	3303	482	103849
仪器仪表及文化、办公用机械制造业	4594	4166	407	2722
工艺品及其他制造业	2859	2797	41	-3513
电力、煤气及水的生产和供应业	188166	167574	-28780	-91391
建　筑　业	10404	4956	5446	23938
交通运输、仓储和邮政业	433496	116209	315921	1568927
信息传输、计算机服务和软件业	19534	17124	1212	72080
批发和零售业	-3803	-4673	112	-24410
住宿和餐饮业	2665	1641	549	2064
房地产业	35893	-12343	47678	-30148
租赁和商务服务业	2408	72	250	-41427
科学研究、技术服务和地质勘查业	47	47		-132
居民服务和其他服务业	371	108		-728
教育	114	23	91	272
四、高新技术产业	785741	405367	355331	2025705

省级及以上开发区主要经济指标

11—18

指标名称	计量单位	2008 年	2007 年
一、全部实有企业数	个	2868	1911
全部投产（开业）企业数	个	1640	1547
全部投产企业期末人数	人	142234	96679
二、期末实有三资企业数	个	109	105
# 投产（开业）	个	85	66
外方注册资本	万美元	1716	9451
本期外商实际投资	万美元	7178	9976
三、工业企业销售收入	万　元	9681120	5698018
# 三资企业销售收入	万　元	1162236	1043296
工业企业交纳各项税金总额	万　元	220880	157991
# 三资企业交纳税金总额	万　元	30571	32151
四、外贸出口总值	万美元	85104	61579
# 三资企业出口总值	万美元	30402	28865
五、固定资产投资总额	万　元	4360926	3621839

涉外旅游情况

11—19

指标名称	2008 年	2007 年	增长速度（%）
一、入境游客人数合计（人次）	98149	103263	-4.95
1. 外国人	85589	93337	-8.3
2. 香港同胞	5884	4122	42.75
3. 澳门同胞	1254	1713	-26.8
4. 台湾同胞	5422	4091	35.53
二、入境游客人天数合计（人天）	199797	208323	-4.09
1. 外国人	174781	188441	-7.25
2. 香港同胞	11818	8094	46.01
3. 澳门同胞	2446	3562	-31.33
4. 台湾同胞	10752	8226	30.71
三、创汇金额（万美元）	3703	3694	0.25

按贸易方式及企业性质分进出口总值

11—20　　（2008年）　　计量单位：千美元、%

贸易方式	进出口	比上年增长	其中：出口	比上年增长	进口	比上年增长
合　计	**6989638**	**36.3**	**5596403**	**34.9**	**1393236**	**42.1**
一、按进出口贸易方式分组						
一般贸易	6142281	38.8	4971254	36.1	1171027	51.4
加工贸易	820840	19.7	622669	27.3	198171	0.7
来料加工装配贸易	194678	119.1	139061	158.8	55617	58.5
进料加工贸易	626162	4.9	483608	11.1	142554	-11.8
加工贸易进口的设备	134	29			134	29
对外承包工程货物	2061	-66.8	2061	-66.8		
外商投资企业投资进口的设备物品	17791	167.4			17791	167.4
易货贸易	23		23			
保税仓库进出境货物	4565	81.8			4565	81.8
其他	1943	24.8	396	-9.9	1547	38.4
二、按进出口企业性质分组						
国有企业	1153134	-7.9	864571	-13.4	288563	13.5
外商投资企业	2293510	57.1	1788297	55.3	505213	63.8
中外合作企业	266905	142.1	204319	175.8	62586	73.1
中外合资企业	1520852	39.4	1191010	36.7	329842	49.8
外商独资企业	505753	95.7	392968	90.4	112786	117
集体企业	736969	97.4	450438	109.3	286531	81.1
私营企业	2800738	37.3	2488103	39.7	312635	20.5
个体工商户	5032	74.6	4993	78.2	38	-51.9
其他企业	255				255	

按国别（地区）分进出口总值

11—21　　　　(2008 年)　　　　计量单位：千美元、%

国别地区	进出口	比上年增长	其中：出口	比上年增长	进口	比上年增长
合　计	**6989638**	**36.3**	**5596403**	**34.9**	**1393236**	**42.1**
亚洲	2496308	26.8	1965482	29.9	530826	16.4
阿富汗	772	-32.8	772	-32.8		
巴林	2358	32.5	2358	33.8		
孟加拉国	36023	20.3	35074	17.4	949	1509.5
文莱	580	-35.2	580	-2.4		
缅甸	2373	-14.6	2161	-22.2	212	
柬埔寨	6097	104.9	6044	106.3	54	17.6
塞浦路斯	6870	21.7	6870	21.8		
朝鲜	394	-71.5	394	-12.9		
中国香港	81232	-24.7	75845	-25.4	5387	-13.0
印度	349156	8.9	198842	29.2	150314	-9.8
印度尼西亚	125477	40.2	113230	28.2	12247	960.2
伊朗	56695	68.0	38815	47.9	17881	138.5
伊拉克	3351	58.6	3351	58.6		
以色列	83215	74.0	78900	78.8	4315	17.1
日本	350109	26.5	249094	15.3	101015	66.0
约旦	11618	44.7	11618	44.7		
科威特	10521	81.7	10521	82.6		
老挝	32	30.2	32	30.2		
黎巴嫩	5648	18.5	5648	18.5		
中国澳门	737	74.0	737	74.0		
马来西亚	103350	18.0	89357	19.7	13993	8.2
马尔代夫	228	98.6	228	98.6		
蒙古	2013	-29.4	1136	-52.4	877	89.7
尼泊尔	250	-0.8	250	42.0		

11—21 续表 1 （2008 年） 计量单位：千美元、%

国别地区	进出口	比上年增长	其中：			
			出口	比上年增长	进口	比上年增长
阿曼	12481	387.2	6618	418.3	5863	356.3
巴基斯坦	50699	37.8	44139	27.9	6561	186.8
巴勒斯坦	655	1256.4	655	1256.4		
菲律宾	47493	48.0	45663	46.9	1830	83.3
卡塔尔	2617	10.0	2483	6.4	134	202.1
沙特阿拉伯	85617	55.7	85512	58.4	105	-89.5
新加坡	45199	43.3	36492	44.3	8707	39.1
韩国	452784	28.3	386721	39.0	66063	-11.6
斯里兰卡	13473		11829	-22.0	1644	164.8
叙利亚	11362		11343	-14.4	18	-83.0
泰国	96977	79.3	88897	99.4	8080	-15.0
土耳其	83499	29.9	48939	24.3	34561	38.9
阿联酋	86778	15.9	85887	16.4	891	-17.7
也门共和国	24175	16.7	24175	16.7		
越南	74652	45.2	74617	45.7	35	-80.6
台澎金马关税区	128454	35.8	61844	59.9	66609	19.2
东帝汶	52		52	-44.8		
哈萨克斯坦	26385	37.8	4354	-10.0	22031	54.0
吉尔吉斯斯坦	1903	99.2	1903	99.2		
塔吉克斯坦	650	36.4	650	36.4		
土库曼斯坦	1737		1737	-2.4		
乌兹别克斯坦	9076	16.2	9076	26.6		
亚洲其他国家（地区）	40		40			
非洲	378325	42.3	354531	40.5	23794	75.2
阿尔及利亚	14248	44.5	14248	44.5		
安哥拉	22460	42.5	22460	42.5		

11—21 续表 2　　（2008 年）　　计量单位：千美元、%

国别地区	进出口	比上年增长	其中：			
			出口	比上年增长	进口	比上年增长
贝宁	7390	3.7	7390	13.8		
博茨瓦那	898	152.1	898	152.1		
布隆迪	897	79.4	897	79.4		
喀麦隆	4140	54.8	2691	20.6	1449	227.2
加那利群岛	85	-25.9	85	-25.9		
佛得角	312	-16.7	312	-16.7		
中非共和国	122		122			
乍得	134	9.6	134	9.6		
科摩罗	578	11.6	578	11.6		
刚果	4008	7.7	4008	7.7		
吉布提	1097	-41.9	1097	-41.9		
埃及	32954	5.5	32456	5.0	497	57.8
赤道几内亚	1293	25.9	1293	25.9		
埃塞俄比亚	13624	44.0	13594	104.9	29	-99.0
加蓬	547	0.4	547	0.4		
冈比亚	955	-5.0	955	-5.0		
加纳	22310	20.1	22310	20.1		
几内亚	1775	6.0	1775	6.0		
几内亚（比绍）	31		31			
科特迪瓦	2235	56.0	2040	42.4	195	
肯尼亚	25417	83.9	25417	85.6		
利比里亚	7221	515.4	7221	515.4		
利比亚	5186	20.2	5186	20.2		
马达加斯加	9747	73.2	8241	46.9	1506	7798.6
马拉维	2879	184.0	2879	184.0		
马里	2745	104.3	1550	104.6	1196	103.8
毛里塔尼亚	2443	6.4	2443	6.4		

11—21 续表 3　　(2008 年)　　计量单位：千美元、%

国别地区	进出口	比上年增长	其中：出口	比上年增长	进口	比上年增长
毛里求斯	7713	7.7	7713	7.7		
摩洛哥	11892	-5.8	11747	-6.5	146	152.5
莫桑比克	5904	109.0	5480	94.0	423	
纳米比亚	296	41.3	296	41.3		
尼日尔	461	-17.7	461	-17.7		
尼日利亚	33862	139.4	33862	139.8		
留尼汪	689	-49.1	689	-49.1		
卢旺达	198	116.3	198	116.3		
圣多美和普林西比	217	234.8	217	234.8		
塞内加尔	4895	167.8	4895	167.8		
塞舌尔	15	-67.4	15	-67.4		
塞拉利昂	3331	26.4	3331	26.4		
索马里	138	63.7	57	-32.6	81	
南非	58229	57.4	42656	34.4	15573	197.1
苏丹	14595	-13.4	14473	-12.2	122	-65.9
坦桑尼亚	14125	73.6	14125	74.0		
多哥	7707	70.3	7707	101.0		
突尼斯	5643	42.1	4960	36.5	683	103.4
乌干达	2883	14.5	2883	17.8		
布基纳法索	4652	60.2	4652	339.4		
民主刚果	8343	31.0	8343	31.0		
赞比亚	1532	510.2	1404	459.3	128	
津巴布韦	2576	230.4	809	3.8	1767	
莱索托	56	-96.1	56	-96.1		
斯威士兰	546	3793.8	546	3793.8		
厄立特里亚	56		56			
马约特岛	38		38			

11—21 续表 4　　（2008 年）　　计量单位：千美元、%

国别地区	进出口	比上年增长	其中：			
			出口	比上年增长	进口	比上年增长
欧洲	2068216	36.3	1731488	34.1	336728	49.2
比利时	138530	72.2	115257	53.1	23273	353.0
丹麦	46372	65.3	28103	46.1	18269	107.4
英国	199759	37.5	181391	39.1	18368	23.0
德国	337660	32.6	255928	43.7	81732	6.8
法国	116008	33.9	100335	29.9	15673	66.8
爱尔兰	29129	18.7	24356	9.0	4773	116.8
意大利	305312	35.3	204096	24.7	101217	63.5
卢森堡	2264	-22.1	2250	-16.5	14	-93.3
荷兰	153961	35.8	140491	33.8	13470	60.4
希腊	26057	16.0	21994	-1.1	4063	1704.0
葡萄牙	18434	29.2	17566	30.9	868	3.3
西班牙	115398	14.0	111572	18.0	3826	-42.7
阿尔巴尼亚	524	46.8	524	46.8		
奥地利	6982	-20.7	4927	19.8	2055	-56.2
保加利亚	7523	116.5	7134	105.3	389	
芬兰	43405	20.6	41240	30.0	2165	-49.3
匈牙利	14981	51.6	14847	51.9	134	26.1
冰岛	308	44.5	308	44.5		
马耳他	470	80.2	470	80.2		
摩纳哥	8	-82.6	8	-82.6		
挪威	10768	-26.1	10607	-24.0	161	-73.7
波兰	33572	51.7	33333	54.3	238	-55.2
罗马尼亚	9942	6.3	9929	27.0	14	-99.1

11—21 续表 5　　　　（2008 年）　　　　计量单位：千美元、%

国别地区	进出口	比上年增长	其中：			
			出口	比上年增长	进口	比上年增长
瑞典	43831	39.2	26599	19.6	17232	86.3
瑞士	7312	-37.2	4071	-31.3	3242	-43.3
爱沙尼亚	2301	-9.5	2265	-9.5	35	-9.5
拉脱维亚	3919	8.9	3758	7.3	161	69.4
立陶宛	7562	32.5	6871	20.7	691	4340.8
格鲁吉亚	3108	125.5	3108	125.5		
亚美尼亚	1272	198.8	1272	198.8		
阿塞拜疆	11	-97.0	11	-97.0		
白俄罗斯	2757	331.9	2757	331.9		
摩尔多瓦	925	23.1	924	23.1		
俄罗斯联邦	310987	49.7	298470	45.6	12517	363.6
乌克兰	40072	41.4	28275	0.8	11797	4231.8
斯洛文尼亚	4971	16.5	4938	19.4	33	-74.4
克罗地亚	6397	67.0	6397	67.0		
捷克共和国	12154	66.5	11881	70.9	273	-22.3
斯洛伐克	1289	48.6	1262	48.5	28	56.5
马其顿	302	409.2	302	409.2		
波斯尼亚-黑塞哥维那共和	259	-71.1	244	-72.5	15	58.6
塞尔维亚	674	28.7	674	28.7		
黑山	746	1485.3	746	1485.3		
拉丁美洲	496168	86.1	385294	91.3	110874	70.1
安提瓜和巴布达	26		26			
阿根廷	37205	167.7	36791	180.9	414	-48.2
巴哈马	63	1863.1	63	1863.1		
巴巴多斯	286	16.0	286	16.0		
伯利兹	134	-46.3	134	-46.3		

11—21 续表 6　　(2008 年)　　计量单位：千美元、%

国别地区	进出口	比上年增长	其中：			
			出口	比上年增长	进口	比上年增长
玻利维亚	710	108.0	710	108.0		
巴西	201398	107.2	91540	119.0	109858	98.3
智利	86507	138.5	86469	138.7	38	-30.8
哥伦比亚	11930	30.0	11930	31.7		
多米尼亚共和国	763	184.4	763	184.4		
哥斯达黎加	7358	126.1	7323	125.0	35	
古巴	4388	-34.9	4359	-35.3	29	
多米尼加共和国	6639	41.3	6629	41.1	10	
厄瓜多尔	6660	28.7	6660	28.7		
格林纳达	19	-36.5	19	-36.5		
瓜德罗普	65	326.6	65	326.6		
危地马拉	9109	45.0	9109	45.0		
圭亚那	966	119.4	966	119.4		
海地	3759	192.0	3759	192.0		
洪都拉斯	4541	188.2	4541	188.2		
牙买加	1691	171.1	1691	171.1		
墨西哥	28766	45.3	28569	45.6	197	4.6
尼加拉瓜	9041	89.1	9041	89.1		
巴拿马	15222	52.7	15222	53.3		
巴拉圭	2595	136.4	2595	184.9		
秘鲁	21748	182.3	21745	186.5	3	-97.1
波多黎各	10543	48.5	10543	48.5		
萨尔瓦多	2454	-23.2	2454	-23.2		

11—21 续表7　　　　(2008年)　　　　计量单位：千美元、%

国别地区	进出口	比上年增长	其中：出口	比上年增长	进口	比上年增长
苏里南	809	53.2	809	53.2		
特立尼达和多巴哥	4896	67.1	4896	67.1		
乌拉圭	8294	113.1	8003	108.4	291	459.4
委内瑞拉	7527	-57.3	7527	-19.9		
荷属安地列斯群岛	59	-57.9	59	-57.9		
北美洲	1207399	26.3	1031524	27.6	175875	19.2
加拿大	112926	12.4	104547	14.2	8379	-5.6
美国	1094473	27.9	926977	29.3	167496	20.8
大洋洲	343222	121.9	128084	55.4	215139	197.7
澳大利亚	305441	136.8	92789	39.7	212651	239.7
斐济	2251	3.5	2251	3.5		
新喀里多尼亚	318	162.3	318	162.3		
瓦努阿图	247	1750.2	247	1750.2		
新西兰	29973	54.7	27486	183.1	2488	-74.3
巴布亚新几内亚	4475	23.0	4475	23.0		
社会群岛	9	-68.2	9	-68.2		
所罗门群岛	188	88.7	188	88.7		
汤加	6	-9.8	6	-9.8		
萨摩亚	56	-24.4	56	-24.4		
基里巴斯	15		15			
密克罗尼西亚联邦	106	70.4	106	70.4		
法属波利尼西亚	106	25.3	106	25.3		
瓦利斯和浮图纳	18		18			
大洋洲其他国家（地区）	13		13			
东南亚国家联盟	502230	42.3	457072	42.2	45158	43.9
欧盟25国	1671191	35.0	1362599	33.2	308593	43.7
欧盟27国	1688657	35.0	1379661	33.4	308996	42.8

按商品构成分进出口总值

11—22　　　　(2008 年)　　　　计量单位：千美元、%

商品构成	出口	比上年增长	进口	比上年增长
合　计	**5596403**	**34.9**	**1393236**	**42.1**
一、初级产品	338519	5.7	742418	56.9
第0 类　食品及活动物	199770	-8.4	2602	-69.8
00 章　活动物	11	-93.5		
01 章　肉及肉制品	28587	-29.7	1628	258.9
02 章　乳品及蛋品	110			
03 章　鱼，甲壳及软体类动物及制品	1402	-34.5	887	1318.3
04 章　谷物及其制品		4690	-83.2	
05 章　蔬菜及水果	122769	0.3	18	-33.1
06 章　糖，糖制品及蜂蜜	11632	41.1		
07 章　咖啡，茶，可可，调味料及制品	13781	42.3	36	-97.3
08 章　饲料（不包括未碾磨谷物）	13394	588.4	32	2.7
09 章　杂项食品	3393	-30.2		-99.4
第 1 类　饮料及烟类	654	29.4	262	-42.0
11 章　饮料	654	29.4	262	-42.0
第2 类　非食用原料（燃料除外）	63909	-4.7	735730	59.2
21 章　生皮及生毛皮	301	788.0	84469	44.3
22 章　油籽及含油果实	15059	-18.2	2765	-51.7

11—22 续表 1　　　　(2008 年)　　　　计量单位：千美元、%

商品构成	出口	比上年增　长	进口	比上年增　长
23 章　生橡胶（包括合成及再生橡胶）	209	3745.1	22356	-7.1
24 章　软木及木材	1561	-29.7	294	-80.1
25 章　纸浆及废纸	63472	53.6		
26 章　纺织纤维（羊毛条除外）及废料	20075	-18.4	27660	-29.7
27 章　天然肥料及矿物（除煤，石油，宝石）	14458	29.1	19733	72.0
28 章　金属矿砂及金属废料	1276	106.4	514673	83.9
29 章　其他动，植物原料	10970	10.3	308	3.6
第 3 类　矿物燃料，润滑油及有关原料	73094	118.3	3602	110.3
32 章　煤，焦炭及煤砖	42	132.4	90	-91.3
33 章　石油，石油产品及有关原料	73052	118.3	3511	414.1
第 4 类　动植物油，脂及蜡	1092	-11.1	222	13.8
41 章　动物油，脂	222			
42 章　植物油，脂	37	-11.5		
43 章　已加工的动植物油，脂及动植物腊	1055	-7.4		
二、工业制品	5257884	37.3	650818	28.3
第 5 类　化学成品及有关产品	1354441	56.7	218838	6.5
51 章　有机化学品	367347	85.1	64465	-3.9

11—22 续表 2　　(2008 年)　　计量单位：千美元、%

商品构成	出口	比上年增长	进口	比上年增长
52 章　无机化学品	57289	7.9	1666	-3.7
53 章　染料，鞣料及着色料	39115	26.9	5320	-20.6
54 章　医药品	787198	58.1	31668	21.3
55 章　精油，香料及盥洗，光洁制品	1403	-8.6	1852	13.1
56 章　制成肥料	2624	291.0	1	98.5
57 章　初级形状的塑料	5236	33.6	84508	13.4
58 章　非初级形状的塑料	12872	34.7	3139	237.9
59 章　其他化学原料及产品	81356	19.7	26219	-2.3
第 6 类　按原料分类的制成品	2077783	35.9	98906	7.4
61 章　皮革，皮革制品及已鞣毛皮	12117	-24.2	14732	36.9
62 章　橡胶制品	5228	20.3	1529	24.8
63 章　软木及木制品（家具除外）	8447	-7.7	1361	-1.5
64 章　纸及纸板；纸浆，纸及纸板制品	14806	-47.8	2588	31.4
65 章　纺纱，织物，制成品及有关产品	382317	11.4	12401	-9.4
66 章　非金属矿物制品	165417	19.8	3468	-25.0
67 章　钢铁	957590	73.9	50564	21.1
68 章　有色金属	6175	52.6	1251	-15.5
69 章　金属制品	525688	20.7	11011	-27.5

11—22 续表 3 （2008 年） 计量单位：千美元、%

商品构成	出口	比上年增 长	进口	比上年增 长
第7 类 机械及运输设备	567666	49.4	301612	61.7
71 章 动力机械及设备	68404	36.1	6426	67.6
72 章 特种工业专用机械	84770	94.5	114436	75.6
73 章 金工机械	35512	40.5	7818	-48.5
74 章 通用工业机械设备及零件	195942	31.7	100962	134.8
75 章 办公用机械及自动数据处理设备	469	-54.6	2120	-82.8
76 章 电信及声音的录制及重放装置设备	10417	22.5	5363	-8.0
77 章 电力机械，器具及其电气零件	66654	32.6	59791	61.5
78 章 陆路车辆（包括气垫式）	103718	98.6	3625	-12.7
79 章 其他运输设备	1782	1753.7	1070	6158.8
第 8 类 杂项制品	1257617	19.2	31461	35.5
81 章 活动房屋；卫生，供热，照明装置	14322	22.3	13	349.7
82 章 家具及零件；褥垫及类似填充制品	43071	80.2	140	-32.6
83 章 旅行用品，手提包及类似品	15093	7.8	3	-22.2
84 章 服装及衣着附件	1013089	14.6	426	-31.4
85 章 鞋靴	35142	420.7		-98.0
87 章 专业，科学及控制用仪器和装置	17121	0.9	25605	43.0
88 章 摄影器材，光学物品及钟表	7247	27.5	1235	10.2
89 章 杂项制品	112532	23.0	4040	21.4
第 9 类 未分类的商品	376	96.6		

出口主要商品统计情况

11—23　　　　(2008 年)

商品构成	计量单位	数量	比上年增长(%)	金额(千美元)	比上年增长(%)
肉及杂碎	吨	1517	-20.7	8711	2.2
牛肉	吨	12	-90.5	89	-78.3
冻鸡	吨	50	-33.4	95	-6.9
水海产品	吨	379	-31.0	980	-39.4
冻鱼、冻鱼片	吨	354	2.6	858	29.7
粮食	吨	51990	-68.7	37778	-31.2
谷物及谷物粉	吨	11985	-90.5	4298	-84.2
玉米	吨	2017	-98.0	481	-97.6
淀粉块茎及薯类	吨	37	-92.0	35	-88.2
豆类	吨	39968	0.6	33445	22.3
蔬菜	吨	28242	-2.9	23287	6.8
鲜或冷藏蔬菜	吨	7200	-12.2	2706	-8.3
干的食用菌类	吨	49	-11.4	161	-55.1
鲜、干水果及坚果	吨	53987	-4.1	26697	25.9
苹果	吨	46	9.3	27	24.4
梨	吨	52745	-3.6	24448	30.5
乳品	吨	25		95	
果蔬汁	吨	1991	-10.1	1584	-25.2
食用油籽	吨	11902	-43.6	14296	-15.6
大豆	吨	819	-45.2	555	-37.4
花生、花生仁	吨	9470	-43.9	11707	-19.0
烘焙花生	吨	1315	-10.9	2110	36.5
天然蜂蜜	吨	670	-25.0	1066	-8.0
辣椒干	吨	2383	77.5	5024	32.4
番茄酱	吨	12717	-48.3	12093	-21.5
蘑菇罐头	吨	112	-34.1	162	-36.9
肠衣	吨	131	-67.4	3757	-17.4
填充用羽毛；羽绒	吨	26	12.4	256	-34.6

11—23 续表 1　　　　(2008 年)

商品构成	计量单位	数量	比上年增长（%）	金额（千美元）	比上年增长（%）
药材	吨	1965		3310	28.5
肥料	吨	11830	205.0	2680	286.9
矿物肥料及化肥	吨	11708	203.9	2616	282.0
锯材	立方米	1372		1373	-33.1
胶合板及类似多层板	立方米	8452		3678	-14.0
印刷品	吨	426	4.3	2685	2.1
山羊绒	吨	120		9760	-28.7
粘土及其他耐火矿物	吨	13027		2766	-12.1
天然石墨	吨	683		161	-69.1
天然碳酸镁；氧化镁	吨	12	258.8	15	175.7
天然硫酸钡（重晶石）	吨	10		3	-63.8
煤	万吨			42	
稀土	吨	12178	69.7	1884	50.9
氧化铝	吨	106	92.6	914	107.5
钨品	吨	106		2055	-46.7
钨及其制品	吨		72.0	17	41.3
氧化锌及过氧化锌	吨	2500		4644	-46.5
碳酸钠（纯碱）	吨	471	183.1	178	170.6
柠檬酸	吨	457	92.8	479	166.3
合成有机染料	吨	1877		7465	10.8
锌钡白（立德粉）	吨	341		207	-44.0
医药品	吨	69452	29.4	787203	58.1
维生素 C	吨	36260	33.6	336174	148.5
抗菌素（制剂除外）	吨	8792		237898	0.2
中式成药	吨	70	7.4	1428	12.7
医用敷料	吨	349		1998	9.0
洗衣粉	吨	122		80	-29.8
烟花、爆竹	吨	841	13.1	941	2.3

11—23 续表 2　　（2008 年）

商品构成	计量单位	数量	比上年增长（%）	金额（千美元）	比上年增长（%）
农药	吨	6917	-16.2	40881	6.7
初级形状的聚氯乙烯	吨	3	-51.4	8	-14.2
新的充气橡胶轮胎	万条	49	19.2	533	105.3
家用或装饰用木制品	吨	93	-23.2	225	-10.3
纸及纸板（未切成形的）	吨	12338	-74.3	7100	-70.4
新闻纸	吨	11643	-75.6	6559	-72.3
牛皮纸	吨	263	56.3	106	35.7
纺织纱线、织物及制品				382847	11.4
棉纱线	吨	33	-66.5	305	-8.8
丝织物	万米	5	-50.4	201	-46.3
毛纺机织物	万米	20	-25.0	3279	17.2
棉机织物	万米	5482	12.2	80443	7.2
亚麻及苎麻机织物	万米	49	8.8	1144	23.1
合成短纤与棉混纺机织物	万米	14896	-1.0	89216	-0.7
地毯	万平方米	1123	-21.2	39689	67.6
塑料编织袋（周转袋除外）	万条	2817	2.2	7927	20.8
水泥	吨	50525	-26.6	4657	-7.7
花岗岩石材及制品	吨	234	-89.5	48	-89.2
平板玻璃	万平方米	57	-38.6	1778	12.2
玻璃制品				33778	-3.9
家用陶瓷器皿	吨	27364	19.5	23546	30.8
珍珠、宝石及半宝石				801	39.2
铁合金	吨	7568	-37.9	14246	22.9
钢材	吨	944669	18.5	943175	75.0
钢铁棒材	吨	350968	3.1	313707	69.2
角钢及型钢	吨	58704	0.2	56932	32.3
钢铁板材	吨	302907	169.3	284338	290.3
钢铁线材	吨	99062	18.4	95383	67.2
钢铁管配件	吨	79566	-4.7	130164	31.1

11—23 续表 3 （2008 年）

商品构成	计量单位	数量	比上年增长（%）	金额（千美元）	比上年增长（%）
废钢	吨	20		13	
未锻造的铜及铜材	吨	120	113.4	1107	110.6
未锻造的铜（包括铜合金）	吨	61		505	
铜材	吨	59	5.1	602	14.5
未锻造的铝及铝材	吨	971	25.3	3410	29.4
未锻造的铝（包括铝合金）	吨	433	10723.8	1059	6354.4
铝材	吨	538	-30.2	2350	-10.2
钢铁或铜制标准紧固件	吨	8447	36.8	11128	54.5
不锈钢厨具、餐具等家用器具	吨	66	24.8	428	27.6
餐桌、厨房及其他家用搪瓷器	吨	215	38.0	690	90.8
手用或机用工具	吨	13207	-11.5	60891	15.3
电扇	台	15819	-77.2	448	-69.9
空气调节器	台	143	-93.0	2330	291.6
冰箱	台	16214	-37.5	1607	-38.4
微波炉	万个			6	
纺织机械及零件				2842	65.8
工业用缝纫机	台	6	-33.3	1	-64.5
金属加工机床	台	38274	32.1	4784	114.0
车床	台	24	20.0	74	-29.3
自动数据处理设备及其部件	台	9585	433.4	1480	166.1
自动数据处理设备	台	401	125.3	51	-88.8
微型电脑	台	1	-66.7	1	-84.5
中央处理部件	台	2		1	
显示器	台	8592	7710.9	1268	6634.8
液晶显示器	台	5791	6263.7	872	5186.7
阴极射线管显示器	台	2801	14642.1	396	16853.5

11—23 续表 4　　　　(2008 年)

商品构成	计量单位	数量	比上年增长 (%)	金额 (千美元)	比上年增长 (%)
存储部件	台	491	-67.4	52	-32.7
自动数据处理设备的零件	吨		-99.6	16	-94.4
打印机（包括多功能一体机）	台	1			
液晶显示板	万个	1157	3.5	8807	-5.0
轴承	万套	326	27.5	1512	39.0
电动机及发电机	台	784457	23.2	46362	34.7
变压器	万个	6	207.7	2012	-42.6
静止式变流器	万个		-34.7	192	-21.9
原电池	万个	1601	-57.2	1673	-53.0
蓄电池	万个		-88.8	33	7.4
扬声器	万个	13	-66.3	889	-51.5
录、放像机	台	233	23200.0	55	19527.8
电视机（包括整套散件）	台	236	-87.7	197	0.6
彩色电视机（包括整套散件）	台	236	-87.7	197	0.6
电视、收音机及无线电讯设备的零附件	吨	2344	14.3	6941	41.1
电容器	吨		-99.7	2	-99.0
印刷电路	万块	69	2550.1	505	274.5
通断保护电路装置及零件				5054	151.0
节能灯	万只	6		135	
二极管及类似半导体器件	万个	59	77.7	936	100.3
集成电路	万个	74	287.8	86	-77.6
处理器及控制器	万个			3	
电线和电缆	吨	447	12.2	1477	-13.0
集装箱	个	203	1168.8	28311	1203.9
汽车（包括整套散件）	辆	714	40.8	14741	70.0

11—23 续表 5 （2008 年）

商品构成	计量单位	数量	比上年增长（%）	金额（千美元）	比上年增长（%）
卡车（包括整套散件）	辆	23	27.8	773	79.0
汽车零件				49651	79.4
摩托车	万辆		-32.1	102	-15.2
自行车	万辆	16	-56.3	4026	-53.4
摩托车及自行车的零件				4592	37.9
船舶	艘	5		149	
医疗仪器及器械				3895	-6.7
日用钟	万只	43	291.0	364	204.9
家具及其零件				34838	199.3
床垫、寝具及类似品				8233	-32.9
灯具、照明装置及类似品				6458	-24.1
箱包及类似容器				15087	7.8
体育用品及设备				5877	10.1
服装及衣着附件				1005272	14.9
织物制服装				447478	18.9
非针织钩编织物服装				357372	34.1
针织或钩编的服装				90106	-18.0
皮革服装	万件	66	-36.6	65752	-23.9
裘皮服装	吨	65	-47.4	7051	-46.4
皮革手套	万双	141	-40.9	2643	-18.9
织物制手套	万双	414	8.0	1806	24.7
织物制袜子	万双	8	-60.6	101	-14.5
帽类	万个	7923	8.9	32996	20.7
鞋类				35142	420.7
鞋	万双	1043	4.5	34120	427.3
外底及鞋面均以橡胶或塑料制的鞋	万双	77	-3.6	1286	22.9
皮面鞋	万双	160	669.0	28734	1371.5
橡胶或塑料底纺织材料为面的鞋	万双	36	85.0	572	113.4
鞋靴零件；护腿及类似品	吨	479	514.2	1022	266.8

11—23 续表6 (2008年)

商品构成	计量单位	数量	比上年增长（%）	金额（千美元）	比上年增长（%）
塑料制品	吨	10644	-15.1	26766	6.7
玩具				634	-50.7
圣诞用品				223	-34.1
打火机	万个	1		6	
伞	万把	7	-88.4	70	-88.1
藤编结品	吨	33	4.1	100	-30.1
草编结品	吨	311	8.3	1728	47.0
柳编结品	吨	462	-20.6	1540	-8.5
*农产品				235371	-7.3
*机电产品				1283735	34.2
金属制品				657618	22.7
机械设备				326166	43.6
电器及电子产品				135758	36.0
运输工具				106210	102.1
仪器仪表				24130	12.2
其他				33853	71.2
*高新技术产品				233493	79.2
生物技术				33	-92.2
生命科学技术				175410	105.9
光电技术				8861	-7.0
计算机与通信技术				4699	15.8
电子技术				35968	53.9
计算机集成制造技术				6963	19.8
材料技术				1184	3.9
航空航天技术				375	-53.8
瓷砖	万平方米	220	-7.6	9492	1.1
陶瓷卫生设备	万件	44	50.3	2490	37.3

十二、教育　科技　文化

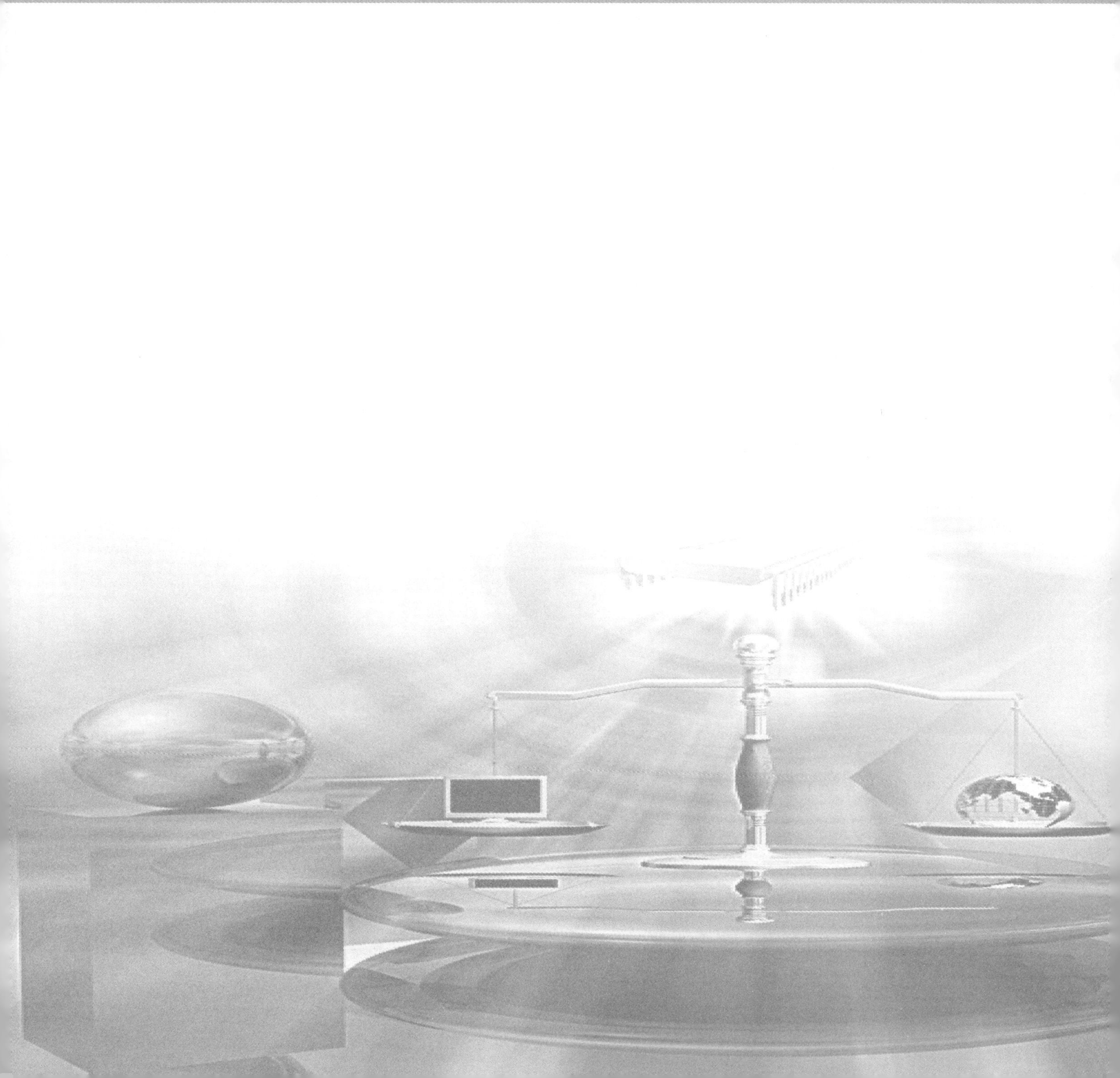

普通高等学校基本情况

12—1 (2008 年) 计量单位：人

行政单位	毕业生数	招生人数	在校学生数	教职工数	# 专任教师
合　　计	**93293**	**122938**	**364587**	**33725**	**21426**
石家庄经济学院	5270	5688	17657	1477	899
河北科技大学	5669	5441	19085	2510	1288
河北医科大学	7845	3105	13070	2509	1561
河北师范大学	5894	5696	20103	3016	1492
石家庄学院	5004	5701	15696	1091	742
石家庄铁道学院	2896	3397	12670	1440	773
河北工业职业技术学院	3918	3962	9051	633	449
河北体育学院	1137	1353	3841	573	271
石家庄职业技术学院	3623	3796	11101	678	540
河北经贸大学	4175	4681	15559	1895	1067
河北政法职业学院	4266	4318	11796	720	543
石家庄铁路职业技术学院	1507	2386	5955	423	301
石家庄计算机职业学院	918	1810	4472	320	202
石家庄外国语职业学院	616	1688	3983	276	166
河北传媒学院	1054	3064	6560	733	542
石家庄法商职业学院	1780	2978	7981	478	398
河北省艺术职业学院		823	2051	297	184
石家庄外经贸职业学院	615	1514	4051	249	164
河北交通职业技术学院	1574	3102	8253	562	428
河北化工医药职业技术学院	1648	3457	8974	665	495
石家庄信息工程职业学院	2996	3531	9564	1390	660

12—1 续表　　　　(2008 年)　　　　计量单位：人

行政单位	毕业生数	招生人数	在校学生数	教职工数	# 专任教师
河北经贸大学经济管理学院	2039	2666	9308	613	495
河北医科大学临床学院	1328	1940	9601	359	269
石家庄铁道学院四方学院	1710	2312	7293	529	366
石家庄经济学院华信学院	1177	2076	7029	444	326
河北女子职业技术学院	67	1744	4168	288	207
石家庄医学高等专科学校	3670	4931	11587	1158	731
石家庄外事职业学院		1332	3602	363	235
石家庄科技工程职业学院		746	2075	152	104
河北劳动关系职业学院		214	214	104	58
石家庄科技职业学院		186	186	123	83
石家庄东方美术职业学院	1052	2431	5116	644	510
军械工程学院信息与管理学院	783		708	183	104
河北公安警察职业学院	965	679	2442	212	119
石家庄工商职业学院	514	1176	2875	163	138
石家庄理工职业学院	890	2200	4656	430	241
石家庄外语翻译职业学院	1560	2805	7075	531	366
石家庄科技信息职业学院	541	1707	3578	431	270
河北科技大学理工学院	2628	3340	10796	560	433
河北师范大学汇华学院	2040	2745	10096	781	622
河北经贸大学经济管理学院	2039	2666	9308	613	495
河北医科大学临床学院	1328	1940	9601	359	269
石家庄铁道学院四方学院	1710	2312	7293	529	366
石家庄经济学院华信学院	1177	2076	7029	444	326
石家庄医学高等专科学校	3670	4931	11587	1158	731
石家庄外事职业学院		1332	3602	363	235
石家庄科技工程职业学院		746	2075	152	104
河北劳动关系职业学院		214	214	104	58

中等专业学校基本情况

12—2　　　　(2008年)　　　　计量单位：人

行政单位	毕业生数	招生人数	在校学生数	教职工数	# 专任教师
全市总计	**77196**	**101321**	**255711**	**15739**	**10162**
市区合计	55299	75014	181163	10668	6267
#长安区	2527	2422	7795	627	436
桥东区	1615	2660	5851	506	351
桥西区	10281	13722	29926	2474	1302
新华区	4735	9143	22318	1553	952
裕华区	3172	7495	17703	1265	714
矿　区	770	753	1571	87	67
井陉县	852	1136	3132	170	146
正定县	1909	1701	3848	173	136
栾城县	1404	1810	4454	446	369
行唐县	680	1011	2480	264	175
灵寿县	1008	1312	4959	353	223
高邑县	230	131	761	97	74
深泽县	100	494	1077	87	62
赞皇县	676	101	998	125	92
无极县	841	1560	3836	285	219
平山县	1736	1699	4336	259	214
元氏县	170	549	1535	155	130
赵　县	1877	2924	8511	550	512
辛集市	354	2899	8097	288	235
藁城市	3044	4050	10941	630	433
晋州市	2500	1672	5797	433	332
新乐市	2270	581	1769	227	177
鹿泉市	2246	2677	8017	529	366

技工学校基本情况

12—3　　（2008 年）　　计量单位：人

行政单位	毕业生数	招生人数	在校学生数	教职工数	# 专任教师
全市合计	**9183**	**12563**	**31701**	**2390**	**1129**
石家庄铁路高级技工学校	530	3956	8503	424	174
石家庄市高级技工学校	950	1062	2835	158	88
石家庄市职业技术培训学校	90		181	21	16
行唐县劳动技工学校	89	84	299	14	8
西柏坡劳动技工学校	279	363	1015	27	22
正定县劳动技工学校	603	340	1076	43	25
藁城市劳动技工学校	94	211	575	32	22
鹿泉市劳动技工学校	202	190	428	58	38
元氏县劳动技工学校	62	69	176	19	10
赞皇县劳动技工学校	112	86	149	9	6
赵县劳动技工学校		26	26	33	19
栾城县劳动技工学校	21	41	148	28	10
井陉矿区劳动技工学校	252	686	863	43	34
无极县劳动技工学校	55	51	166	20	15
辛集市劳动技工学校	36	78	315	38	23
河北省地勘局技工学校	153	253	574	134	67
河北省接待服务技工学校	23	9	55	13	9
河北省交通职业技术学校	445	305	1055	99	44
河北省机电技工学校	742	259	905	65	35
河北省邮政技工学校				86	48
河北旅游饭店管理中等专业学校技工班	58	11	30	6	2

12—3 续表　　　　(2008 年)　　　　计量单位：人

行政单位	毕业生数	招生人数	在校学生数	教职工数	# 专任教师
石家庄市机械技工学校	620	517	1926	95	65
石家庄市轻工技工学校	353	107	399	60	
石家庄市交通技工学校	139	62	180	72	25
石家庄市粮食技工学校	18		25	21	
石家庄市供销技工学校	120	11	90	20	3
石家庄市电子技工学校	171	235	601	65	50
石家庄市第一职业中专技工班	46	92	116	164	12
石家庄市饮食集团公司技工学校	135	74	159	15	11
石家庄市国大集团技工学校	54	18	50	13	6
华北制药集团有限责任公司技工学校	464	587	1229	56	31
石家庄钢铁有限责任公司技工学校	66	93	160	15	8
石家庄工业工程技工学校	104	85	199	15	11
石家庄金钢内燃机零部件集团有限公司技工学校	68	85	307	13	11
石家庄泵业集团有限责任公司技工学校	48	61	154	7	3
石家庄市阀门三厂技工学校		62	150	12	8
中国人民解放军通用装备职业技术学校	346	312	960	79	45
河北省新力技工学校	292	332	834	42	28
河北省新华冶金技工学校	193	61	354	37	28
河北省工业数控技工学校	55	153	309	24	8
河北省工贸技工学校	504	307	1186	44	13
石家庄市长安机电技工学校	362	393	1009	58	18
石家庄市铁路职业技工学校	130	632	1358	68	24
石家庄市燕春技工学校	99	204	572	25	6

普通中学基本情况

12—4　　　　(2008 年)　　　　计量单位：人

行政单位	学校数(所)	毕业生数			招生人数		
			普通初中	普通高中		普通初中	普通高中
全市总计	**539**	**230312**	**148094**	**82218**	**189120**	**117454**	**71666**
市区合计	102	50810	25505	25305	51600	26713	24887
#长安区	20	7424	3739	3685	7555	4294	3261
桥东区	15	3915	2579	1336	4155	2991	1164
桥西区	12	8309	4157	4152	8664	4807	3857
新华区	20	9957	6794	3163	8485	6018	2467
裕华区	17	9521	6723	2798	1462	987	475
矿　区	4	1568	997	571	9717	7132	2585
井陉县	22	6885	5199	1686	6346	4788	1558
正定县	32	9771	6120	3651	8122	5323	2799
栾城县	15	7138	5414	1724	6947	5155	1792
行唐县	22	11089	7105	3984	8823	5028	3795
灵寿县	24	7643	5817	1826	5412	3962	1450
高邑县	11	4503	2888	1615	2895	1525	1370
深泽县	13	5474	3972	1502	4205	2940	1265
赞皇县	15	5434	4202	1232	3318	2232	1086
无极县	23	9654	6882	2772	8311	5563	2748
平山县	36	10438	7014	3424	8584	6061	2523
元氏县	29	8834	6743	2091	7450	5366	2084
赵　县	39	16977	12787	4190	12470	8788	3682
辛集市	42	19558	11955	7603	13879	8326	5553
藁城市	38	21700	13879	7821	15430	9275	6155
晋州市	29	12338	9036	3302	8145	5450	2695
新乐市	29	12301	8411	3890	10065	6539	3526
鹿泉市	18	9765	5165	4600	7118	4420	2698

12—4 续表　　　　（2008 年）　　　　计量单位：人

行政单位	在校学生数			教职工数	
		普通初中	普通高中		#专任教师
全市总计	**611970**	**398084**	**213886**	**44673**	**38033**
市区合计	155898	85681	70217	11102	8821
#长安区	22792	12658	10134	1610	1331
桥东区	12869	9364	3505	1268	972
桥西区	25260	14575	10685	1684	1341
新华区	28033	21249	6784	1842	1529
裕华区	30916	23495	7421	2405	1893
矿　区	4692	2992	1700	363	324
井陉县	19065	14302	4763	1360	1160
正定县	27254	17865	9389	2386	2107
栾城县	21351	16763	4588	1768	1445
行唐县	28280	16897	11383	1502	1271
灵寿县	19424	14880	4544	1371	1215
高邑县	10595	6588	4007	1020	919
深泽县	14048	10045	4003	955	801
赞皇县	12801	9090	3711	1060	949
无极县	25058	18318	6740	1892	1595
平山县	27139	18929	8210	2187	1967
元氏县	23952	17378	6574	1915	1657
赵　县	41410	29062	12348	2883	2524
辛集市	47005	30677	16328	3474	3053
藁城市	52228	33507	18721	3461	2879
晋州市	30562	21709	8853	2183	2020
新乐市	32950	22303	10647	2072	1820
鹿泉市	22950	14090	8860	2082	1830

职业中学基本情况

12—5　　　　(2008 年)　　　　计量单位：人

行政单位	学生数（所）	毕业生数	招生人数	在校学生数	教职工数	# 专任教师
全市总计	**87**	**28386**	**31868**	**91201**	**5881**	**4521**
市区合计	38	10016	11247	30646	2105	1448
#长安区	11	2027	2018	6936	436	334
桥东区	9	1448	2003	4451	400	285
桥西区	5	394	981	2205	152	102
新华区	1	807	656	1878	136	89
裕华区	7	1064	753	3591	229	133
矿　区	1	770	1227	1354	80	63
井陉县	1	852	1136	3132	170	146
正定县	5	620	450	1211	49	49
栾城县	2	1404	1778	4422	373	322
行唐县	2	680	1011	2250	225	153
灵寿县	2	792	1146	4129	208	169
高邑县	1	230	131	761	56	44
深泽县	1	100	494	1077	75	55
赞皇县	1	437	101	998	94	69
无极县	1	473	250	954	97	68
平山县	2	1638	1654	4251	201	183
元氏县	3	170	549	1535	124	112
赵　县	3	1877	2877	8317	501	472
辛集市	2	354	2556	6185	230	191
藁城市	4	1995	1945	6943	337	266
晋州市	13	2500	1672	5797	405	313
新乐市	2	2270	581	1769	195	147
鹿泉市	4	1978	2290	6824	436	314

小学基本情况

12—6　　　　（2008 年）　　　　计量单位：人

行政单位	学生数（所）	毕业生数	招生人数	在校学生数	教职工数	# 专任教师
全市总计	**1976**	**117202**	**120198**	**642246**	**42698**	**40308**
市区合计	219	26148	27955	160299	8286	7657
#长安区	35	4715	4564	27125	1422	1352
桥东区	31	3562	3635	21035	1224	1160
桥西区	39	4937	5778	32334	1401	1288
新华区	47	6031	6278	37035	1784	1650
裕华区	51	5727	801	37001	1871	1679
矿　区	16	1040	6786	5054	541	494
井陉县	72	5078	3708	22213	1612	1497
正定县	107	5193	5886	30266	2183	2134
栾城县	62	5168	3993	20100	1958	1879
行唐县	142	5033	7545	33914	1752	1718
灵寿县	111	4062	5787	23185	1784	1671
高邑县	54	1565	2147	9663	1032	1000
深泽县	40	3127	2589	14215	1162	1129
赞皇县	90	2637	4220	18543	1262	1239
无极县	126	5763	5985	29923	2231	2137
平山县	182	6318	6025	31353	2249	2186
元氏县	129	5632	7015	38241	2069	1834
赵　县	135	8913	6795	41893	2374	2283
辛集市	138	6714	6548	36822	2807	2627
藁城市	117	9403	7813	41747	3691	3421
晋州市	103	5489	5303	32181	2104	2035
新乐市	81	6510	6423	34016	2160	2024
鹿泉市	68	4449	4461	23672	1982	1837

全市专业技术人员情况

12—7　　　　(2008年)　　　　计量单位：人

行业名称	中专以上学历人员	无学历有职称人员	行业名称	中专以上学历人员	无学历有职称人员
总　　计	**463108**	**13444**	（六）交通运输、仓储和邮政业	607	49
Ⅰ、国有经济单位合计	378712	8636	（七）信息传输、计算机服务和软件业	8	14
一、按隶属关系分组			（八）批发和零售业	3789	708
1. 中央	62642	1265	（九）住宿和餐饮业	746	16
2. 地方	316070	7371	（十）金融业	4972	294
二、按企业、事业、机关分组			（十一）房地产业	24	4
（一）企业	116167	4137	（十二）租赁和商务服务业	818	35
1. 中央	50927	984	（十三）科学研究、技术服务和地质	30	2
2. 地方	65240	3153	（十四）水利、环境和公共设施管理业	125	18
（二）事业	186408	3555	（十五）居民服务和其他服务业	241	12
1. 中央	6515	241	（十六）教育	503	3
2. 地方	179893	3314	（十七）卫生、社会保障和社会福利业	1562	183
（三）机关	76137	944	（十八）文化、体育和娱乐业	313	90
1. 中央	5200	40	（十九）公共管理和社会组织	338	32
2. 地方	70937	904	Ⅲ、其他各种单位合计	63797	2815
三、按国民经济行业分组			一、按登记注册类型分组		
（一）农、林、牧、渔业	2703	110	（一）内资	48180	2422
（二）采矿业	1302	2	1. 股份合作	2580	148
（三）制造业	38834	1659	2. 联营	136	
（四）电力、燃气及水的生产和供应业	10279	164	3. 有限责任公司	15902	1775
（五）建筑业	12698	703	4. 股份有限公司	29433	485
（六）交通运输、仓储和邮政业	24253	249	5. 其他	129	14
（七）信息传输、计算机服务和软件业	4820	21	（二）港澳台投资经济	9666	205
（八）批发和零售业	16744	1099	（三）外商投资	5951	188
（九）住宿和餐饮业	4423	117	二、按企业、事业分组		
（十）金融业	4066	163	1. 企业	63641	2815
（十一）房地产业	1892	117	2. 事业	156	
（十二）租赁和商务服务业	2979	44	三、按国民经济行业分组		
（十三）科学研究、技术服务和地质勘查业	15720	415	（一）农、林、牧、渔业	6	
（十四）水利、环境和公共设施管理业	5363	235	（二）采矿业	55	
（十五）居民服务和其他服务业	894	62	（三）制造业	31933	1387
（十六）教育	110933	496	（四）电力、燃气及水的生产和供应	2953	79
（十七）卫生、社会保障和社会福利业	28091	1376	（五）建筑业	3699	1042
（十八）文化、体育和娱乐业	7498	433	（六）交通运输、仓储和邮政业	1420	75
（十九）公共管理和社会组织	85220	1171	（七）信息传输、计算机服务和软件	1203	9
Ⅱ、城镇及集体经济单位合计	20599	1993	（八）批发和零售业	5587	40
一、按企业、事业、机关分组			（九）住宿和餐饮业	837	6
1. 企业	17719	1634	（十）金融业	14866	146
2. 事业	2582	336	（十一）房地产业	206	13
3. 机关	298	23	（十二）租赁和商务服务业	820	
二、按国民经济行业分组			（十三）科学研究、技术服务和地质	133	18
（一）农、林、牧、渔业	107	42	（十四）水利、环境和公共设施管理业	20	
（三）制造业	5148	354	（十五）居民服务和其他服务业	9	
（四）电力、燃气及水的生产和供应业	27		（十六）教育	42	
（五）建筑业	1241	137	（十八）文化、体育和娱乐业	8	

分县（市）区人才资源调查情况

12—8　　(2008 年)　　计量单位：人

行政单位	人才总数	国有单位	非国有单位	城镇集体单位	非公职(农民技术员)	劳动年龄人口数	人才密度指数(%)
石家庄市	**771031**	**394480**	**369750**	**3239**	**3683**	**6596810**	**11.69**
市区合计	388910	227430	158817	1115	1669	1735426	22.41
#长安区	40083	5305	34633	45	100	287988	13.92
桥东区	9697	4307	5134	256		257111	3.77
桥西区	20433	4843	15420	155	15	383448	5.33
新华区	18268	5365	12799	61	43	355702	5.14
裕华区	47646	5571	42043	23	9	376230	12.66
矿　区	7030	2180	4638	27	185	62719	11.21
高新区	19187	2101	17086			34235	56.04
井陉县	14456	7961	6359	72	64	222698	6.49
正定县	42729	11386	30379	786	178	309258	13.82
栾城县	18561	8619	9593	164	185	220921	8.40
行唐县	11261	9031	2150		80	290524	3.88
灵寿县	9366	8164	1107		95	224786	4.17
高邑县	13881	4981	8735	42	123	122282	11.35
深泽县	8092	5210	2716	88	78	171655	4.71
赞皇县	7448	6585	846	17		153659	4.85
无极县	16389	9682	6650	17	40	344170	4.76
平山县	19528	11058	8206	138	126	306177	6.38
元氏县	10821	9228	1342	70	181	265622	4.07
赵　县	17509	11256	5733	395	125	285325	6.14
辛集市	47335	14129	33093	53	60	419415	11.29
藁城市	66579	15915	50496	8	160	580882	11.46
晋州市	28234	11289	16746	25	174	376046	7.51
新乐市	15753	9896	5672	25	160	321090	4.91
鹿泉市	34179	12660	21110	224	185	246874	13.84

分县（市）区科技经费支出情况

12—9 （2008年） 计量单位：万元

行政单位	科学技术支出	科学技术支出占财政支出比重（%）
全市总计	**40922**	**2.11**
市区合计	27225	3.16
#长安区	937	1.99
桥东区	870	1.58
桥西区	685	1.15
新华区	944	1.65
裕华区	807	1.62
矿　区	851	2.80
高新区	6386	12.54
井陉县	883	1.46
正定县	828	1.21
栾城县	1141	2.16
行唐县	399	0.67
灵寿县	452	0.94
高邑县	468	1.57
深泽县	421	1.27
赞皇县	346	0.96
无极县	777	1.47
平山县	1859	1.66
元氏县	584	1.15
赵　县	243	0.40
辛集市	1322	1.57
藁城市	967	0.94
晋州市	678	1.02
新乐市	756	1.36
鹿泉市	1573	1.55

全市规模以上工业企业科技活动人员情况

12—10　　(2008年)

指标名称	有科技活动的企业(个)	科技活动人员(人)	#科学家和工程师	#R&D人员	#机构人员	R&D人员折合全时当量(人年)
总　　计	**153**	**18024**	**11623**	**8453**	**8261**	**6320**
总计中：国有控股企业	62	9631	5357	5204	3813	3826
一、按企业规模分组						
大中型	82	16228	10245	7908	7194	5904
大型企业	20	10095	6402	5989	4674	4519
中型企业	62	6133	3843	1919	2520	1385
小型企业	71	1796	1378	545	1067	416
二、按登记注册类型分组						
内资企业	132	15593	9940	7709	7293	5696
国有企业	23	4822	3183	2159	1812	1433
集体企业	5	326	196	122	125	111
股份合作企业	1	12	12	12	12	12
有限责任公司	48	4533	3751	1769	2326	1198
国有独资公司	7	1081	630	566	359	263
其他有限责任公司	41	3452	3121	1203	1967	935
股份有限公司	22	3948	1437	2821	1800	2204
私营企业	33	1952	1361	826	1218	738
私营合伙企业	2	222	207	35	172	24
私营有限责任公司	26	1065	648	372	398	305
私营股份有限公司	5	665	506	419	648	409
港、澳、台商投资企业	10	895	835	238	450	215
合资经营企业（港或澳、台资）	10	895	835	238	450	215
外商投资企业	11	1536	848	506	518	409
中外合资经营企业	4	92	46	27	39	23
外资企业	6	898	685	409	479	316
外商投资股份有限公司	1	546	117	70		70

12—10 续表　　（2008 年）

指标名称	有科技活动的企业（个）	科技活动人员（人）	# 科学家和工程师	# R&D 人员	# 机构人员	R&D 人员折合全时当量（人年）
三、按工业行业门大类分组						
采矿业	1	150	96	150	15	89
煤炭开采和洗选业	1	150	96	150	15	89
制造业	148	17710	11401	8204	8202	6205
农副食品加工业	9	147	94	54	56	31
食品制造业	7	156	108	40	107	19
饮料制造业	3	70	54	26	50	13
纺织业	4	2138	266	1913	649	1701
纺织服装、鞋、帽制造业	1	3				
皮革、毛皮、羽毛（绒）及其制品业	1	25	5	13	13	
木材加工及木、竹、藤、棕、草制品业	1	12	12	12	5	7
印刷业和记录媒介的复制	2	260	229	77	43	29
石油加工、炼焦及核燃料加工业	3	298	244	50	49	41
化学原料及化学制品制造业	29	1732	1363	576	1057	442
医药制造业	16	5055	4124	2732	2723	2118
化学纤维制造业	1	268	48	84	268	52
橡胶制品业	2	53	32		30	
塑料制品业	1	10	5			
非金属矿物制品业	2	51	26	11	40	11
黑色金属冶炼及压延加工业	3	1306	757	256	393	246
金属制品业	6	856	378	451	285	205
通用设备制造业	20	1809	1358	489	796	324
专用设备制造业	11	725	570	398	490	356
交通运输设备制造业	8	1059	633	392	446	210
电气机械及器材制造业	7	292	249	121	288	85
通信设备、计算机及其他电子设备制造业	7	1089	646	280	318	109
仪器仪表及文化、办公用机械制造业	4	296	200	229	96	206
电力、燃气及水的生产和供应业	4	164	126	99	44	27
电力、热力的生产和供应业	4	164	126	99	44	27

全市规模以上工业企业科技活动经费筹集情况

12—11　　　　　　　　（2008年）　　　　　　　　计量单位：万元

指标名称	科技活动经费筹集总额	# 企业资金	# 金融机构贷款	# 来自政府部门资金
总　　计	**165601**	**150175**	**7565**	**7717**
总计中：国有控股企业	74825	70325		4396
一、按企业规模分组				
大中型	138240	128833	3725	5576
大型企业	85763	82437		3325
中型企业	52477	46396	3725	2251
小型企业	27361	21342	3840	2141
二、按登记注册类型分组				
内资企业	136093	124191	5145	6651
国有企业	38143	36042		2101
集体企业	1196	1157		40
股份合作企业	686	465		220
有限责任公司	46458	41663	2600	2145
国有独资公司	8299	8059		190
其他有限责任公司	38159	33604	2600	1955
股份有限公司	24099	22107	1000	937
私营企业	25511	22757	1545	1208
私营合伙企业	1091	846	225	20
私营有限责任公司	15704	13652	1320	732
私营股份有限公司	8716	8259		457
港、澳、台商投资企业	9626	9294	200	131
合资经营企业（港或澳、台资）	9626	9294	200	131
外商投资企业	19882	16690	2220	935
中外合资经营企业	5043	2742	2220	44
外资企业	12239	11428		811
外商投资股份有限公司	2600	2520		80

12—11 续表 （2008 年） 计量单位：万元

指标名称	科技活动经费筹集总额	# 企业资金	# 金融机构贷款	# 来自政府部门资金
三、按工业行业门大类分组				
采矿业	735	735		
煤炭开采和洗选业	735	735		
制造业	162254	146828	7565	7717
农副食品加工业	793	608		183
食品制造业	1130	829	20	244
饮料制造业	126	126		
纺织业	10852	10780		73
纺织服装、鞋、帽制造业	13			13
皮革、毛皮、羽毛（绒）及其制品业	162	162		
木材加工及木、竹、藤、棕、草制品业	80	50		30
印刷业和记录媒介的复制	3377	3377		
石油加工、炼焦及核燃料加工业	6579	6577		2
化学原料及化学制品制造业	24573	20551	3725	297
医药制造业	53183	49336	200	3647
化学纤维制造业	466	466		
橡胶制品业	63	63		
塑料制品业	300	299		2
非金属矿物制品业	344	337		7
黑色金属冶炼及压延加工业	11545	11465		80
金属制品业	3783	3046	600	136
通用设备制造业	9411	7242	1000	1114
专用设备制造业	11488	10624		863
交通运输设备制造业	7893	7785		58
电气机械及器材制造业	1959	1842		117
通信设备、计算机及其他电子设备制造业	12687	10017	2000	670
仪器仪表及文化、办公用机械制造业	1447	1246	20	181
电力、燃气及水的生产和供应业	2612	2612		
电力、热力的生产和供应业	2612	2612		

全市规模以上工业企业科技活动经费支出情况

12—12　　　　（2008 年）　　　　计量单位：万元

行业名称	科技活动经费支出总额	一、科技活动经费内部支出			在内部支出中：		二、科技活动经费外部支出
		合　计	1. 经常费支　出	2. 科研基建支出	R&D 经费	新产品开发经费	
总　　计	**182318**	**168832**	**147095**	**21736**	**102079**	**94035**	**13486**
总计中：国有控股企业	78211	72395	67825	4570	50053	41090	5816
一、按企业规模分组							
大中型	150742	138054	122067	15986	86822	75008	12688
大型企业	92632	84726	79132	5594	62044	50907	7906
中型企业	58110	53328	42935	10392	24778	24101	4782
小型企业	31576	30778	25028	5750	15257	19027	798
二、按登记注册类型分组							
内资企业	147869	138287	124367	13920	86462	79145	9582
国有企业	41004	36511	33536	2974	24531	18353	4493
集体企业	1697	1684	1184	500	819	553	12
股份合作企业	686	686	686		247	360	
有限责任公司	50688	47497	42451	5046	29626	29527	3192
国有独资公司	7765	7706	7674	32	6539	4980	59
其他有限责任公司	42924	39791	34777	5014	23088	24547	3133
股份有限公司	25126	24707	22790	1917	19933	19475	419
私营企业	28669	27203	23720	3483	11306	10877	1466
私营合伙企业	1441	1440	1290	150	385	629	1
私营有限责任公司	16842	16482	14819	1663	4645	6372	360
私营股份有限公司	10386	9281	7611	1670	6277	3876	1105
港、澳、台商投资企业	9415	8473	8472		5388	6289	942
合资经营企业（港或澳、台资）	9415	8473	8472		5388	6289	942
外商投资企业	25034	22072	14256	7816	10229	8601	2962
中外合资经营企业	5684	5390	2990	2400	2652	169	294
外资企业	16863	14235	8878	5356	6232	6667	2628
外商投资股份有限公司	2488	2448	2388	60	1345	1765	40

12—12 续表　　（2008 年）　　计量单位：万元

行业名称	科技活动经费支出总额	一、科技活动经费内部支出			在内部支出中：		二、科技活动经费外部支出
		合　计	1. 经常费支　出	2. 科研基建支出	R&D经费	新产品开发经费	
三、按工业行业门大类分组	182318	168832	147095	21736	102079	94035	13486
采矿业	735	735	735		735		
煤炭开采和洗选业	735	735	735		735		
制造业	179168	166577	144840	21736	100426	94035	12591
农副食品加工业	887	740	580	160	342	580	147
食品制造业	1187	1066	958	107	357	663	121
饮料制造业	126	112	112		82	90	14
纺织业	10842	10842	10842		10303	9158	
纺织服装、鞋、帽制造业	13	7	7				7
皮革、毛皮、羽毛（绒）及其制品业	162	162	162		162	64	
木材加工及木、竹、藤、棕、草制品业	50	50	50		50		
印刷业和记录媒介的复制	3375	1810	1810		1204	188	1565
石油加工、炼焦及核燃料加工业	6779	6476	6276	200	354	669	303
化学原料及化学制品制造业	27357	25579	21077	4502	13559	12284	1777
医药制造业	64350	56756	46108	10647	33632	27054	7593
化学纤维制造业	466	466	466		466	466	
橡胶制品业	63	63	63			63	
塑料制品业	300	300	300				
非金属矿物制品业	343	343	343		58		
黑色金属冶炼及压延加工业	11433	11241	11181	61	8440	7057	192
金属制品业	2978	2967	2917	50	1479	2232	11
通用设备制造业	9578	9507	8408	1099	4369	6446	71
专用设备制造业	10845	10400	10330	70	7452	7894	445
交通运输设备制造业	8118	7982	7258	725	4395	6217	135
电气机械及器材制造业	2046	1964	1846	117	1407	1555	83
通信设备、计算机及其他电子设备制造业	16237	16194	12291	3903	11184	10278	43
仪器仪表及文化、办公用机械制造业	1634	1550	1455	95	1131	1077	84
电力、燃气及水的生产和供应业	2415	1520	1520		918		895
电力、热力的生产和供应业	2415	1520	1520		918		895

全市规模以上工业企业科技机构和项目情况

12—13

（2008 年）

指标名称	企业办科技机构数（个）	科技项目数（项）	新产品项目数（项）	项目经费（万元）
总　计	**122**	**1713**	**972**	**130271**
总计中：国有控股企业	52	678	396	63895
一、按企业规模分组				
大中型	74	1529	820	108849
大型企业	21	955	475	74056
中型企业	53	574	345	34793
小型企业	48	184	152	21422
二、按登记注册类型分组				
内资企业	106	1462	826	112501
国有企业	22	427	232	30921
集体企业	4	26	6	1183
股份合作企业	1	1	1	247
有限责任公司	35	641	315	40231
国有独资公司	6	74	46	7352
其他有限责任公司	29	567	269	32879
股份有限公司	19	180	154	22455
私营企业	25	187	118	17464
私营合伙企业	2	13	11	685
私营有限责任公司	20	105	52	9268
私营股份有限公司	3	69	55	7511
港、澳、台商投资企业	7	55	34	6607
合资经营企业（港或澳、台资）	7	55	34	6607
外商投资企业	9	196	112	11163
中外合资经营企业	4	9	3	2893
外资企业	5	176	99	6442
外商投资股份有限公司		11	10	1828

12—13 续表　　　　(2008 年)

指标名称	企业办科技机构数（个）	科技项目数（项）	新产品项目数（项）	项目经费（万元）
三、按工业行业门大类分组				
采矿业	1	34		735
煤炭开采和洗选业	1	34		735
制造业	120	1652	972	128127
农副食品加工业	5	9	8	580
食品制造业	7	15	13	758
饮料制造业	2	6	5	90
纺织业	1	67	57	10842
纺织服装、鞋、帽制造业		1		
皮革、毛皮、羽毛（绒）及其制品业	1	85	85	162
木材加工及木、竹、藤、棕、草制品业	1	1		50
印刷业和记录媒介的复制	1	70	18	1810
石油加工、炼焦及核燃料加工业	2	11	4	6047
化学原料及化学制品制造业	26	161	98	20078
医药制造业	15	791	368	37518
化学纤维制造业	1	6	5	466
橡胶制品业	1	3	3	63
塑料制品业		1		299
非金属矿物制品业	1	2		338
黑色金属冶炼及压延加工业	2	59	31	9315
金属制品业	2	31	29	2501
通用设备制造业	17	107	73	7539
专用设备制造业	8	63	55	7813
交通运输设备制造业	8	44	42	7134
电气机械及器材制造业	7	28	25	1582
通信设备、计算机及其他电子设备制造业	6	67	32	11953
仪器仪表及文化、办公用机械制造业	6	24	21	1190
电力、燃气及水的生产和供应业	1	27		1410
电力、热力的生产和供应业	1	27		1410

全市规模以上工业企业新产品和专利情况

12—14　　(2008 年)

指标名称	新产品产值 （万元）	专利申请数 （件）	# 发明专利申请数 （件）
总　　计	**1038495**	**462**	**232**
总计中：国有控股企业	503277	133	47
一、按企业规模分组			
大中型	954103	382	207
大型企业	655693	237	155
中型企业	298410	145	52
小型企业	84392	80	25
二、按登记注册类型分组			
内资企业	726832	434	218
国有企业	241119	41	16
集体企业	1755	10	8
股份合作企业	3098	5	
有限责任公司	170952	143	60
国有独资公司	46148	9	
其他有限责任公司	124804	134	60
股份有限公司	210105	81	10
私营企业	99804	154	124
私营合伙企业	7185		
私营有限责任公司	69850	37	9
私营股份有限公司	22769	117	115
港、澳、台商投资企业	176295	5	3
合资经营企业（港或澳、台资）	175383	5	3
港、澳、台商独资经营企业	912		
外商投资企业	135368	23	11
中外合资经营企业	3600	2	0
外资企业	117573	20	10
外商投资股份有限公司	14195	1	1

12—14 续表　　　　（2008 年）

指标名称	新产品产值（万元）	专利申请数（件）	# 发明专利申请数（件）
三、按工业行业门大类分组			
制造业	1038495	457	231
农副食品加工业	3300		
食品制造业	6092	10	4
饮料制造业	1201		
纺织业	147246	28	2
皮革、毛皮、羽毛（绒）及其制品业	8841		
印刷业和记录媒介的复制		9	9
石油加工、炼焦及核燃料加工业	8939		
化学原料及化学制品制造业	53049	22	14
医药制造业	271324	174	163
橡胶制品业	300		
塑料制品业	500		
非金属矿物制品业	12829		
黑色金属冶炼及压延加工业	171595	4	2
金属制品业	25887	41	5
通用设备制造业	71130	43	4
专用设备制造业	75714	58	11
交通运输设备制造业	130586	14	1
电气机械及器材制造业	5325	7	
通信设备、计算机及其他电子设备制造业	40646	20	15
仪器仪表及文化、办公用机械制造业	3991	27	1
电力、燃气及水的生产和供应业		5	1
电力、热力的生产和供应业		5	1

全市规模以上工业企业技术改造和技术获取情况

12—15　（2008 年）　计量单位：万元

指标名称	技术改造经费支出	技术引进经费支出	消化吸收经费支出	购买国内技术经费支出
总　　计	**198222**	**2134**	**1404**	**3043**
总计中：国有控股企业	149871	1713	515	2055
一、按企业规模分组				
大中型	197514	1277	1343	2798
大型企业	111949	773	1206	2300
中型企业	85566	504	138	498
小型企业	708	858	61	245
二、按登记注册类型分组				
内资企业	178862	1276	987	2776
国有企业	103761	654	442	1420
集体企业	482			
有限责任公司	35920	474	320	1065
国有独资公司	1761			160
其他有限责任公司	34159	474	320	905
股份有限公司	32056	148	85	65
私营企业	6643		140	226
私营独资企业	78			
私营合伙企业	286		10	6
私营有限责任公司	3685		20	
私营股份有限公司	2594		110	220
港、澳、台商投资企业	12371	858	41	240
合资经营企业（港或澳、台资）	12371	858	41	240
外商投资企业	6989		376	27
中外合资经营企业	2461			
外资企业	3392		376	27
外商投资股份有限公司	1136			

12—15 续表　　　　（2008 年）　　　　计量单位：万元

指标名称	技术改造经费支出	技术引进经费支出	消化吸收经费支出	购买国内技术经费支出
三、按工业行业门大类分组				
采矿业	37769			
煤炭开采和洗选业	37769			
制造业	121768	2134	1404	3038
农副食品加工业	3			
食品制造业	108			
饮料制造业	18		20	
纺织业	984	149		
皮革、毛皮、羽毛（绒）及其制品业	1013	203		
印刷业和记录媒介的复制	12200			
石油加工、炼焦及核燃料加工业	29567	52	32	
化学原料及化学制品制造业	24838		50	434
医药制造业	26528	572	1259	1427
橡胶制品业	500			
非金属矿物制品业	79			
黑色金属冶炼及压延加工业	13403			
金属制品业	17			
通用设备制造业	1825	1158	23	55
专用设备制造业	6997			230
交通运输设备制造业	1610		20	887
电气机械及器材制造业	590			
通信设备、计算机及其他电子设备制造业	1452			
仪器仪表及文化、办公用机械制造业	36			5
电力、燃气及水的生产和供应业	38685			5
电力、热力的生产和供应业	38678			
水的生产和供应业	7			5

分县（市）区规模以上工业企业科技活动人员情况

12—16　　（2008 年）

行政单位	有科技活动的企业（个）	科技活动人员（人）	# 科学家和工程师	# R&D 人员	# 机构人员	R&D 人员折合全时当量（人年）
全市合计	**153**	**18024**	**11623**	**8453**	**8261**	**6320**
市区合计	88	15215	9862	7239	6320	5315
#长安区	12	3826	1390	2293	1201	2040
桥东区	7	318	169	44	238	19
桥西区	11	2321	2149	991	1633	698
新华区	11	935	594	342	402	163
裕华区	10	927	640	301	215	226
矿　区	2	42	38	35	24	17
高新区	18	2397	1785	1112	1201	819
井陉县						
正定县	12	307	108		177	
栾城县	6	563	543	407	432	344
行唐县						
灵寿县	2	57	45	37	37	26
高邑县	1	12	12	12	12	12
深泽县	3	86	39	36	78	30
赞皇县	2	13	12		5	
无极县	3	54	32	35	31	31
平山县	3	170	60	51	150	41
元氏县	1	54	49		25	
赵　县	2	56	16	12	36	1
辛集市	5	378	150	232	168	231
藁城市	15	954	605	332	708	245
晋州市	1	10	8		10	
新乐市	4	39	31	22	39	6
鹿泉市	5	56	51	38	33	38

分县（市）区规模以上工业企业科技活动经费筹集情况

12—17　　　　（2008 年）　　　　计量单位：万元

行政单位	科技活动经费筹集总额	# 企业资金	# 金融机构贷款	# 来自政府部门资金
全市合计	**165601**	**150175**	**7565**	**7717**
市区合计	123972	116474	1845	5548
#长安区	28859	28586		273
桥东区	5179	4119	1000	60
桥西区	20983	20100	225	603
新华区	8404	8088		266
裕华区	10654	9815	620	219
矿　区	84	84		
高新区	14647	13493		1154
井 陉 县				
正 定 县	2659	2441		218
栾 城 县	8448	6493	1100	855
行 唐 县				
灵 寿 县	1240	1200		40
高 邑 县	686	466		220
深 泽 县	426	302		124
赞 皇 县	210	185		25
无 极 县	4688	2478	2200	8
平 山 县	3310	3310		
元 氏 县	1029	1029		
赵　县	575	358	200	17
辛 集 市	2640	2630		10
藁 城 市	13526	11195	2200	131
晋 州 市	195	112	20	26
新 乐 市	402	402		
鹿 泉 市	1595	1100		495

分县（市）区规模以上工业企业科技活动经费支出情况

12—18　　(2008 年)　　计量单位：万元

行政单位	科技活动经费支出总额	一、科技活动经费内部支出			在内部支出中：		二、科技活动经费外部支出
		合计	1. 经常费支出	2. 科研基建支出	R&D 经费	新产品开发经费	
全市合计	**182318**	**168832**	**147095**	**21736**	**102079**	**94035**	**13486**
市区合计	136803	127022	111718	15303	75830	70121	9780
#长安区	28466	28193	28132	61	18921	18017	273
桥东区	3975	3935	3935		407	1661	40
桥西区	26156	23817	20312	3506	15054	14390	2339
新华区	7756	7633	7630	3	4794	7011	123
裕华区	14894	12578	6828	5750	3049	2748	2316
矿　区	84	74	74		69	69	10
高新区	17476	16198	13209	2989	9129	10044	1279
井陉县							
正定县	2615	2473	2198	275		1408	142
栾城县	8721	6941	6668	273	3095	5758	1780
行唐县							
灵寿县	1030	380	380		130	250	650
高邑县	686	686	686		247	360	
深泽县	496	496	426	70	226	406	
赞皇县	134	116	116			116	18
无极县	4370	4173	2813	1360	2704	144	198
平山县	3163	3116	3116		2980	1000	47
元氏县	1029	1029	1029				
赵　县	612	612	612		100	100	
辛集市	2728	2673	2673		2520	2426	55
藁城市	17460	16763	12666	4097	12713	10545	697
晋州市	192	107	107			10	85
新乐市	684	656	298	358	239	298	28
鹿泉市	1595	1589	1589		1295	1093	6

分县（市）区规模以上工业企业科技机构和项目情况

12—19 （2008年）

行政单位	企业办科技机构数（个）	科技项目数（项）	新产品项目数（项）	项目经费（万元）
全市合计	**122**	**1713**	**972**	**130271**
市区合计	72	1492	844	96954
# 长安区	8	187	112	25904
桥东区	4	15	12	1671
桥西区	10	499	216	15577
新华区	9	39	36	7529
裕华区	7	169	91	4239
矿　区	2	3	3	69
高新区	15	202	168	12935
井 陉 县				
正 定 县	5	11	9	1803
栾 城 县	6	72	42	6668
行 唐 县				
灵 寿 县	1	2	2	330
高 邑 县	1	1	1	247
深 泽 县	3	4	4	426
赞 皇 县	2	2	2	116
无 极 县	2	7	3	2813
平 山 县	1	11	1	3015
元 氏 县	1	5		1029
赵　县	2	2		125
辛 集 市	6	46	18	2543
藁 城 市	12	42	32	12489
晋 州 市	2	1	1	10
新 乐 市	3	6	6	298
鹿 泉 市	3	9	7	1405

分县（市）区规模以上工业企业新产品和专利情况

12—20　　(2008 年)

行政单位	新产品产值 （万元）	专利申请数 （件）	# 发明专利申请数 （件）
全市合计	**1038495**	**462**	**232**
市区合计	944401	405	212
# 长安区	339374	44	6
桥东区	11698	12	3
桥西区	86436	41	27
新华区	141115	32	16
裕华区	13606	35	19
矿　区			
高新区	139779	219	126
井 陉 县			
正 定 县	15136	6	3
栾 城 县	23139	3	3
行 唐 县	912		
灵 寿 县			
高 邑 县	2918	5	
深 泽 县	2507	2	
赞 皇 县	3480		
无 极 县			
平 山 县			
元 氏 县			
赵　县			
辛 集 市	12731		
藁 城 市	33257	28	7
晋 州 市			
新 乐 市	14	3	3
鹿 泉 市		10	4

分县（市）区规模以上工业企业技术改造和技术获取情况

12—21 （2008 年） 计量单位：万元

行政单位	技术改造经费支出	技术引进经费支出	消化吸收经费支出	购买国内技术经费支出
全市合计	**198222**	**2134**	**1404**	**3043**
市区合计	176007	1833	840	2293
# 长安区	17407	201	32	
桥东区	7			10
桥西区	6078	422	297	620
新华区	1865			778
裕华区	15053			
矿　区				
高新区	2927	858	110	275
井 陉 县	100			
正 定 县	2349			
栾 城 县	2150		376	27
行 唐 县	20			
灵 寿 县				
高 邑 县				
深 泽 县				
赞 皇 县				
无 极 县	2452			
平 山 县	6770			
元 氏 县				
赵　县				
辛 集 市	121		20	160
藁 城 市	7223	301	168	535
晋 州 市	236			
新 乐 市	794			28
鹿 泉 市				

全市高新技术产业主要经济指标

12—22　　（2008 年）　　计量单位：万元

指标名称	单位数（个）	总产值	高新技术产品产值	增加值	主营业务收入
总　计	**553**	**6337663**	**1854585**	**1748968**	**6256014**
一、按单位来源分组					
规模以上工业企业	260	5637289	1565078	1646133	5532883
大中型	47	3618928	1257769	1046251	3595979
大型企业	8	2325187	950755	708662	2322928
中型企业	39	1293741	307014	337589	1273051
小型企业	213	2018361	307309	599882	1936904
规模以下工业企业	197	291635	27643	19622	286989
软件开发单位	49	72518	46354	10700	71135
省科委认定的高新技术企业	47	336221	215510	72513	365007
二、按登记注册类型分组					
内资企业	514	5383493	1351551	1484081	5260508
国有企业	21	1031018	569845	316184	1070905
集体企业	15	114706	1104	25053	108586
股份合作企业	7	65304	9119	19676	62562
联营企业		940	940	332	
其他联营企业		940	940	332	
有限责任公司	121	2022966	282054	532935	2013392
国有独资公司	7	175205	55517	52856	191785
其他有限责任公司	114	1847761	226537	480079	1821607
股份有限公司	30	585890	164557	95910	558016
私营企业	319	1562179	323465	493840	1446550
私营独资企业	75	304466	55326	90182	276783
私营合伙企业	25	109609	1347	34124	107888
私营有限责任公司	191	886044	183967	267709	840060
私营股份有限公司	28	262060	82825	101825	221819
其他企业	1	490	467	151	497
港、澳、台商投资企业	16	517771	325783	134985	513234
合资经营企业（港或澳、台资）	13	505792	321724	131489	502567
港、澳、台商独资经营企业	3	11979	4059	3496	10667
外商投资企业	23	436400	177250	129901	482272
中外合资经营企业	15	138492	22735	22223	128301
外资企业	7	294738	151379	106901	345989
外商投资股份有限公司	1	3170	3136	777	7982

注：本表按登记注册类型分组指标不包括规模以上工业高新技术产业目录外企业数据。

12—22 续表　　　　(2008 年)　　　　计量单位：万元

指标名称	高新技术产品销售收入	利润总额	从业人员年平均人数（人）	从事科技活动人员（人）	科技活动经费内部支出
总　计	**1804847**	**558191**	**125502**	**18179**	**304558**
一、按单位来源分组					
规模以上工业企业	1486063	484889	104779	9857	100574
大中型	1232860	318094	80956	8864	78694
大型企业	937692	264959	45355	5447	49120
中型企业	295168	53135	35601	3417	29574
小型企业	253204	166795	23823	993	21880
规模以下工业企业	27078	35748	7640	569	1948
软件开发单位	46125	4822	2763	1446	3723
省科委认定的高新技术企业	245581	32732	10320	6307	198313
二、按登记注册类型分组					
内资企业	1299136	446756	113943	17046	287349
国有企业	606426	104658	33107	9071	222626
集体企业	1039	10673	2561	225	1439
股份合作企业	9119	4561	1119	18	690
联营企业					
有限责任公司	266173	125774	41771	4208	37519
国有独资公司	62178	-9064	10725	1015	7625
其他有限责任公司	203995	134838	31046	3193	29894
股份有限公司	145289	52820	9316	999	5438
私营企业	270619	148232	26033	2525	19638
私营独资企业	16674	32997	4532	164	260
私营合伙企业	1423	10669	1316	56	102
私营有限责任公司	170647	79958	16567	1776	13257
私营股份有限公司	81876	24608	3618	529	6019
其他企业	471	38	36		
港、澳、台商投资企业	324615	19931	2992	56	722
合资经营企业（港或澳、台资）	321312	19852	2707	56	722
港、澳、台商独资经营企业	3303	79	285		
外商投资企业	181096	91505	8567	1077	16487
中外合资经营企业	22241	8815	2935	170	2251
外资企业	150878	82227	5602	895	14228
外商投资股份有限公司	7977	463	30	12	8

注：本表按登记注册类型分组指标不包括规模以上工业高新技术产业目录外企业数据。

文化、广播、电视事业基本情况

12—23　　　　（2008年）

指标名称	计量单位	全　市	指标名称	计量单位	全　市
一、艺术表演团体	个	20	总流通人次	人次	1440155
艺术表演团体人数	人	845	# 书刊文献外借人次	人次	999516
本年新排上演剧目	台	263	书刊文献外借册次	册	1278486
演出场次	场	4332	为读者举办各种活动	次	322
# 农村演出场次	场	3929	# 参加人数	人次	42326
演出观众人次	千人次	5506	本年新购藏量	册、件、套	66794
# 农村观众人次	千人次	4832	# 新购图书	册	58012
二、艺术表演场馆	个	18	公用房屋建筑面积	平方米	47694
艺术表演场馆人数	人	252	#书库	平方米	8647
座席数	个	14423	阅览室	平方米	10707
演（映）出场次合计	场	6615	#书刊阅览室	平方米	8344
#艺术演出场次	场	38	电子阅览室	平方米	2261
电影放映场次	场	6577	阅览室座席数	个	3683
观众人次合计	千人次	370	# 少儿阅览室座席数	个	1386
#艺术演出观众人次	千人次	44	四、群众艺术馆、文化馆	个	24
电影放映观众人次	千人次	325	群众艺术馆、文化馆人数	人	338
三、公共图书馆	个	24	举办展览个数	个	200
公共图书馆人数	人	222	组织文艺活动次数	次	1142
藏书量	册、件、套	2757789	藏书	册	570
#图书	册、件、套	2420836	举办训练班班次	次	378
#古籍	册、件、套	176506	组织各类理论研讨活动次数	次	58
善本	册、件、套	1580	五、文化站	个	281
报刊	册、件、套	309161	从业人员	人	506
视听文献、缩微制品	册、件、套	8161	举办展览个数	个	658
当年购买的报刊种类	种	2070	组织文艺活动次数	次	3517
书架单层总长度	米	73983	藏书量	册	654580
累计发放有效借书证数	个	99836	举办训练班班次	次	995

12—23 续表　　（2008 年）

指标名称	计量单位	全　市	指标名称	计量单位	全　市
六、广播节目套数	套	11			
全年公共广播节目播出时间	小时	57558	3. 自制作	小时	24816
（一）按节目类型分			# 首播	小时	14221
1. 新闻咨询	小时	8060	4. 购买交换	小时	48331
2. 专题服务	小时	13408	八、有线广播电视传输干线网络总长	公里	11066
3. 综艺益智	小时	20223	自建干线网总长	公里	10728
4. 广播剧	小时	3681	租用干线网总长	公里	338
5. 广告	小时	10074	有线广播电视用户数	户	932090
（二）按节目来源分			九、广播综合覆盖率	%	99.27
1. 转中央台	小时	1968	#中央台第一套覆盖率	%	98.91
2. 转省级台	小时	1055	省级第一套覆盖率	%	99.17
3. 自制节目	小时	42208	地市级台覆盖率	%	95.64
# 首播	小时	38972	县级台覆盖率	%	26.19
4. 购买交换节目	小时	12143	无线广播综合覆盖率	%	99.25
七、电视播出节目套数	套	22	# 中央电视覆盖率	%	98.89
全年公共电视节目播出时间	小时	79809	电视综合覆盖率	%	99.37
（一）按节目类型分			#中央台第一套覆盖率	%	99.21
1. 新闻资讯	小时	9703	省级第一套覆盖率	%	97.88
2. 专题服务	小时	5579	地市级台覆盖率	%	93.68
3. 综艺益智	小时	6992	县级台覆盖率	%	66.02
4. 影视剧	小时	42999	无线电视综合覆盖率	%	97.90
5. 广告	小时	13227	#中央电视覆盖率	%	97.41
（二）按节目来源分			省级第一套覆盖率	%	97.56
1. 转中央台	小时	3977	地市级台覆盖率	%	92.62
2. 转省级台	小时	2683	县级台覆盖率	%	60.87

十三、体育 卫生 民政

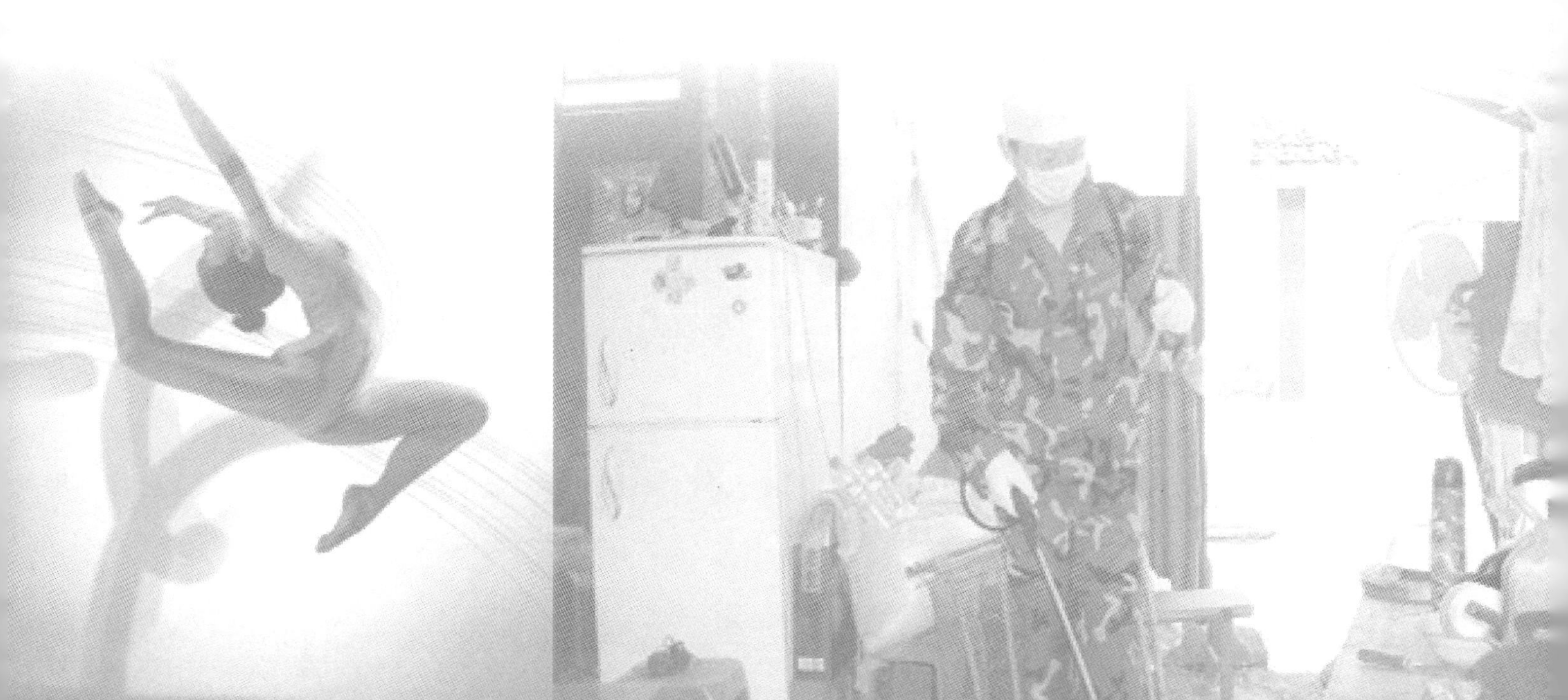

全市体育事业基本情况

13—1

指标名称	计量单位	2008 年	指标名称	计量单位	2008 年
体育系统从业人员	人	408	社会指导员	人	7985
# 教练员	人	146	# 二级	人	1940
# 等级教练员	人	75	地市级群众现代体育项目活动		
等级教练员中：男	人	52	活动次数	次	60
女	人	23	活动人数	万人	20
等级教练员中：高级	人	21	地市级群众民间传统体育活动		
中级	人	32	活动次数	次	10
初级	人	22	活动人数	万人	39
等级裁判员	人	181	县级群众现代体育项目活动		
# 男	人	122	活动次数	次	2152
女	人	59	活动人数	万人	23
等级运动员	人	662	县级群众民间传统体育活动		
# 男	人	379	活动次数	次	3153
女	人	283	活动人数	万人	28

全市卫生机构、床位和人员情况

13—2 （2008 年） 计量单位：个、张、人

行业名称	机构数	床位数	机构人员	# 卫生技术人员
总　　计	**2221**	**32939**	**49864**	**41048**
一、医　院	158	25236	31905	25564
综合医院	89	17481	22281	18062
中医医院	29	3176	4166	3248
中西医结合医院	9	1043	1264	960
专科医院	31	3536	4194	3294
二、疗养院	2	156	71	53
三、社区服务中心	201	1371	2854	2499
四、卫生院	222	5220	4839	4182
乡卫生院	157	3121	2742	2433
五、门诊部	43	79	721	561
综合门诊部	15	23	373	302
中医门诊部	18	43	254	187
六、诊所、卫生所、医务室	1518		4975	4835
诊所	1217		3943	3851
卫生所、医务室	301		1032	984
七、急救中心	1		51	20
八、采供血机构	1		198	118
九、妇幼保健院（所、站）	25	877	1640	1350
十、疾病预防控制中心	25		1721	1201
十一、卫生监督所	21		754	597
十二、医学科学研究机构	2		111	56
十三、其他卫生机构	2		24	12

13—2 续表 （2008 年） 计量单位：个、张、人

行业名称	卫生技术人员中：			
	执业医师	注册护士	药师（士）	技师（士）
总　计	**16181**	**12194**	**2152**	**2791**
一、医　院	10205	9371	1387	1740
综合医院	7252	6930	886	1205
中医医院	1358	870	268	242
中西医结合医院	423	323	57	79
专科医院	1172	1248	176	214
二、疗养院	15	21	3	5
三、社区服务中心	1057	795	119	115
四、卫生院	1216	454	284	328
乡卫生院	655	245	164	198
五、门诊部	250	114	52	40
综合门诊部	143	76	37	26
中医门诊部	79	25	12	13
六、诊所、卫生所、医务室	2301	1053	211	61
诊所	1762	851	175	42
卫生所、医务室	539	202	36	19
七、急救中心	6	13		
八、采供血机构	22	38	7	44
九、妇幼保健院（所、站）	559	311	67	118
十、疾病预防控制中心	518	18	17	336
十一、卫生监督所				
十二、医学科学研究机构	26	6	5	3
十三、其他卫生机构	6			1

分县（市）区卫生机构、床位和人员情况

13—3　　　　（2008 年）　　　　计量单位：个、张、人

行政单位	机构数	床位数	机构人员	# 卫生技术人员	执业医师	药师（士）	技师（士）
石家庄市	**2221**	**32939**	**49864**	**41048**	**16181**	**2152**	**2791**
市　区	1280	17148	29312	23771	10039	1210	1569
长安区	250	4070	6183	5121	2281	297	303
桥东区	245	2109	4202	3453	1452	186	269
桥西区	278	3412	5654	4600	2038	235	223
新华区	344	4294	7844	6389	2604	288	375
裕华区	157	3073	5225	4051	1611	194	392
矿　区	6	190	204	157	53	10	7
井 陉 县	64	882	822	691	268	42	31
正 定 县	243	1111	2312	1865	736	88	93
栾 城 县	27	664	743	619	233	46	26
行 唐 县	25	1007	990	847	331	52	37
灵 寿 县	44	759	1151	963	290	52	89
高 邑 县	10	429	404	343	91	14	22
深 泽 县	31	592	885	732	236	49	60
赞 皇 县	65	620	788	684	221	26	48
无 极 县	30	691	862	727	236	44	60
平 山 县	87	1012	1447	1279	442	53	79
元 氏 县	39	955	1232	1046	335	38	70
赵　县	33	861	1453	1160	369	64	120
辛 集 市	102	1455	2245	1904	760	128	141
藁 城 市	39	1505	1382	1087	392	43	112
晋 州 市	28	839	1241	1095	418	78	58
新 乐 市	38	1379	1453	1248	388	66	119
鹿 泉 市	36	1030	1142	987	396	59	57

优抚对象情况

13—4　　　　（2008年）　　　　计量单位：人

行政单位	抚恤、补助优抚对象总人数	#在院集中供养人数	定期抚恤人数	#烈属	定期补助人数	伤残人员
石家庄市	**42641**	**449**	**6742**	**5097**	**25254**	**10645**
市区	3389		255	153	1001	2133
长安区	722		76	64	260	386
桥东区	576		28	17	87	461
桥西区	697		28	11	151	518
新华区	805		69	28	218	518
裕华区	383		33	15	181	169
矿区	141		16	14	53	72
高新区	65		5	4	51	9
井陉县	2640	26	510	439	1532	598
正定县	1797	23	289	192	1091	417
栾城县	1212	24	141	82	837	234
行唐县	2090	25	311	252	1318	461
灵寿县	2160	20	487	397	1263	410
高邑县	2031	26	401	240	1235	395
深泽县	1837	32	284	223	1192	361
赞皇县	1478	28	311	283	658	509
无极县	3026	30	490	404	1880	656
平山县	4187	37	550	501	2903	734
氏县	2288	25	354	328	1529	405
赵县	1809	18	264	168	1116	429
辛集市	3268	29	462	336	1954	852
藁城市	2747	32	602	330	1485	660
晋州市	2217	24	238	163	1447	532
新乐市	2777	24	489	356	1759	529
鹿泉市	1688	26	304	250	1054	330

婚姻登记情况

13—5　　(2008 年)　　计量单位：对、人

行政单位	登记结婚件数	登记结婚人数				离婚登记
			初婚人数	再婚人数	# 女性	
石家庄市	**100862**	**201724**	**190940**	**10784**	**5526**	**9439**
市　区	26043	52086	48479	2239	996	4316
#长安区	4803	9606	8324	1282	562	906
桥东区	4876	9752	9752			673
桥西区	4882	9764	8981	783	313	679
新华区	5531	11062	11062			1081
裕华区	5180	10360	10360			867
矿　区	771	1542	1368	174	121	110
高新区	1051	2102	2038	64	29	58
井陉县	2516	5032	4379	653	366	352
正定县	5141	10282	9203	1079	588	425
栾城县	3241	6482	5862	620	328	
行唐县	4105	8210	8210			225
灵寿县	2760	5520	5520			130
高邑县	2203	4406	4406			74
深泽县	2527	5054	4932	122	69	190
赞皇县	2669	5338	5338			147
无极县	5258	10516	9997	519	277	320
平山县	4298	8596	8051	545	257	399
元氏县	3922	7844	7844			123
赵　县	5300	10600	10183	417	283	318
辛集市	5541	11082	9711	1371	336	690
藁城市	8455	16910	16907	3	1	562
晋州市	6425	12850	11978	872	475	457
新乐市	4616	9232	8337	895	810	300
鹿泉市	4791	9582	8197	1385	711	353

城镇低保情况

13—6　　　　(2008年)　　　　计量单位：人、户

行政单位	城市居民最低生活保障人数	城市居民最低生活保障人中：					城市居民最低生活保障家庭数
		女性	残疾人	“三无”人员	老年人	登记失业人员	
石家庄市	**70060**	**26092**	**3697**	**1578**	**5823**	**15592**	**31818**
市　区	31480	13182	2184	455	3300	5141	13820
长安区	5782	2429	796	236	865	663	3189
桥东区	5653	2716	574	29	686	451	2506
桥西区	4738	2092	197	34	501	223	1801
新华区	6123	2405	250	8	50	2259	2824
裕华区	5564	1879	232	94	423	1358	2216
矿　区	3523	1610	121	48	753	179	1249
高新区	97	51	14	6	22	8	35
井陉县	1301	274	30	3	12	279	584
正定县	1336	268	27	84	96	293	576
栾城县	1076	528	80	10	192	88	467
行唐县	2243	533	72	15	229	650	747
灵寿县	2513	525	63	12	651	1061	1092
高邑县	3375	1628	118	97	197	580	1656
深泽县	1957	786	45	5	15	475	982
赞皇县	2822	1263	67	319	320	185	1580
无极县	2179	529	58	4	114	1264	1021
平山县	3707	907	116	14	19	2747	1743
元氏县	2588	1045	60	56	236	47	1382
赵　县	4409	1982	170	6	5	1	1982
辛集市	1611	458	34	133	212	482	817
藁城市	1808	373	86	39	16	1735	702
晋州市	1954	858	410	112	35	235	1154
新乐市	2667	550	56	182	144	299	1058
鹿泉市	1034	403	21	32	30	30	455

收养类单位情况

13—7　　（2008年）　　计量单位：个、人、张

行政单位	单位数	年末床位数	年末在院人数	年末在院人员中：			
				女性	优抚对象	"三无"对象	老年人
石家庄市	**213**	**17890**	**13624**	**2484**	**736**	**9921**	**11498**
市　　区	27	4258	2256	908	68	396	1782
#长安区							
桥东区							
桥西区							
新华区							
裕华区	2	48	20	4		12	20
矿　区							
高新区							
井陉县	16	1020	606	10	26	580	606
正定县	13	846	600	107	23	452	583
栾城县	11	664	584	57	84	500	424
行唐县	9	762	757	186	25	732	689
灵寿县	6	260	250	36	20	230	250
高邑县	3	634	610	50	26	584	570
深泽县	8	476	443	94	28	415	427
赞皇县	7	800	798	150	28	770	748
无极县	24	1909	1693	123	28	785	1586
平山县	9	2070	1098	1	37	1061	138
元氏县	4	345	340	315	25	315	340
赵　县	20	646	634	128	103	531	632
辛集市	15	790	675	30	87	588	669
藁城市	9	654	639	190	24	615	603
晋州市	8	676	580	92	24	556	382
新乐市	10	450	444	7	24	420	443
鹿泉市	14	630	617		56	391	626

农村低保、救济情况

13—8　　　　(2008年)　　　　计量单位：个、人、张

行政单位	农村居民最低生活保障人数	#女　性	老年人	未成年人	残疾人	农村居民最低生活保障家庭数
石家庄市	**161643**	**28355**	**52354**	**8492**	**9626**	**89689**
井陉县	7193	2381	2442	833	788	3498
正定县	9789	3789	2845	1431	1379	4405
栾城县	7133	720	1	70	150	3025
行唐县	10143	1116	5041	500	206	5250
灵寿县	6525	654	5111	22	133	3646
高邑县	4700	482	2867	465	95	2313
深泽县	6758	2074	3007	545	567	3007
赞皇县	6063	650	63	28	127	4456
无极县	12974	1429	295	93	320	7715
平山县	11437	1373	772	815	495	6663
元氏县	9494	5302	6603	1444	1816	5671
赵　县	14266	1798	5108	563	1353	10431
辛集市	9739	1002	9120	4	198	7314
藁城市	15039	1573	97	99	785	4829
晋州市	11943	1647	376	98	245	8461
新乐市	10866	1603	6194	66	297	4599
鹿泉市	7581	762	2412	1416	672	4406

农村五保、医疗救助情况

13—9　　(2008 年)　　计量单位：人

行政单位	农村分散五保供养人　数	#女　性	老年人	未成年人	残疾人	民政部门救助人数
石家庄市	**12326**	**1194**	**7832**	**305**	**914**	**9301**
井 陉 县	473	65	350	14	21	898
正 定 县	414	47	349	14	53	210
栾 城 县	460	24	103	1	12	130
行 唐 县	797	85	289	50	96	336
灵 寿 县	1865	109	1814	51	41	160
高 邑 县	477	56	470	6	18	500
深 泽 县	591	34	275	20	28	577
赞 皇 县	871	45	8	17	20	603
无 极 县	946	58	71	8	28	1879
平 山 县	1216	110	1134	41	92	656
元 氏 县	384	210	355	27	143	450
赵　 县	717	37	431	13	22	209
辛 集 市	848	48	833	15	267	720
藁 城 市	747	41	16	6	28	1252
晋 州 市	635	135	626	4	15	131
新 乐 市	510	56	494	8	14	415
鹿 泉 市	375	34	214	10	16	175

附 1995—2008年
分县(市)区主要经济指标

1996—2008 年分县（市）区生产总值（一）

计量单位：万元、%

行政单位	1996 年	增长速度	1997 年	增长速度	1998 年	增长速度
全 市	**6564068**	**15.8**	**7813998**	**15.8**	**8458583**	**13.7**
市 区	2521454	12.8	2997157	13.9	3275923	13.1
#长安区	44408		53988		60038	
桥东区	50940		59731		51329	
桥西区	44033		52451		59673	
新华区	68273		78289		85956	
裕华区	599299		727786		807986	
矿 区	35359		42740		47400	
井陉县	145180	18.2	203288	24.1	230076	16.5
正定县	440249	25.3	560843	19.7	617462	14.6
栾城县	268598	30.0	340516	19.8	380918	15.4
行唐县	139249	29.3	170032	21.7	189418	15.1
灵寿县	108080	21.7	140020	21.8	158262	16.8
高邑县	96323	22.2	120551	19.5	134929	16.7
深泽县	93865	25.1	116369	17.7	131016	17.0
赞皇县	80485	16.3	89241	8.3	100522	17.0
无极县	244702	17.9	283636	13.5	311544	14.7
平山县	165907	1.1	230312	37.8	262916	17.4
元氏县	208240	16.4	243019	15.3	267982	15.1
赵 县	282824	24.1	332731	15.1	366228	14.6
辛集市	553666	16.3	628233	16.4	690478	14.9
藁城市	588578	24.4	720068	17.8	794938	14.7
晋州市	371702	20.2	430040	17.3	470062	14.2
新乐市	360935	15.4	420881	17.0	463852	14.6
鹿泉市	410526	19.0	510285	18.5	564781	14.7
17 县（市）合计	4559109		5540065		6135384	
23 县（市）区合计	5401421		6555050		7247766	

注：1. 2001 年市内 5 区及正定、栾城区划变动，撤销郊区，成立裕华区。2000 年及以前年度裕华区数据为原郊区的数据。
2. 1996—2004 年市内各区地区生产总值核算范围为区属及以下单位，2005—2007 年为各区行政区划内除交通运输仓储邮政业、信息传输和计算机服务业、金融业等三个行业以外的所有单位，2008 年为各区行政区划内所有单位。

1996—2008年分县（市）区生产总值（二）

计量单位：万元、%

行政单位	1999年	增长速度	2000年	增长速度	2001年	增长速度
全　　市	**9083677**	**10.7**	**10031119**	**10.5**	**10854284**	**9.1**
市　　区	360017	11.5	4177309	11.2	4628203	11.1
#长安区	66666		75288		202601	8.9
桥东区	56728		61582		144551	8.1
桥西区	63914		69968		138756	8.1
新华区	94743		105603		235532	9.0
裕华区	872857		1000268		168661	8.8
矿　区	51792		57150		61533	8.2
井陉县	247268	10.7	274053	10.0	292156	7.4
正定县	661066	10.8	712977	7.0	489789	7.0
栾城县	419928	13.3	473415	12.4	416002	9.8
行唐县	201689	11.0	228367	12.5	248720	9.0
灵寿县	166266	7.5	179829	7.8	190817	7.0
高邑县	148110	12.7	167265	13.0	178508	8.1
深泽县	142564	12.0	157621	10.6	172502	9.1
赞皇县	106110	7.2	116080	7.0	125788	9.0
无极县	327516	8.1	337381	2.7	361630	8.0
平山县	289521	11.6	304941	5.0	336004	9.9
元氏县	285466	11.7	314926	10.0	338259	8.1
赵　县	376327	8.5	371930	0.3	385016	4.0
辛集市	744259	10.8	709349	-5.6	761129	7.6
藁城市	857005	11.1	810749	-8.0	883852	9.3
晋州市	504624	10.6	522305	4.5	555633	7.0
新乐市	498216	11.0	516563	2.0	485631	-5.4
鹿泉市	607229	11.8	679408	9.4	735758	9.2
17县（市）合计	6583164		6877159		6957194	
23县（市）区合计	7789864		8247018		7908828	

1996—2008 年分县（市）区生产总值（三）

计量单位：万元、%

行政单位	2002 年	增长速度	2003 年	增长速度	2004 年	增长速度
全　　市	**11536123**	**9.8**	**13185463**	**13.2**	**15416940**	**14.1**
市　　区	5101126	11.6	5917839	14.3	6920174	16.2
#长安区	223879	10.8	268048	15.6	333431	16.4
桥东区	159799	10.8	178135	9.5	219691	16.2
桥西区	152926	10.5	178476	14.0	218356	16.1
新华区	256805	9.2	304340	14.8	376325	16.1
裕华区	186514	11.0	223390	15.8	266430	16.4
矿　区	69979	10.5	84711	15.5	103129	16.7
井 陉 县	305255	6.7	346059	10.4	420902	14.1
正 定 县	523403	8.4	595364	10.1	703253	13.5
栾 城 县	441128	10.1	518585	15.3	623633	14.3
行 唐 县	270573	8.6	306729	9.3	363407	9.9
灵 寿 县	197750	5.1	221812	9.3	257312	11.0
高 邑 县	180625	6.6	193919	4.3	223461	5.3
深 泽 县	163373	9.2	188127	11.7	223692	11.7
赞 皇 县	131457	5.3	156420	14.8	199429	17.3
无 极 县	419351	7.7	435950	9.0	525231	14.4
平 山 县	379893	8.7	445437	15.8	526785	15.0
元 氏 县	362753	9.5	415455	11.0	505265	11.1
赵　　县	388477	5.0	438906	8.9	518028	7.6
辛 集 市	776875	7.8	886086	10.2	1019168	9.5
藁 城 市	919985	7.1	1086320	13.6	1259458	9.9
晋 州 市	554723	4.0	573259	4.4	652458	9.5
新 乐 市	498606	5.7	554574	7.6	643420	10.2
鹿 泉 市	695756	7.4	782832	7.2	937933	12.2
17 县（市）合计	7209984		8145835		9602835	
23 县（市）区合计	8259886		9382935		11120197	

1996—2008 年分县（市）区生产总值（四）

计量单位：万元、%

行政单位	2005 年	增长速度	2006 年	增长速度
全　市	**17867750**	**13.7**	**20266320**	**13.4**
市　区	7282180	15.5	8046943	10.1
#长安区	398268	16.8	1169851	9.0
桥东区	261649	16.6	521775	12.5
桥西区	259728	16.6	1207546	12.7
新华区	449766	16.6	894468	11.5
裕华区	314290	16.9	534300	12.4
矿　区	124738	17.6	143793	14.6
井 陉 县	499786	16.4	594286	16.2
正 定 县	802634	13.8	933880	14.5
栾 城 县	729179	14.2	849668	14.7
行 唐 县	415784	12.0	478007	13.4
灵 寿 县	300312	14.0	347048	14.3
高 邑 县	254554	11.3	288504	11.6
深 泽 县	261825	12.1	304733	15.0
赞 皇 县	235588	15.5	272606	15.2
无 极 县	596281	13.0	688181	14.3
平 山 县	770347	16.3	856460	13.2
元 氏 县	581907	13.4	671445	13.3
赵　县	601450	13.5	705830	15.6
辛 集 市	1208660	12.1	1402093	14.3
藁 城 市	1501624	13.6	1735929	14.2
晋 州 市	748205	12.5	878726	14.8
新 乐 市	745082	14.0	842135	10.4
鹿 泉 市	1093711	14.3	1296626	14.2
17 县（市）合计	11346929		13146157	
23 县（市）区合计	13155368		17617890	

1996—2008年分县（市）区生产总值（五）

计量单位：万元、%

行政单位	2007年	增长速度	2008年	增长速度
全　　市	**23607230**	**13.2**	**27235531**	**11.0**
市　　区	9473325	12.8	10022951	8.7
#长安区	1345105	10.1	1680094	3.5
桥东区	609760	13.1	821597	11.2
桥西区	1373119	12.3	1859815	11.6
新华区	1039266	12.1	975990	-2.0
裕华区	593314	7.8	1017755	11.2
矿　区	174735	16.0	240146	12.6
井陉县	724445	16.3	806323	11.4
正定县	1083942	12.0	1264670	13.2
栾城县	1017857	13.0	1020385	11.5
行唐县	586160	14.9	736713	13.5
灵寿县	437767	13.6	529796	14.5
高邑县	308750	5.7	332031	8.3
深泽县	366906	14.0	444365	13.5
赞皇县	332250	13.0	412012	12.4
无极县	869826	14.3	914041	6.9
平山县	1067155	18.2	1350971	9.3
元氏县	796874	12.4	811388	10.3
赵　县	857936	14.7	1000231	13.0
辛集市	1668307	13.4	1840135	11.2
藁城市	2090002	15.0	2256309	12.0
晋州市	1068401	14.9	1196769	10.8
新乐市	957500	12.5	1056039	10.7
鹿泉市	1549574	14.7	1759162	12.4
17县（市）合计	15783652		17731340	
23县（市）区合计	20918951		24326737	

1995—2008年分县（市）区全社会固定资产投资（一）

计量单位：万元、%

行政单位	1995年	1996年	增长速度	1997年	增长速度	1998年	增长速度
全　市	**1951005**	**2404345**	**23.24**	**2981487**	**24.00**	**3388169**	**13.64**
市　区	1032539	1196987	15.93	1496487	25.02	1685405	12.62
#长安区	20223	25200	24.61	33569	33.21	32706	-2.57
桥东区	6689	17968	168.62	23161	28.90	19085	-17.60
桥西区	4343	5333	22.80	8726	63.62	16010	83.47
新华区	39430	32529	-17.50	29309	-9.90	34529	17.81
裕华区	24958	131512	426.93	183720	39.70	201246	9.54
矿　区	10754	10768	0.13	13091	21.57	13132	0.31
高新区						151535	
井陉县	28456	48551	70.62	62196	28.10	64139	3.12
正定县	117448	136197	15.96	157076	15.33	163363	4.00
栾城县	41310	57566	39.35	75491	31.14	92172	22.10
行唐县	27989	33648	20.22	50342	49.61	60301	19.78
灵寿县	23857	31386	31.56	46096	46.87	53195	15.40
高邑县	30924	37977	22.81	44708	17.72	47911	7.16
深泽县	19005	20627	8.53	27396	32.82	41290	50.72
赞皇县	17831	24398	36.83	44855	83.85	51013	13.73
无极县	28645	34954	22.02	48697	39.32	50118	2.92
平山县	45025	51959	15.40	69583	33.92	80296	15.40
元氏县	35986	48771	35.53	64216	31.67	70585	9.92
赵　县	37759	53613	41.99	55142	2.85	71501	29.67
辛集市	120437	144477	19.96	160194	10.88	172822	7.88
藁城市	106922	173559	62.32	200919	15.76	243720	21.30
晋州市	63817	91103	42.76	111021	21.86	123412	11.16
新乐市	75614	88100	16.51	107030	21.49	125006	16.80
鹿泉市	97441	130472	33.90	160038	22.66	191920	19.92

注：2000年以前年度市内各区全社会固定资产投资统计范围为区属及以下单位，2000年及以后年度为各区行政区划内所有单位。

1995—2008年分县（市）区全社会固定资产投资（二）

计量单位：万元、%

行政单位	1999年	增长速度	2000年	增长速度	2001年	增长速度
全 市	**3654000**	**7.85**	**3619406**	**-0.95**	**3808763**	**5.23**
市 区	1693000	0.45	1617379	-4.47	1709161	5.67
#长安区	36280	10.93	436525	1103.2	483590	10.78
桥东区	24548	28.62	341679	1291.9	339622	-0.60
桥西区	21099	31.79	191453	807.40	241500	26.14
新华区	32668	-5.39	178725	447.10	243422	36.20
裕华区	220871	9.75	279839	26.70	221038	-21.01
矿 区	14594	11.13	15698	7.56	20623	31.37
高新区			98757		128005	29.62
井陉县	70000	9.14	81064	15.81	75037	-7.43
正定县	214000	31.00	15994	-92.53	153648	860.66
栾城县	116000	25.85	142712	23.03	133376	-6.54
行唐县	67000	11.11	74149	10.67	76246	2.83
灵寿县	65000	22.19	64461	-0.83	64515	0.08
高邑县	56000	16.88	60477	7.99	64482	6.62
深泽县	49000	18.67	44771	-8.63	46381	3.60
赞皇县	49000	-3.95	66195	35.09	65582	-0.93
无极县	57000	13.73	60683	6.46	77306	27.39
平山县	100000	24.54	103192	3.19	119617	15.92
元氏县	81000	14.76	80049	-1.17	95188	18.91
赵 县	83000	16.08	91777	10.57	97459	6.19
辛集市	197000	13.99	196000	-0.51	201809	2.96
藁城市	249000	2.17	255984	2.80	269692	5.36
晋州市	139000	12.63	136663	-1.68	167882	22.84
新乐市	152000	21.59	149835	-1.42	139683	-6.78
鹿泉市	217000	13.07	209158	-3.61	251699	20.34

1995—2008年分县（市）区全社会固定资产投资（三）

计量单位：万元、%

行政单位	2002年	增长速度	2003年	增长速度	2004年	增长速度
全　　市	**4093686**	**7.48**	**5349800**	**30.68**	**7058091**	**31.93**
市　　区	1849521	8.21	2336448	26.33	3236648	38.53
#长安区	486618	0.63	581495	19.50	735097	26.42
桥东区	361390	6.41	290339	-19.66	461410	58.92
桥西区	255743	5.90	379839	48.52	525002	38.22
新华区	309961	27.33	427800	38.02	553389	29.36
裕华区	266972	20.78	473571	77.39	707898	49.48
矿　区	13938	-32.42	27970	100.67	51624	84.57
高新区	148011	15.63	155434	5.02	202228	30.11
井陉县	84176	12.18	139364	65.56	188475	35.24
正定县	169132	10.08	227051	34.24	312636	37.69
栾城县	144280	8.18	192304	33.29	264912	37.76
行唐县	82198	7.81	122164	48.62	168167	37.66
灵寿县	67699	4.94	104077	53.73	143219	37.61
高邑县	68146	5.68	84006	23.27	117333	39.67
深泽县	47571	2.57	76529	60.87	79140	3.41
赞皇县	55544	-15.31	84064	51.35	115653	37.58
无极县	81773	5.78	114778	40.36	139862	21.85
平山县	144180	20.53	206524	43.24	249174	20.65
元氏县	107795	13.24	149703	38.88	226839	51.53
赵　县	106011	8.77	182796	72.43	216376	18.37
辛集市	191274	-5.22	240836	25.91	301162	25.05
藁城市	286414	6.20	316842	10.62	382984	20.88
晋州市	175319	4.43	230668	31.57	272680	18.21
新乐市	160033	14.57	233495	45.90	309874	32.71
鹿泉市	272620	8.31	308151	13.03	332957	8.05

1995—2008 年分县（市）区全社会固定资产投资（四）

计量单位：万元、%

行政单位	2005 年	增长速度	2006 年	增长速度
全　　市	**9290289**	**31.63**	**10968268**	**18.06**
市　　区	4284088	32.36	5026539	17.33
#长安区	928269	26.28	769447	-17.11
桥东区	675332	46.36	867367	28.44
桥西区	696763	32.72	875884	25.71
新华区	710154	28.33	922258	29.87
裕华区	958989	35.47	1192987	24.40
矿　区	72889	41.19	94141	29.16
高新区	241946	19.64	305212	26.15
井陉县	303147	60.84	404996	33.60
正定县	325003	3.96	366086	12.64
栾城县	357366	34.90	402653	12.67
行唐县	240548	43.04	285386	18.64
灵寿县	221988	55.00	303107	36.54
高邑县	144094	22.81	157326	9.18
深泽县	96534	21.98	117664	21.89
赞皇县	165859	43.41	194153	17.06
无极县	175310	25.34	229676	31.01
平山县	339890	36.41	394227	15.99
元氏县	281452	24.08	325503	15.65
赵　县	292035	34.97	329417	12.80
辛集市	398724	32.40	451794	13.31
藁城市	497644	29.94	609568	22.49
晋州市	348829	27.93	407311	16.77
新乐市	386200	24.63	436727	13.08
鹿泉市	431322	29.54	525378	21.81

1995—2008年分县（市）区全社会固定资产投资（五）

计量单位：万元、%

行政单位	2007年	增长速度	2008年	增长速度
全　　市	**13901235**	**26.82**	**17242334**	**24.03**
市　　区	5878796	17.11	6893777	17.27
#长安区	1035143	34.53	1269342	22.62
桥东区	1077663	24.25	1192978	10.70
桥西区	870603	-0.60	1047342	20.30
新华区	1136336	23.21	1299784	14.38
裕华区	1231584	4.11	1435136	16.53
矿　区	142937	46.96	186578	30.53
高新区	384530	25.99	462617	20.31
井陉县	561582	38.66	820668	46.14
正定县	510373	39.41	694877	36.15
栾城县	498822	23.88	592204	18.72
行唐县	400589	40.37	533417	33.16
灵寿县	474348	56.50	700542	47.69
高邑县	178150	13.24	202538	13.69
深泽县	165369	40.54	215427	30.27
赞皇县	353080	81.86	449608	27.34
无极县	338651	47.45	421306	24.41
平山县	335194	-14.97	585943	74.81
元氏县	541842	66.46	669532	23.57
赵　县	416364	26.39	475415	14.18
辛集市	698374	54.58	804367	15.18
藁城市	804138	31.92	938381	16.69
晋州市	534150	31.14	682029	27.68
新乐市	536084	22.75	735714	37.24
鹿泉市	675329	28.54	826589	22.40

1996—2008年分县（市）区城镇固定资产投资（一）

计量单位：万元、%

行政单位	1996年	增长速度	1997年	增长速度	1998年	增长速度
全　市	**1561921**	**16.49**	**1892936**	**21.19**	**2143072**	**13.21**
市　区	1066962	6.84	1306535	22.45	1449117	10.91
#长安区	25200	53.00	33569	33.21	32706	-2.57
桥东区	17968	416.92	23161	28.90	19085	-17.60
桥西区	5333	22.80	8726	63.62	16010	83.47
新华区	32529	-16.87	29309	-9.90	34529	17.81
裕华区	131512	2183.19	183720	39.70	26625	-85.51
矿　区	10768	239.47	13091	21.57	3608	-72.44
高新区					151535	
井陉县	32213	106.97	26342	-18.23	34905	32.51
正定县	35234	-6.69	43586	23.70	58566	34.37
栾城县	34878	100.79	29868	-14.36	42271	41.53
行唐县	13171	42.73	26562	101.67	27325	2.87
灵寿县	24091	53.95	37441	55.41	44876	19.86
高邑县	7583	-18.66	12572	65.79	14308	13.81
深泽县	5672	-23.90	15604	175.11	16258	4.19
赞皇县	11798	-20.45	19725	67.19	20270	2.76
无极县	17003	4.30	19048	12.03	21394	12.32
平山县	19063	6.96	27583	44.69	29732	7.79
元氏县	23721	37.92	24591	3.67	22730	-7.57
赵　县	18687	4.56	24548	31.36	24501	-0.19
辛集市	54916	46.78	64478	17.41	116044	79.97
藁城市	123911	184.13	98410	-20.58	99324	0.93
晋州市	19202	5.66	26495	37.98	31100	17.38
新乐市	40161	36.90	37015	-7.83	42705	15.37
鹿泉市	13655	-20.71	52533	284.72	47646	-9.30

注：2000年以前年度市内各区城镇固定资产投资统计范围为区属及以下单位，2000年及以后年度为各区行政区划内所有单位。

1996—2008年分县（市）区城镇固定资产投资（二）

计量单位：万元、%

行政单位	1999年	增长速度	2000年	增长速度	2001年	增长速度
全　　市	**2460089**	**14.79**	**2408926**	**-2.08**	**2681187**	**11.30**
市　　区	1498045	3.38	1457313	-2.72	1651933	13.35
#长安区	36280	10.93	436525	1103.21	483590	10.78
桥东区	24548	28.62	341679	1291.88	339622	-0.60
桥西区	21099	31.79	191453	807.40	241500	26.14
新华区	32668	-5.39	178725	447.10	243422	36.20
裕华区	96400	262.07	128204	32.99	192260	49.96
矿　区	5540	53.55	7267	31.17	14534	100.00
高新区			98757		128005	29.62
井陉县	42770	22.53	49814	16.47	49981	0.34
正定县	95016	62.24	72045	-24.18	96457	33.88
栾城县	72583	71.71	92090	26.88	79287	-13.90
行唐县	35601	30.29	36143	1.52	37850	4.72
灵寿县	52743	17.53	54285	2.92	54820	0.99
高邑县	22025	53.93	22883	3.90	25621	11.97
深泽县	18877	16.11	19136	1.37	19435	1.56
赞皇县	20926	3.24	21291	1.74	28898	35.73
无极县	31579	47.61	28346	-10.24	30800	8.66
平山县	46136	55.17	49091	6.40	54300	10.61
元氏县	39667	74.51	33383	-15.84	38595	15.61
赵　县	53245	117.32	40030	-24.82	44623	11.47
辛集市	130156	12.16	107343	-17.53	127330	18.62
藁城市	120461	21.28	104394	-13.34	123769	18.56
晋州市	54008	73.66	53726	-0.52	74579	38.81
新乐市	66199	55.01	54957	-16.98	40921	-25.54
鹿泉市	86837	82.25	89170	2.69	101988	14.37

1996—2008 年分县（市）区城镇固定资产投资（三）

计量单位：万元、%

行政单位	2002 年	增长速度	2003 年	增长速度	2004 年	增长速度
全　市	**2952370**	**10.11**	**4155500**	**40.75**	**5771074**	**38.88**
市　区	1820166	10.18	2335548	28.32	3227794	38.20
#长安区	486618	0.63	581495	19.50	735097	26.42
桥东区	361390	6.41	290339	-19.66	461410	58.92
桥西区	255743	5.90	379839	48.52	525002	38.22
新华区	309961	27.33	427800	38.02	553389	29.36
裕华区	266972	38.86	473571	77.39	707898	49.48
矿　区	12786	-12.03	27070	111.72	42770	58.00
高新区	148011	15.63	155434	5.02	202228	30.11
井陉县	53288	6.62	90564	69.95	136390	50.60
正定县	97352	0.93	128751	32.25	181686	41.11
栾城县	79222	-0.08	131504	65.99	178350	35.62
行唐县	40912	8.09	66264	61.97	100890	52.25
灵寿县	57459	4.81	86077	49.81	124741	44.92
高邑县	26958	5.22	41406	53.59	63334	52.96
深泽县	21110	8.62	37429	77.30	47117	25.88
赞皇县	31864	10.26	51364	61.20	72418	40.99
无极县	33076	7.39	46578	40.82	69134	48.43
平山县	73294	34.98	111724	52.43	166075	48.65
元氏县	41375	7.20	66003	59.52	102120	54.72
赵　县	46480	4.16	89100	91.70	133374	49.69
辛集市	128196	0.68	182236	42.15	225623	23.81
藁城市	128771	4.04	219642	70.57	288596	31.39
晋州市	80164	7.49	125068	56.02	187782	50.14
新乐市	53522	30.79	97195	81.60	156816	61.34
鹿泉市	141746	38.98	249251	75.84	308832	23.90

1996—2008年分县（市）区城镇固定资产投资（四）

计量单位：万元、%

行政单位	2005年	增长速度	2006年	增长速度
全　　市	**7947681**	**37.72**	**9981142**	**25.59**
市　　区	4282358	32.67	5025104	17.34
#长安区	927469	26.17	769447	-17.04
桥东区	675332	46.36	867367	28.44
桥西区	696763	32.72	875884	25.71
新华区	710154	28.33	922258	29.87
裕华区	958989	35.47	1192987	24.40
矿　区	71705	67.65	91949	28.23
高新区	241946	19.64	305212	26.15
井陉县	241872	77.34	359738	48.73
正定县	223574	23.06	299703	34.05
栾城县	262308	47.07	320344	22.13
行唐县	161505	60.08	231453	43.31
灵寿县	197768	58.54	283029	43.11
高邑县	85669	35.27	115400	34.70
深泽县	68357	45.08	96917	41.78
赞皇县	102949	42.16	157339	52.83
无极县	102701	48.55	146074	42.23
平山县	268501	61.67	342339	27.50
元氏县	164340	60.93	236416	43.86
赵　县	209271	56.91	298478	42.63
辛集市	313443	38.92	421233	34.39
藁城市	407731	41.28	513790	26.01
晋州市	220049	17.18	321025	45.89
新乐市	218848	39.56	293722	34.21
鹿泉市	416437	34.84	519038	24.64

1996—2008年分县（市）区城镇固定资产投资（五）

计量单位：万元、%

行政单位	2007年	增长速度	2008年	增长速度
全 市	**12641826**	**26.66**	**15778496**	**24.81**
市 区	5877037	16.95	6890730	17.25
#长安区	1035143	34.53	1269342	22.62
桥东区	1077663	24.25	1192978	10.70
桥西区	870603	-0.60	1047342	20.30
新华区	1136336	23.21	1299784	14.38
裕华区	1231584	3.24	1435136	16.53
矿 区	141178	53.54	183531	30.00
高新区	384530	25.99	462617	20.31
井陉县	511177	42.10	728193	42.45
正定县	465645	55.37	651851	39.99
栾城县	391578	22.24	503725	28.64
行唐县	326349	41.00	446251	36.74
灵寿县	429516	51.76	615816	43.37
高邑县	134700	16.72	159765	18.61
深泽县	136014	40.34	178997	31.60
赞皇县	255390	62.32	336242	31.66
无极县	239373	63.87	290447	21.34
平山县	280118	-18.18	393470	40.47
元氏县	345522	46.15	494203	43.03
赵 县	401399	34.48	468564	16.73
辛集市	606576	44.00	755232	24.51
藁城市	700458	36.33	889328	26.96
晋州市	466385	45.28	609243	30.63
新乐市	421760	43.59	553034	31.13
鹿泉市	652829	25.78	813405	24.60

1995—2008年分县（市）区全部财政收入（一）

计量单位：万元、%

行政单位	1995年	1996年	增长速度	1997年	增长速度
全　　市	**328113**	**384211**	**17.10**	**454738**	**18.36**
市　　区	201323	212181	5.39	259900	22.49
#长安区	10168	12288	20.85	14852	19.06
桥东区	10036	11858	18.15	12583	11.96
桥西区	8668	10043	15.86	11672	14.91
新华区	9613	11413	18.72	14151	19.04
裕华区	12878	18190	41.25	22189	29.64
矿　区	3425	4055	18.39	4840	17.31
高新区	5189	5832	12.39	8015	19.81
井 陉 县	12388	13188	6.46	16188	22.75
正 定 县	10089	13399	32.81	17994	34.29
栾 城 县	5601	7604	35.76	10293	35.36
行 唐 县	3564	5018	40.80	6226	24.07
灵 寿 县	3326	4854	45.94	6037	24.37
高 邑 县	3113	3908	25.54	5019	28.43
深 泽 县	3017	4009	32.88	5020	25.22
赞 皇 县	3540	4005	13.14	4352	8.66
无 极 县	5051	6967	37.93	8175	17.34
平 山 县	6039	7035	16.49	8569	21.81
元 氏 县	5269	6011	14.08	7098	18.08
赵　　县	6152	8510	38.33	10033	17.90
辛 集 市	14323	18036	25.92	21063	16.78
藁 城 市	15821	20179	27.55	24000	18.94
晋 州 市	8305	10622	27.90	12224	15.08
新 乐 市	7549	10213	35.29	12347	20.89
鹿 泉 市	13643	16184	18.62	20200	24.81

1995—2008年分县（市）区全部财政收入（二）

计量单位：万元、%

行政单位	1998年	增长速度	1999年	增长速度	2000年	增长速度
全　市	**550236**	**21.00**	**581154**	**5.62**	**617026**	**6.17**
市　区	323636	24.52	345064	6.62	376882	9.22
#长安区	17416	17.26	20118	15.51	22328	10.99
桥东区	13307	5.76	14727	10.67	15237	3.46
桥西区	13300	13.95	14702	10.54	14865	1.11
新华区	16888	19.35	19168	13.50	21569	12.53
裕华区	26188	18.02	31025	18.47	36699	18.29
矿　区	5625	16.22	6180	9.87	6467	4.64
高新区	10198	27.24	13050	27.97	16528	26.65
井陉县	15768	-2.59	12725	-19.30	13685	7.54
正定县	20538	14.14	22001	7.12	23667	7.57
栾城县	13005	26.35	15345	17.99	16159	5.30
行唐县	7421	19.19	7689	3.61	8294	7.87
灵寿县	7090	17.44	6707	-5.40	7019	4.65
高邑县	6007	19.69	6558	9.17	6962	6.16
深泽县	6179	23.09	6699	8.42	6916	3.24
赞皇县	4363	0.25	3080	-29.41	3916	27.14
无极县	10017	22.53	10016	-0.01	10501	4.84
平山县	10430	21.72	11713	12.30	11315	-3.40
元氏县	8289	16.78	9010	8.70	10011	11.11
赵　县	11352	13.15	10613	-6.51	10786	1.63
辛集市	24266	15.21	25944	6.92	24855	-4.20
藁城市	27937	16.40	30287	8.41	27386	-9.58
晋州市	15187	24.24	16131	6.22	16755	3.87
新乐市	15001	21.50	15287	1.91	15781	3.23
鹿泉市	23750	17.57	25557	7.61	26136	2.27

1995—2008年分县（市）区全部财政收入（三）

计量单位：万元、%

行政单位	2001年	增长速度	2002年	增长速度	2003年	增长速度
全　市	**718953**	**16.52**	**1105294**	**7.15**	**1249873**	**13.08**
市　区	473752	25.70	783433	5.83	889785	13.58
#长安区	32018	43.40	38515	19.95	47386	23.03
桥东区	18637	22.31	20825	11.43	22583	8.44
桥西区	24738	66.42	28390	14.73	31555	11.15
新华区	32618	51.23	39082	19.60	46274	18.40
裕华区	23812	-35.12	30068	25.85	37197	23.71
矿　区	6555	1.36	7645	11.83	10884	42.37
高新区	35639	115.63	37897	6.23	48359	27.61
井陉县	14901	8.89	18563	8.62	20970	12.97
正定县	17740	-25.04	23859	15.78	25300	6.04
栾城县	10724	-33.63	18875	24.17	22424	18.80
行唐县	8645	4.23	10083	5.05	10773	6.84
灵寿县	7700	9.70	8751	1.25	9674	10.55
高邑县	6491	-6.77	8000	10.91	8603	7.54
深泽县	7421	7.30	8014	-9.00	8628	7.66
赞皇县	4148	5.92	5184	6.12	6181	19.23
无极县	10701	1.90	13703	11.29	15301	11.66
平山县	12367	9.30	15272	8.01	17997	17.84
元氏县	10525	5.13	14502	26.19	16033	10.56
赵　县	10058	-6.75	13011	15.51	15009	15.36
辛集市	26479	6.53	33178	11.51	38162	15.02
藁城市	30011	9.59	51753	7.40	56314	8.81
晋州市	18021	7.56	21955	7.51	24115	9.84
新乐市	15070	-4.51	18037	10.12	20738	14.97
鹿泉市	31199	19.37	39121	10.99	43866	12.13

1995—2008年分县（市）区全部财政收入（四）

计量单位：万元、%

行政单位	2004年	增长速度	2005年	增长速度	2006年	增长速度
全　市	**1452944**	**16.25**	**1656402**	**13.68**	**1900632**	**14.70**
市　区	1026814	15.40	1123086	9.38	1267496	12.86
#长安区	235391	12.50	240038	1.97	226796	-5.52
桥东区	88507	11.47	101338	14.5	120046	18.46
桥西区	207558	17.27	256119	23.4	318071	24.19
新华区	118088	18.51	140018	18.61	151299	8.06
裕华区	120160	8.85	112956	-6.00	130055	15.14
矿　区	16348	48.18	25216	54.00	30287	20.11
高新区	76641	29.13	100128	30.65	115728	15.58
井陉县	26864	28.11	34195	28.49	41766	22.14
正定县	30021	18.66	34914	18.04	40330	15.51
栾城县	25169	12.24	30208	22.43	36010	19.21
行唐县	11542	7.14	13168	19.19	15383	16.82
灵寿县	10973	13.43	13201	22.82	15756	19.35
高邑县	10002	16.26	11500	17.55	11618	1.03
深泽县	9535	10.51	10808	16.87	13494	24.85
赞皇县	8022	29.78	10529	32.69	13036	23.81
无极县	18504	20.93	21306	19.58	24882	16.78
平山县	31348	74.18	65002	12.76	83299	28.15
元氏县	18012	12.34	21033	19.55	24166	14.90
赵　县	16169	7.73	19136	27.68	24025	25.55
辛集市	47076	23.36	56001	22.43	66061	17.96
藁城市	60894	8.13	70530	18.60	80118	13.59
晋州市	26333	9.20	30248	18.62	37050	22.49
新乐市	23251	12.12	27068	19.71	31031	14.64
鹿泉市	52415	19.49	64469	23.10	75111	16.51

1995—2008 年分县（市）区全部财政收入（五）

计量单位：万元、%

行政单位	2007 年	增长速度	2008 年	增长速度
全　　市	**2303474**	**21.20**	**2717217**	**17.96**
市　　区	1474413	16.32	1691853	14.75
#长安区	263089	16.00	295125	12.18
桥东区	147124	22.56	242220	64.64
桥西区	403271	26.79	475805	17.99
新华区	164370	8.64	176785	7.55
裕华区	172426	32.58	198680	15.23
矿　区	40019	32.13	54294	35.67
高新区	131645	13.75	152769	16.05
井陉县	50580	21.10	93838	85.52
正定县	48893	21.23	59333	21.35
栾城县	46366	28.76	56239	21.29
行唐县	18664	21.33	21839	17.01
灵寿县	20009	26.99	24112	20.51
高邑县	13148	13.17	15600	18.65
深泽县	16715	23.87	20406	22.08
赞皇县	16165	24.00	20225	25.12
无极县	30800	23.78	34000	10.39
平山县	140658	68.86	137803	-2.03
元氏县	30209	25.01	43083	42.62
赵　县	30037	25.02	35174	17.10
辛集市	80060	21.19	92070	15.00
藁城市	100296	25.19	161764	61.29
晋州市	50022	35.01	57506	14.96
新乐市	36200	16.66	41542	14.76
鹿泉市	100239	33.45	110830	10.57

2000—2008年分县（市）区一般预算收入（一）

计量单位：万元、%

行政单位	2000年	增长速度	2001年	增长速度	2002年	增长速度
全市总计	**377137**	**7.04**	**443554**	**17.61**	**444947**	**18.31**
市区合计	200653	11.12	267217	33.17	280699	17.98
#长安区	15155	11.16	19394	27.97	16534	22.40
桥东区	9985	8.00	12316	23.35	10527	24.34
桥西区	10432	3.49	16683	59.92	13135	13.02
新华区	13272	12.82	20302	52.97	14385	14.36
裕华区	21035	8.33	15577	-25.95	15675	30.97
矿　区	3428	6.39	3558	3.79	3031	16.58
高新区	9650	24.16	18490	91.61	13223	21.26
井陉县	9107	6.79	9795	7.55	9740	16.01
正定县	17175	10.21	13090	-23.78	13785	26.61
栾城县	11059	3.80	8264	-25.27	7975	34.30
行唐县	6566	10.26	6782	3.29	6097	10.65
灵寿县	5255	4.29	5768	9.76	4447	2.47
高邑县	5486	9.22	5045	-8.04	4646	17.12
深泽县	5226	2.77	5593	7.02	4406	0.09
赞皇县	2686	2.17	3098	15.34	2932	13.25
无极县	8472	3.38	8463	-0.11	6832	21.52
平山县	8912	-5.79	9667	8.47	9614	13.20
元氏县	7482	11.49	7819	4.50	7606	54.12
赵　县	8531	4.34	7625	-10.62	7795	30.61
辛集市	17236	-2.71	17598	2.10	15032	16.95
藁城市	21456	-3.88	22186	3.40	24656	19.58
晋州市	12596	1.98	13670	8.53	12368	16.75
新乐市	12934	2.70	11753	-9.13	10282	11.79
鹿泉市	16305	3.46	20121	23.40	16035	15.64

2000—2008年分县（市）区一般预算收入（二）

计量单位：万元、%

行政单位	2003年	增长速度	2004年	增长速度	2005年	增长速度
全市总计	**493429**	**10.90**	**561644**	**13.82**	**658796**	**17.30**
市区合计	316341	12.70	366737	15.93	421211	14.85
#长安区	21334	29.03	80633	18.15	86493	7.27
桥东区	11203	6.42	36213	15.54	45145	24.67
桥西区	14709	11.98	64216	17.38	78847	22.78
新华区	18337	27.47	42858	29.29	56187	31.10
裕华区	18542	18.29	49075	11.27	51162	4.25
矿　区	4169	37.55	5703	45.38	8738	53.22
高新区	17536	32.62	24115	41.98	36497	51.35
井陉县	10794	10.82	14502	34.35	17493	20.62
正定县	13458	-2.37	14682	9.09	17460	18.92
栾城县	9219	15.60	10128	9.86	12910	27.47
行唐县	6370	4.48	6662	4.58	7746	16.27
灵寿县	4753	6.88	5377	13.13	6439	19.75
高邑县	5152	10.89	6218	20.69	6528	4.99
深泽县	4723	7.19	5606	18.70	6295	12.29
赞皇县	3248	10.78	4111	26.57	4582	11.46
无极县	7430	8.75	9404	26.57	10436	10.97
平山县	9812	2.06	11962	21.91	20693	72.99
元氏县	8016	5.39	9344	16.57	9390	0.49
赵　县	9125	17.06	9634	5.58	10405	8.00
辛集市	16591	10.37	13420	-19.11	22382	66.78
藁城市	26795	8.68	28794	7.46	32295	12.16
晋州市	12537	1.37	11289	-9.95	13977	23.81
新乐市	11628	13.09	12569	8.09	13285	5.70
鹿泉市	17437	8.74	21205	21.61	25269	19.17

2000—2008年分县（市）区一般预算收入（三）

计量单位：万元、%

行政单位	2006年	增长速度	2007年	增长速度	2008年	增长速度
全市总计	**773736**	**17.45**	**958720**	**23.91**	**1100366**	**14.77**
市区合计	506104	20.15	608045	20.14	670759	10.31
#长安区	89595	3.59	108884	21.53	118413	8.75
桥东区	56023	24.10	70091	25.11	97169	38.63
桥西区	97876	24.13	123524	26.20	143895	16.49
新华区	61557	9.56	76339	24.01	83766	9.73
裕华区	61812	20.82	83669	35.36	87103	4.10
矿　区	10710	22.57	14467	35.08	18041	24.70
高新区	46483	27.36	56359	21.25	54692	-2.96
井陉县	19853	13.49	24186	21.83	34955	44.53
正定县	20730	18.73	25210	21.61	32165	27.59
栾城县	15188	17.65	17931	18.06	24532	36.81
行唐县	8886	14.72	10039	12.98	12372	23.24
灵寿县	7151	11.06	9133	27.72	10489	14.85
高邑县	5287	-19.01	6061	14.64	6899	13.83
深泽县	7448	18.32	8761	17.63	11420	30.35
赞皇县	5684	24.05	6791	19.48	8884	30.82
无极县	11681	11.93	13914	19.12	14804	6.40
平山县	24297	17.42	44107	81.53	54456	23.46
元氏县	9883	5.25	12522	26.70	15983	27.64
赵　县	10058	-3.33	12504	24.32	15374	22.95
辛集市	26430	18.09	33123	25.32	36877	11.33
藁城市	35342	9.43	45410	28.49	53821	18.52
晋州市	15681	12.19	21689	38.31	24207	11.61
新乐市	14882	12.02	16853	13.24	21583	28.07
鹿泉市	29151	15.36	42441	45.59	50786	19.66

1995—2008 年分县（市）区农林牧渔业总产值（一）

计量单位：万元、%

行政单位	1995 年	1996 年	增长速度	1997 年	增长速度	1998 年	增长速度
全　市	**2094240**	**2460775**	**9.43**	**2751988**	**10.62**	**2874039**	**6.76**
市　区				82576			
#长安区							
桥东区							
桥西区							
新华区							
裕华区	51998	63166	20.71		6.88	70153	3.62
矿　区	7586	8016	4.43		4.17	8693	4.27
高新区		5404				5378	
井陉县	41718	53387	12.28	60802	12.81	67721	12.38
正定县	212194	225684	4.68	255122	13.71	263630	4.66
栾城县	131828	138841	12.98	166280	17.68	187079	19.31
行唐县	87430	103204	9.43	112032	8.78	118472	4.98
灵寿县	44836	62344	7.40	74061	11.05	78323	5.89
高邑县	63058	71095	11.28	74640	16.00	77664	7.43
深泽县	58304	62476	7.46	70511	16.28	73929	5.66
赞皇县	53938	55020	0.21	53152	-5.17	54116	20.26
无极县	123478	136868	10.35	151115	8.82	154844	6.27
平山县	101375	81939	-23.27	118712	55.74	128027	7.28
元氏县	74293	91597	8.52	108089	3.62	117005	13.77
赵　县	150068	195627	21.18	198029	10.77	209192	9.29
辛集市	306071	331446	7.45	346546	11.64	384913	8.24
藁城市	292564	357743	10.67	391248	11.32	412864	7.81
晋州市	169708	184622	4.60	179006	3.81	188590	3.30
新乐市	176189	176770	3.69	184509	6.99	195373	6.76
鹿泉市	133678	128701	-4.25	142142	12.45	146211	4.36

1995—2009年分县（市）区农林牧渔业总产值（二）

计量单位：万元、%

行政单位	1999年	增长速度	2000年	增长速度	2001年	增长速度
全 市	**2918680**	**5.48**	**2934472**	**4.96**	**3070012**	**4.24**
市 区						
#长安区					32494	
桥东区					9210	
桥西区					16565	
新华区					31269	
裕华区	72500	5.78	73926	4.67	34893	-56.45
矿 区	8931	5.80	9000	3.69	9356	3.99
高新区	5177		5311		5752	
井陉县	67868	0.55	70698	7.99	68812	-2.90
正定县	271820	5.95	274880	3.91	244053	-11.05
栾城县	206178	11.03	227496	12.59	229880	-1.65
行唐县	116743	0.86	118200	7.55	122225	4.00
灵寿县	84381	11.69	85361	3.98	88971	2.89
高邑县	81241	10.38	87594	10.77	89177	4.50
深泽县	74695	5.03	76655	8.99	85300	9.51
赞皇县	58108	5.33	62316	5.08	65028	5.32
无极县	158854	4.97	159714	6.63	165798	4.02
平山县	135706	6.21	132100	-3.52	139195	6.86
元氏县	123348	8.21	124245	7.32	132728	6.43
赵 县	215345	8.18	215758	6.05	208906	-4.71
辛集市	387792	5.35	374760	0.28	391303	2.99
藁城市	423133	4.12	396434	-2.73	416404	5.03
晋州市	192334	3.95	192629	4.54	197083	2.10
新乐市	202124	5.14	212100	5.02	211015	-0.60
鹿泉市	146756	4.94	149594	3.29	153852	6.76

1995—2009年分县（市）区农林牧渔业总产值（三）

计量单位：万元、%

行政单位	2002年	增长速度	2003年	增长速度	2004年	增长速度
全　　市	**3119674**	**4.35**	**3529558**	**5.65**	**4260467**	**6.36**
市　　区						
#长安区	31657	-1.52	33169	-0.31	37982	-2.37
桥东区	9305	0.78	8276	-4.31	10088	3.35
桥西区	16651	-0.10	15014	0.36	18487	11.83
新华区	31597	3.38	25829	-4.99	31395	0.37
裕华区	35083	0.52	36536	0.60	40222	-4.76
矿　区	9728	3.97	9230	4.04	10171	1.92
高新区	5588		2125			
井陉县	69449	1.56	69984	8.95	86721	9.19
正定县	253376	5.10	258522	2.24	296679	4.58
栾城县	243141	5.73	256011	7.27	293005	4.29
行唐县	126340	4.00	143582	3.71	171943	5.91
灵寿县	88117	-0.82	96565	30.36	119804	15.82
高邑县	93377	4.91	89498	-0.26	110317	3.40
深泽县	90927	6.91	82562	10.97	100366	6.06
赞皇县	65927	-2.51	74492	14.71	95470	10.08
无极县	169611	3.00	215779	3.33	246375	3.36
平山县	142678	2.52	186346	1.48	212069	4.48
元氏县	138860	4.72	150195	3.18	187608	4.19
赵　县	221714	7.45	214916	5.11	264314	5.26
辛集市	407063	3.97	358971	6.87	435801	6.63
藁城市	431434	4.33	507429	3.55	574451	2.88
晋州市	200456	2.97	196509	4.81	239640	8.07
新乐市	220360	4.86	233952	5.90	289669	6.20
鹿泉市	159194	3.48	160228	5.17	206716	11.93

1995—2009年分县（市）区农林牧渔业总产值（四）

计量单位：万元、%

行政单位	2005年	增长速度	2006年	增长速度
全　市	**4569477**	**5.37**	**4731008**	**4.2**
市　区				
#长安区	38467	-0.78	39910	3.4
桥东区	10191	-0.32	10593	3.0
桥西区	18641	0.27	18542	-3.5
新华区	32504	-2.37	31526	-6.4
裕华区	39484	-2.14	38516	-5.2
矿　区	10814	3.29	10828	0.0
高新区				
井陉县	95974	6.41	105237	7.2
正定县	319891	3.44	344635	4.7
栾城县	320011	5.50	336486	5.0
行唐县	186386	5.65	198067	4.7
灵寿县	129835	6.40	136304	4.3
高邑县	115473	1.31	118158	2.2
深泽县	112814	7.19	118394	5.0
赞皇县	108186	9.83	111901	6.4
无极县	253662	2.46	261197	2.3
平山县	222149	3.65	231570	2.9
元氏县	204239	3.90	216679	4.0
赵　县	284806	4.52	302501	4.1
辛集市	482007	5.38	527299	7.0
藁城市	610803	1.33	633505	1.1
晋州市	255292	3.98	278872	5.8
新乐市	322104	7.44	332768	2.1
鹿泉市	229711	8.17	240714	4.8

1995—2009年分县（市）区农林牧渔业总产值（五）

计量单位：万元、%

行政单位	2007年	增长速度	2008年	增长速度
全　　市	**4931161**	**2.1**	**5429731**	**3.3**
市　　区				
#长安区	30522	-3.4	30813	-3.5
桥东区	7994	-6.3	8094	-3.3
桥西区	10522	-35.0	14725	29.9
新华区	28021	9.9	25795	-12.2
裕华区	21548	-13.5	22672	-0.3
矿　区	8778	-8.5	10889	-4.2
高新区				
井陉县	112528	6.7	129881	5.9
正定县	410945	2.3	459959	2.4
栾城县	359137	-1.7	409025	4.6
行唐县	237181	9.5	291985	6.5
灵寿县	145305	2.9	174758	11.7
高邑县	106953	-10.4	118393	3.1
深泽县	131702	3.2	152377	4.1
赞皇县	136477	5.3	157171	2.6
无极县	295862	1.1	332195	1.3
平山县	215969	4.6	245096	3.1
元氏县	238669	3.4	270922	1.6
赵　县	338277	3.9	369953	6.6
辛集市	562856	1.5	612567	1.6
藁城市	668148	1.1	707021	1.0
晋州市	299852	-0.5	324787	-0.7
新乐市	323832	1.9	343451	0.0
鹿泉市	234224	1.4	249860	-1.0

1996—2008 年分县（市）区规模以上工业增加值（一）

计量单位：万元、%

行政单位	1996 年	增长速度	1997 年	增长速度	1998 年	增长速度
全　市	**1667573**	**19.31**	**1978658**	**18.65**	**1995840**	**3.43**
市　区	843632	8.82	940378	11.32	1011855	9.60
#长安区					11947	-9.26
桥东区					5521	-50.49
桥西区					8829	-18.06
新华区					15967	6.42
裕华区					100687	21.63
矿　区					12901	8.57
高新区					29539	
井陉县	17240	8.67	22570	30.92	16044	-37.16
正定县	76097	36.51	104952	37.92	103070	0.29
栾城县	34568	7.81	38532	11.47	31202	-3.71
行唐县	21738	42.30	30590	40.72	28617	-7.19
灵寿县	30311	62.09	40970	35.17	30142	-8.26
高邑县	31164	22.73	27003	-13.36	28041	15.46
深泽县	15564	29.75	22183	42.53	18070	-27.49
赞皇县	12437	2.04	13872	11.54	12029	-23.30
无极县	45985	35.42	62314	35.51	48500	-10.43
平山县	36498	1.70	47543	30.26	46442	-4.01
元氏县	46964	73.04	60091	27.95	27164	-32.94
赵　县	47596	41.43	60738	27.61	72428	11.19
辛集市	112441	39.44	144582	28.58	166449	13.94
藁城市	122630	28.61	153123	24.87	155317	13.94
晋州市	67585	75.46	83449	23.47	87550	0.41
新乐市	55606	21.71	63973	15.05	59234	-15.79
鹿泉市	48429	13.94	61796	27.6	53687	-17.35

注：1997 年及以前年度规模以上工业增加值统计范围为乡及乡以上工业企业；1998—2006 年为全部国有及主营业务收入 500 万元以上非国有工业法人企业；2007 年及以后年度为年主营业务收入 500 万元及以上工业法人企业。

1996—2008年分县（市）区规模以上工业增加值（二）

计量单位：万元、%

行政单位	1999年	增长速度	2000年	增长速度	2001年	增长速度
全　市	**2225697**	**15.23**	**2458470**	**11.25**	**2722676**	**10.83**
市　区	1171218	16.59	1393725	15.94	1470475	5.49
#长安区	13403	14.02	15055	11.20	67347	
桥东区	6350	16.79	7217	11.88	45907	
桥西区	8030	20.31	8142	-0.22	23242	
新华区	20096	21.42	26057	22.68	64913	
裕华区	120691	18.25	130553	15.52	43597	
矿　区	17953	8.66	17175	14.69	19455	
高新区	33142	72.53	39135	41.80	74449	
井陉县	23003	36.46	26676	20.35	30058	12.68
正定县	115939	20.43	128939	19.03	106317	
栾城县	36154	14.16	46392	28.53	42734	
行唐县	33236	19.99	44770	19.33	51956	16.05
灵寿县	29299	-3.73	24228	-3.99	30321	25.15
高邑县	29049	20.04	38544	29.36	44194	14.66
深泽县	19879	27.50	21231	13.14	27733	30.62
赞皇县	14921	23.00	16295	5.80	18338	12.53
无极县	63608	27.84	69125	19.92	96808	40.05
平山县	55219	18.48	63533	11.97	75456	18.77
元氏县	29990	19.55	38452	15.90	44396	15.46
赵　县	65941	10.89	58246	7.52	67799	16.4
辛集市	170904	6.71	162748	-1.07	191589	17.72
藁城市	165298	3.80	99199	-9.11	175123	76.54
晋州市	62427	9.91	70189	-12.96	83474	18.93
新乐市	65213	9.49	78072	17.16	78605	0.68
鹿泉市	74401	45.14	76551	8.01	87092	13.77

1996—2008年分县（市）区规模以上工业增加值（三）

计量单位：万元、%

行政单位	2002年	增长速度	2003年	增长速度	2004年	增长速度
全　　市	**3129643**	**14.96**	**3690543**	**21.20**	**4497107**	**25.04**
市　　区	1667623	13.40	1860034	—	2036054	—
#长安区	80287	19.21	102227	47.71	149859	60.25
桥东区	49327	7.45	42492	13.20	48135	30.01
桥西区	23713	2.03	23416	22.41	22455	43.93
新华区	77686	19.68	111911	47.71	147514	21.35
裕华区	45985	5.48	71457	37.53	167346	47.99
矿　区	24207	24.43	31896	23.24	58237	64.44
高新区	119085	59.96	134152	22.14		
井陉县	38815	29.13	47377	31.91	72804	40.34
正定县	138752	30.51	185661	33.85	229183	37.26
栾城县	49635	16.15	62602	33.95	100399	35.42
行唐县	62366	20.04	90464	35.78	128412	35.01
灵寿县	35501	17.08	46416	25.13	60514	35.23
高邑县	45759	3.54	57265	23.50	64367	27.94
深泽县	36826	32.79	41478	35.00	56134	26.25
赞皇县	20689	12.82	28106	35.20	45013	52.81
无极县	80629	-16.71	111669	25.38	142366	36.32
平山县	83431	10.57	118511	34.68	222305	32.13
元氏县	53468	20.43	66420	25.60	96772	40.20
赵　县	79847	17.77	91072	18.61	155938	37.56
辛集市	230988	20.56	228807	16.77	308744	26.10
藁城市	215525	23.07	259141	26.95	277964	27.03
晋州市	90578	8.87	100952	24.55	122311	50.69
新乐市	90004	14.50	123787	41.97	151329	41.88
鹿泉市	109209	25.40	138887	18.17	226499	39.19

1996—2008 年分县（市）区规模以上工业增加值（四）

计量单位：万元、%

行政单位	2005 年	增长速度	2006 年	增长速度
全　　市	**5715862**	**22.85**	**6793372**	**19.80**
市　　区	2362135		2134535	
#长安区	205893	35.82	563108	10.67
桥东区	50443	15.47	105659	12.25
桥西区	27904	26.03	325565	7.59
新华区	178732	16.51	221281	1.72
裕华区	108061	27.48	242662	10.69
矿　区	82887	39.06	96568	19.84
高新区	104225	15.10	138692	17.79
井 陉 县	113305	49.67	166036	30.43
正 定 县	310336	40.49	436137	29.55
栾 城 县	129541	44.94	168720	26.11
行 唐 县	165628	38.21	241073	29.64
灵 寿 县	81441	45.19	114352	33.19
高 邑 县	89910	22.15	109832	18.53
深 泽 县	77464	36.72	102891	32.48
赞 皇 县	57949	34.68	112666	38.14
无 极 县	199330	31.00	297406	37.39
平 山 县	280619	50.40	447857	25.68
元 氏 县	138781	40.13	197996	28.95
赵　　县	214134	31.18	276549	25.60
辛 集 市	417413	47.45	505713	24.11
藁 城 市	381845	37.53	533966	29.38
晋 州 市	182542	37.49	234055	28.82
新 乐 市	219447	41.14	283385	25.83
鹿 泉 市	294043	24.22	430204	28.82

1996—2008年分县（市）区规模以上工业增加值（五）

计量单位：万元、%

行政单位	2007年	增长速度	2008年	增长速度
全　市	**9093131**	**20.40**	**10958092**	**13.00**
市　区	2619414		763531	
#长安区	662917	6.71	624344	-4.38
桥东区	106795	7.76	97371	-4.25
桥西区	487695	16.01	568732	9.36
新华区	208474	7.62	199813	-17.64
裕华区	265034	4.10	260786	0.11
矿　区	137637	20.64	191300	11.92
高新区	167207	16.58	191159	16.06
井陉县	249230	26.08	319163	18.29
正定县	618060	29.50	745574	19.75
栾城县	246312	29.09	341042	26.56
行唐县	330805	27.32	405371	25.42
灵寿县	157806	28.29	211070	25.78
高邑县	110045	5.13	114064	8.04
深泽县	143494	26.92	171949	20.02
赞皇县	154777	28.60	203325	26.69
无极县	390796	26.32	420720	12.62
平山县	678107	25.71	841816	8.80
元氏县	275833	20.17	278461	9.04
赵　县	378235	22.42	511917	22.67
辛集市	646091	26.96	798490	20.83
藁城市	715901	29.38	994130	27.02
晋州市	377238	29.18	481900	26.74
新乐市	413496	28.53	461809	16.53
鹿泉市	587491	29.59	760254	24.47

注：2008年规模以上工业增加值为年快报数据。

1995—2008年分县（市）区规模以上工业利税总额（一）

计量单位：万元、%

行政单位	1995年	1996年	增长速度	1997年	增长速度	1998年	增长速度
全　市	**527047**	**596468**	**13.17**	**686015**	**15.01**	**651668**	**-5.01**
市　区	373688	383745	2.69	402271	4.83		
#长安区						1587	
桥东区						728	
桥西区						3924	
新华区						7353	
裕华区						47292	
矿　区						3900	
高新区						9328	
井陉县	4317	3095	-28.31	5598	80.87	4200	-24.97
正定县	10705	18381	71.70	20989	14.19	22184	5.69
栾城县	6741	8343	23.77	10864	30.22	8666	-20.23
行唐县	4990	7581	51.92	11236	48.21	11576	3.03
灵寿县	3540	6290	77.68	9086	44.45	10545	16.06
高邑县	4774	6314	32.26	9498	50.43	11383	19.85
深泽县	1965	2700	37.40	3551	31.52	2345	-33.96
赞皇县	4032	4320	7.14	4810	11.34	4578	-4.82
无极县	7311	10628	45.37	14404	35.53	11307	-21.50
平山县	9537	10024	5.11	12305	22.76	12994	5.60
元氏县	6472	10441	61.33	12054	15.45	8198	-31.99
赵　县	8906	10731	20.49	13824	28.82	15576	12.67
辛集市	25438	36302	42.71	49149	35.39	47045	-4.28
藁城市	19098	30619	60.33	40578	32.53	44726	10.22
晋州市	12019	20631	71.65	28606	38.66	34841	21.80
新乐市	13228	13462	1.77	19413	44.21	18630	-4.03
鹿泉市	10285	12635	22.85	17781	40.73	15540	-12.60

注：1997年及以前年度规模以上工业利税统计范围为乡及乡以上工业企业；1998—2006年为全部国有及主营业务收入500万元以上非国有工业法人企业；2007年及以后年度为年主营业务收入500万元及以上工业法人企业。

1995—2008年分县（市）区规模以上工业利税总额（二）

计量单位：万元、%

行政单位	1999年	增长速度	2000年	增长速度	2001年	增长速度
全　市	**756087**	**16.02**	**873544**	**15.53**	**1005332**	**15.09**
市　区	428397		528134	23.28	617078	16.84
#长安区	1874	18.08	2081	11.05	28867	1287.17
桥东区	1132	55.49	1326	17.14	15885	1097.96
桥西区	3481	-11.29	3611	3.73	11222	210.77
新华区	9578	30.26	11761	22.79	38351	226.09
裕华区	54510	15.26	63828	17.09	14227	-77.71
矿　区	3936	0.92	5251	33.41	6111	16.38
高新区	12220	31.00	13488	10.38	18709	38.71
井陉县	5514	31.29	6419	16.41	7405	15.36
正定县	27201	22.62	29966	10.17	25897	-13.58
栾城县	11367	31.17	13669	20.25	15584	14.01
行唐县	14376	24.19	16094	11.95	18501	14.96
灵寿县	9097	-13.73	9714	6.78	11067	13.93
高邑县	12524	10.02	14909	19.04	17444	17.00
深泽县	3678	56.84	4159	13.08	4196	0.89
赞皇县	6173	34.84	6716	8.80	7694	14.56
无极县	14979	32.48	15877	6.00	19280	21.43
平山县	15352	18.15	16951	10.42	18600	9.73
元氏县	10155	23.87	12091	19.06	14259	17.93
赵　县	16662	6.97	18396	10.41	21024	14.29
辛集市	51777	10.06	55481	7.15	63208	13.93
藁城市	49376	10.40	44996	-8.87	53163	18.15
晋州市	31812	-8.69	28243	-11.22	32583	15.37
新乐市	22448	20.49	24794	10.45	27075	9.20
鹿泉市	25199		26933	6.88	32305	19.95

1995—2008年分县（市）区规模以上工业利税总额（三）

计量单位：万元、%

行政单位	2002年	增长速度	2003年	增长速度	2004年	增长速度
全　市	**1190630**	**18.43**	**1509600**	**26.79**	**1747672**	**15.77**
市　区	702194	13.79	849612	20.99	806629	-5.06
#长安区	37837	31.07	38117	0.74	61571	61.53
桥东区	20748	30.62	19003	-8.41	28224	48.52
桥西区	12307	9.66	9708	-21.11	6244	-35.68
新华区	49727	29.66	72286	45.37	85311	18.02
裕华区	18491	29.97	25087	35.67	69930	178.75
矿　区	8042	31.60	12266	52.52	18302	49.22
高新区	21465	14.73	28873	34.52		
井陉县	9525	28.63	10264	7.76	18301	78.30
正定县	34698	33.98	43543	25.49	62454	43.43
栾城县	22790	46.24	33827	48.43	56236	66.25
行唐县	23320	26.04	36909	58.28	54943	48.86
灵寿县	13165	18.95	18150	37.87	25417	40.04
高邑县	22119	26.80	30348	37.20	39402	29.84
深泽县	5064	20.68	7340	44.95	8892	21.14
赞皇县	8564	11.31	12919	50.85	20992	62.49
无极县	22172	15.00	28776	29.78	43331	50.58
平山县	23377	25.68	45232	93.49	81664	80.54
元氏县	18012	26.32	24984	38.71	36604	46.51
赵　县	25477	21.18	34113	33.89	53084	55.61
辛集市	76546	21.10	82494	7.77	124089	50.42
藁城市	66279	24.67	83651	26.21	94583	13.07
晋州市	42198	29.51	50077	18.67	67672	35.14
新乐市	32674	20.68	49541	51.62	69448	40.18
鹿泉市	42457	31.43	55556	30.85	83932	51.08

1995—2008年分县（市）区规模以上工业利税总额（四）

计量单位：万元、%

行政单位	2005年	增长速度	2006年	增长速度
全　　市	**2113133**	**20.91**	**2553333**	**20.83**
市　　区	816352	52.01	776609	-4.87
#长安区	86865	41.08	226925	19.35
桥东区	8718	-69.11	21331	40.62
桥西区	9611	53.92	196784	11.31
新华区	99269	16.36	92142	-13.44
裕华区	42836	-38.74	100697	12.53
矿　区	28538	55.92	35149	23.17
高新区	46249	25.50	59621	28.91
井陉县	23982	31.04	34149	42.40
正定县	85250	36.50	105963	24.30
栾城县	77128	37.15	106163	37.65
行唐县	77414	40.90	112626	45.49
灵寿县	35266	38.75	49487	40.33
高邑县	50808	28.95	60146	18.38
深泽县	13287	49.43	18651	40.37
赞皇县	28922	37.78	39368	36.12
无极县	57103	31.78	81129	42.07
平山县	104598	28.08	185777	77.61
元氏县	49886	36.29	71829	43.99
赵　县	65445	23.29	89768	37.17
辛集市	171413	38.14	198017	15.52
藁城市	137500	45.37	185390	34.83
晋州市	102941	52.12	137657	33.72
新乐市	96391	38.79	135323	40.35
鹿泉市	119449	42.32	165281	38.37

1995—2008年分县（市）区规模以上工业利税总额（五）

计量单位：万元、%

行政单位	2007年	增长速度	2008年	增长速度
全　市	**3526798**	**38.13**	**3834691**	**8.73**
市　区	1067546	37.46	717598	-32.78
#长安区	287116	26.52	165816	-42.25
桥东区	17994	-15.64	20235	12.46
桥西区	278410	41.48	367953	32.16
新华区	76124	-17.38	23200	-69.52
裕华区	104342	3.62	45797	-56.11
矿　区	50783	44.48	78448	54.48
高新区	81607	36.88	89871	10.13
井陉县	49489	44.92	76369	54.31
正定县	154725	46.02	233783	51.10
栾城县	154893	45.90	214898	38.74
行唐县	153538	36.33	222620	44.99
灵寿县	67714	36.83	97188	43.53
高邑县	58564	-2.63	43489	-25.74
深泽县	26210	40.52	35530	35.56
赞皇县	57112	45.07	78580	37.59
无极县	109621	35.12	134303	22.52
平山县	236550	27.33	136503	-42.29
元氏县	82215	14.46	106479	29.51
赵　县	130432	45.30	177538	36.11
辛集市	284636	43.74	354022	24.38
藁城市	261530	41.07	357492	36.69
晋州市	202382	47.02	261031	28.98
新乐市	194394	43.70	255986	31.68
鹿泉市	235250	42.33	331282	40.82

1995—2008年分县（市）区社会消费品零售额（一）

计量单位：万元、%

行政单位	1995年	1996年	增长速度	1997年	增长速度	1998年	增长速度
全　　市	**1652151**	**2011506**	**21.75**	**2380487**	**18.34**	**2680216**	**12.59**
市　　区	882872	943119	6.82	1059334	12.32	1109504	4.74
#长安区						14513	
桥东区						8444	
桥西区						9784	
新华区						49338	
裕华区						47443	
矿　区						7818	
井陉县	26329	32266	22.55	33033	2.38	34124	3.30
正定县	80745	98870	22.45	137229	38.80	158230	15.30
栾城县	47502	71665	50.87	84901	18.47	101140	19.13
行唐县	20847	40401	93.80	43724	8.23	52711	20.55
灵寿县	13680	20110	47.00	31113	54.71	36864	18.48
高邑县	13975	17961	28.52	23368	30.10	29258	25.21
深泽县	14363	18963	32.03	31328	65.21	40105	28.02
赞皇县	15382	19921	29.51	26895	35.01	34790	29.35
无极县	45879	63723	38.89	83307	30.73	104090	24.95
平山县	25713	32984	28.28	36160	9.63	42703	18.09
元氏县	24680	34726	40.71	38411	10.61	48404	26.02
赵　县	50627	72499	43.20	90212	24.43	108937	20.76
辛集市	101141	188984	86.85	218763	15.76	263429	20.42
藁城市	83081	115102	38.54	152009	32.06	180191	18.54
晋州市	62415	72498	16.15	93708	29.26	107458	14.67
新乐市	82238	98425	19.68	110105	11.87	127203	15.53
鹿泉市	60682	69289	14.18	86889	25.40	101076	16.33

1995—2008年分县（市）区社会消费品零售额（二）

计量单位：万元、%

行政单位	1999年	增长速度	2000年	增长速度	2001年	增长速度
全　市	**2967588**	**10.72**	**3308804**	**11.50**	**3690981**	**11.55**
市　区	1171916	5.63	1269933	8.36	1560183	22.86
#长安区	16955	16.83	19769	16.60	25378	28.37
桥东区	8905	5.46	9800	10.05	16473	68.09
桥西区	10035	2.57	11216	11.77	38132	239.98
新华区	55270	12.02	63180	14.31	85771	35.76
裕华区	55100	16.14	63841	15.86	30192	-52.71
矿　区	7834	0.20	9533	21.69	10479	9.92
井陉县	39113	14.62	46068	17.78	51179	11.09
正定县	179321	13.33	202677	13.02	150638	-25.68
栾城县	120292	18.94	135651	12.77	96173	-29.10
行唐县	60230	14.26	68405	13.57	78553	14.84
灵寿县	42457	15.17	48092	13.27	54298	12.90
高邑县	34721	18.67	40391	16.33	44835	11.00
深泽县	44933	12.04	50800	13.06	56384	10.99
赞皇县	40643	16.82	45928	13.00	51256	11.60
无极县	121821	17.03	138956	14.07	156793	12.84
平山县	49963	17.00	56992	14.07	64400	13.00
元氏县	56177	16.06	63854	13.67	73606	15.27
赵　县	128299	17.77	145226	13.19	161202	11.00
辛集市	310354	17.81	352000	13.42	390742	11.01
藁城市	195539	8.52	219087	12.04	244117	11.42
晋州市	119726	11.42	134242	12.12	150169	11.86
新乐市	131973	3.75	148011	12.15	144061	-2.67
鹿泉市	120110	18.83	138143	15.01	159366	15.36

1995—2008 年分县（市）区社会消费品零售额（三）

计量单位：万元、%

行政单位	2002 年	增长速度	2003 年	增长速度	2004 年	增长速度
全　市	**4115390**	**11.50**	**4566056**	**10.95**	**5330762**	**16.75**
市　区	1725318	10.58	1843573	6.85	2062955	11.90
#长安区	28271	11.40	33783	19.50	45270	34.00
桥东区	18860	14.49	21142	12.10	28542	35.00
桥西区	42311	10.96	32605	-22.94	43513	33.45
新华区	91787	7.01	94586	3.05	122963	30.00
裕华区	33634	11.40	40192	19.50	53864	34.02
矿　区	11689	11.55	13227	13.16	16625	25.69
井陉县	57238	11.84	66058	15.41	82441	24.80
正定县	170222	13.00	196622	15.51	239976	22.05
栾城县	110557	14.96	128248	16.00	157527	22.83
行唐县	88675	12.89	103294	16.49	125915	21.90
灵寿县	60756	11.89	69411	14.25	83260	19.95
高邑县	51443	14.74	59285	15.24	72270	21.90
深泽县	62755	11.30	72482	15.50	89153	23.00
赞皇县	58037	13.23	67099	15.61	84217	25.51
无极县	176392	12.50	201087	14.00	247210	22.94
平山县	73582	14.26	85207	15.80	103101	21.00
元氏县	83379	13.28	96103	15.26	117019	21.76
赵　县	178934	11.00	198324	10.84	237994	20.00
辛集市	434897	11.30	487519	12.10	556260	14.10
藁城市	271334	11.15	305063	12.43	368906	20.93
晋州市	167911	11.81	191218	13.88	232478	21.58
新乐市	159937	11.02	181075	13.22	218860	20.87
鹿泉市	184025	15.47	214389	16.50	261555	22.00

1995—2008年分县（市）区社会消费品零售额（四）

计量单位：万元、%

行政单位	2005年	增长速度	2006年	增长速度
全　市	**6061650**	**15.0**	**6988128**	**15.3**
市　区	2524497	13.4	2975285	17.9
#长安区	361052	15.4	418099	15.8
桥东区	229888	15.0	266035	15.7
桥西区	163102	15.1	188708	15.7
新华区	529322	15.2	613458	15.9
裕华区	267753	15.6	316361	15.8
矿　区	28915	15.0	33264	15.0
井陉县	97861	17.6	112638	15.1
正定县	258128	17.6	297002	15.1
栾城县	171578	17.3	197135	14.9
行唐县	135973	16.7	156047	14.8
灵寿县	90027	16.9	103358	14.8
高邑县	77328	16.6	88355	14.3
深泽县	96565	16.7	110776	14.7
赞皇县	91349	17.2	104992	14.9
无极县	264820	16.9	303580	14.6
平山县	118174	17.8	136028	15.1
元氏县	118870	16.7	136544	14.9
赵　县	251625	14.6	288615	14.7
辛集市	606146	14.1	676459	11.6
藁城市	396788	15.7	456092	14.9
晋州市	252523	16.8	290382	15.0
新乐市	232701	15.8	267183	14.8
鹿泉市	276697	17.0	317703	14.8

1995—2008 年分县（市）区社会消费品零售额（五）

计量单位：万元、%

行政单位	2007 年	增长速度	2008 年	增长速度
全　　市	**8210983**	**17.5**	**10051958**	**22.4**
市　　区	3518397	18.3	4309705	22.5
#长安区	490003	17.2	623302	27.2
桥东区	315783	18.7	397571	25.9
桥西区	224185	18.8	284602	26.9
新华区	702458	14.5	834479	18.8
裕华区	370427	16.4	459903	24.2
矿　区	38719	17.1	47470	22.6
井 陉 县	131389	16.6	161476	22.9
正 定 县	350462	18.0	429321	22.5
栾 城 县	229859	16.6	281507	22.5
行 唐 县	181222	16.1	221814	22.4
灵 寿 县	119851	16.0	146937	22.6
高 邑 县	101010	14.3	122354	21.1
深 泽 县	128082	15.6	156262	22
赞 皇 县	121965	16.2	149408	22.5
无 极 县	351836	15.9	425854	21
平 山 县	158230	16.3	197226	24.6
元 氏 县	157959	15.7	193569	22.5
赵　　县	336295	16.5	411138	22.3
辛 集 市	783340	15.8	960497	22.6
藁 城 市	528609	15.9	643399	21.7
晋 州 市	336834	16.0	412687	22.5
新 乐 市	309935	16.0	381066	23
鹿 泉 市	368408	16.0	451494	22.6

1997—2008年分县（市）区金融机构存款（一）

计量单位：万元、%

行政单位	1997年	1998年	增长速度	1999年	增长速度	2000年	增长速度
全　市	**8197859**	**9914433**	**20.94**	**12110368**	**22.15**	**13131544**	**8.43**
市　区	5025209	6148400	22.35	7691094	25.09	8493818	10.44
井陉县	191379	215788	12.75	231939	7.48	247259	6.61
正定县	313710	389673	24.21	462817	18.77	498586	7.73
栾城县	177334	205229	15.73	219680	7.04	234016	6.53
行唐县	121009	147173	21.62	160685	9.18	166336	3.52
灵寿县	99072	118041	19.15	135030	14.39	142748	5.72
高邑县	57225	65828	15.03	79496	20.76	86579	8.91
深泽县	147121	173069	17.64	202049	16.74	213251	5.54
赞皇县	79814	92932	16.44	99592	7.17	105755	6.19
无极县	187613	235926	25.75	265044	12.34	288630	8.90
平山县	159305	195618	22.79	214134	9.47	227082	6.05
元氏县	133462	149195	11.79	168143	12.70	176546	5.00
赵　县	151351	176390	16.54	192836	9.32	195676	1.47
辛集市	371629	456646	22.88	589592	29.11	604992	2.61
藁城市	299102	347306	16.12	433007	24.68	441138	1.88
晋州市	273354	311559	13.98	402973	29.34	414103	2.76
新乐市	134890	160716	19.15	198527	23.53	200580	1.03
鹿泉市	275280	324944	18.04	363730	11.94	394449	8.45

1997—2008年分县（市）区金融机构存款（二）

计量单位：万元、%

行政单位	2001年	增长速度	2002年	增长速度	2003年	增长速度
全　市	**14551507**	**10.81**	**16710618**	**14.84**	**19322801**	**15.63**
市　区	9562632	12.58	11311755	18.29	13310798	17.67
井陉县	260281	5.27	280407	7.73	302764	7.97
正定县	532530	6.81	572815	7.56	623868	8.91
栾城县	249706	6.70	264920	6.09	299586	13.09
行唐县	174296	4.79	181559	4.17	185398	2.11
灵寿县	156942	9.94	175513	11.83	193084	10.01
高邑县	92339	6.65	101114	9.50	115898	14.62
深泽县	222231	4.21	231762	4.29	250770	8.20
赞皇县	110260	4.26	119888	8.73	137210	14.45
无极县	311539	7.94	339969	9.13	382617	12.54
平山县	243371	7.17	257059	5.62	295394	14.91
元氏县	195650	10.82	215149	9.97	247578	15.07
赵　县	204950	4.74	221827	8.23	249063	12.28
辛集市	657860	8.74	721676	9.70	823439	14.10
藁城市	489755	11.02	549320	12.16	602771	9.73
晋州市	440922	6.48	471035	6.83	519084	10.20
新乐市	220957	10.16	241391	9.25	268222	11.12
鹿泉市	425288	7.82	453453	6.62	515257	13.63

1997—2008 年分县（市）区金融机构存款（三）

计量单位：万元、%

行政单位	2004 年	增长速度	2005 年	增长速度	2006 年	增长速度
全　市	**22088668**	**14.31**	**25741536**	**16.54**	**29684213**	**15.32**
市　区	15331653	15.18	18216740	18.82	21112978	15.90
井陉县	341850	12.91	378824	10.82	436511	15.23
正定县	702302	12.57	783093	11.50	890514	13.72
栾城县	351679	17.39	421827	19.95	456182	8.14
行唐县	215436	16.20	232852	8.08	281331	20.82
灵寿县	218317	13.07	244801	12.13	278099	13.60
高邑县	130076	12.23	143045	9.97	168780	17.99
深泽县	273089	8.90	274105	0.37	312537	14.02
赞皇县	155865	13.60	151546	-2.77	172826	14.04
无极县	403541	5.47	434532	7.68	477904	9.98
平山县	358449	21.35	422679	17.92	474505	12.26
元氏县	279073	12.72	297686	6.67	360227	21.01
赵　县	275234	10.51	311499	13.18	359549	15.43
辛集市	888022	7.84	1008502	13.57	1158499	14.87
藁城市	711798	18.09	747432	5.01	838214	12.15
晋州市	573267	10.44	641986	11.99	733340	14.23
新乐市	294824	9.92	321220	8.95	386121	20.20
鹿泉市	584191	13.38	649511	11.18	755617	16.34

1997—2008 年分县（市）区金融机构存款（四）

计量单位：万元、%

行政单位	2007 年	增长速度	2008 年	增长速度
全　　市	**33313230**	**12.23**	**41115628**	**23.42**
市　　区	23677068	12.14	29354583	23.98
井 陉 县	505895	15.90	633495	25.22
正 定 县	954551	7.19	1166436	22.20
栾 城 县	498696	9.32	570405	14.38
行 唐 县	343051	21.94	447880	30.56
灵 寿 县	334197	20.17	437876	31.02
高 邑 县	186227	10.34	248267	33.31
深 泽 县	344208	10.13	426028	23.77
赞 皇 县	224108	29.67	268114	19.64
无 极 县	529512	10.80	655358	23.77
平 山 县	565302	19.14	682337	20.70
元 氏 县	406201	12.76	536028	31.96
赵　　县	408068	13.49	482435	18.22
辛 集 市	1284911	10.91	1552231	20.80
藁 城 市	930715	11.04	1124310	20.80
晋 州 市	826082	12.65	993135	20.22
新 乐 市	438083	13.46	535167	22.16
鹿 泉 市	856353	13.33	1001544	16.95

1997—2008 年分县（市）区金融机构贷款（一）

计量单位：万元、%

行政单位	1997 年	1998 年	增长速度	1999 年	增长速度
全　　市	**5656900**	**6637592**	**17.34**	**9107667**	**37.21**
市　　区	3292109	4053042	23.11	6237687	53.90
井 陉 县	101119	98918	-2.18	104284	5.42
正 定 县	206600	234528	13.52	276178	17.76
栾 城 县	159604	171165	7.24	182019	6.34
行 唐 县	80853	88229	9.12	91776	4.02
灵 寿 县	93162	98933	6.19	95962	-3.00
高 邑 县	64856	76786	18.39	86454	12.59
深 泽 县	78191	86178	10.21	102750	19.23
赞 皇 县	83167	88121	5.96	88532	0.47
无 极 县	144588	152741	5.64	162667	6.50
平 山 县	126540	142997	13.01	151675	6.07
元 氏 县	134209	145234	8.21	155686	7.20
赵　　县	163922	181592	10.78	193445	6.53
辛 集 市	246974	283842	14.93	295226	4.01
藁 城 市	244997	266150	8.63	330137	24.04
晋 州 市	151278	158429	4.73	202921	28.08
新 乐 市	118745	123732	4.20	153769	24.28
鹿 泉 市	165986	186975	12.65	196499	5.09

1997—2008年分县（市）区金融机构贷款（二）

计量单位：万元、%

行政单位	2000年	增长速度	2001年	增长速度	2002年	增长速度
全　　市	**9738267**	**6.92**	**10350991**	**6.29**	**13059556**	**26.17**
市　　区	6939550	11.25	7450288	7.36	9981918	33.98
井陉县	97820	-6.20	103070	5.37	120950	17.35
正定县	271938	-1.54	279662	2.84	295437	5.64
栾城县	149602	-17.81	159284	6.47	173688	9.04
行唐县	91345	-0.47	102512	12.23	111165	8.44
灵寿县	89625	-6.60	92791	3.53	101323	9.19
高邑县	89803	3.87	91504	1.89	94887	3.70
深泽县	99741	-2.93	102128	2.39	109357	7.08
赞皇县	79156	-10.59	79181	0.03	87387	10.36
无极县	163742	0.66	175680	7.29	191869	9.22
平山县	144646	-4.63	149875	3.62	163959	9.40
元氏县	161580	3.79	159813	-1.09	172984	8.24
赵　　县	200388	3.59	206674	3.14	211211	2.20
辛集市	281896	-4.52	283339	0.51	306937	8.33
藁城市	307626	-6.82	317394	3.18	301448	-5.02
晋州市	206264	1.65	212452	3.00	225886	6.32
新乐市	148917	-3.16	148668	-0.17	155049	4.29
鹿泉市	214628	9.23	236676	10.27	256130	8.22

1997—2008 年分县（市）区金融机构贷款（三）

计量单位：万元、%

行政单位	2003 年	增长速度	2004 年	增长速度	2005 年	增长速度
全　　市	**13774386**	**5.47**	**14748123**	**7.07**	**15610128**	**5.84**
市　　区	10547366	5.66	11352218	7.63	12446474	9.64
井 陉 县	126161	4.31	155372	23.15	151840	-2.27
正 定 县	311211	5.34	320787	3.08	279590	-12.84
栾 城 县	178549	2.80	200213	12.13	217991	8.88
行 唐 县	109102	-1.86	112476	3.09	96020	-14.63
灵 寿 县	100578	-0.74	109515	8.89	95452	-12.84
高 邑 县	94670	-0.23	101655	7.38	90442	-11.03
深 泽 县	107209	-1.96	105555	-1.54	101941	-3.42
赞 皇 县	91839	5.09	100934	9.90	79871	-20.87
无 极 县	192568	0.36	193203	0.33	174697	-9.58
平 山 县	188322	14.86	202902	7.74	193996	-4.39
元 氏 县	186632	7.89	188193	0.84	175843	-6.56
赵　　县	197051	-6.70	198044	0.50	186565	-5.80
辛 集 市	312989	1.97	318432	1.74	276641	-13.12
藁 城 市	319196	5.89	332015	4.02	287035	-13.55
晋 州 市	226804	0.41	229126	1.02	214745	-6.28
新 乐 市	172388	11.18	184310	6.92	222816	20.89
鹿 泉 市	311751	21.72	343173	10.08	318169	-7.29

1997—2008 年分县（市）区金融机构贷款（四）

计量单位：万元、%

行政单位	2006 年	增长速度	2007 年	增长速度	2008 年	增长速度
全　　市	**17315169**	**10.92**	**18393687**	**6.23**	**20799327**	**13.08**
市　　区	13784691	10.75	14501558	5.20	17299183	19.29
井 陉 县	175806	15.78	189990	8.07	161771	-14.85
正 定 县	288082	3.04	346620	20.32	361448	4.28
栾 城 县	225670	3.52	230339	2.07	211095	-8.35
行 唐 县	105693	10.07	113085	6.99	101310	-10.41
灵 寿 县	107739	12.87	121263	12.55	117595	-3.03
高 邑 县	102023	12.80	101131	-0.87	81409	-19.50
深 泽 县	108902	6.83	113081	3.84	102782	-9.11
赞 皇 县	90723	13.59	100870	11.18	85514	-15.22
无 极 县	168688	-3.44	175450	4.01	153798	-12.34
平 山 县	213556	10.08	242021	13.33	175793	-27.36
元 氏 县	197353	12.23	197678	0.16	190986	-3.39
赵　　县	222898	19.47	201686	-9.52	200139	-0.77
辛 集 市	305519	10.44	361664	18.38	306443	-15.27
藁 城 市	376522	31.18	457561	21.52	350154	-23.47
晋 州 市	227574	5.97	247896	8.93	257046	3.69
新 乐 市	244828	9.88	266960	9.04	215661	-19.22
鹿 泉 市	368902	15.95	424832	15.16	427200	0.56

1996—2008年分县（市）区城乡居民储蓄存款（一）

计量单位：万元、%

行政单位	1996年	1997年	增长速度	1998年	增长速度	1999年	增长速度
全　　市	**4223768**	**4857888**	**15.01**	**5941832**	**22.31**	**7092875**	**19.37**
市　　区	1892453	2169085	14.62	2716587	25.24	3259295	19.98
井陉县	129507	150462	16.18	172827	14.86	192385	11.32
正定县	220307	256426	16.39	338198	31.89	411828	21.77
栾城县	130261	149094	14.46	173095	16.10	188394	8.84
行唐县	98437	112086	13.87	132786	18.47	145034	9.22
灵寿县	80690	87309	8.20	102662	17.58	118505	15.43
高邑县	43392	51315	18.26	60107	17.13	72029	19.83
深泽县	114732	132749	15.70	162650	22.52	191996	18.04
赞皇县	60793	68023	11.89	77969	14.62	85520	9.68
无极县	144437	175845	21.75	221033	25.70	243197	10.03
平山县	123624	141770	14.68	171660	21.08	180441	5.12
元氏县	107729	115407	7.13	132304	14.64	145923	10.29
赵　　县	105390	125068	18.67	142532	13.96	174475	22.41
辛集市	252528	290868	15.18	363257	24.89	469422	29.23
藁城市	213575	244522	14.49	288149	17.84	377022	30.84
晋州市	197558	238395	20.67	266911	11.96	354866	32.95
新乐市	101655	116710	14.81	144509	23.82	178144	23.28
鹿泉市	206700	232754	12.60	274596	17.98	307399	11.95

1996—2008年分县（市）区城乡居民储蓄存款（二）

计量单位：万元、%

行政单位	2000年	增长速度	2001年	增长速度	2002年	增长速度
全　市	**7514860**	**5.95**	**8235602**	**9.59**	**9251029**	**12.33**
市　区	3929041	20.55	3943653	0.37	4658726	18.13
井陉县	202493	5.25	217003	7.17	233408	7.56
正定县	434413	5.48	459898	5.87	487313	5.96
栾城县	193949	2.95	204920	5.66	218220	6.49
行唐县	152711	5.29	161879	6.00	165108	1.99
灵寿县	127083	7.24	138584	9.05	155788	12.41
高邑县	78389	8.83	83705	6.78	92091	10.02
深泽县	201044	4.71	209272	4.09	220508	5.37
赞皇县	91669	7.19	97763	6.65	105805	8.23
无极县	266499	9.58	288318	8.19	311136	7.91
平山县	190674	5.67	200881	5.35	209772	4.43
元氏县	155133	6.31	169937	9.54	184328	8.47
赵　县	174653	0.10	184425	5.60	200265	8.59
辛集市	497188	5.91	550769	10.78	590380	7.19
藁城市	382872	1.55	415056	8.41	433776	4.51
晋州市	366679	3.33	391400	6.74	419175	7.10
新乐市	178555	0.23	192290	7.69	200237	4.13
鹿泉市	326028	6.06	325849	-0.05	364993	12.01

1996—2008年分县（市）区城乡居民储蓄存款（三）

计量单位：万元、%

行政单位	2003年	增长速度	2004年	增长速度	2005年	增长速度
全　市	**10444919**	**12.91**	**11894588**	**13.88**	**13551916**	**13.93**
市　区	5436477	16.69	6314369	16.15	7418651	17.49
井陉县	249483	6.89	275542	10.45	303792	10.25
正定县	527629	8.27	579859	9.90	633812	9.30
栾城县	245869	12.67	285131	15.97	310090	8.75
行唐县	165202	0.06	191407	15.86	208053	8.70
灵寿县	169063	8.52	186813	10.50	209050	11.90
高邑县	104068	13.01	116106	11.57	130750	12.61
深泽县	235009	6.58	252784	7.56	254864	0.82
赞皇县	120014	13.43	134628	12.18	132516	-1.57
无极县	337044	8.33	365607	8.47	383987	5.03
平山县	232835	10.99	273447	17.44	310792	13.66
元氏县	205982	11.75	235231	14.20	255387	8.57
赵　县	213825	6.77	237835	11.23	261973	10.15
辛集市	667569	13.07	735539	10.18	832469	13.18
藁城市	467139	7.69	530680	13.60	599963	13.06
晋州市	454340	8.39	503031	10.72	561204	11.56
新乐市	218368	9.05	237909	8.95	260700	9.58
鹿泉市	395003	8.22	438670	11.05	483864	10.30

1996—2008 年分县（市）区城乡居民储蓄存款（四）

计量单位：万元、%

行政单位	2006 年	增长速度	2007 年	增长速度	2008 年	增长速度
全　市	**15532428**	**14.61**	**16947183**	**9.11**	**21801690**	**28.64**
市　区	8549036	15.24	9115834	6.63	11982365	31.45
井陉县	339911	11.89	390372	14.85	499922	28.06
正定县	685058	8.09	736921	7.57	941836	27.81
栾城县	342677	10.51	371001	8.27	434484	17.11
行唐县	248660	19.52	303252	21.95	400343	32.02
灵寿县	235175	12.50	282455	20.10	382554	35.44
高邑县	149486	14.33	161695	8.17	216960	34.18
深泽县	283158	11.10	311422	9.98	391938	25.85
赞皇县	150544	13.60	177775	18.09	220247	23.89
无极县	432280	12.58	480424	11.14	598436	24.56
平山县	357692	15.09	417592	16.75	537691	28.76
元氏县	299038	17.09	335513	12.20	438137	30.59
赵　县	300836	14.83	335322	11.46	400258	19.37
辛集市	973656	16.96	1086292	11.57	1336554	23.04
藁城市	686323	14.39	763798	11.29	950779	24.48
晋州市	640164	14.07	716995	12.00	888400	23.91
新乐市	313728	20.34	356947	13.78	452934	26.89
鹿泉市	545007	12.64	603573	10.75	727853	20.59

1995—2008年分县（市）区农民人均纯收入（一）

计量单位：元、%

行政单位	1995年	1996年	增长速度	1997年	增长速度	1998年	增长速度
全　市	**1995**	**2502**	**25.41**	**2837**	**13.39**	**2988**	**5.32**
矿　区	2511	3069	22.22	3481	13.42	3665	5.29
井陉县	1574	1821	15.69	2172	19.28	2410	10.96
正定县	2308	3004	30.16	3207	6.76	3335	3.99
栾城县	1998	2686	34.43	2900	7.97	3045	5.00
行唐县	1248	1850	48.24	2163	16.92	2361	9.15
灵寿县	998	1499	50.20	2016	34.49	2250	11.61
高邑县	1901	2366	24.46	2598	9.81	2800	7.78
深泽县	1863	2582	38.59	2789	8.02	2988	7.14
赞皇县	970	1203	24.02	1134	-5.74	1306	15.17
无极县	1863	2672	43.42	3045	13.96	3170	4.11
平山县	1554	1232	-20.72	2202	78.73	2371	7.67
元氏县	1759	2321	31.95	2552	9.95	2570	0.71
赵　县	1825	2579	41.32	2802	8.65	2942	5.00
辛集市	2579	2961	14.81	3207	8.31	3354	4.58
藁城市	2407	3048	26.63	3513	15.26	3508	-0.14
晋州市	2498	3001	20.14	3300	9.96	3386	2.61
新乐市	2497	3012	20.62	3418	13.48	3506	2.57
鹿泉市	2585	2121	-17.95	3566	68.13	3678	3.14

1995—2008年分县（市）区农民人均纯收入（二）

计量单位：元、%

行政单位	1999年	增长速度	2000年	增长速度	2001年	增长速度
全　　市	**3071**	**2.78**	**3158**	**2.83**	**3149**	**-0.28**
矿　　区	3736	1.94	3886	4.01	4019	3.42
井陉县	2506	3.98	2602	3.83	2680	3.00
正定县	3465	3.90	3605	4.04	3621	0.44
栾城县	3174	4.24	3305	4.13	3421	3.51
行唐县	2428	2.84	2468	1.65	2542	3.00
灵寿县	2308	2.58	2396	3.81	2397	0.04
高邑县	2860	2.14	3001	4.93	3125	4.13
深泽县	3060	2.41	3182	3.99	3308	3.96
赞皇县	1370	4.90	1652	20.58	1706	3.27
无极县	3240	2.21	3310	2.16	3429	3.60
平山县	2472	4.26	1992	-19.42	1999	0.35
元氏县	2617	1.83	2701	3.21	2812	4.11
赵　　县	3059	3.98	3086	0.88	3049	-1.20
辛集市	3485	3.91	3235	-7.17	3365	4.02
藁城市	3576	1.94	3656	2.24	3805	4.08
晋州市	3449	1.86	3539	2.61	3667	3.62
新乐市	3574	1.94	3616	1.18	3688	1.99
鹿泉市	3747	1.88	3852	2.80	4008	4.05

1995—2008年分县（市）区农民人均纯收入（三）

计量单位：元、%

行政单位	2002年	增长速度	2003年	增长速度	2004年	增长速度
全　市	**3245**	**3.05**	**3394**	**4.59**	**3799**	**11.93**
矿　区	4140	3.01	4265	3.02	4854	13.81
井陉县	2787	3.99	2941	5.53	3342	13.63
正定县	3770	4.11	3885	3.05	4375	12.61
栾城县	3558	4.00	3755	5.54	4247	13.10
行唐县	2619	3.03	2698	3.02	2836	5.11
灵寿县	2428	1.29	2477	2.02	2599	4.93
高邑县	3250	4.00	3407	4.83	3680	8.01
深泽县	3408	3.02	3579	5.02	3956	10.53
赞皇县	1785	4.63	1878	5.21	2133	13.58
无极县	3497	1.98	3619	3.49	4107	13.48
平山县	2019	1.00	2080	3.02	2298	10.48
元氏县	2897	3.02	3021	4.28	3431	13.57
赵　县	3141	3.02	3283	4.52	3730	13.62
辛集市	3470	3.12	3609	4.01	4061	12.52
藁城市	3919	3.00	4086	4.26	4621	13.09
晋州市	3777	3.00	3892	3.04	4429	13.80
新乐市	3800	3.04	3961	4.24	4461	12.62
鹿泉市	4170	4.04	4387	5.20	4913	11.99

1995—2008年分县（市）区农民人均纯收入（四）

计量单位：元、%

行政单位	2005年	增长速度	2006年	增长速度
全　市	**4118**	**8.40**	**4456**	**8.21**
矿　区	5267	8.51	5740	8.98
井陉县	3643	9.01	3993	9.61
正定县	4797	9.65	5253	9.51
栾城县	4667	9.89	5006	7.26
行唐县	2929	3.28	3076	5.02
灵寿县	2681	3.16	2787	3.95
高邑县	3975	8.02	4293	8.00
深泽县	4155	5.03	4350	4.69
赞皇县	2316	8.6	2584	11.57
无极县	4476	8.98	4875	8.91
平山县	2430	5.74	2588	6.50
元氏县	3726	8.6	4076	9.39
赵　县	4110	10.19	4282	4.18
辛集市	4467	10.00	4874	9.11
藁城市	5060	9.50	5465	8.00
晋州市	4828	9.01	5320	10.19
新乐市	4872	9.21	5391	10.65
鹿泉市	5313	8.14	5866	10.41

1995—2008年分县（市）区农民人均纯收入（五）

计量单位：元、%

行政单位	2007年	增长速度	2008年	增长速度
全　市	**4954**	**11.18**	**5469**	**10.40**
矿　区	6328	10.24	7025	11.01
井陉县	4527	13.37	5051	11.57
正定县	5952	13.31	6726	13.00
栾城县	5788	15.62	6541	13.01
行唐县	3287	6.86	3468	5.51
灵寿县	2898	3.98	2956	2.00
高邑县	4551	6.01	4970	9.21
深泽县	4611	6.00	4920	6.70
赞皇县	2798	8.28	2886	3.15
无极县	5321	9.15	5806	9.11
平山县	2842	9.81	2945	3.62
元氏县	4658	14.28	5226	12.19
赵　县	5005	16.88	5553	10.95
辛集市	5514	13.13	6291	14.09
藁城市	6184	13.16	6990	13.03
晋州市	6012	13.01	6794	13.01
新乐市	5984	11.00	6642	11.00
鹿泉市	6460	10.13	7106	10.00